「선」·생명·조화

「선」·생명·조화

- 한국 철학과 문화의 정신세계 -

민영현 지음

머리말

한국 철학, 그 정신세계를 돌아보며

현대 사회와 세계, 인류사의 현실은 거대한 변혁의 시기를 맞이하고 있다. 인류의 현재는 무수한 정보와 넘쳐나는 인문학적 담론의 체계 속에서, 새로운 시대와 새로운 세계를 향한 끊임없는 모색이 이루어지고 있는 시기인 것이다.

미국을 중심으로 한 세계 질서 재편, 그리고 러시아의 휴식이 길어지고 있는 가운데 새롭게 등장하는 중국의 실체는 아시아에 있어 또 다른 사회학적 해석의 어려움을 던져 주고 있다. EU의 결속과 제3세계 국가들의 연대 등등은 전 지구적인 변환을 예고하고 있고, 각 지역 단위에서 나타나고 있는 민족주의의 전면적인 등장과 개개인이 세계인으로 살아가야만 하는 지구촌, 즉 Globalization 시대의 문화는 어렵기만 하다.

이런 가운데 나타나고 있는 긴장과 갈등의 현실은 지구촌 단위의 세계를 하나의 혼돈 속으로 몰아가고 있다. 인터넷의 등장과 상용화는 세계 시민으로서의 인류를 고양시키는 것이 아니라, 오히려 경쟁과 신新야만의 시대로 몰아가는 느낌이다. 포스트 모던한 세계가 던져 주는 중심 해체의 원칙을 따라, 개인은 제각기 파편화하면서도 동시에 세계인의 한 사람으로 살아가야 한다는 어려움이 우리 앞에 펼쳐지고 있는 것이다.

사이버 월드와 맞물린 고부가 가치로서의 인간 정신의 대두와 그에 따르는 물질적 변화의 시대, 그러나 사회의 복잡성과 다양화는 감지하기 어려운 인문학적 문제를 야기한다. 즉 발전하면서도 더 이상 행복해지지 않는 인생의 난문難問을 도처에서 그리고 시시각각으로 맞이하고 있는 것이다. 그러면서도 인생의 질을 고양할 수 있는 인문 사회학들은 점차 도태되어 가고, 그 자리를 다른 응용 학문들이 대신하고 있다. 질보다는 양이라는 등식 아래 자본주의적 계량화의 길을 가고 있는 것이다.

그러나 인생의 행복이란 결코 계량화하여 판단·계측할 수 없는 그 무엇이다. 더욱이 '진정한 삶, 올바른 생이란 무엇을 의미하는가?'라는 고전적 질문에 대하여서는 제각기 다른 무수한 답변들의 나열만을 확인할 수 있을 따름이다.

과학 기술의 발달이 가져 온 편의와 지적 확대가 또 다른 의미에서 생존의 위협과 삶의 종속성을 더한다는 모순된 현실 앞에 우리는 서 있다. 기술의 발달에 따른 비인간화 경향에 맞서, 인류의 영적·도덕적·문화적 진화는 오히려 필수 불가결한 일이 되고 있는 것이다. 그럼에도 불구하고 이 같은 영적靈的·도덕적 발달을 주도해야 할 인문학은 기술과 자본 그리고 즉물성卽物性의 확대라는 복합적인 사회적 압박으로부터 점점 더 자신의 자리를 지키기 어려운 현실을 맞이하고 있다.

이런 가운데 일부 지성들이 인문학에의 회귀를 말하면서, 사회 일각에서는 영성과 도덕성의 회복에 관한 구호들이 난무하기도 한다. 그러나 사회 전반의 분위기는 여전히 자본주의적 현실에서의 생존을 강요하고, 근원적인 측면에서의 물질화의 길을 요구하고 있다. 즉 물질적 세계의 대상들이 인간을 위하여 복무하는 수단으로 존재하는 것이 아니라, 이들이 오히려 인간 삶의 중추에서 인간의 삶과 생각들을 지배함으로써 스스로 목적화하고 있는 것이다. 그럼으로써 인간들은 오히려 물질화하고, 물질과 대상들은 스스로를 가치화하고 있다.

　결국 인간이 목적이 아니라 수단으로 전락하고, 그 가치마저도 형편없는 수준의 존재로 치부되고 있는, 또 하나의 인간의·인간에 의한·인간에 대한 신 야만의 시대로 접어들고 있는 것이다. 이 같은 상황은 이제 더 이상 수수방관할 수는 없다. 다시 한번 생각해 보거니와, 어리석은 행동을 더 이상 반복해서는 안 된다. 이것은 이미 삶과 죽음, 생사의 문제로 변경되어 있다. 인류 진화의 큰 고비가 도래하고 있다는 느낌을 지울 수 없다. 이것은 더 이상 개량과 변화 정도로 해결할 수 있는 것이 아니다.

　수운이 '다시 개벽'을 말하고 "무극대도 닦아내니 오만년지 운수로다."라고 한 것처럼, 새로운 하늘 새 땅이 열리기를 꿈꾸어야 한다. 다시 말해 오늘의 상황은 한국 철학이 원시로 반본返本해서 보여 주는 개벽의 힘으로서만 가능할 만큼 어려운 것인지도 모른다. 더 이상 인간이기를 포기한 탐욕적이고 타락한 인간들로부터 인류를 건져 내야 할 것이고, 스스로의 죄에 의한 전 지구적 재앙을 막기 위해서라도 새로운 인문학의 지평을 열어야만 한다. 더 이상 눈치 빠르고 매몰차며 이기적 계산이 빠른 존재들을 위한 사회가 아니라, 참으로 선하고 의로운 사람들이 성공할 수 있는 사회를 이룩해야 한다는 말이다.

　한민족, 우리 역시도 이 같은 현실에서 자유로운 것은 아니다.

　물질과 힘으로 규정되는 현대 문명의 기술·과학적 특징은 새로운 지식을 알려 줌과 동시에 거기에 대응해야 하는 윤리학적인 인간 실천의 과제를 던져 주고 있다. 건설과 개발이 이루어지면 나타나는 자연과 환경의 문제가 있는 것처럼, 새로운 물질문명의 전개는 또 다른 정신 철학의 세계를 필요로 하는 것이다. 21세기적인, 그리고 Millenium의 환경에 걸 맞는 새로운 시대 정신을 찾아내야만 한다.

　현대사 속에서 한국 인문·사회학계는 서구의 정신 철학을 받아들여

소화하기에 급급하였다. 세계사의 중심이 아니라 변방, 극동 아시아 한 귀퉁이에 자리한 대한민국, 특히 해방 이후의 현실은 스스로 자존적이며 독립적으로 살아가기에는 턱없이 약한 나라였기 때문이다. 동시에 새로운 세계 질서의 흐름에 재빨리 적응해야만 비로소 살아 남을 수 있는 생존의 위협 속에서, 한국의 선택은 언제나 제한적일 수밖에 없었다.

그러나 지금 우리는 이제 삶의 질과 양이라는 두 마리 토끼를 동시에 추구하지 않을 수 없는 현실에 서 있다. 먹고 사는 문제에만 매달려 있을 때, 우리의 선택은 오히려 수월했는지도 모른다. 하지만 이제는 사람답게 살아가야 한다는 보다 본질적인 문제와 만나고 있다. 더욱이 '사람답게' 그리고 '아름다운 나라'에서의 삶과 선택은 남달라야 할 것이라고 생각해 본다.

물론 이것이 유별난 방식으로 남과 나를 차별하자는 것은 아니다. 이는 다만 모든 사람들이 한 방향의 문제에 매달릴 때, 한 발짝 물러서서 좀 더 여유 있게 바라보자는 것이다. 다시 말해 생존이라는 긴박하고도 시급한 현실을 무시하자는 것이 아니라, 비록 이 속에서 살아가더라도 진정한 삶의, 인생의 길이란 무엇인가를 염두에 두면서 살아가자는 말이다. 그럼으로써 혼자만의 세상이 아니라, 남들과 어울려 살아갈 수밖에 없는 세상이라는 것을 한 번쯤 더 생각해 보자는 것이다.

생각하는 삶!

굳이 누군가 내게 철학이 뭐냐고 묻는다면, 나는 이렇게 답하고 싶다. 이 책 전체를 통해서 사실상 말하고 싶은 것 또한 이에 다름 아니다.

우리는 너무나 익숙하게 길들여져 왔다. 변방 시골의 한 중늙은이가 서울에 와서, "이리 가라 하면 이리 가고 저리 가라 하면 저리 가는 것"과 같다. 사실 가야 할 길을 모르기 때문에, 이것은 어쩔 수 없는 일이다. 그러나 고향으로 가는 길, 그것은 아무리 모른다고 할지라도 기억하는 것이요, 모두가 돌아가야 할 바로 그 길이다. 어지럽고 시끄러운 삶에서 벗어나 고요한 마음의 상태를 유지할 수 있는 곳, 그곳은 또한 잃어버린 우리들의 고향이다. 그래서 그곳은 저 멀리 어촌에, 산촌에, 시골 농촌에 있는 것이 아니다.

그곳은 언제나 내 마음속에 있다.

이 책에서 다루고 있는 주된 테마는 '한국의 「선仙」'이다.

동학 이래, 19세기 민족 종교 사상을 거치면서 이해된 '한국의 선'은 근본적으로 원시반본의 이념을 토대로 한 한민족 고대의 사상 세계를 지칭한다. 또 일부에서는 이것이 인류 문명의 시원적인 세계를 지향하는 것으로 이해되고 있다. 수운과 증산, 홍암弘巖과 소태산에 나타난 삼교 합일의 사상적 경향들은 선의 사상에서 결코 멀리 있지 않다. 그러나 이 같은 「선」의 세계는 상당수 오해되거나 잘못 알려진 부분들이 많다. 심지어 도가나 도교 같은 중국의 사상·문화 세계와 혼동하면서, '한국의 선' 그 자체를 무시하는 일들도 있다.

언젠가 한 교육 방송에서 누군가는 『노자』의 세계를 말한다면서 완전히 중국학의 세계에 도취해 있음을 볼 수 있었다. 그러다 보니 노자가 지향했던 본질의 세계, 즉 도와 선의 이해 또한 대부분 왕필이라는 천재적인 소년이 감행한 주석과 해석에 의지하고, 그러면서 한 천재 소년의 중국적 해석을 동양학의 본령으로 감탄하며 시간을 지체하는 것이었다. 그런데 이 같은 중국 노·장에 관한 경학적인 주석은 이후의 도교나, 현학에서 추구했던 신선 장생과 양생 소요의 즐거운 도가와는 다르다. 더욱이 한국의 선과 중국의 도교는 확실히 그 갈래를 달리 하는 것이다.

중국의 경학은 노·장의 실천성과는 사뭇 다른 이론적 세계로 넘어간다. 이런 경향성 속에서, 도가는 사회 현실과 괴리되고 도가류의 많은 사람들이 보여 준 바와 같이, 은둔의 사상과 그 문화 세계로 넘어가게 된다. 그런데 세상을 등질 수도 있는 이런 위험한 요소를 명확히 알려 주지 않은 채 때때로 중국 백화_{白話}로도 강의를 진행하던 중국학적인 태도, 즉 중국 중심주의에 대해, 글쓴이는 한국 철학을 전공한 한 사람으로서 심각한 우려를 표명하지 않을 수 없었다.

실로 중국 도가와 도교의 신선은, 현실성과 실천성을 바탕으로 출발한 전통적인 한국의 선과는 아주 다르다. 선은 그야말로 수련과 수양을 통한 현실적 인간, 그런 인간 삶의 길로서 제기되어 왔기 때문에, 북애_{北崖} 선생이 밝힌 바와 같이 중국적인 황탄함과는 그 궤를 달리하는 것이다. 그런데 이 같은 한국의 「선」에 대해 알지 못할 때, 동양학의 주된 본령을 언제나 중국의 철학, 즉 도가나 도교에서 찾는 경향성을 지니게 된다.

결국 이는 '한국의 선'을 제대로 알지 못한 데서 오는 어쩔 수 없는 현재의 한계 때문일 것이라고 자답해 본다. 이런 의미에서 한국학에 대한 애착은 강렬한 것을 넘어 처절하기까지 하다. 내팽개치고 돌보아 주지 않는 어린 고아를 보살피면서, 힘겹게 바라보고 그 미래를 말해야 하는 무력감 같은 심정을 느끼는 것이다. 더욱이 강호에서 명망 있다는 학자들까지도 「선」에 대해서는 무지하거나, 아니 심지어 무시하고 경멸하면서 한국학의 세계를 저버리고 있으니, 어찌 답답하지 않을 수 있겠는가.

이런 와중에 「선」을 본격적으로 이야기하는 단행본을 가져 보겠다고 마음먹게 되었다. 이는 '동북공정'과 같은 중국의 무지막지한 힘의 과시가 드러나고 있는 현실 속에서, 글쓴이 나름의 긴박감이 작용한 때문인지도 모른다. 모든 것을 힘으로 해결하려는 저들에게 '한국의 선'이 무엇을 말하는지 가르쳐 줄 필요가 생긴 것이다. 그리고 중국이 왜 중국이고, 한국이 왜 한국인가를 말해야 할 때가 된 것이다. 돌아보면 좀 더 연구와 연마를 더 해야 한다는 생각도 있었다. 그러나 왜곡이 또 다른 왜곡을 불러일으키기 전에, 한국과 중국의 문화 세계가 지닌 기본적인 차이점을 알리는 것이 더욱 중요하다고 생각하고 있다.

그리고 이제 먼저 언급해 둘 사항은, 이후 본서 전체에서 사용하는 '선'의 용례와 표기에 관한 것이다. 이후 전체에서 「선」 또는 '한국의 선'은 한국 선의 철학과 사상, 즉 선사상을 지칭한다. 이와 달리 '선'은 일반적인 도교, 즉 한국 도교나 중국에서의 신선을 나타낸다. 그리고 아무런 표기 없이 선으로 쓰는 경우, 이것은 개별적 존재 즉 개인으로서의 인간 선을 의미한다.

아무도 보려고 들으려고도 하지 않는 「선」과 한국 철학!

그리고 한국인의 이야기!

마음속에 있는 철학적 진실을 찾아 헤맨 지도 꽤 되었다. 어르신들께서 들으시면 노하시겠지만, 딴에는 해 본다고 이리 보고 저리 기웃거린 것이 어느새 20년이 되어 버린 것이다. 그럼에도 여전히 삶의 진실은 어렴풋하기만 하다. 그리고 지금 이 자리에서 보고 있는 이 책이 바로 내 삶이 되어 가고 있다.

한때는 심지어 철학도 아닌 이야기를 갖고 별짓을 다한다고, '한 소리' 듣기도 하였다. 그러나 그런 때에도 마음속에는 언제나 내가 보는 그것이 나의 진실일 수밖에 없다는 가장 단순한 논리가 자리하고 있었다. 사실 이 책이 말하고자 하는 학문적 진실의 진위나 철학적 가치의 문제는 다른 사람들에게는 별 중요한 게 아닐 수도 있다. 그러나 개인적으로 이 문제는 마치 생명과도 같은 것이다. 더욱이 내가 한국인인 이상, 우리 모두에게도 이 문제는 결코 단순한 농담거리가 될 수는 없으리라 생각하고 있다. 그것은 '우리'라는 사상 세계를 한국인 모두가 공유하고 있기 때문이다.

이 '우리'의 문제는 결코 우리만의 문제가 아니다. 전체 인류와 지구촌 모든 식구들이 지녀야만 할 사유이자 철학으로 작용해야 할 것이라 생각하기 때문이다. 바로 그것을 나는 '한아버지'들로부터 배웠다. '관용' 그리고 '우리'의 개념으로 세상을 끌어안을 것을 우리 '할배'들은 내게 가르쳐 주었다. 그래서 필자는 이를 말해 보고자 하는 것이다. 다만 이 책이 '우리'를 말하는 데 있어 조금이라도 모자란 점이 있다면, 그것은 '한아버님'들의 잘못은 아니다. 그것은 오직 글쓴이의 천학비재함에 기인하기 때문이다.

결국 언제나 원해 왔던 것은, '스스로의 자각과 결단' 또 '개별적 삶의 가치가 크고 중요하다'는 것과 같은 단순한 염원이지 않았던가라는 생각을 해 본다. 모든 사람들은 자기 자신의 올바른 생의 의지를 통해서 보다 의미 있는 자기 삶, 나름의 세계를 살아가야 한다고 믿는다. 종속되지 않고 얽매이지 않으면서, 진정한 인간의 삶을 위하여 살아가는 것이다. 다만 이제 이러한 것이 나 자신에게만 적용될 그런 성질의 것이 아니라, 우리 모두가 그렇게 살아갈 수 있는 삶의 하루하루가 되기를 바라고 있다.

하지만 현대 사회는 이 같은 인간의 염원과는 오히려 반대되는 길을 가고 있다. 그러면서 오히려 복종을 강요하는 것이다. 하지만 이제 우리는 결코 그렇게 살아갈 수 없다. 어떠한 희생을 치르더라도 이겨내야 할 인생의 가치를 찾아서, 그리고 그로써 인간의·인생의·개벽의 길을 말할 수 있어야 한다. 그럼으로써 우주의 '생명적 진화'를 함께 할 거룩한 길을 꿈꾸어야 하는 것이다. 이를 위해 삶은 그나마 남겨진 것이리라. 좀 더 공부하고 좀 더 수련하여 쓸 만한 작업을 해 보라고, 그나마 삶이 조금 더 남아 있을 뿐이다.

이제 바라기는 새로운 정신 철학과 인문의 신천지가 우리 한국의 문화 세계 속에서 활짝 만개하기를 바라는 마음뿐이다. 갈등과 투쟁, 긴장과 고통이 가득한 이 세상에 다만 한 줄기 정신의 청량제라도 제공할 수 있기를 기대하는 것이다. 물론 당연히, 그 역할을 "'우리'의 사상"이 담당해 주기를 바라는 것은 말할 것도 없다.

힘없고 소외 받는 모든 이들이, 스스로 선仙 됨의 자각 속에서 자존과 자긍의 삶을 살아주기를 바라는 것이다.

이 책이 나오기까지 아낌없는 지원을 해 주신 여러분, 특히 존경하는 은사님과 〈도서출판 모시는사람들〉 여러분, 또 묵묵히 참고 견디면서 하루하루의 삶을 채워가고 있는 아내에게, 지면으로나마 충심으로 감사의 말씀을 전하면서, 이 책을 바친다. 끝으로 독자 제현의 추상 같은 질책을 기다리면서, 이 책이 다 말하지 못한 진실은 다음, 또 다음을 기약해 둔다는 약속을 드리고자 한다.

2004. 8. 30.

龍湖山房에서
太空草宇 謹拜

「선」·생명·조화
- 한국 철학과 문화의 정신세계 -

차 례

제2부 우리나라, 우리 문화 - 선랑仙郞들의 마음으로

제1부

선仙

우리 문화의 원본

제1장 한국 철학 사상의 출발과 「선仙」

1. 한국인으로 철학함

한국 학계는 오늘날 중요한 상황적 변화를 맞이하고 있다. 그것은 정보·기술 사회로의 전면적인 이전과 함께, 통신 및 운송의 발달에 따른 글로벌 세계의 출현과 맞물려 있는 것이다. 이제 한국인, 아니 모든 개개인은 더 이상 자신들만의 세계에서 안주할 수 없고 또한 그렇게 되지도 않는다. 다시 말해 지금은 싫든 좋든 세계인이라는 개념 속에서 자신의 위치와 그 정체성을 고려해야만 하는 시대가 되고 있는 것이다.

지난 세기 동안 한국 그리고 한국인은 외세의 억압과 침탈·해방·전쟁을 거듭하면서, 과거의 가난과 봉건 왕조에 대한 반발로서 서구화·현대화에 매진하여 왔다. 그 결과 일정한 정도 이상의 물질적인 성공과 양적인 발전을 이룩하기도 하였다. 하지만 이런 와중에도 인간 삶의 총체적인 판단 준거의 하나가 되어야 할 삶의 질이라는 문제에 이르면, 과연 한국의 현대화는 성공한 것인가 하는 의문에 사로잡히지 않을 수 없다.

성장과 발전이라는 양적·물질적 팽창과 이에 수반되어야 할 행복과 만족의 질적·정신적 수준의 향상이라는 두 가지 목표가 한국 현대화 과정에서 제대로 수행되었는가 하는 의문에 싸이는 것이다. 다시 말해, 한국 사회의 현실에서 물질에 대한 정신의 대응이라 할 문화 환경의 올바른 자리매김이 성공적으로 이루어졌는가에 대해 심각하게 의심하지 않을 수 없다. 다양한 판단의 준거가 있을 수 있겠지만, 결국 인간은 끊임없이 행복을 추구하는 존재이다. 이 경우 행복의 기준은 대개 그 삶의 질과 양 양면에서의 상승과 확장으로 결정되는 것이라 생각된다. 이러할 때, 오늘 한국 사회는 절반의 성공은 이미 거두고 있다 여겨지기도 한다. 그러나 남아 있는 그 나머지 절반의 성공에 대해서는 의심하지 않을 수 없는 것이다. 아니 물질적·양적 성장과는 무관하게, 한국인의 정신적 만족감 정도는 오히려 뒷걸음질한 것으로 보인다.

여기에는 여러 가지 이유가 있을 수 있겠지만, 이는 결국 한국 근·현대화의 기본적인 목표가 물질적·외형적 성장에만 초점이 맞춰진 반면, 그에 따른 정신적 문제는 등한시해 온 일련의 경향성 때문이었음을 지적하지 않을 수 없다. 이는 21세기로 접어든 현재에도 인문학의 경시라는 경향성을 보이는 한국 사회의 심각한 현실이기도 하다.

그러면 오늘 한국인들의 정신적 상실감이란 전체적인 문제의 책임을 과연 이 이유만으로 돌릴 수 있을까. 그렇지는 않다. 사실상 이 문제의 본격적인 책임은 한국 근·현대화의 정신 교육을 담당했던 모든 이들에게 일차적으로 있다고 여겨지기 때문이다. 또 다른 이유 하나를 들자면, 이는 한국 문화와 철학 교육의 기본 방향 내지 그 이념 자체가 잘못 해석되고 인도된 결과 때문이 아닌가 한다.

근·현대화의 과정에서 한국 사회는 거의 전방위적으로 서구 문화의 수입에 주력해 왔으며 또한 그 응용에 매진해 왔다. 이는 학문의 분야에

서도 예외가 아니며, 그 중심에 선 철학과 인문 사회학의 경우 또한 마찬
가지다. 물론 이를 통해 한국 사회는 절반의 성공을 거둔 바 있다. 그러
나 오늘 한국 사회에 심각하게 만연한 정신적 상실과 자기 해체의 현상
속에서, 이 시대를 살아가고 있는 한 사람으로서 다시 한번 반성의 시간
을 가지지 않을 수 없는 것이다.

  반성이라는 철학적 작업에 앞서 처음 만나는 의문은 다름 아닌 "나는
누구인가"라는 가장 고전적인 질문이다. 여기에 더하여 "한국인, 나는 누
구인가"라는 의문을 던지게 되면, 이는 더욱 규정하기 어려운 작업이 될
지도 모른다. 아마도 '내가 철학을 하는 이유는 나를 보다 더 잘 이해하
고 그로써 나의 삶을 더 의미 있게 하는 것'일 게다. 그러므로 '나'에 대
한 기본적인 이해 없이, 보다 확장된 "인간이란 무엇인가"라는 철학적 질
문이 해결될 수는 없다.

  다른 의미로 '철학함'에 있어 '나'와 '나의 문제' 이상의 것을 누군가
요구한다면, 그것은 이미 말할 수 없는 것 그리고 제공할 수 없는 것에
대한 무의미한, 책임 없는 철학이 되고 말 것이다. 그리고 '사회적 동물
로서의 인간'이란 말을 고려한다면, 내가 몸담고 있는 사회에 대한 이해
는 스스로를 파악하는 지름길을 제시해 줄 수 있으리라 생각된다.

  이에, 여기서는 나와 사회의 상호적인 여러 의문을 해결하기 위한 일
차적인 수단으로, 우선 '한국'과 '한국인의 자의식'이란 무엇인가 하는
데 집중해 보고자 한다. 즉 한국 사회와 한국인의 정체성正體性, 즉 self-
identity란 과연 어떠하며, 달리 그것은 어떠해야 할 것인가를 생각해 보
려는 것이다. 그런데 이 작업은 '한국 문화·사상의 성격'을 규정하는 의
미를 동시적으로 지니고 있다. 왜냐하면 '호모 사피엔스'로서의 인간이
란 점을 고려할 때, 한국인 내지 한국인의 정체성, 즉 자기 성격을 규명
하는 작업은 결국 한국 문화를 잉태한 자궁의 정신이란 무엇인가를 추적

하는 일과도 같은 것이기 때문이다.

　그러므로 이제 앞의 작업을 해 나가는 동안, '한국의 전통 사상 내지 고유한 정신세계는 어떤 것이었나' 하는 일련의 문제와 필연적으로 만나지 않을 수 없었음을 우선 밝혀 둔다.

　사실 광복 이후 학계에서 한국 전통 사상에 대한 기본 입장은 전통 사상은 곧 유교와 불교요, 유교와 불교는 곧 전통 사상이라는 도식에 젖어 있었다. 그리고 이러한 패러다임은 지금도 유효하다. 그러나 과연 한국인의 자의식이 정말 유교나 불교로부터 형성되었고, 동시에 그로부터 지금까지 내려와 오늘의 사유 세계를 지배하는 것인가. 이 글은 이러한 의문으로부터 출발한다. 한국 문화 사상사의 흐름 속에서 발견되는 한국 사상이 지닌 자체적인 성격은 결코 유교나 불교로서 획일화할 수 없는 것이기 때문이다.

　민족 종교 사상이 대한제국 말기에 집중적으로 창도된다는 사실에서 미루어 유儒나 불佛로서의 전통 사상은 어쩌면 일제의 식민 정책에 의한 결과물일 가능성도 짙다. 그러나 이는 좀 더 세밀한 연구가 필요한 사안이기도 하다. 다만 이로 인해 고유한 자생적 전통 사상은 분명한 체계화가 이루어지지 않은 것이 현실이다. 따라서 현시점에서 한국 전통 사상의 성격을 밝히라고 한다면, 이는 실질적으로 인본주의人本主義라든지, 현실 중심의 정신 또는 광명이세光明理世의 의식 등으로만 파악할 수 있는 관념적인 것뿐이다.[1]

　그리고 이런 이해의 경우, 그 기준은 대개 유·불과 같은 외래 사조의 영향을 입지 않은 원형(原型: arche-pattern), 즉 고대적이거나 신화적이면서

---

1 이 문제에 관한 한 한국 초·중등학교 도덕과 역사 교육의 일반 원형이 그러하므로 재론을 필요로 하지 않으나, 특히 이 문제에 관해 김형효는 의미 있는 분석을 시도하고 있다.(한국철학회 편, 『韓國哲學史』, 동명사: 서울, 1987: 김형효, 「古代神話에 나타난 韓國人의 哲學的 思惟」)

도 시원적인 시점을 염두에 두고 말하게 된다. 결국 이는 한국인의 근원성을 알기 위해서는 불교나 유교 등의 외래적인 것보다도 더 본질적이면서 자생적인 한국 문화의 자체적인 요소를 확인해야 한다고 생각하기 때문일 것이다. 이에 여기서도 또한 한국의 고대적이고도 신화적인 요소를 토대로 삼고 그 의식 세계를 이해·분석하는 데 우선 집중하고자 한다.

이로부터 출발하는 한국 사상에 대한 접근 논리는 다음과 같다.

한국인은 한민족으로서의 정체성을 가진다. 한민족은 단군과 한국 신화에서 그 민족적 기원을 찾는다. 그러므로 단군신화는 한국인의 민족적 기원과 사회적 일체감의 기반이 된다. 따라서 신화는 민족적 일체감으로서의 자기 동질성을 갖게 하며, 이는 또한 한국인의 자의식에 근원적인 토대로 작용하고 있다. 다시 말해 신화는 한민족이란 집단의 출발점이자, 그 잠재적 문화 동인으로 작용하는 것이다.[2]

그러나 신화에 나타나고 있는 일련의 자의식을 곧바로 하나의 철학 체계 내지 오늘의 학문으로 자리매김하기는 어렵다. 그럼에도 불구하고 이는 한국 철학 사상의 자기 모습을 유지하게 함에 있어 근원적으로 작용한 것임에 틀림없다. 그렇다면 이는 아마도 한국인의 자의식과 그 세계 이해의 원초적 특질에 가장 가까운 것이라 할 것이다. 하지만 우리는 이러한 한국인의 근원적 사유와 성격 내지 한국 사상의 근본 체계를 어떻게 파악할 수 있는가. 그리고 그 가치는 어떤 것인가. 이런 의문은 이 글이 지닌 주요한 문제의식으로 작용하게 된다.

다만 이제 이러한 한국 사상의 자체적인 성격과 그 특질이 있다고 한다면, 이는 과거에만 있었던 것이어서는 안 된다. 이는 지금도 숨쉬고 있어 오늘 한국 사회에서 발견할 수 있어야만 한다. 더하여 오늘의 정신적

---

2 전규태, 『韓國神話와 原初意識』, 반도출판사; 서울, 1985, 12–17쪽. 여기서는 신화가 生의 근원적 표현이며 民族의 발생 이야기임을 밝히고 있다.

아노미 현상을 치유할 수 있는 그런 것일 수 있다면, 이는 그야말로 한국
인의 사유의 고향이 될 수 있을 것이다.

이런 전제들을 논증해 나가기 위해 이 글은 우선, 주로 외래 사상의 유
입 이전에 이루어진 신화 그리고 그 신화소(神話素: 에피포르와 뮈토이드)[3]의 분
석에 따른 한국적 사상성을 편의상 한국 문화 사상의 시원성으로 이해하
기로 한다. 더하여 이것이 지니는 현대적인 의의와 그 실상에 대해 살펴
봄으로써, 학문적 이해 근거와 한국인의 자의식 등을 확인해 보고자 하
는 것이다.

그리하여 신화에 나타난 일련의 원초적 사상이나 정신성을 확인하고,
다음으로 이것이 현재적인 아노미 현상을 치유할 정신적 대안 내지 새로
운 한국 철학의 지평을 여는 기능을 할 수 있을 것인가에 대해, 전반적이
고도 개략적으로 이해할 수 있기를 기대하고 있다.

2. 한국 사상과 「선」

1) 고대 사상과 현대 철학

하나의 사상을 탄생시키는 데는 인성과 환경적 요인이 지대한 영향을
끼친다. 주지하다시피 유·불·도는 동양 전통의 삼교 사상이며, 마찬가지
로 한국 사상의 경우에도 그 위치는 분명하다. 하지만 삼교의 생성과 발
전에 연관된 여러 사실을 고려할 때, 이들은 이곳 그리고 한민족에 의한
사유는 아니다. 따라서 전래되거나 유입된 유·불·도를 근본적인 한국 사
상의 자생적 성격 또는 본래적 실상으로 간주하기는 어려울 것이다.

물론 유입된 유·불·도가 외래의 형태 그대로 남아 이 땅의 전통 사상

---

3 김열규, 『韓國의 神話』, 일조각: 서울, 1990, 5쪽.

이 된 것은 아니다. 이런 까닭에 유·불·도를 바꾸고 또 전통화를 가능케
한, 어떤 다른 사상적 중추 내지 사유가 사실상 한국 철학 사상의 가장
자체적인 모습이 아닐까 하는 의문을 품어 온 지 오래다. 다시 말해 한국
사상의 실상을 구하고자 한다면, 유·불·도의 사상 세계 안에서만 헤매어
서는 안 될 것이라는 생각이다. 따라서 결국 유·불·도 전래 이전의 한국
사상, 즉 고대라는 시점에 그 관심을 집중하지 않을 수 없었다. 동시에
가장 오래되고 원초적인 사유는 항상 무의식 내지 잠재의식 쪽에 잠복한
다는 심리학적 성과를 따라, 이제 생활 의식으로서의 민간 사상 쪽에 그
해답이 있으리라는 소결론에 먼저 이르게 된다.[4]

　　하지만 민간 사상의 경우, 그 연구 영역은 대단히 넓다. 그러므로 이는
하루아침에 그 전체를 확인할 수 있는 것이 아니다. 그러나 이 같은 어려
움에도 불구하고 한국인의 자의식을 알기 위해서는 조금이라도 더 깊이
민간 사상의 영역에 주의를 기울이지 않을 수 없다.

　　대개의 한국 민간 사상이 기반하고 있는 사유 지평은 민담과 설화 그
리고 신화 속에 남겨져 있다. 따라서 이들은 한국 무속과 민간 사유의 성
격을 탐색할 때 주된 자료로 등장한다. 이는 곧 자생적인 한국 사상 탐색
과 연구 또한 이들 신화적 세계로부터 출발할 수밖에 없음을 시사한다.
다시 말해 신화나 설화에 수록된 내용들은 고대적·민간적 사유의 핵심적
인 이해를 가능케 한다는 것이다. 그러나 철학적 측면에서 그 사상성의
검토는 불가피하다고 생각된다. 왜냐하면 비록 해석학적 방법론을 충실
히 도입한다 하더라도, 신화는 그 내용 자체의 진위 문제가 늘 개입되기
때문이다. 따라서 이를 현대적인 논리로 이해하기는 심히 어려우며, 동
시에 체계성 즉 엄밀한 학으로서의 철학적 기반을 갖는 데 있어서도, 신

4　拙稿, 「韓國 仙思想의 存在樣相과 그 展開에 관한 研究」, 부산대 학위논문, 1993.

화적 사유란 상당한 난점을 지닌다 하겠다.

하지만 신화의 내용과 기록이란 기본적으로 고대적이요 원본(原本: archetype)적임을 이해하고, 그 언어의 사용 또한 오늘과 다르다는 점을 이해한다면, 해석학적 이해를 통해 신화가 지닌 일련의 담론 체계를 확인하는 데 큰 어려움은 없을 것이다. 신화를 통한 한국 사상의 자체성, 또는 그 시원에 관한 문제를 다루는 데 있어서도 이는 당연히 고려되어야 한다. 이는 한국 이외의 경우에 있어서도 마찬가지겠지만, 오늘날의 분화·발전된 언어 개념으로 신화의 원초성과 순수성을 무시해서는 안 되기 때문이다. 다시 말해 현재의 분석적·실증적 학문 방법론의 단순 적용으로는 고대적·신화적 세계관을 온전히 이해하기 어려울 뿐만 아니라, 오히려 왜곡시킬 수도 있다는 점을 유의·지적해 두지 않을 수 없다.

하나의 사상이나 철학은 시간적·공간적인 요구에 의해 그 학문적 체계를 점진적으로 갖추어 가게 된다. 따라서 어떤 사유 의식이 초기 단계부터 곧바로 고급의 사상이나 철학적 체계로 존재하는 것은 아니다. 한국 사상 역시, 신화적인 원형原型으로부터 그 정체가 탐색된다 할 때, 그것이 원래부터 체계화된 형식을 갖추고 나타났음을 의미하는 것은 아니다. 이런 의미에서 한국 철학의 원형 정신 또는 신화적 고대 사유는 오늘 세계와 인간 존재에 대한 이해를 현대적인 언어로 바꾸면서 새롭게 정립될 필요성을 가지게 되는 것이다.

그리고 이제 이 글에서 사용하는 한국 사상의 원형 정신 또는 시원성이란 말은, 한국 철학의 기반을 외래적인 데서가 아니라 보다 근원적이고 자생적인 데서 구하고자 하는 시도 속에서 출발하는 용어다. 이에 시원의 의미를 따라, 일단 그 명칭을 '한국 고대 사상'이라 칭해 본다. 결국 고대 사상이란 오늘과 같은 체계적 철학이나 사상을 의미하는 것은 아니다. 그럼에도 불구하고, 한국 고대 사상은 과거 한국인 내지 한민족이 가졌던 최초의 인간 이해요, 세계 이해라 할 수 있는 어떤 것임에는 틀림없다. 다만 그 시기적 특수성으로 인하여, 고대 사상은 오늘날의 체계적인 사상이나 철학과는 다소 거리가 있다.

어쩌면 고대 사상은 단순히 '애지愛智로서의 철학'을 의미하는 것은 아니며, 이는 오히려 보다 현실적 측면에서 실천성을 위주로 한 생활의 지혜 내지 삶에 대한 인간 정신의 대응과 작용으로서의 사유 형태로 등장하는 것이 아닌가 한다. 곧 고대 사상은 과거 왕학王學·성학聖學·도학道學 등으로 불려지고 또 이해된 동양 전통의 실천적 앎, 즉 지행합일知行合一적인 앎 내지 생활 법칙의 의미를 보다 강하게 가지는 것이다.[5]

그리고 여기에서 말하는 지행知行의 지知란, 삶에 있어 필요로 하는 실천적 앎으로서 언제나 세계와 인간에 대한 이해를 기초로 하는 것이며, 그로써 곧바로 앎과 실천이 생활과 합일되는 그런 앎으로 이해되어야 하리라고 본다. 고대적 상황에서 순수한 이론적 체계로서의 사유란 대단히 곤란한 것일 수 있기 때문이다. 따라서 이는 이성적·합리적 논리를 기조로 체계화한 것이 아니라, 정감적 정신세계와 생활 세계를 이해하고 그 전체를 구비 전승한 것으로 보아야 한다. 다시 말해 생활 세계 자체를 그대로 정감적 언어로 나타낸 것이기에, 이의 정신형, 곧 그 사상 체계를 논리적으로 쉽게 파악해 내기는 곤란한 것이다.

오늘날 한국 고대 관념,[6] 즉 한국 사상의 자생적 원형을 파악하고자 하

---

5 哲學의 성립에 있어 일반적인 두 경향 곧 理論으로서의 철학과 實踐으로서의 철학 중에서, 東洋 傳統의 聖學 또는 道學이란 결국 삶과 세계의 통합을 희구하는 실천적 관심에 보다 기울어져 있는 자기 특성을 지니는 것이라 하겠으며, 또한 이 점은 東洋 哲學의 世界 理解型이 西洋의 논리적이고도 합리적인 理論 위주의 學的 思惟에 대비되는 중요한 自己 特性의 하나라 하겠다.(尹明老,『哲學辭典』, 일신사: 서울, 1988, 428쪽)

6 여기서의 고대 관념이란 신화가 지닌 사상성을 의미하는 것으로, 조지훈이 "신화는 인간이 발견한 정치와 사회와 과학과 문학과 역사의 원형"이라고 한 말이라든지, J. Campbell이 말한 "신화는 형이상학의 회화적 언어"라고 한 의미에 상응하는 것이다.(이은봉 편,『檀君神話硏究』, 온누리: 청주, 1986, 113쪽, 217쪽 재인용)

는 철학적 시도에 있어, 이러한 고대와 현대의 차이점은 먼저 분명히 인식되어야 할 대목이다. 그럼에도 불구하고 고대 사유 체계를 현대의 철학 사상적인 체계와 비교·오인하면서, 대다수 한국 철학의 자생성과 그 유·무에 관한 그릇된 논쟁을 야기하고 있는 것이 학계의 현실인 것 같다.

원초적인 사유 관념은 서서히, 보다 개념적인 자기 이해와 세계 분석 그리고 철학적 정체 확인을 시도하면서 그 체계성을 갖추게 된다. 그리고 정신적 아노미가 극에 달한 오늘, 한국 고대 사상은 현대적 관점에서 새롭게 전통 사상으로서의 자기 정체성과 체계성을 담보 받아야 한다. 문제의 해결을 위해 과거, 즉 원시성과 자연성의 세계는 언제나 정신 철학의 원천으로 등장하지 않을 수 없기 때문이다.[7]

고대적인 인간관과 세계관의 제 양상에 있어 파악된 사유 관념들은 명확한 이론 체계로서 인간은 이러하며 세계는 저러하다는 방식으로 제기되지 않는다. 따라서 이러한 성격의 자생적 고유 사상은 그 본질상, 본격적인 한국 사상 내지 철학으로 연구되는 데 일정한 자기 한계를 가지기도 한다. 하지만 이것이, 한민족이 최초로 그들의 생활 세계에서 만나게 된 어려운 문제들을 해결하는 실천적 삶의 정신적 도구로 작용하였다는 점은 부인하기 어렵다. 이에 곧바로 한국 사상 또는 한국 철학으로 이를 부르기는 비록 미흡하지만, 대체적으로 이를 미분화된 상태의 한국적 논리이며, 달리 한국 문화의 성립에 있어 기초적인 정신적 토대로 작용한

---

7 現代 韓國 哲學의 成立要件 내지 그 基準으로서 무엇이 제기될 수 있을 것인가 함은 여기서도 여전히 그 疑問들이 남겨져 있는 것이라 생각된다. 그러나 적어도 韓國 哲學이라 할 때, 이것은 韓國傳統의 自生的 精神性으로부터 일정하게 고유한 자기 근거를 확보하는 것이어야 하지 않겠는가 생각하며, 이 경우 現代 韓國 哲學이란 결국 현대의 학문적 방식 위에서 고유한 한국적 의식이 체계지어져야 함을 의미하는 것이라고 생각한다. 李明賢은 이러한 한국 철학의 과제에 있어 그 전면에 등장하는 것으로 "傳統 思想의 정체를 밝히고, 그것의 오늘에 있어서의 적합성과 이론적 타당성을 비판적으로 검토하는 일"을 들고 있으며, 이에 대한 몇 가지의 方法論的인 절차를 제안하고 있다.(沈在龍 外,『한국에서 철학하는 자세들』, 집문당; 서울, 1987, 31쪽)

근원으로 이해할 수는 있다.

그러므로 한국 고유 사상 또는 전통 정신·한국 자생 사상·고유 정신 등의 명칭이 오히려 더욱 타당할지도 모른다. 그러나 어떤 명칭에도 불구하고, 한국 고대로부터의 원형 정신이라는 측면에서, 이것이 지니는 한국적 사유형이라는 의미는 동일하다. 이런 이유로, 이는 마땅히 현재의 학문적인 맥락에서 재해석되고 재정립되어야 할 어떤 성격을 띠고 있는 한국의 사상과 철학이 되는 것이다.

사실 본서의 전편에 걸친 한국 사상이란 개념은, 이와 같이 고대적 원초적 정신성에 기초한 한국적 사유의 원형이란 의미에 가깝다. 따라서 이것이 현대의 구조적·체계적·분석적인 학문으로서의 철학, 곧 서구적 philosophy와 같은 의미를 가지는 것은 아니다. 오히려 이는 최초의 자연 신앙과 생활 사유라는 순수한 정신 형태를 지닌 채, 나름대로 삶과 세계를 이해하는 방식으로 한민족의 시발과 더불어 존재해 왔던 사상과 문화이다. 이런 의미에서 현대적인 학문 개념을 따른다면, 한국의 철학 정신 또는 원초적인 한국인의 마음은 아직도 그 체계화를 기다리고 있는 단순한 사상 현상으로서의 사유 관념에 더 가깝다 하겠다. 곧 한국 고유 사상이란 보다 보편적인 사유형과 합리적 정당성의 확보를 필요로 하는 민족적인 특수한 생활 사유로서의 일련의 정신 현상인 것이다.

그러나 이것이 비록 체계적이지 못한 단순한 관념 그리고 어설픈 이해로서의 비논리적인 신화적 사유에 불과하다 하더라도, 한민족이 자신들의 삶과 세계를 이해한 최초의 인식으로서 또한 그를 따라 생활한 정신적 동력으로서의 가치는 충분하다 하겠다.

그러면 이제 단순히 고대라는 시간적 개념을 넘어, 한국 정신이 그 속성에 의해 가질 수 있는 또 다른 명칭은 무엇일까. 이를 위해 이제 한국인의 인간관 내지 세계관으로 이해할 수 있는 한국 고대 사상의 여러 내용적 양상들을 종합적으로 검토해 보고자 한다. 곧 한민족의 출발에서 발견되는 신화와 그 철학적 내용들을 분석하고 검토함으로써, 민족적 정체성(identity), 즉 그 정체와 자기 이해의 양상을 살펴보고자 하는 것이다.

2) 한국 사상의 선적仙的 특성

여기서 말하는 한국 사상 내지 고유 사상이란 고대적 생활 의식의 단계에서 출발하여 지금에 이르고 있는 하나의 사유 체계를 지칭한다. 이런 의미에서, 이는 한국 상고대의 신화적 사유인 국조 단군신화에 나타나고 있는 산악숭배·경천애인敬天愛人·공동체적 이화理化 그리고 수련성을 바탕으로 하는 일련의 정신 또는 문화적 사상성 정도로 파악해도 무방하다. 다만 어떤 경우라도, 이는-이후 외래 사상과의 만남을 통해 비록 자기의 순수성을 상당수 훼손당한 바는 있어도-결코 자기의 정체성을 완전히 잃은 적은 없는 한국적 사유의 기반으로 이해되어야 한다.[8]

이제 문제는 이를 오늘의 학적·사상적 개념으로 이해하고자 할 때, 이의 내용과 견주어 가장 적합한 범주 개념으로는 무엇을 들 수 있을까 하는 것이다. 여기서 글쓴이는 이를, 그 고유한 인간관과 세계관에 기초하여, 일단의 「선仙」 또는 「혼」으로 보는 것이 가장 타당하리라 생각하고 있다. 왜냐하면 신화의 내용 분석을 따를 때, 이의 기본 형태가 대개 천사상·산악 사상·현세 의식과 원환圓環적 사유 그리고 신선 관념이라는 기본 틀로부터 시작하고 있음을 확인할 수 있기 때문이다. 다만 여기서도 인간 자신에 대한 자의식의 발로로 이해할 수 있는 사유 체계에 집중한다면, 이는 '선'이라는 특징적인 이해를 보여 주는 것이다.

선의 개념은 단군신화의 전체 구조가 위격位格에 있어 '신인神人으로서

---

8 註 1항 참조. 「한국신화의 원형에 대한 평가」, 『한국철학사』 상, 21쪽.

의 단군'을 탄생시키는 데 그 초점이 맞추어져 있다는 점, 그리고 또 하나 단군의 '입산위산신入山爲山神'이라는 선화仙化함의 구절 해석으로부터 유추된다.[9]

즉, 한민족의 시조이자 국조인 단군을 신인으로 이해하고 그 위격을 상정함으로써, 한민족은 스스로를 신과 인간의 결합 곧 신이자 인간이며 인간이자 신인, '인즉신人卽神·신즉인神卽人'이라는 선仙'의 개념으로, 자기의 정체를 결정했던 것이다.

이러한 자기 정체성의 확립은 사실상 한민족에 의해 수행된 최초의 인간 이해의 한 작업으로 이해된다. 이로써 선仙은 인간에 대한 한국적 인식이자 그 특징적 의식으로 나타나는 것이다. 신화의 사상적 기능이 바로 여기에 작용하고 있음을 확인하게 된다. 더하여 여기 '한국 고대의 신화적 사유에 나타난 사상성'을 「선」이라는 하나의 범주 개념으로 이해하고자 하는 것은, 한국 사상사의 기층에 나타나고 있는 민간의 무교적巫教的 신앙과 한국인 일반의 자기 의식을 연계하여 볼 때, 다른 어떤 의미보다 「선」으로 이해하는 것이 가장 적절하다고 생각하기 때문이다.[10]

그렇다면 「선」이란 과연 어떤 것인가. 유병덕은,

---

9 "古宗教에서는 天과 先祖를 山岳에 배정하여 숭배하며, 그것을 인격적으로 보는 이름을 山神이라고도 하고 仙人이라고도 하며… 이 경우의 仙은 漢文類로 말하면 神이라고도 하는데 합당하며… 仙人이라는 것은 종교의 行者 내지 神道의 體現者에 대한 칭호이며, 古代에서는 그대로 教權한 君主의 이름"(최남선, 『六堂崔南善全集』, 현암사; 서울, 1973, 2권, 217쪽).

10 金正坤은 花郎道의 사상적 연원으로서의 고유 사상에 대해, "무속 신앙적인 면과 神道 사상적인 면, 그리고 仙道 사상적인 면을 그 기본 요소로 갖고"(「花郎道의 思想的 淵源에 관한 小考」, 성균관대, 1982, 294-298쪽) 있음을 논증하고 있으며, 柳南相은 이를 固有 神道와 中國 仙道의 방식으로 정리하고 있고(「韓國古代思想에 나타난 人本精神」, 『새마음논총』 창간호, 88-95쪽), 宋恒龍은 곧바로 이를 仙家思想으로 파악하고 있다(「民族固有思想의 形成基底와 道家思想」, 『성대논문집』 제20집, 1975, 13-17쪽). 이러한 神과 仙의 이해에 있어 본서의 전체적인 입장은, 山神이라는 字句上의 의미에서 神이라는 종교적 관념보다는 仙이라는 용어의 사상적 개념에 보다 충실하게 접근한 것이다.

선仙은 인변人邊에 산山자를 더하거나 선僊자로 쓰는데 산에 사는 사람 또
는 인간에서 천거遷去한 사람이란 뜻의 회의문자會意文字 …, 즉 죽어서 땅에
파묻히는 것이 아닌 살아서 신선이 되는 것 … 비양승고飛揚昇高라 표현한다.

하고, 이어서 선仙의 연원은 한국이며 이것이 중국에 건너가 도교가 된
것이라 한다.[11]

사실 '선'이란 한국 고유의 것으로 삼교를 포함하는 풍류 사상의 근원
으로 작용하였으며, 이는 국선노國仙道로 이어져 지금까지도 그 원형을 보
존하는 것이다. 이러한 한국「선」의 원형과 특징은 무적巫的인 인간 심성
과는 얼마간 다른 것으로, 사상적으로 천인합일天人合一의 의식이 보다 강
화되어 나타나고 있다. 또 중국의 신선 양생養生론과 비교한다면, 이는 외
단적外丹的인 양생지도養生之道의 무병장수가 아니라 특히 심성 수련을 강
조하는 내단內丹 수련학으로 이 땅에서 그 주맥을 삼아 온 것이다. 따라서
오늘 민간에서 행해지고 있는 일련의 수련학적 체계를 선도仙道나 선술仙
術 또는 한국의「선」등으로 부른다면, 이들의 본질은 결국 단군과 그 사
상 세계에 기초하는 셈이다.[12]

국조 단군왕검의 신화는 근본적으로, '인간이 곧 선이며 선仙이 곧 인
간'이라는 관점에서 그 인간관이 출발하고 있다. 이 경우, 선은 단순한
인간이기보다는 자유인 내지 초탈超脫 또는 포월자包越者로서의 인간을 의
미한다.

다만 선이란 용어에 제기될 하나의 문제는, 오늘날 일반적으로 사용하

11 유병덕 편저, 『圓佛教思想의 展開』上, 교문사; 서울, 1990, 83-85쪽: "神仙의 仙道는 조선에
서 발생하였다. 그것이 중국으로 옮겨간 것이고 중국 고유의 것이 아니다. 그러므로 중국 고대
문헌에는 神仙說이 없다. 十二經과 老子에게도 없다. 春秋時代에도 없고 莊子에 비로소 仙人·
神人說이 있다. 戰國時代에 해당한다."
12 앞의 책, 85-87쪽.

는 '선'과 '신선' 내지 '신'과 '무' 등의 용어와 비교할 때 그 개념적 차이에 관한 것이다. 더하여 고대 관념과 현대적 개념 사이의 시간적 차이를 오해함으로써, 근본적으로 「선」의 성격에 상당한 혼란을 야기할 수도 있다. 즉, 한국 고대 사상의 성격을 선교仙敎 내지 신교神敎 또는 무교巫敎로 파악함은 현재적 분류이지, 고대 사유 자체에 있어 선과 신 그리고 무의 어떤 엄격한 구별점이 있었던 것은 아니었을 것이라는 점이다.[13]

그러므로 선이란, 고대 관념을 현대적 개념으로 재인식하는 경우에 있어 나타나는 분류 개념이라는 의미가 강하다. 다시 말해 통합적이고 종합적인 관념 내지 덕목으로 있었던 고대 신화적 세계를 오늘의 용어로 분석·이해·구분하고자 하는 데서, 선과 신 그리고 무의 분화된 개념의 차이가 나타나는 것이다.

이를 좀더 구체적으로 이해해 보면, 한국 사상에서의 선이란 개념은 신神과 인人의 내적 결합으로서의 신인神人이라는 의미를 가지며, 진·한秦漢 이후 등장한 중국의 신선 개념과는 다소 상이한 것이다. 또 무교는 대체로 접신 형태와 외부적인 신이神異한 존재와의 조우라는 타력성에 의지하여, 이를 믿고 따르게 되는 일정한 속신 사상俗信思想으로 이해된다. 이에 반해 한국의 전통 선교仙敎는 대개 신인의 철학이나 인간관에 따른 수련의 자력성, 그리고 이에 수반되는 생사의 존재 파악이라는 일정한 합리적·철학적 특성을 보다 강화하여 나타나는 것이다.[14]

곧 한국의 선仙이란 현실적인 인간 한계를 초극하고자 하는 인간의 이

---

13 『六堂崔南善全集』 2, 韓國史 2 : "僊자의 義가 본디 升高를 의미함에 그침에서도 그 古義를 분명히 짐작할 것이요, 支那에 있어서도 仙人을 古에는 神人으로 稱하고 聖人으로 同觀하고 , 또 君師의 師나 한가지로 古로부터 巫師를 熟用하고 후세에도 女巫를 師娘이라 하고…"(128쪽). "神·聖·仙 상의 類語임을 살피기 어렵지 않다. 師字를 神力 又 技藝 있는 자의 稱으로 쓰고 轉하여 무릇 技術的 方面에 종사하는 자의 通稱이 된 것… 중국 俗語에 靈巫 又 術士를 師巫라 부르고…"(149쪽)
14 拙稿, 앞의 논문, 45-49쪽 참조.

상형인 어떤 존재에 대한 희구인 동시에, 이를 합리적으로 인식코자 하는 사유 속에서 등장하고 있다. 이러한 희구는 한국 사상에 있어 결국 야인野人에 대한 산인山人으로서의 선, 즉 표층적인 낮의 동적動的인 인간이기보다는 좀 더 기층적인 밤의 정적靜的인 인간이란 관념으로 표상되고 있다. 그러나 밤은 결국 낮의 활동성을 예비하는 근원적 힘으로 자리잡으며, 보다 본질적이고 원초적인 생명력으로 나타난다.

이는 무속의 원본原本 사고 내지 사고의 원형(arche-pattern)에 상당하는 것이기도 하다. 다만, '무'와 비교할 때 '선'은 이러한 원본의 합리성에 해당하고 '무'는 보다 종교적이라 할 수 있다. 다시 말해 '무'는 보다 신에 가깝고, '선'은 보다 인간에 가까운 것이다. 이를 달리 이해하면, 신·선·인·무는 결국 같은 세계를 바라본다. 그러나 굳이 무와 선을 비교한다면, '선'은 인간에 '무'는 신에 보다 가까운 것이라는 말이다. 즉, 선이란 보다 인간적인 측면에서, 인간을 완전의 존재·신적 개념으로 이해함으로써 사상적·인간학적인 논거를 무교보다 더 강화하고 있는 것이다.

그러나 선과 무의 차이 또한 현재의 학적 구분에 따라 파악할 경우 나타나는 것일 뿐, 이것이 고대적 단계에 있어 본래부터 그 엄격한 차별성과 분별성에 의해 인식된 것은 아니라고 여겨진다. 따라서 고대 사유를 오늘의 철학적 요구에 의해 규정하고자 할 때, 무·신·선·인이라는 개념적 분석 내지 사고의 체계화가 필요할 뿐, 고대적 사유 체계의 전체적인 상황은 상당한 정도로 미분적 양상 속에 있었다 할 것이다.[15]

이제 이 점을 염두에 두고 「선」의 개념에 접근한다면, 어느 정도 한국 사상의 원형적 인간관에 대한 자기 성격을 이해할 수 있으리라 생각된

---

15 柳炳德은 이에 대해 결국 韓國人들의 심성의 본래적인 원형은 "Mana적인 仙의 修練과 Anima적인 巫의 行爲"로서의 양자가 다 포함되는 것이라 하여, 靈·肉의 分離와 合一에 따른 인간의 이중적 종교성이 한국에서는 묘하게도 공존해 왔음을 지적하고 있다.(『圓佛教思想의 展開』上, 77-80쪽)

다. "우리의 것이란 다름 아닌 이해된 것일 때 우리의 것이 되는 것이며, 그 이해된 것이 우리 것의 내용이 되는 것"[16]이라 한다. 따라서 비록 고유 사상이라 하더라도, 이에 대한 개념 이해의 문제는 대단히 중요한 것이다. 즉 고유 사상 역시 적어도 현재 우리에게 이해된, 또는 이해되는 것이어야 한다. 만일 그렇지 못하다면, 이는 무의미할 뿐이다. 그러므로 한국 상대上代의 원시 사상은 단지 고유한 것이라는 측면에서 벗어나, 일정한 이해가 오늘 우리에게 가능해야만 한다. 그리고 이 경우에 있어서만, 한국 고대 사상 또는 「선仙」의 사상은 전통 사상으로서의 자기 가치를 가질 수 있을 것이다.[17]

다시 말해 고유한 것으로서의 정신과 관념이 오늘 여기서 계속적으로 이해되고 있다면, 그것은 적어도 한 시대에 국한된 상황적인 세계관과 인생관이라는 단절된 의식 또는 지속성을 갖지 못한 단순한 정신적 도그마로 이해되진 않는다. 또한 현재 이해되고 있다는 것은, 그것이 현대를 살아가고 있는 우리의 삶과 행동을 지배하고 이끄는 사유로서 일정하게 작용한다는 것을 의미한다. 이로부터 그것은 보존하고 지속시켜야 할, 과거·현재 그리고 미래를 이끄는 자기 내적인 사상 가치를 스스로 보유하는 것이다.

하지만 고대 사상이 과거로부터 일체의 변형 없이 그 자체로 현재에

---

16 宋恒龍, 『東洋哲學의 問題들』, 여강출판사: 서울, 1987, 415쪽; 여기서는 固有의 문제를 개념적으로 심도 있게 다루고 있다. "固有라는 말과 우리의 것이라는 말과는 그 자체 만으로서는 아무런 상관이 없을는지도 모른다… 때문에 韓國 思想 또한 우리에게 이해되어진 것이면 어느 것 하나 韓國思想 아닌 것이 없다"(413쪽)

17 여기서 自生的인 韓國 固有 思想의 의미는 단순히 그러한 사상성의 의식이 존재했다는 의미보다 그것이 현재 과연 한국인들에게 얼마나 이해되고 전승되어 왔는가 하는 점이, 보다 중요한 의미를 지닌다 할 것이다. 하지만 이 경우에도 古代的 意識의 存在라는 것은 이러한 문제의식의 단초가 되는 것이니만큼 그 存在의 사실성에 대해서는 새삼 재론할 이유가 없으며, 이 경우 韓國 古代의 思惟가 갖는 중요성은 결국 自生性·固有性이라는 의미에서 傳統 思想의 개념 속에 이미 담겨져 있는 것이라 할 것이다.(前註 참조)

전승되는 것은 아니다. 이는 적어도 오늘에 있어 새롭게 이해되는 것이며, 다시금 재분석·재파악되어야 할 그 무엇으로 변형·계승되어 있다. 즉 한국의 자생적 사유가 처음 생성된 이후, 이는 한민족에 의해 생활 관념화하는 동안 어떤 식으로든 변형되면서 전승되었을 것이다. 다만 그럼에도 불구하고 그 자체적인 특성, 즉 자기 정체성의 세계는 지금도 그 모습을 남기고 있어야 한다. 그래야만 고유 사상은 비로소 오늘의 철학일 수 있는 것이며, 새롭게 그 사유 가치를 부여받을 수 있게 될 것이다.

그런데 오늘 학계에서는 「선仙」이나 고유 사상의 숭인에 관하여 결코 긍정적이지 않다. 그 이유로는 대개 고유 사상의 실재가 확인되지 않는다는 점을 들고 있다. 즉 「선」의 사상 세계를 확인하기 어렵기 때문이라고 말하는 것이다. 필자는 확인하기 어렵다는 데 오히려 반대하고 있지만, 반대만으로 이 같은 문제를 해결할 수는 없다.

그러면 대체 왜 그렇게 고유 사상의 세계를 확인하기가 어렵다고 하는 것일까. 이는 아마도 고유 사상의 「선」이 가졌던 현세적 성격[18] 때문에 그런 것은 아닐까 생각해 본다. 사실 생활과의 합일을 추구했던 고유 사상은 그 정체 확립의 과정 가운데서 생활 외적인 이론, 즉 실천을 벗어난 이론의 세계에는 거의 관심이 없었다고 할 수 있다. 따라서 역사적이거나 정치적 현실을 벗어난 순수 이론적 사상 체계의 확립이란 오히려 무가치한 것이었을 수도 있다.

그러므로 이제 「선」을 이해하기 위해서는 그 이론적 합리성 외에, 실천적 행위라는 측면에서의 사회·문화 사상사적 접근을 상호 병행해야만 한다. 그래야만 한민족 문화의 독자성을 이해할 수 있을 것이며, 「선」으로 표현된 고유한 국선國仙 낭가郎家의 세계에 어느 정도라도 접근할 수

---

18 拙稿, 앞의 논문, 49-50쪽 참조.

있을 것이다. 그렇지 못하고 통념의 세계·불변의 한자 문화권적인 패러다임에 고정된 채 의미 없는 학적 구분만을 거듭한다면, 한국 고유 사상은 학문적으로는 언제나 모호한 의미 그리고 애매한 정신 행위로만 남겨진 알 수 없는 사상이 되어 버릴 것이다.

지금까지 한국 철학 사상사의 연구 맥락은 고구려·백제·신라의 건국과 함께 고대 국가 체제를 확립해 가는 시기에 유입된 유·불·도 사상을 한국의 전통 사상으로 삼고, 이를 탐색·연구하는 방식이 정형화된 주류로 남아 있다. 최근에는 이런 경향에서 벗어나 보다 자생적이고 원초적인 근원 정신이 있지 않겠는가 하는 발상의 전환을 통한 연구의 동향을 보이고는 있다.[19] 하지만 역사학계의 원칙이나 사상계의 이해 패턴이 변하지 않는 한, 고유 사상에 관한 언급은 여전히 일정한 한계를 드러낼 수밖에 없다. 자생적 고유 사상과 전통 사상으로의 이행이란 문제를 다루는데 있어, 현재 학계에서는 대략 세 가지의 경향성을 나타내고 있는 것으로 보인다.

그 첫째는, 삼국 통일 이전 삼국정립의 단계에서 유입된 유·불·도 사상이 초기부터 한국화하고 이후 표층 정신문화의 상당 부분을 담당하였다. 이로부터 이것이 그대로 현재까지 연결된다는 측면에서, 유·불·도의 삼교 사상을 한국 전통 사상 내지 전통 철학으로 파악하는 방식이다. 둘째, 이러한 외래 사조 중심의 이해에 반대하여, 오로지 자생적 전통으로서의 고유라는 의미에 집중하며 국조 단군신화에 나타난 사상성만이 전통 사상으로 연결된다는 입장이 있다. 이 같은 이해에 기초하여 민족 사상과 단군 사학에서의 접근이 있다. 셋째, 고유 사상과 외래 사상의 일정한 자기 역할들을 인정하고, 그로부터 파생된 사유 의식의 현대적 이해

---

19 이 방면의 최근 작업으로 『우리 것으로 철학하기』(한상우, 현암사, 2003)"가 있는데, 이것은 한국 고유 사상의 연구에 또 하나의 중요한 철학적인 전기를 마련하고 있다고 생각된다.

를 전통 사상으로 폭 넓게 규정해 가는 절충적 방식이 있다. 실증과 합리성을 내세운 강단학계에서는 대체로 첫 번째 경향, 그리고 일부 민족 종교를 중심으로 한 소위 재야 학계에서는 두 번째 경향을 주로 보이고 있다.[20]

그러나 여기서는 이러한 양자의 입장을 지양하고, 사실상 세 번째의 절충적 입장을 택하여 한국의 전통 사상은 과연 무엇인가라는 물음에 답해 보고자 한다. 이는 풍류도나 고신도古神道로부터 한국의 전통 사상이 파생되어 나온 것이라고 파악하기 때문이기도 하지만, 고대적·자생적 고유 사상과 삼교 사상과의 상화相和 관계에서 볼 때 이것이 쌍방간에 어느 한쪽이 다른 한쪽을 흡수·통합한 것으로 파악하는 것은 무리가 있다고 생각되기 때문이다. 곧 고유 사상이 삼교 사상을 흡수·포함함으로써 이후의 한국 사상이 전개되어 나온 것도 아니요, 또 외래적 삼교 사상이 고유한 정신 요소들을 모조리 구축함을 통하여 한국 사상사가 전개되는 것도 아니기 때문이다.

즉, 이 고유와 외래의 양자는 공히 한국 정신의 특수성과 보편성이라는 사상 세계를 형성하는 데 나름대로의 역할을 충실히 해 냄으로써, 실질적인 한국의 정신·사유·사상 형태 전체를 구성하고 있다. 하지만 그럼에도 불구하고 고유의 「선」은 특유의 생활 사고적인 성격 또 그 조화와 종합의 사상성으로 인하여 독자적인 사상 체계, 즉 명확한 모습을 확인하고자 할 경우 상당한 난관을 보이기도 한다. 다만 이제 「선」을 하나의 사상으로 이해할 경우 '드러난 자기 의식'을 논할 수 있는 가능성의 세계

---

20 이러한 연구 경향의 불일치로 인해 韓國 傳統 思想의 연구는 사실상 새로운 돌파구를 찾지 못하고 있다 여겨지는데, 이 점은 하루 빨리 해결되어야 할 韓國 思想界의 긴급한 현안이라 할 것이다. 이와 동시에 새로운 방법론적 대안의 개척이야말로, 이의 연구에 있어서 참으로 필수적인 부분이라 아니할 수 없다.(이가원 외 5인 편, 『韓國學研究入門』, 지식산업사: 서울, 1988, 236-238쪽 참조)

가 있으니, 그것은 한국 도교에서이다.

3) 「선」과 한국 도교

「선」은 신화적 인간 이해의 기본 구조로부터 유추된다. 이는 '인즉선人
卽仙 · 선즉인仙卽人'으로 이해되는 한국 사상의 특징적 용어[21]인 것이다.

그런데 동양 삼교 중 도교 사상 속에는 일단의 신선 사상이 내포되어
있다. 그리고 이러한 신선 사상과 「선」의 개념은 상호적인 관계를 가지는
것으로 보인다. 따라서 이제 「선」과 비교할 수 있는 가장 근사치의 것 또
한 도교 사상 속에서 찾을 수 있으리라고 본다. 하지만 이런 중에도 도교
사상이 중국적인 전통을 갖고 신선가神仙家나 호사가적 관점에서 서술되
는 것에 비해, 한국 「선」은 독자적인 양상 속에서 보다 현실적으로 나타
나고 있음을 분명히 한다. 다만 한국 사상사라는 역사적 맥락을 통해 볼
경우, 「선」은 가장 흡사한 도교 사상과의 상호 만남 속에서 진행·전개되
고 있음을 발견하는 것이다.[22]

한국의 「선」은 결코 중국적 토양에서 생성된 개념이나 사상이 아니다.
이는 그 발생 기원 자체를 달리하면서 또 전개 형태에서도 엄연히 다른
궤적을 그리고 있기 때문이다. 이 점은 특히 중국 도교와 한국 도교라는
두 사상사의 상호 비교와 그 내용 검토를 통해 우선적으로 찾아볼 수 있
으며, 또 양국의 도교사에서 가장 큰 차이라 할 교단의 설립과 민간 사유
로의 이행이라는 측면을 통해서도 살펴볼 수 있다.

대개 중국에서의 도교가 교단 확립을 통하여 도사道士 중심의 의례도
교儀禮道敎로 자리잡아간 데 비해, 한국에서의 도교는 과의도교科儀道敎가

---

21 註 9 참조.
22 "한국에는 고래로 도교 수용에 적합한 토착적인 문화 현상이라고 할 수 있는 山岳信仰, 神仙說
및 그것과 연관이 있는 각종의 方術이 있었던 것"(차주환, 『韓國道敎思想硏究』, 서울대출판부,
1986, 32쪽)이라 하며, 이에 관한 한 학계에서는 거의 견해가 일치하고 있다.

가장 활발했던 고려조에 있어서도 교단의 설립은 이루어지지 않았다. 곧 복원궁福源宮에 종사한 도사들마저도 이를 다만 직업적인 일로만 파악하였을 뿐, 종교적 성직으로서 이를 받아들이고 도교 전파의 임무를 수행한 것은 아니다. 그들은 다만 형식상으로 과의적인 도교 의례의 임무, 즉 제의나 초례청사만 시행하였을 따름이다.[23]

이는 무엇을 의미하는가. 이는 한국 고대 사유가 후대로 전승되어 내려오면서 중국 도교 사상과의 만남을 통해 습합·잡유되는 현상을 보이기는 하였지만, 주된 정신인 「선」은 오히려 독자적 사유 세계를 형성함으로써 본질적으로 중국 도교 사상과는 상이한 형식과 내용을 가졌음을 의미한다. 참고로 여기서 양 사상의 시기적인 문제를 논한다면, 한국에서 배워 간 중국의 신선도神仙道가 오히려 역수입된 것이 아니겠는가 하는 생각도 충분한 신빙성이 있다.[24] 이강오는,

　이 신선 숭배神仙崇拜의 신앙은 중국 선교仙敎·道敎의 영향을 받아서 성장된 신앙이 아니라 도리어 중국의 도교 사상이 우리 조선 선도仙道의 영향을 받았다고 한다. 중국의 도교 사상에서 원조元祖로 하는 황제黃帝가 조선에 와서 공동의 광성자廣成子에게 도를 물었으며 자부선생紫府先生에게 삼황내문三皇內文을 받아갔다는 것이다.[25]

라 하였고, 이능화는 "중국 도가의 삼청설三淸說은 조선 단군 삼세檀君三世

23　徐兢,『高麗圖經』18, 道敎: "王俁篤於信仰 政和中始立福源觀 以奉高眞道士十餘人 然晝處齋宮 夜歸私室"
24　崔南善은 이에 대해, "그런데 이 仙 觀念과 老莊 思想의 차별상은 南北 兩系의 지방적 특색을 나타낸 것으로도 볼 것이려니와, 우리는 여기 대하여 仙이란 것이 支那人에게 있어서는 東方의 異種族, 이른바 夷人에게로부터 流入한 外來 思想인 것을 지적"(『六堂崔南善全集』2, 122쪽) 하지 않을 수 없다 하였다.
25　한국도교사상연구회편,『道敎와 韓國思想』, 범양사: 서울, 1987, 172쪽.

의 일을 모방한 것"[26]임을 논증하고 있다. 그러나 이러한 사상적 선후의 문제는 고대적 단계에 나타난 유사성과 경향성에 대한 현대적 분석 작업이므로, 사실상 쉽게 해결될 수 없는 성격을 지니고 있고 지금으로서는 미묘한 문제를 야기할 가능성 또한 크다.[27]

다만 이제 한국의 고대 사유를 「선」으로 이해하고 보면, 여기에는 도교 사상과의 여러 가지 상이성의 문제가 제기됨을 확인할 수 있다. 이를 잠시 살펴본다. 우선 도가와 도교 사상은 둘 다 중국적 관심을 반영하는 중국 자연 사상의 한 형태로 등장하고 있는 것이지만, 이 둘은 결코 동일한 사상은 아니다.

도가 사상은 노장의 『도덕경』과 『남화경南華經』을 중심으로 도의 편재遍在성과 '무위자연無爲自然 만물제동萬物齊同'이라는 세계 이해의 측면과 더불어 그 기철학적 관심을 저변에 깔고 있는 하나의 철학 사상이다. 이에 반해 도교는 그 연원부터가 다르며, 또 반드시 노장의 사상이라는 토대를 갖고 출발하는 것이 아니다. 오히려 도교는 한대漢代 이후, 인간의 기본 염원, 즉 속신적 기복 사유에 근거하여 불로장생을 빌고, 현세적 공능功能과 치병治病이라는 수단을 기조로 신이성과 신비성을 포함하는, 다양한 종류의 민간 종교 심성을 습합함으로써 나타난 종교 신앙이다.

곧, 도교와 도가는 그 기원에 있어서도 궤를 달리할 뿐더러, 후대에 양 사상이 진행하는 동안 비록 상호 습합과 상당한 정도의 교류 관계는 있다 하여도, 그 양상을 분명히 달리하고 있다. 따라서 도교와 도가는 결코 동일 사상이 아니며, 특히 도교 사상이란 오히려 도가까지를 포함하면서도 결코 철학적일 수 없는 하나의 종교 현상이면서 잡유적 성격의 교리

---

26 李能和, 『朝鮮道教史』, 總說: "檀君三世之事 最近道家三淸之說 盖我海東爲神仙淵叢"
27 최근 중국 정부는 한국인의 자국 방문에 있어 만주 일대의 답사 연구팀에 대한 엄격한 통제와 제약을 가하고 있음이 자주 보도되고 있는데, 이것은 무엇을 의미하는가. 여기서의 문제란 이와 같은 역사적 해석이나 문화 권력적인 교섭 상황에서의 외교적 마찰을 의미한다.

사상이란 측면으로 발전하게 된다.[28]

중국 도교 사상은 속신적인 민간 종교의 형태로 신앙화·교단화되어 간다. 이에 비해, 한국의 「선」은 또 이와는 크게 다르다. 한국의 「선」은 어떤 측면에서는 무신교적인 일련의 교리들이 민간의 생활 의식으로 변형되어 종교화하기도 하였다.[29] 그러나 그 본래적인 사상성은 그대로 남아 무속이나 종교가 아닌 철학 사상으로서, 일정한 한국적 사유 형태를 구성케 한 동인動因으로 작용하였던 것이다.[30]

다시 말해 중국 도교는 그 속신적 신앙성에서 벗어나지 못하고 종교적 양상을 주로 가짐으로써 일정한 정도로 철학적 한계를 보이고 있다. 반면, 「선」은 자체의 속신적 성격은 무속 내지 종교로 이양하면서도, 수련과 수행을 중심으로 한 세계와 인간 이해의 측면을 통해 나름의 새로운 철학적 사유 체계를 구성한 것이다. 바로 이 점에, 「선」이 갖는 일정한 자기 특성과 철학 사상으로서의 지지 기반이 있다 할 것이다.

한국 고대 사유의 형성과 진개를 보면, 이는 무속적인 고신교古神敎와 도교 사상적인 선도仙道로서 자기의 외형과 내용을 구성해 왔다. 그리고 외래 사조인 도교와의 만남을 통해 중국 신선도와도 상당한 정도의 습합 과정을 거치게 된다. 이 경우, 고신교의 종교적 형식은 외형적 변화를 거쳐 민족 종교적인 사유를 잉태하였지만, 반면 선도는 자체적인 한국 사유의 풍류(배달)적인 사상을 계승하면서 '선사상'이나 '한韓, 혼'의 세계를

---

28 宋恒龍, 『韓國道敎哲學史』, 성균관대; 서울, 1987, 37-40쪽. "두 사상은 처음부터 별개의 것으로 출발하였다."

29 拙稿, 앞의 논문, 141-146쪽 참조.

30 지금까지 中國 道敎와 韓國 道敎의 相異性은 지속적으로 논의되어 온 바, 韓國 道敎의 양상은 사실상 중국의 도교 사상과는 다른 특징적인 자기 모습을 보이고 있다고 생각되는데(韓國道敎思想硏究會編, 『道敎思想의 韓國的 展開』, 아세아문화사, 1989 참조), 이런 의미에서 여기 韓國 仙思想이란 용어의 개념적 의미는 바로 韓國 道敎의 자기 내적인 원형적 모습이라 할 만한 것이다.

확보해 온 것이다.

따라서 「선」과 도교는 비록 그 습합의 양상 속에서 유사한 사유 세계를 함께 보유하는 것이라 하여도, 그 개념에 있어서는 엄연히 다른 구분을 지니게 된다. 즉 '가장 흡사하면서도 서로 다름'의 사상, 그것이 한국에서의 「선」과 도교이다. 그러므로 「선」과 한국 도교를 논할 때 이러한 내용과 형식의 상이성에 관한 분명한 인식이 있어야 한다.

곧, 「선」은 반드시 한국 고대 사상만이 아니요, 또 도교 사상도 아니다. 이는 인간 선의 의식에 기초한 한국 고대의 공동체적인 인간관이요, 문화교류의 결과에 의한 도교적 심성 수련의 내단학이며, 주체적인 입장에서 본다면 한국인의 자기 의식을 가능케 한 철학적 기반이었던 것이다. 그러나 「선」은 다른 의미에서 한국의 고대 사상이며 또 한국의 도교 사상으로 이해되기도 하였다. 그렇다면 이러한 「선」의 의식이 오늘에 가질 수 있는 한국적인 의의는 과연 어떤 것일까.

3. 「선」, 한국인의 의식과 삶

1) 「선仙」과 '흔', 그 한국적 특징

「선」의 세계가 던져 주는 현대적인 사유 가치 내지 인문학적 의의는 그 한국적 특수성과 세계적 보편성의 두 방향에서 찾을 수 있다. 여기서 「선」의 철학적 특수성이란 기본적으로 민족적인 혈연·지연 공동체를 우선하는 민족 사상이라는 측면에서 파악된다. 또 그 보편성은, 이러한 공동체의 확장을 통한 전체 우주 그리고 개별적인 인간 본성의 이해가 확대되는 데서 나타나는 인류 공통의 인간관에서 찾아볼 수 있을 것이다.[31]

---

31 결국 現代 哲學의 가장 중심 과제로서 등장하는 것이 보편과 특수의 자기 이해라고 한다면 한국 철학의 성립에 있어 전면적인 문제는 무엇이 될 것인가. 이는 결국 여기 普遍性과 特殊性에

먼저 「선」이 한민족 공동체의 중요성만을 논하게 될 때는 혈연·지연의 우선이라는 배타적 특수성을 띠게 된다. 하지만 이러한 민족 공동체에 앞서면서도, 의식의 근저에 기초하는 것은 개별적 인간 이해이다. 이같은 인간 이해의 측면에서 선은 '인즉선·선즉신·신즉인'이라는 하나의 인식 구조를 나타낸다. 곧 선의 사유는 – '사인여천事人如天' '인내천人乃天'을 표방한 동학과 같이 – 인간의 온전성 및 존재의 조화와 원융이라는 특성을 확보하면서, 이의 확장을 통한 새롭고도 보편적인 인간 이해를 가능케 하는 것이다.

곧 제정일치의 사회적 단계의 반영에 따르는 고대적 민족 사상으로서의 지방적 특색이 한국 「선」의 특수한 자기 형식이라 한다면, 그 기저에 자리잡은 존재·인식론상의 인간관과 세계관은 시·공을 초월한 보편 내용이 된다. 따라서 인간관과 세계관이란 측면에서 「선」이란 기본적으로 그 보편 철학적 성격을 유지하는 것이요, 달리 민족 사상의 측면에서 보이는 '하늘백성, 즉 천민天民이나 붉돌 의식' 등은 한국 정신의 사상적 특수성에 상당하는 것이다. 그러므로 「선」의 독자적 특수성과 그 양상은 19세기 말 민족 종교 사상에서, 그 철학적 보편성은 선적仙的인 인간 이해와 세계 인식의 영역에서 찾을 수 있다. 동시에 한국 사상사 전반에 걸쳐 작용했던 「선」의 참된 순기능은, 그 일정한 포용성과 조화성으로 후일 유·불·도의 외래 사조와 아무런 장애 없이 사상적 합일을 보았던 사실에서 찾을 수 있다.

그러면 오늘에 이해될, 또는 이해되어야 할 「선」의 철학 사상적 양태는 어떤 것일까.

있어 야기되는 自己性格의 확보가 관건이지 않겠는가 생각한다. 이러한 한국 철학의 과제에 있어 몇 가지의 방법론적인 절차가 **沈在龍 外**, 『한국에서 철학하는 자세들』, 집문당: 서울, **1987. 31쪽**에서 제안되고 있다.

이 문제와 더불어 생각할 때 빼놓을 수 없는 것이 있다면, 바로 '한철학' 내지 '한사상'이라 부르는 일련의 철학적 개념이다.

한사상은 19세기 후반, 한민족 사회 속에 전개된 고유문화 이해의 한 결과로 볼 수 있다. 즉, 한국 사상의 고유성이 당시의 선각자들이라고 할 신채호·안재홍·최남선·정인보·박은식 등 민족주의 학자들에게 영향을 끼쳐, 이로부터 그들의 연구 방향이 가졌던 일정한 경향들에서 최초로 발현되는 것이다. 그러므로 현재 학계 일각에서 제기되고 있는 한사상의 개념적 시초는 이들 구한말, 일제 강점기에 걸쳐 민족의 자강을 부르짖었던 일단의 선각자들에게서 찾아야 할 것인지도 모른다. 이들은 대체로 고대적인 고신도古神道의 세계를 근본적인 '고대 한사상'의 근원으로 보고 있다.[32]

그러나 고대적 사유 체계는, 본질적으로 철학이나 사상이라는 명칭을 사용할 만큼의 분명한 개념적 학문으로 이해할 수 없는 것임은 이미 전술한 바 있다. 따라서 오늘의 한사상 또는 한철학이란 명칭은, 실질적으로는 현대 학문으로서의 사상이나 철학적 개념이 도입된 이후 새로이 민족 전통 사상을 정립하고자 하는 일련의 시도 속에서 나타난 것으로 보는 것이 더 타당할 것이다.

한사상 또는 한철학이란 용어를 본격적으로 쓰는 것은, 대개 최남선·안재홍·안호상·최민홍·이을호·송호수·김상일·오강남·임균택 등 일군의 근·현대 학자들이 보인 자신의 연구 결과 그리고 그 규정 및 자기 평가로부터 시작한다.[33] 이들의 전반적이고 대체적인 사유가 관심을 기울

---

32 宋恒龍은 白世明의 말을 인용하여, "한(桓-天)사상은 우리 민족이 본래부터 가지고 있는 固有思想이다." 하고, "崔南善, 安在鴻도 한사상은 韓民族의 本有觀念임을 논하고 있다." 하였다.(『韓國道教哲學史』, 16쪽)

33 여기서 그 성격과 분량상의 문제로 인하여, 현재 학계에서 진행되는 한思想的인 연구 상황들을 일일이 다 확인해 볼 수는 없다. 다만 여기서는 보다 思想的이고 學問的인 경향 속에 있다고 사

이고 있는 주된 부분은 역시 한국 신화의 사유 세계와 고유문화의 영역
이다. 이런 측면들을 고려한다면, 한사상은 결국 한국 고대 사유에 대한
현대적인 재해석이요, 자생적 전통 사상에 대한 오늘의 철학적 이해에
상응하는 것이다.

그리고 동일한 관심 위에 서 있는 「선」의 현재적인 양상 또한 - 비록
그 이름은 달라도 - 한사상 내지 한철학이라는 일련의 체계와 실질적인
사상적 맥을 연결하고 있다. 이 경우, '한'과 「선」의 철학 사상이 갖는 근
본 관심은 한국 고대 사유의 현대적 재해석이라 하겠는데, 곧 오늘의 요
구에 부응하여 철학의 기본 영역인 존재·인식·가치론 등 각 부분의 정립
과 합리적 체계화의 과제를 안고 있는 것이다.

그러나 그 체계화의 세부적인 측면에 있어서는 각 학자들 사이에 약간
의 이견과 관점의 차이를 보이고 있으며 지금도 진행형으로 나아가고 있
으므로, 현대 한철학의 전체적인 모습을 여기서 확정할 수도 없고 그럴
필요도 없으리라 생각된다. 다만 이들이 이해하고 있는 사상 내용을 개
괄해 보면, 대체로 일원론적 세계관과 상대적 인식론 그리고 가치론적인
측면에서의 조화의 사상과 천인합일적인 사유 등의 특성을 그 연구 결과
에서 보편적으로 확인할 수 있다.[34]

오늘 한사상에서 철학적 체계화의 시도에 앞서 밝히고 있는 기본 논점
은 대개 한국어의 '한'이 가지는 개념 이해로부터 출발한다. 곧, 여기서
'한'이란 '크게 하나됨의 사유'이며, 이것이 한국 자생의 사유로서 한사
상의 근본 지주가 된다는 것이다. 동시에 이것은 한국 고대의 신화적 사
유에서 비롯하는 '붉사상'과 '하늘 신앙'의 핵심으로, 한민족의 생활 의
식의 기반에 자리잡은 중심적인 사유라고 주장되고 있다.[35]

료되는 일군의 학자들만을 例로 들었음을 밝혀 둔다.
34 김승동, 『韓國哲學思想』, 정문사; 부산, 1984, 31-39쪽 참조.

이에 현대 한사상적 저작들을 그 관심 영역에 따라 대별해 본다면, 대
종교적 경향인 삼일신앙三一信仰의 갈래와 신화적 윤리관, 그리고 과정 철
학적 세계 이해, 존재·인식·가치론적인 영역에서의 한철학 등을 대표적
으로 들 수 있을 것이다.[36] 그리고 이들에게서 공통적으로 발견되는 점은
역시 단군신화에 드러난 사유 세계와 그 긍정적 이해라는 측면이다. 동
시에 이들 한사상적 가치관이 지닌 또 다른 특성으로는, 그 최고 정점에
'크게 하나됨'이라는 기본적인 존재 이해를 저변에 둔다는 점이다. 이 같
은 사유는 결국 「선」이 보여 주는 바, 신화에 나타난 공동체 의식으로서
의 이화理化와 홍익弘益 사상의 반영에 다름 아니라고 생각되기도 한다.[37]

한사상은 한울의 개념과 '한'의 의미에 집중하여 나아간다. 이런 측면
에서 한사상 또는 한철학이 가지는 전반적인 사유의 특색은 그 논리성과
이론적 학문성에 앞서 '큰 하나됨이라는 정신의 실천적 가치'를 최상의
원리로 삼는다는 점이다. 그렇다면 이는 결국 한국 「선」의 종합과 조화성
이라는 성격과 맥을 같이하며, 현대 철학과 사상들 사이에서의 상호 조
화를 도모하는 것이라 할 수 있다. 그러므로 오늘 한사상이란 의미는 달
리 고대적 인간관인 「선」의 현대적 전개라는 맥락에서 이해할 수도 있을
것이다.

그럼에도 불구하고 본서에서 이를 「선」이라 칭함은, 삼국 이전의 고신
도적 신선 수양의 관념을 중시하고, 이후 도교 사상과의 상호 만남의 결

---

35 民族思想과 한思想의 상호 연관에 관한 의문은 현재 '姜壽元 外, 『한국종교사상』, 태학당: 서
울, 1984'에서 전체적으로 심도 있게 다루고 있음을 확인할 수 있다. 그리고 다른 각도에서 현
대 한사상의 전체적인 흐름과 사상적 총론은 '오강남 외, 『한사상의 이론과 실제』, 지식산업사:
서울, 1990'에서 그 대체적인 것을 파악할 수 있다.

36 안호상과 송호수로 이어지는 大倧敎的 경향과 三一信仰, 이을호의 신화적 윤리관, 김상일의 過
程哲學的 세계 이해, 최민홍의 존재·인식·가치론적인 한철학 등이 대표적이며, 이 외의 많은
학자들을 들 수 있다.

37 拙稿, 앞의 논문, 61쪽 참조.

과로 나타난 유사성에 근거하여 이름해 본 것이다. 따라서 이는 한국 정신의 고대적 사유형의 분석을 통하여, 학문적 개념 이해를 위해 부여하게 된 현재적인 용어요, 명칭이다. 이에 더하여 만일 「선사상仙思想」이라는 용어를 쓴다면, 이는 결국 한국의 원형 정신 또는 자생적 전통 사유 내지 전통 생활 의식이라는 사상 세계 속에는 「선」의 개념에 상응하는 인간과 세계에 대한 관점이 있었음을 의미하는 것이다.

곧, 「선」이란 대부분의 인간이 추구하는 인간 완성의 보편적 원망願望에 대한 한국적 이해로서의 사유 정신이다. 바로 여기에 '한국 선사상'이란 개념 이해의 또 다른 근거가 있게 된다.[38]

다시 말해 선사상이란 한국 고대의 생활 사유로서의 자생적 고유 사상에 해당하는 것이며, 이는 그 시발에서부터 인간 자신에 대한 스스로의 이해를 「선仙」이라는 인간관으로 전개하였던 한국 사상의 특색이다. 그리고 비록 일단의 변형과 오해의 측면을 거쳐 왔음에도 불구하고, 「선」은 자기 동일성을 일정하게 확보한 채 중단 없이 이어져 오늘에 내려오고 있다. 이로써 「선」은 현재와 미래를 위한 한국 철학의 성립 필요성을 따라, 재구성·재체계화를 준비하고 있는 한국의 의식·한국인의 정신이 되는 것이다.

곧, 「선」은, '한국 정신의 원형=한국 고대 정신=선仙의 의식⇒한국 전통 사유=풍류도⇒선사상⇒한국 도교 사상⇒민족 종교 사상⇒한·혼사상'으로 연결되는 한국 사상사의 이해를 가능케 한다.[39]

---

38 "선사상이 발생된 지리적·풍토적 특색을 보면…온대…계절풍…산고수려한 지역…이런 여건을 갖춘 지역에서는 지구상 어느 곳에서든지 선의 발생이 가능했으리라고 보며 그러기 때문에 선이 우리 고유의 것이라고만 할 수 없을지도 모른다. 오히려 중국에서는…성립 도교로…이에 대하여 한국의 선은 별다른 변질 없이 그 원형을 잘 유지해"온 것(柳炳德 編著, 『圓佛敎思想의 展開』上, 86쪽)이라 하는 것이다.
39 이 점은 韓國 精神의 原形이나 현대 한철학의 자기 모습과 현재 韓國 道敎 思想 硏究會의 입장에서 韓國 道敎의 전개형에 따르는 여러 문제점들을 해명을 통하여 이해된 것이다(韓國道敎思

이런 의미에서 현대 한사상에 관해 잠시 언급해 두고자 한다.

오늘 한사상은 고대적인 「선」의 의식이라는 수준을 넘어 일정한 현대적 의미를 갖고 있다. 그러므로 그 학적 체계에 있어서도 '현대 철학'이라는 개념과의 상호 연계를 모색해야만 한다. 이는 고대 사상의 내용을 재해석하여 새로운 현대 한국 철학의 성립을 가능케 할 동인으로 작용할 수 있어야 하는 것이다. 곧 현대 한철학은 한국 철학의 새로운 영역으로, 오늘의 철학적 이해에 부합하는 존재에 대한 「한」의 구조 원리로부터 그 인식·가치론 등에 이르는 종합적이고도 유기적인 사상 체계를 세워가야만 하리라고 본다.

이러한 맥락에서 현대 한사상은 곧바로 선사상이나 한국 고대 사상만을 의미하는 것이 아니며, 또 이것이 단순히 민족 종교 사상을 의미하는 것도 아니다. 이는 어떤 의미로 새로운 한국적 사유 체계이며 동시에 보편적 세계 철학으로의 지향을 갖는 것이다. 그럼에도 불구하고 한철학은 근원적으로 한국 정신의 고대적 원형을 토대로 삼기 때문에, 「선」의 현대적 재해석이라는 의미를 일정하게 내포하고 있다. 그러므로 현대 한철학은 과거를 보면서도 오늘에 합당한 논리 체계와 접근 가능한 방법론을 지녀야만 한다.

그럴 때, 한사상은 비로소 새로운 정신 가치를 제공할 수 있는 한국 현대 사상으로 성립될 수 있을 것이다. 그리고 지금까지 한국 정신의 원형으로 파악·이해해 본 「선」은 이러한 한철학과의 상호 연대를 통해 그 사상성과 철학성의 제 계기들을 새롭게 이해하여 한국 철학의 자기 지평을 같이 열어가야 하리라고 본다.

想研究叢書 Ⅱ, 『道教와 韓國文化』 참조). 그런데 이와 달리 한국 고대 사유의 외형적 갈래를 나타내 본다면, 韓國 古代 精神＝古代 神教⟺土俗 信仰➡韓國 巫俗 信仰➡韓國 民族 宗教 信仰으로 그 전개를 잡아볼 수 있을 것이다.

이로부터, 현대의 철학적 제 문제와 그 해결에 있어 「선」이 기여할 수 있는 실천 덕목 또한 찾아질 것이다. 이는 아마도 개인과 전체의 관계에 대한 철학 곧 공동체의 조화와 화해를 위한 것이라면, 개인적인 희생도 마다하지 않았던 「선」의 한국적 사회 의식 내지 공동체 의식을 통한 하나 됨이란 일련의 사상 가치가 여기에 있기 때문이다.

2) 「선」의 철학적 의의

인간이 철학 하는 근본 이유는 아마도 모두가 죽는다는 사실, 그리고 그 삶이 구성되고 전개되는 세계에 대해 가지는 여러 가지의 난문難問에 있다. 곧 누구도 피할 수 없는 숙명적인 삶과 세계, 이의 이해를 위해 철학은 출발하고 있는 것이다.

그러나 여기에 대해 그 어떤 철학이나 사상·종교도 분명한 해답을 던져 주고 있는 것 같지는 않다. 다른 의미로, 인간은 이런 의문에 대해 다만 나름대로의 이해 위에서 스스로의 정신적 해결을 위해 노력하고 있을 뿐인지도 모른다. 그런데 「선」의 한국적 생활 사유, 곧 한국 정신의 '세계와 인간 이해'는 위의 난문들에 대해 하나의 의미 있는 해답을 던져 주고 있다. 곧, 이 같은 인생의 보편 철학적 의문에 대해 「선」은 한민족이 가졌던 최초의 정신적 해결책으로서 제기되는 것이다.

하나의 철학 체계는 사실상 개별적 사유들이 먼저 정초定礎되고, 다음 이를 뒤이은 일련의 보편화의 과정을 거쳐 성립한다. 여기서 신神과 같은 일련의 범주 개념들은 인간에게 등장하는 여러 난문들에 대한 하나의 정신적 대안으로서의 의미 있는 가치를 갖는다. 그리고 한국 정신은 「선」이란 새로운 이해를 던져 줌으로써, 한국적 삶의 의미와 인간에 대한 분명한 자기 관념을 보여 주고 있다.

한민족은 고대 신화적 단계에서부터 이미 인간을 선仙, 즉 특징적인 가능성의 존재로 파악한다. 이 경우 선은 종교적 신앙 대상이 아니다. 다시 말해 그는 경배되거나 추앙되어야 할 절대적·초월적 존재가 아닌 것이다. 이는 오히려 삶의 현실에서 인간에 의해 획득 가능한 존재로 이해된다. 따라서 선은 모든 한국인들의 삶의 이상이요, 목적적 존재이며, 바로 인간 자신인 것이다.

그러면 이러한 신격神格적 인간, 즉 선으로 등장하는 가장 구체적인 존재는 누구일까. 그것은 '한민족의 한아버지, 곧 우리의 할아버지'라고 할 수 있다. 신화의 관념을 따를 때 - 선화仙化의 국조國祖, 단군왕검檀君王儉 할아버지 이래 - 한국의 조상은 죽어 형해形骸를 산하에 뿌림으로써 망각되고 소멸되는 잃어버린 존재가 아니다. 한민족의 조상은 죽음과 동시에 곧바로 인간적 단계를 넘어 새로운 신격으로 등장하는 나의 존재 근원이요, 나의 삶과 죽음이 그와 함께 연결된 영원의 존재이다. 그리하여 한국의 할아버지는 마땅히 나의 존재 근거로 작용하며, 동시에 숭배되고 경배 받음이 충분한 '존재 그 자체'와 동격으로 이해되고 있다.

바로 이러한 측면에서 다른 어떤 민족들의 경우와 비교하여도, 한국인의 존재 이해는 참으로 독특하다 아니할 수 없다. 곧 현존재인 나의 존재를 가능케 하는 직접적인 존재 근원은, 다름 아닌 조상님 곧 아버지·할아버지이다. 이로부터 한국인의 삶의 의식은 다른 의미로 혈연·지연으로 이어지는 장구한 인간관계에 의지한다. 이때 실질적인 신격으로 이해되는 존재 근원 또한 나와의 직접적인 상호 관계에 입각한 선조요, 아버지이다.

그러므로 한민족의 경우 - 일반적인 종교에서처럼 곧바로 존재 일원一元, 곧 신으로부터 파생하고 다시금 신에게로 돌아간다고 하는 나와 절대 보편자와의 직접적인 연관의 의식은 희박한 편이다. 이것은 한국인 일반에 있어 초월적·형이상적 신조는 그렇게 큰 영향을 주지 못한 것임을 알게 한다. 그리고 여러 삶의 신비와 저 너머의 세계 또한 더 이상 단절적·신비적인 것이 아니라, 다만 일상적인 존재로 이해되고 있다. 다시 말해 한아버지들이 나와 같은 현실 속에 계셨던 것처럼, 존재 근원으로서의 '한울' 또한 그렇게 내 삶의 현실 속에 같이 자리잡아 있는 것이다.

따라서 한국인의 신앙 체계나 사유 구조 또는 생활 의식을 이해할 때, 이러한 직접적 관계를 유지하고 있는 현실 내의 가족 그리고 민족이라는 혈연성과 자신의 출생지 또는 고을로 부르는 고향 마을의 지연성을 고려하는 것은 필수적이다. 만일 이를 고려하지 않는다면, 한국인의 정신세계에 대한 올바른 이해에는 처음부터 도달할 수 없을지도 모른다.

이러한 존재 이해에 기반함으로써, 한국인들은 공동체 내의 모든 구성원들을 존재하게 한 조상과 신명들의 관념을 그토록 중시하였던 것이다. 또 현실의 구성원들은 공동의 조상에 대하여 신격적 가능성과 존재 근원의 의미를 부여함으로써, 스스로의 경건성과 존엄성을 확보하여 왔다. 그리하여 여타의 존재 가운데서도 특히 '조상님은 곧 한울님이요, 인간이 곧 하늘'이라고 이해함으로써, 스스로의 공동체 의식을 강화해 왔던 것이다.

한국 정신의 원형이자 신화에서 드러나고 있는 인간 이해, 즉 선仙의 의식은 실로 한국 사상의 인간관이 지닌 백미라고 할 수 있다. 단군신화는 모든 존재와 상황 그리고 그 운동들의 궁극적 지향점이 바로 인간임을 말해 준다. 또 이의 상징 체계는, 상대적 세계의 모든 대립항들이 결국 인간 선에 의해 최종적으로 매개되어 하나로 녹아드는 것을 표상하고 있다.

지금 한국 사회는 전통적 가치관을 상실하고 편리함과 자기 성공만을 추구하는 집단 이기주의와 개인주의적 영달에 스스로의 마음을 쏟고 있는 상황이다. 이러한 상황에서 개인과 전체의 갈등은 갈수록 심화되고 있으며, 심지어 사회 내지 세계 내적 존재로서의 인간의 자아 상실은 더욱 심각한 문제로 야기되고 있는 것이 현실이다. 세계가 분화·발전·복잡·다양화하면 할수록, 이러한 일련의 정신적 아노미 현상은 보다 심화될 수밖에 없다.

바로 이러한 상황에서 한국의 「선」이 가진 '보다 큰 하나됨'의 사유와 총화의 의식은, 그것이 비록 유일한 대안은 아닐지라도, 오늘에 있어 사실상 그 어떤 것보다도 더더욱 필요한 정신적 기반이 될 것이다. 왜냐하면 만일 이러한 전일全적인 포용과 원융의 계기가 자발적으로 주어지지 않는다면 현대 사회가 안고 있는 개별화·분단화의 상황은 더욱 더 가속화할 것이기 때문이다. 그리고 이는 결국 철저하게 분별된 속에서, '나와 너'가 '우리'로 화합하지 못하는 극단적인 사회 분열의 상황으로 이어질지도 모른다.

바로 이 점에 있어 한국의 「선」은 분명한 시각과 해결책을 던져 준다. 「선」 의식의 본질에 비추어 볼 때, 현대 사회의 양대 가치 기준인 개인과 물질은 근본적으로 재고를 요한다. 오히려 이 같은 가치 기준들은 선적仙的인 삶에 있어 어리석은 것, 아니 심지어 무가치한 것으로 파악되기도 한다. 한국 전통 문화와 윤리관 속에서는 이들을 죄악시하기도 하였던 사례가 무수히 발견되기 때문이다.

그러나 여기서 「선」이 전체주의적인 의식을 반영하는 것이 아니라는 점은 분명히 해야만 할 것이다. 전체주의가 하나의 배타적 집단 이기주의와 몰개성·비자유의 사유 형태를 띠는 것이라면, 「선」의 공동체 의식은 그러한 배타성이나 반反 자유의 기조 위에 성립하는 것이 결코 아니다. 「선」은 언제나 총체적 전일성全一性, 즉 '나와 너가 만나 우리로 하나되는', 나와 남이라는 둘이 아닌 우리라는 하나의 의식으로 그 사유의 근본 토대를 형성하고 있기 때문이다.

「선」은 인간의 가능성을 신성神性의 차원에서 파악하고 있다. 따라서 이는 어떤 시·공간적인 구분에 기초한 단순한 민족의식으로서가 아니라, 오히려 인간에 대한 순수한 인식이라는 인류 보편의 문화적 기초를 자체 내에 보유한 것이다.

3) '한국적' 이란 의미와 「선」

지금까지 파악해 온 「선」이란 사실상 한국의 인간 사상이라 부름직도 하다. 이런 의미에서 한국 고대 정신에 대한 기본적인 이해로 사용할 경우, 도교적 속성의 선사상이라는 용어보다는 한사상-'크게 하나됨의 홍익인간적 의식-이라는 말보다 한국 사상의 원형의 진면목에 가까울지도 모른다. 다만 여기서는 인간에 대한 인식과 이를 추구한 한국인의 지향 관념에 집중하여 파악함으로써, 이제 「선」이라 명명한 한국 고대 정신의 관념과 그 사유형을 이해해 본 것이다.

「선」은 한국 고대 사상의 근원적인 인간 이해의 계기가 되고, 사상사적으로는 한국 도교 및 민족 종교 사상으로서의 내용과 형식에 연결되고 있음을 확인하였다. 그리고 이제 한국 정신의 원형에 대한 탐구에 있어 주 논점이 되어 온, 외래적 사유와 한국적 사유 그리고 한국 전통 사상이란 무엇인가에 관한 여러 난문들에 대해서 하나의 실마리를 얻고자 한다. 또 지금까지의 작업을 통해, '한국적이란 것의 의미'와 '한국 자생 철학의 유·무'에 관한 문제에 있어서도 상당히 이해했으리라 보고, 다음과 같이 조심스레 전망해 본다.

일반적으로 통용되는 개념에 의해 한국적이란 의미를 고려해 본다면, 이는 단순히 지역적 특수성 내지 고립성과 배타성만을 의미하는 것일 수도 있다. 그러나 오늘날의 세계화 속에 나타나는 세계인적·보편 인류적인 관념을 고려해 보면, 이것이 단순히 고립적 배타성 또는 개별적 특수성만으로 나타나서는 안 될 것임은 분명하다. 곧 한국적이란 개념에는 적어도 보편적 측면에서의 인간 근원성과 인류 보편성 그리고 존재 이해의 세계성이라는 의미 또한 일정하게 고려되어야만 하는 것이다.

하지만 이것이 일련의 특수성을 완전히 벗어나야만 함을 말하는 것은 아니다. 세계적인 것과 한국적인 것이 비록 하나로 관통한다 하여도, 그 실체적 성질은 여전히 한국적이란 의미의 내용에 있을 수밖에 없는 것이기 때문이다. 그러므로 일련의 한국적이란 의미가 해명되기 위해서는, 한국적 특수성을 가능케 하는 실체적 내용에 관한 이해가 최우선적인 과제가 될 수밖에 없다. 이 경우 한국적 특수성의 실체적 내용이란 과연 어떤 것이 되겠는가. 이것은 결국 한국 문화의 중추에 자리잡은 하나의 한국적 정신 내지 모든 한국인의 보편적 의식이어야만 한다.

곧 한국적이란 말의 의미는 바로 한국 정신의 이해와 떼려야 뗄 수 없는 직접적인 관계에 있다. 그리고 이제 이의 이해를 위해서는, 우선 그 정신의 원형이라 할 한국 자생의 정신이 현대적으로 재해석되어 그 관념의 형식과 사유의 내용이 도출되어야 한다. 다음으로 이의 보편성과 특수성이 동시적으로 이해·파악되어야 한다는 점도 놓쳐서는 안 되리라고 생각한다. 따라서 이 작업은 한국 철학 정신의 새로운 이해와 그 성립이란 측면과도 무관하지 않다. 이 점에서 「선」에 대한 이해 내지 한국 고유 사상의 재발견이란 '한국 정신과 문화의 내용 그리고 한국적이란 무엇인가?'에 대한 의문과 필수불가결한 관련을 맺고 있다. 결국 '한국적'이란 개념의 확보는 한국 정신의 올바른 이해 없이는 불가능한 것이다.

지금까지 글은 한국 사상과 「선」의 내용에 집중하였다. 이제 이로부터 유추할 수 있는 한국적이란 의미 내지 한국 정신과 사유란 개념을 철학 사상사의 입장에서 정리해 보고자 한다.

대개 한국 전통 사상이라 하면, 유·불의 외래 사상이 한국화하는 과정에서 나타나게 된 한국 유학·한국 불교를 그 사상사적인 측면에서 이해하는 것이 현재 학계의 일반적 경향이다. 그리고 이러한 한국적 유·불은 더 이상 공자학孔子學이나 석가학釋迦學, 곧 중국학中國學·인도학印度學의 성격을 갖지 않는, 한국적이고도 전통적인 사상이라고 천명하는 줄로 안다. 그러나 전통의 개념 그리고 고유하다는 의미를 더욱 심화시켜 살펴보면, 그러한 전통적·한국적 성격을 가능케 한 보다 본질적이고 자생적인 사유가 존재했음을 발견하게 된다.

그것이 곧 「선」이다. 따라서 이제 「선」으로서의 한국 정신은, 사유와 실천의 두 축을 토대로 외래 사상과 교감하여 스스로의 특수성과 보편성을 확보하였던 것임을 우선 지적해 둔다.[40]

곧 한국의 전통 사상은 유·불·도 삼교三敎 사상 중의 어느 하나가 아니며, 동시에 고신도적 생활 사유 내지 풍류도만의 것도 아니다. 어쩌면 한국의 전통 사상이란, 결국 한국 문화의 정신이었던 '온전한 원융성圓融性, 곧 비非 배타적인 큰 하나됨의 정신'이라 해야 할 것이다. 한국 사상으로서의 「선」은 크게 하나됨의 합일적·종합적·원융적 사고의 특성을 근원적으로 갖고 있다. 이로부터 비록 미분적이고 간략하지만 일련의 철학적 정신 체계로 존재 일원론과 상대적 종합 인식론 그리고 가치론적으로 화化와 홍익弘益의 현세 긍정론 등을 파생시켰던 것이다.[41]

그리하여 일체의 분별적 구별 의식을 허용하지 않으며, '너와 나를 구분하지 않는 우리'로서 본질과 현상을 분리하지 않는 하나의 사유 체계, 그로써 주객의 구분도 상하의 차별도 끝내 용납하지 않는 것, 그리고 본질 속에서는 선악마저도 혼일混一되어 시작도 끝도 없이 하나로 원융되어 있는 무차별한 조화調和와 조화造化의 세계 의식, 바로 이러한 것들이 한

---

40 拙著, 『仙과 훈』, 세종출판사: 부산, 1998, 317쪽.
41 拙稿, 앞의 논문, 65쪽 참조.

국 정신이 가르친 바 한국인들의 삶의 세계요 그 세계의 일반 의식이다.

따라서 사실상 한국 사상사에 그 족적을 뚜렷이 남기고 있는 것은, 이론으로서의 세계 인식 내지 삶의 구조적 이해가 아니다. 그것은 원초적인 인간 심성의 작용과 표상으로, 역사적으로는 낭가 정신郎家精神이나 선비 정신 등으로 나타나기도 한 실천으로서의 '호국애족護國愛族하는 멸사봉공滅私奉公의 정신'이다. 동시에 그것은 모름지기 인간 심성과 그 수양의 단계로서 인격의 척도를 가늠한 일련의 생활 의식이기도 하였다.

이로부터 한국적 의식이란 결국, "크게 하나됨의 사유를 통한 하나의 큰 화해和解와 조화造化의 사유 기초 위에 '우리'라는 공동체의 존재 이해로서의 생활" 가운데서 파악되는 것이다. 인간 정신이 기반하는 세계는 역시 생활 공동체였기 때문이다. 또 이를 바탕으로, 그 완전의 표상으로서 '한울'로 경칭했던 '존재 그 자체'와 신인 상화神人相化[42]라는 종합의 의식을 통하여, 새롭게 이해된 삶과 사회 곧 공동체적 세계관과 인생관을 파생시켜 나아갔던 것이다.

「선」은 대립과 단절 그리고 분석과 개별성으로 이어지는 일련의 학문적 사유 내지 철학 체계와는 다소간 이질적이다. 그리고 한국적 가치관에 있어 선악이란 근원적인 '존재 그 자체', 즉 형이상적 본질 자체에 미리부터 존재하는 것이 아니다. 그것은 다만 상화적相化的인 하나됨의 의식을 따라 이에 배치되는 것은 악惡, 부합되는 것은 선善으로 파악하여, 오직 공동체 속의 홍익과 이화로서 그 가치 판단의 기준을 확보해 왔다.

따라서 '선사상으로서의 큰 하나됨의 의식'은 언제나 한국인들의 자기 의식으로 그리고 한국 사상의 주된 가치 체계로 자리잡은 것이다. 그리하여 이는 새로운 한국인들의 정신적 가치를 고양시켜 줄 엄연한 '한국

---

42 유승국, 『韓國思想과 現代』, 동방학술연구출판부: 서울, 1988, 311쪽; "神人合一의 특징…神本主義나 人本主義가 아니라, 神人相和의 특성"

의 사상·한국의 철학'으로 남겨져 있다.

어쩌면 한국 현대 사회에 있어 「선」의 고대성과 그 신화성은, 어제·오늘 그리고 내일에 이르기까지 살아왔고 살며 살아가게 될 한국인들의 영원한 마음의 고향이 될지도 모른다.

4. 「선」 – 종합과 조화

인간은 모름지기 영육쌍전靈肉雙全·물심일여物心一如의 존재이다. 그러므로 마음만으로는 현실의 실질적 변화를 가져올 수 없고, 물질만으로는 현실의 다양한 개별적 특수성들을 조화해 낼 수가 없다. 이에 인간의 총체적인 존재 확인이 또한 논의될 수밖에 없는 것이다.

이러한 가운데 「선」의 철학적 존재 의의는 현대 사회의 속성 속에서 더욱 가치 있다 여겨진다. 현대 사회의 물질적 단계는, 인간 정신의 내적인 전일성全一性과 종합성綜合性보다는 외부 대상, 곧 물질과의 분화와 차별성이라는 측면에 지나치게 의존하여 움직이고 있다. 이 같은 상황에 대해 한국적 인간관, 즉 선의 맥락은 상당한 의미를 시사해 준다.

우선 신화는 개별적인 인간 삶에 타나는 여러 상대적 계기들에 대한 가치 판단의 기준과 방법으로 이화나 홍익의 관념을 제공한다. 또 인간의 정체는 선임을 확인하고 있다. 이러한 인식의 특징은 상화와 호혜·존엄의 가치관을 키운다. 곧 「선」의 윤리적 이해를 따른다면, 삶과 존재에 있어 '남을 이롭게 함은 무엇과도 비교할 수 없는 중요한 가치'이다. 다시 말해, '널리 인간 세상을 이롭게 함이란 실존적 인간으로 태어나 선으로 가는 최고의 길이며, 최고의 삶이 됨'을 가르치고 있는 것이다.

바로 이 점에서 「선」의 인간관은 실존적 개인이 몸담을 세계, 즉 실존적 공동체 안에서 인간 상호간에 주고받는 정신과 물질의 상호 화해의 세계를 말한다. 영원한 자유인으로서의 선과 그가 지닌 근본적인 인간 공동체 의식, 이것은 현대의 개인적 상실감을 치유하고 회복하기 위한 사상적 기초가 될 것이다. 동시에 인간관에서 보여 주는 것처럼, 보편적 세계 인식에 있어서는 큰 하나됨의 의미, 곧 대동大同과 만물제동萬物齊同 그리고 공색일여空色一如와 같은 합일적 세계관과 실천적인 사유 관념을 드러낸다.[43]

이로부터 생사가 이미 둘이 아니요, 너와 나 또한 둘이 아닌 우리로서 궁극의 하나에 연결되는 것이다. 이런 의미에서 한국인들의 철학 내지 사유란, 적어도 실천 철학 내지 가치 또는 행위의 철학으로 부를 성질의 것이다. 왜냐하면 존재나 인식의 어떤 이론적 영역보다도, 한국인들이 가장 중요하게 여긴 것은 실천하는 정신이기 때문이다. 또한 한국 사상의 중추에 자리잡고 있는 인간에 대한 철학적 가치 판단은 '인간 존재의 선적 이해'라 하였다. 그렇다면 이는 단순한 관념의 세계로만 남겨질 수 없다. 여기에 한국 수련법, 곧 단학이나 선술묘법仙術妙法, 국선 등의 수련 체계가 이어지는 것이다.

그리고 이러한 선인仙人의 이해는 신본적神本的인 종교 사고로 단순히 설명될 것이 아니요, 물질적 단계의 유물론적 사고로 설명될 성질의 것도 아니다. 왜냐하면 이러한 한국적 인간관은 근본적으로 유심·유물의 이분법적 사고 자체를 허용하지 않는, 원융적이고 합일적인 사유이기 때문이다. 바로 이 점에서 한국 정신은 오늘 포스트 모더니즘의 미래를 예견할 수 있는 또 다른 자체적인 의의를 가진다. 이제 '지극한 조화와 화해, 그리고 그 정신', 이것이 바로 한국인들이 지닌 정신의 참모습이며, 한국적이란 개념의 본질적 의미라고 말해 두고 싶다.

---

43 이을호는 이런 맥락에서 이를 相應의 윤리요, 調和의 사상으로 이해하고 있다(『한국철학사』, 앞의 책, 123-132쪽).

「선」은 언제나 하나의 판단 형식을 한민족에게 제공해 왔다. 한국 자생 철학의 존재 여부 또한 이의 체계적 이해를 통해 본다면 충분히 가능할 것이라 본다. 그리고 「선사상」이란, 한국 신화의 인간관이 지닌 특성, 곧 '선의 의식'을 추출함으로써 제기한 용어이다. 이의 체계화야말로 지극히 시급한 일이 아닐까 늘 생각하고 있으며, 이 작업은 또한 결코 과거의 일이 아니라 오히려 오늘의 일이며 동시에 내일의 일이라고 생각한다. 이를 위해 이 글은 지금까지 한국 정신사 속의 선적仙的 조망을 시도해 본 것이다.

덧붙이고 싶은 말은, 한국의 고유 정신 내지 고유 사상의 체계화를 통한 한국 자생 철학의 성립 이후에 비로소 한국 철학은 보편 철학과의 만남이 논의될 수 있다는 사실이다. 그리고 "널리 인간을 이롭게 함弘益人間이란 결국 겸양과 화해의 정신이 될 것이니, 크게 하나됨을 통한 자기 완성의 의식", 이것이 바로 한국 정신의 정수요 한국적이란 말의 핵심적 개념이 될 것임을 부언해 둔다.

제2장 「선」의 천인관

1. 천·인·선

하늘과 인간! 그 상호 관계에 관한 문제는 동양 철학의 여러 영역, 그 중에서도 특히 유가의 정치 철학에서는 핵심적인 위치를 차지하는 중요한 사안이다. 동양 특히 중국에서 전통적인 관학으로 현실 정치의 중추에 있어 온 유가의 사상·문화가 그 정점에 천天을 상정한 이래로, 천의 활동과 주재主宰적 측면에 관한 연구와 이해는 상당한 논란을 일으켜 온 바 있다. 동시에 그 영향력은 정치 현실에 있어 부침을 거듭하면서 수많은 정쟁의 요인이 되기도 하였다.[44]

한편으로 한국 사상사에 있어서의 천인론天人論은 특히 유학의 관학화가 자리잡은 조선조 이후 성리학의 발흥과 더불어 '인심人心·도심道心'에 관한 논변으로까지 확대되면서, 조선 중·후기 사상사의 주요 의제가 되

---

44 중국철학연구회, 『논쟁으로 보는 중국철학』, 예문서원; 서울, 1995, 139-140쪽.

는 것이기도 하다.

　돌이켜 보면 하늘과 인간에 관한 동양적 사유는 대륙 문화의 한 특징으로부터 출발하고, 다시금 이것이 농경문화에로 진입함으로써 본격적으로 전개·진행되었다 할 것이다. 다시 말해 인간의 투쟁적 노력과 의지에 의해 헤쳐나갈 것을 요구받는 서구 해양·항해 문화의 진취적 특성에 비해, 농사라는 살림살이에 의해 그 존재가 지탱되는 전통적 농경문화권에서는 기본적으로 일기와 기상 조건에 영향을 받음으로써 하늘에의 순응과 숙명을 고려·검토하지 않을 수 없었던 것이다. 이러한 과정 속에서 하늘에 대한 이해는 곧바로 천문天文이라는 개념으로 철학적 지혜나 지식과 연결되는 특성을 지니게 되었다.[45]

　그리고 여기서 천문과 더불어 반드시 거론되는 것이 있으니, 그것은 바로 지리地理와 인사人事이다. 전통적으로 동양에서는 '천문·지리·인사'를 인간의 삶에 있어 반드시 이룩해야 할 학문의 요체로 삼았으니, 그 중에서도 특히 하늘, 곧 '천'은 인간 삶의 존재와 연관하여 첫머리를 차지하는 중요한 의미를 지니는 것이다. 즉 군자로서 마땅히 알아야 할 지식과 지혜의 요체는 하늘과 인간으로 그 수미상관을 잡는 것이 되고, 이로써 하늘에 대한 이해는 더욱 심화되었다 하겠다.

　하지만 동양에서의 하늘에 대한 이해는 근본적으로 그 출발점에서부터 정확히 기원을 잡기 어려울 만큼 고대로 소급해 올라간다. 이와 함께 동양 각국에서는 나름의 방식으로 제각기 하늘을 이해하고 있는 측면이 있다. 즉 인도와 중국 그리고 한국의 경우 각각 하늘에 대한 이해에 있어 미묘한 차이를 보이고 있는 것이다.

---

45 『周易』, 「繫辭傳」上, "仰以觀於天文 俯以察於地理", 김충렬은 이 같은 지식에 대해 '測天'이라는 용어를 차용하면서, 고대적인 상황에서의 철학적·문화적 필요성을 설명하고 있다.(金忠烈, 『中國哲學散考(1)』, 온누리: 서울, 1988, 63쪽)

인도는 베다Veda로부터 파생된 신들의 세계와 인간 세계라는 이해 속
에서, 최상의 위치를 점하는 신과 이를 따르는 인간의 종교 심성을 토대
로 하늘을 파악·이해하고 있다. 그런 만큼 인도의 신들과 하늘은 훨씬 역
동적이면서도 전투적으로 등장한다. 반면 중국은 농경문화의 주된 특성
을 따라 하늘에 대한 사상사적인 이해를 심화시켜 왔다. 곧 처음 상제上帝
로부터 시작된 인격적 천天으로부터, 주재천主宰天의 의식으로 그리고 이
를 넘어 의리천義理天과 자연천自然天의 개념에 이르기까지, 널리 천의 이
념을 확대하고 또 이를 차용하여 특히 유가 윤리 사상의 핵심에 이르게
한 것이다.

그러나 이들 인도·중국의 경우와 달리, 한국에서는 특히 '흔울'에의
민간 신앙을 토대로 한 독특한 가치 체계를 형성하고 있다. 하늘 숭배로
특징지어지는 전통적인 한국 사상의 경우, 이는 '밝음 숭배'와 연관되고,
그 드러난 양상은 실로 '한민족의 하늘 관념은 남달랐다'라고 할 만큼의
독특한 사상 세계를 지니고 있다.[46]

사실 하늘에 대한 이해는 인간과의 상호 관련 속에서 그 철학적·형이
상학적 특성을 깊게 지닌다 할 것인데, 지금까지 학계에서 전통적인 천
인天人 관계에 대한 한국학적 고찰이 깊이 있게 이루어진 적은 거의 없어
보인다. 다만 철학 영역에서보다는 오히려 문학이나 사상사학의 입장 내
지 문화인류학이나 민속학의 경우에서, 하늘 개념의 정립을 시도하고자
한 일련의 노력들을 엿볼 수는 있다.[47]

46 金勝東,『韓國哲學思想』, 정문사; 부산, 1984, 16-19쪽.
47 이 같은 노력은 지금까지 국내에 발표되어 있는 여러 민속 및 무속 관계의 학적 작업을 통하여
확인할 수 있다. 그러나 이들 대부분은 巫神의 분석과 이해 정도에 머무르고 만 느낌이다. 따라
서 명확한 '하늘' 개념에까지 이르고 있지는 못한 것 같다. 최남선은 이러한 하늘을 태양으로
보기도 하고(『六堂崔南善全集 5』, 현암사; 서울, 1973, 25쪽), 김인회는 이러한 자연 신앙과
논리가 어디에서 연유한 것인지 알지 못한다 하며(『韓國巫俗思想研究』, 집문당; 서울, 1988,
89쪽), 김태곤은 이를 달리 Chaos와 Cosmos의 순환의 本과 諸 巫神의 관계 등으로 설명하

이것은 다른 의미로 한국에서의 하늘은 철학적 이해를 위한 이론적·형이상적 세계의 하늘이기보다는 곧바로 생활 속에 스며들어 있는 '흔울' 내지 '흔올' 로서, 인간과 동질적인 측면을 더욱 많이 지녔던 때문이 아닐까 한다. 이러한 흔적은 동학에서 인내천人乃天을 말한 대목을 통해 이해해 볼 수 있다. 즉 한국의 하늘과 인간은 별개의 세계 속에 따로 존립하면서 서로 파생하는 일련의 관계성을 가지기보다는, 그 자체로 서로 간에 일체적으로 동화되는 특징을 지니는 것이다. 이와 같은 상호 동화의 특징에 대해 유승국은 한국 사상이 지닌 '신인 상화의 인간학적 특성' 이라는 말로 요약하고 있다.[48]

이에 글에서는 신인 상화라는 특성으로 표현된 한국 사상의 전통적인 인간 이해와 그 성격에 대해 우선적인 관심을 기울이고자 한다. 이 같은 신·인의 이중적인 개념은 근본적으로 한국인의 천인관에 대한 하나의 중요한 해결점을 제시할 수 있기 때문이다. 한국인의 신인 상화 의식, 즉 신인神人 내지 인신人神의 합일 개념은 한마디로 '선'이라 요약할 수 있다. 그리고 바로 이러한 선의 의식이 그 체계화를 통하여 하나의 사상·이념으로 자리잡은 것, 그것이 바로 전통적인 선사상 내지 국선의 의식이다.[49]

이제 여기서는 국선으로 알려지고 전해져 내려온 전통적인 「선」[50]의 철학적 내용들을 살펴보면서, 이를 좀 더 확대하여 한국 사상 내에 담겨져 있는 일련의 천인관에 대해 검토해 보고자 한다.

기도 한다(『韓國民間信仰硏究』, 집문당; 서울, 1987). 그러나 일반적으로 용인되는 측면들을 종합해 보면, 한국의 하늘은 단순히 원리적인 존재로만 남지 않고 그대로 '하늘님' 으로서의 인격 人格神인 성격을 동시적으로 구비한 존재로 이해되고 있다.

48 유승국, 『韓國思想과 現代』, 동방학술연구원, 1988, 311쪽.
49 拙著, 『仙과 혼』, 세종출판사; 부산, 1994.
50 「선」은 선사상을, 기타 '선' 등은 개념 그대로의 선을 의미한다.

이를 위해 한국의 자생적 전통 사상 내에 담겨진 하늘 관념과 인간 관념에 대하여 선사상적인 이해를 통해 먼저 추적해 보고, 이들이 상호 결합된 제 양상들을 천착해 보기로 한다. 또 이러한 인간학적 존재 이해들이 어떻게 한국의 문화 사상들과 연결되었는가를 간략히 살펴본다. 그리고 최종적으로는 이러한 한국 문화 사상의 현실적 구속력에 대해 탐색하면서, 오늘날 한국 현대 사회의 제 문제, 특히 자아 상실이라는 시대적 현실 속에서 그 해결의 실마리를 찾아보고자 하는 것이다.

다만 먼저 밝혀 둘 것은, '천인관'이란 개념이 통념적으로 유가의 그것으로 이해되고 있는 만큼, 한국 「선」의 세계에서 정확히 동일한 의미를 찾아내기는 힘들다는 사실이다. 곧 한국의 하늘은 중국의 유학적 개념인 천天과 반드시 일치하는 것이 아니다.

한국 사상의 천인天人 관계론과 연관하여 빼놓을 수 없는 것은 한국인의 신명神明과 한恨의 구조, 또 이들을 지탱하는 혼魂과 귀신 그리고 인간에 관한 내용들이다. 그런데 이들은 중국의 천과는 다를 수밖에 없다는 일차적인 문제를 안고 있다. 더하여 이들이 드러나는 굿판의 민간 신앙적 요소와 무속 세계에 대한 검토 또한 빼놓을 수 없을 것이다. 따라서 비록 문제 제기의 수준에 불과할지라도 여력이 되는 대로 이에 관해 살펴보고자 한다. 그러나 이의 본격적인 해명은 또 다른 논의를 필요로 하는 것이다. 다만 이는 한국 「선」의 천인관을 본격적으로 이해하기 위해 어떤 식으로든 진행·작업되어야 할 것임을 본론에 앞서 밝혀 둔다.

2. 한국 선사상

한국 「선」의 천인관에 대한 검토에 앞서, 선사상이란 무엇을 말하는가에 관해 간략하게 짚고 넘어가기로 하자. 앞에서 언급한 대로 선사상이란 대개 한국 자생적 전통의 고유한 민족 사상 내지 고신도의 고대 사상을 오늘에 재해석하면서 제기된 용어이다.

현재 한국학의 여러 측면에서 고대 사상 내지 자생적 전통 사상을 지칭함에 있어 다양한 용어들이 사용되고 있음을 볼 수 있다. 그 중에서도 '한사상' 내지 '밝사상' 등은 가장 널리 알려진 용어가 될 것이다. 그리고 한국 사상에 대한 새로운 이해는 19세기 말 위난의 상황을 당하여 대두한 민족 종교 사상과 더불어 시작되었다고 해도 과언이 아니다. 또한 한국 고유 사상에 관한 증거들을 확인해 보면, '숭천교崇天敎·경천교敬天敎·단군교檀君敎' 등이 이미 있었고, 민족사를 통하여 이들의 사상과 종교가 면면히 이어져 내려왔음도 확인할 수 있다.[51]

그러나 서학의 전래와 함께 이루어진 서구 철학 사상과 학문 방법론의 유입에 따라 동양의 전통적 철학 사상 내지 도학道學 사상들은, 논리적으로 이해하기 어렵다는 이유 내지 비실증적이라는 까닭으로 용도 폐기·처분되고 만 쓰라린 과거를 가지고 있다. 이를 따라 사실상 국조 단군과 연결된 한국의 민족 사상 내지 민족 종교 또한, 이것이 단순히 신화적이라는 이유로 근 100년이 넘도록 한국학의 세계 속에서 올바로 거론되지 못한 기억을 갖고 있다. 다시 말해 전통적인 동양의 철학 사상 내지 정신세계의 위대한 역사들이 근대적 학문의 지평과 방법론 속에서 나날이 희미해져 왔던 것이다.

그러나 새 날이 오면 지평 속으로 사라져 갔던 것들 또한 새로 떠오르듯이, 이제 한 세기를 지나 신과학新科學이라는 이름 아래 진행되고 있는 New Age의 물결 속에서 동양의 여러 학문들 또한 자신의 자리를 새로이 찾고 있다. 신화와 전설·민담 등의 여러 이야기들이 새로운 이해와 분석

---

51 안호상, 『나라 역사 육천년』, 혼뿌리: 서울, 1987, 60-61쪽.

을 통하여 문화와 사상의 근원으로서의 자기 역할을 담당할 수 있는 새 시대를 맞이하고 있는 것이다.

그리고 여기서 신화를 논하는 가장 우선적인 이유는 그것이 곧 철학에 앞서는 최초의 자각적인 정신 유산으로 남겨져 있다는 점 때문이다. 물론 이보다 앞서 원시 종교 사상으로서의 애니미즘이나 토템 그리고 샤먼 등을 들 수도 있을 것이다. 하지만 신화는 비록 구비 전승의 과정을 거친 것이라 하더라도, 사실상 기록으로 남겨진 인류 최초의 정신문화 유산으로서의 가치를 지닌다.

이런 측면에서 특히 '한국 신화'는 한국의 정신문화라는 제반 요소를 포함하면서도, 동시에 오늘 한국인의 철학적 자각까지를 선도할 가능성 내지 가치를 지닌 요소들로 구성되어 있음을 우선 지적하고 싶다. 신화는 한국인 내지 한민족이 어떻게 그 최초의 원형적인 정신 활동을 전개하였는가에 대한 가장 구체적 증거로 남겨진 것이기 때문이다. 곧 신화는 단순한 신들의 이야기로만 남겨진 것이 아니라, 세계와 인간에 대한 최초의 시각과 관념을 보여 줌으로써 일련의 사상 체계와 문화 세계를 구성할 중요한 요인들을 제공하고 있다. 이를 우선 한국의 신화가 지닌 일련의 사상성으로 이해하는 것이다.

그리고 이것이 일정한 세계관과 인간관을 보여 준다고 할 때, 그 각각의 관점들에 대해 오늘의 입장에서 재해석하고 이해함으로써 이를 한국 고대 사상 내지 고대 철학으로 이름하여도 큰 문제가 될 것은 없으리라 여겨진다. 사실 오늘 현재, 철학이란 개념을 논할 때 가장 보편적인 이해는 결국 '올바른 인생관과 세계관의 학문'이라는 규정이다.

이 경우, 한국 신화가 지닌 일련의 세계관과 인생관은 곧바로 한국 철학의 원초적 형태로서 고대 철학 사상 내지 한국 정신의 원형으로 기능할 수 있다고 말하게 되는 것이다. 「선」이란, 신화로부터 이러한 민족 최초의 그리고 전통적인 인간관에 대한 분석과 이해를 통하여 제기되는 용어다. 곧 신화의 여러 요소를 검토하면서 발견하게 된, 인간에 대한 한국적 이해의 독자성과 특이성이며, 그리고 특징적 인간 이해의 정점에서 만나는 것이 바로 선仙이다.

다시 말해 신화적 사유의 세계를 분석하면, 인간에 대한 특징적인 이해의 한 축으로서 한민족이 지녔던 최초의 인간관을 확인할 수 있는 것이다. 물론 여기서의 선이란 그렇게 체계화되어 있거나, 정확히 선사상으로 지칭할 수 있을 만큼, 그런 엄밀한 사상 요소를 가지는 것은 아니다. 하지만 역사 시대의 기록들을 통해 확인해 볼 때, 민족 본원의 정신 세계를 찾고자 하는 많은 노력 속에, 여기 신화의 사상 요소들이 일련의 국선 사상國仙思想으로 발전하게 됨을 찾을 수 있다. 그 대표적인 것이, 고려 예종 11년의 조서이다. 이에 이르기를 "옛날 사선四仙의 행적에 영광을 더하라. 그 사선의 숭고한 정신을 받들어라. 근일에는 국선國仙의 도를 구하는 자가 없다. 대관大官의 자손으로 하여금 국선의 도道를 행하게 하라."[52]고 하였던 것이다. 또 최치원은 「난랑비서鸞郎碑序」에서, 이러한 민족 본원의 사상을 풍류도風流道로 명명하고 있음을 본다.[53]

이에 대해 신채호는 "선인 왕검이라 함은 삼국시대에 수두교도의 단체를 '선비'라 일컫고 선비를 이두로 '선인仙人' 혹은 '선인先人'이라 기록한 것이고, 선사仙史는 곧 왕검의 설교說敎 이래 역대 선비의 사적을 기록한 것이다. 후세에 유·불 양교가 서로 왕성해지면서 '수두'의 교가 쇠퇴하고 선사도 없어져서 그 자세한 것은 알 수 없다."[54]라 하였다. '선사상'이란 명칭은, 이 같은 신화적 인간관과 사상성 그리고 역사적 증거들을 토

---

52 『高麗史』, 睿宗 11년, 4월 庚辰日, 下制.
53 『三國史記』권4, 「新羅本紀」眞興王條, "國有玄妙之道 曰風流."
54 신채호, 『조선상고사』, 문공사; 서울, 1982, 70쪽.

대로 삼으면서, 그 현재적 이해로부터 제기된 것이다.

다만 여기서 사족처럼 덧붙여 둔다면, 한국 신화의 여러 사상 요소들 속에는 굳이 '선仙'이 아니더라도 달리 이름하고 이해할 수 있는 부분들이 많이 남겨져 있다는 점이다. 곧 한국 민족 사상이란 측면에서 많은 철학적 개념들을 또한 발견한다. 한사상·붉사상·곰/닭사상·신선 사상·단군 사상·한얼 사상 등이 바로 그것이다. 여기에 더하여 일련의 민간 사상과 무속 신앙 등도 이들과 공통된 축을 지닌다는 사실 또한 소홀히 할 수 없다. 이런 의미에서 선사상 또한 앞에 열거된 여러 사상들과 공통적이면서도 보완적인 상호 이해의 근거를 지니는 것이다.

따라서 '선사상'이 한국 사상 내에서 무슨 유類가 다른 어떤 특별한 사상으로 이해될 필요는 없다. 다만 이제 '한국의 선'으로 이름한 것에 대해 다시 한번 밝혀 둔다면, 이는 한국 신화의 독특한 세계관과 인간관에 대한 나름의 분석과 그 이해로부터 파생된다는 사실이다. 이 점에 대해서는 다음의 인간론에서 다시 한번 검토해 보기로 한다.

그리고 「선」을 이해함에 있어서 반드시 거쳐야 할 약간의 사상적 영역들에 관한 문제가 있다. 그것은 다름 아닌 전통적인 한민족의 하늘 사상이요, 한국인의 인간 사상이라는 하나의 사상 세계이다. 이는 때로 세계관과 인생관의 학문이라는 의미에서의 철학, 곧 자생적이고 본원적인 한국 철학의 의식 세계를 구성하는 핵심적인 사상 내용이 되고 있다. 또 이는 한국인의 근원적인 심성을 이해하기 위해서라도 반드시 해명되어야 할 것이라 생각된다.

아마도 「선」을 지탱해 온 관념들로서 가장 중요한 요소는 바로 하늘과 인간일 것이다. 그리고 이의 상호 관련은 한국인의 정신세계를 구성하는 주요한 사상 체계가 된다. 「선」을 통할 때, 한국 사상의 원초적 세계에서 만나게 될 일련의 '천인관'과 한국적 인간 사상의 독특성을 경험할 수 있을 것이다. 그러면 과연 그 무엇이 한국 사상의 원초적인 사유 세계를 「선」으로 이름할 수 있게 하는 것인가, 그리고 그 속에서 이해되는 천인관의 독특성이란 어떤 것인지에 대해 탐색해 보기로 하자.

3. 「선」의 하늘

하늘에 대한 일반적인 관념은 이의 장구함과 거대함 및 절대 존재에 대한 외경심으로부터 출발하고 있다. 그러면서 이에 따른 일련의 해석학적 사고들이 발생하고 이를 받아들이고 있음을 발견하게 된다. 따라서 어느 나라, 어느 민족에게나 하나의 관념으로서의 하늘은 다 있다. 그러나 이를 해석하고 이해하는 방식에 있어서는 상당한 차이가 있다.

이것은 아마도 인지의 발달과 더불어 인간이 스스로의 존재를 자각하고 이에 대한 인식을 가지기 시작함으로써, 그 근원에 대한 물음을 던지면서부터 나타나게 된 것이라 여겨진다. 이 경우 하늘에 대한 대개의 서구적 이해는 본질과 현상, 주체와 객체 등 일련의 이분법, 즉 신과 인간이라는 대응 관계로 진행되어 왔다. 이에 비해 동양의 여러 지역에서는 존재 근원이라는 물음을 보다 다양하게 이해하면서, 특히 합일의 관념을 중심으로 진행하였음을 볼 수 있다.

우선 중국에서 천으로 대표된 하늘 관념은, 초기적인 상제라는 개념과 더불어 이후 인간의 삶과 길흉화복을 좌우하는 주재천의 개념을 보유하게 됨으로써, 사실상 중국 문화 전반에 그 영향을 끼쳐 왔다고 할 수 있다.[55] 이로부터 중국 문화 사상의 한 유형으로서 '천인관'은 실로 중국 정

---

55 이 글의 주제와는 다소 다른 문제로, 여기 上帝와 天 개념의 상호 선후의 문제는 현재 필자에게 많은 의문을 던져 주고 있다. 현재로서는 단정지어 결정할 수 없는 것이지만, 어째서 '上帝 신봉'이 '天 숭배'보다 시기적으로 앞서는가에 대한 의문이 그것이다. 개인적으로 이해할 때, 중국인의 天 개념은 중국 철학 내에서는 가장 앞선 개념 중의 하나가 되어야만 합리적이라고 생

치 철학의 세계 내에서 중요한 이데올로기를 형성해 왔고, 이에 영향 입은 한자 문화권 내의 동아시아 여러 나라들에 있어서도 '천인관'은 주요한 철학적 문제로 제기되어 왔다.

하지만 서구의 철학 전통 속에서 명확히 동질적인 개념이나 동일한 이해로서 이 같은 '천인관'의 철학적 주제를 보여 주는 대목을 찾기는 대단히 힘들다. 간단히 말해, 동양의 천天을 서양의 다른 언어로 번역한다면 어떤 개념이 될 것인가. 그것은 Sky, Heaven, God 등등일까. 사실 이 같은 언어적인 문제를 차치하고서라도, 아마 동양의 천과 동일한 의미의 서구적 개념을 찾는다는 것은 거의 불가능할 것이다.

그런데 같은 한자 문화권 내에서 사용되고 있는 천을 그냥 그대로 천이라 할 때도 문제는 있다. 그것은 한글의 '하늘'과 한자말 '천'과의 상호관계와 그 개념 사이에서 발생하는 동이同異의 문제이기도 하다. 더욱이 천과 비슷한 의미로 보다 앞서 사용된 것으로 보이는 상제와 같은 개념은 근본적으로 그 이해가 다르며, 이는 또 도·법·이·태극 등등의 개념들과도 사실상 상당한 의미의 차이가 있다.

이로부터 철학을 일련의 개념학으로 규정할 때, 실상 천天에 관한 형이상학적 고찰은 동양 철학의 범주 안에서도 가장 난해한 부분에 속한다는 사실을 짐작할 수 있다. 아마도 이는 천의 개념 규정의 어려움 때문이라고 생각한다. 한국인의 '하늘' 또한 결코 한자어의 천과 동일한 의미를

각한다. 그것은 道라 이름한 그 무엇보다도 더 앞서는 것이어야 하는 것이다. 그런데 지금까지의 연구로는 대개 天이 나오기 전에 上帝가 있었다고 한다. 즉 殷代에는 전혀 신앙되지 않던 天이 周代에 이르면 敬天의 핵심에 떠오르는 것이다(김승동·이재봉, 『東洋哲學入門』, 부산대출판부, 1997, 2쪽; 김충열, 앞의 책, 65-66쪽). 이것은 무언가 중국의 문화 사상에 앞서는 그 어떤 문화적 실체의 존재 여부에 관한 심각한 의문을 던져 주고 있다. 왜냐하면 이는 上帝와 天의 개념상의 전이 문제와 아울러 한국의 하늘 개념 등과도 관계하는 것처럼 보이기 때문이다. 그러나 여기서는 이를 일일이 추적하기 어려우며, 다만 하나의 과제 제시에 그치고 다음 기회를 빌기로 한다.

갖지는 않는다.

그러면 먼저 천이란 한자말을 빌려오면서 나타난 이해를 살펴보기로 하자. 천이 드러난 최초의 개념은 유가적인 의미의 천이다. 그리고 이때 우선적으로 검토될 천이란 자연천·주재천·의리천 등의 의미로 요약할 수 있을 것이다.[56] 그러나 이 같은 중국적인 '천 개념'은 대개 절대적인 존재라는 의미 이해를 지니고 있다. 즉, 인간적이기보다는 언제나 인간에 앞서는 그리고 인간보다 더 높은 그 무엇으로서의 천인 것이다. 그것은 언제나 능산적能産的 존재요, 최고의 준거로서 자리잡는다.

하지만 한국「선」에 담겨진 천의 의미는 그와는 조금 다르다. 한국의 하늘은 기본적으로 유가적 천 개념의 그 같은 공능功能과 존재성을 인정하면서도, 현실적 실천에 있어서는 보다 인간에 가깝고 친근한 개념으로 변화되어 간다. 때로 중국의 아니 유가의 천이 인간에 앞서는 절대적 규정으로서의 천이라면, 한국의 하늘은 좀처럼 인간에 앞서지 않는다. 아니 하늘은 그냥 그렇게 인간의 삶과 세계와 더불어 함께 하는 의미로서 자리잡고 있다. 이러한 하늘에 대해 유승국은 '굼신神과 볽신'의 양면적 기능을 가진 하나님, 즉 '한님'〔韓·汗·干〕이라 하고 최남선의 논설을 빌어 다음과 같이 지적하고 있다.

'한'이란 대大 또는 일一을 의미하는 것으로 신神의 이름도 '하나님'이다. '하나'라 할 때는 수數로서 유일자唯一者 '하나님'이고, '한님'이라고 할 때는 공간적空間的으로 전체全體를 나타내고, 또 '하늘님'이라고 할 때는 시간적時間的으로 영원永遠한 것을 나타낸다. '늘'은 영원, '울'은 울타리, '하나'는 유일唯一을 의미하는데, 이 '한'은 나라의 이름도 민족의 이름도 되며, 최고의

통치 책임자도 '한'이라고 한다.[57]

하였다. 곧 그는 영험하고 경외로운 것과 친애하고 밝고 구제해 주는 신의 두 양상이 한국의 하늘 개념 속에 구현되고 있음을 말한다. 그러면 한국 「선」의 세계에서 만나는 하늘 내지 한울·하늘님으로서의 천天, 이것은 어떤 것일까.

한국인의 심성 속에 새겨져 있는 '하늘' 개념은 그 다양한 의미 함축과 함께, 아마도 '존재 그 자체'의 한국적 형이상학의 개념에 가장 적합한 것은 아닐까 한다. 곧 '천天'이라는 한자의 어떤 용례와 용법들보다도, 한글의 '한'이라는 글자 자체가 지닌 다의적 개념, 그리고 일상의 생활에 가장 가까운 것이 실로 한국어의 하늘 개념이다.

그냥 그대로의 '하늘'이란 한국어 개념은 다른 수식어 없이도 자연으로서의 하늘, 사필귀정의 이법으로서의 하늘, 인간의 생활사를 주관하는 하늘, 그리고 무엇보다 나와 유리된 것으로서 별도의 그 무엇이 아닌 바로 나와 하나되어 녹아 있는 '혼' 그리고 '한님'으로서의 하늘 등등의 복합적 개념을 지니고 있다. 다시 말해 유가의 천이 일방적이고 수직적 천이라면, 한국의 하늘은 오히려 호혜적이고 쌍무적 하늘로서 그 최초의 인식에 규정되고 있는 것이다.[58]

그리하여 나와 하나된 하늘이 유심有心하여 돌보실 때 그곳에는 '하늘님'이 있고 '한님'이 있다. 그러나 무심無心하여 돌보지 않을 때, 그것은 곧바로 무심한 하늘·원망의 하늘이 되어 버리고 만다. 그렇게 인간과 하나된 모습으로서의 하늘, 그것이 여기 한국인의 의식 속에는 들어 있는

57 유승국, 앞의 책, 158쪽.
58 이을호, 『한思相의 苗脈』, 사사연; 서울, 1986, 44쪽, 62쪽; 여기서 그는 한국적 하늘 개념의 성립은 '한'의 무교적 神人 合一觀에서 비롯된다고 보고 있다.

것이다. 하지만 이는 어쩌면 철학적이라기보다는 오히려 보다 문화적·인문학적인 것이기도 하다.

그러면 철학적 의미에서의 하늘은 어떤가. 가장 특징적인 양상으로 「선仙」의 세계에서 드러나는 한국인의 하늘은 우선 '고향'으로서의 관념과 만난다. 곧 뿌리와 맞물린 '고향으로서의 하늘'이 그것이다. 이때 그곳, 즉 고향은 나의 존재 근원으로서의 할아버지, 그리고 그 할아버지의 할아버지가 나고 또 살아 계신 곳, 즉 시간과 공간의 영원적 합일의 세계로 사유되고 있다.[59] 어쩌면 이 같은 하늘의 인격적 이름으로 등장하는 것, 그 즈음에서 만나는 또 다른 개념이 바로 신이자 한울님이다.[60]

이는 자연적인 하늘과는 다른 '또 하나의 하늘'이다. 신神과 더불어 생성되는 또 다른 형이상의 세계, 그것은 한국인의 인격적 하늘이 된다. 이것이 실로 진정한 한국 「선」의 하늘이다. 왜냐하면 이 같은 인격적 하늘의 등장과 더불어 한민족은 스스로의 존재 확인을 처음으로 감행하고 있음을 또한 확인할 수 있기 때문이다.

신화를 따를 때, 인격적 하늘의 최초의 형태는 바로 '한인桓仁'이다. 잘 알다시피 한인의 표현은 그대로 '한님'이요, '하늘님'이다. 다만 여기서 해석학적으로 이해할 때, '한님'의 존재는 한국인이 지닌 최초의 존재확인이요 그 자의식이라는 의미를 더하여 가지게 된다. 다시 말해 한인으로부터 한국인의 하늘 개념은 처음으로 생성한다 하겠는데, 그 위격位格의 문제가 여기에 제기되는 것이다.

한국 신화의 한인은 초월적 의미에서 인간과 유리된 형태의 하늘로 존

---

59 拙著, 앞의 책, 68쪽.

60 그래서 이는 아마 祖上神의 位格에 상당하는 '하늘'일 것이다. 그러나 이러한 하늘은 언제나 나의 존재를 걱정하고 돌보는, 그래서 한국인 자신의 思念的 하늘이 되는지도 모른다. 그러나 이는 인간에게 있어 절대적인 곰이기 보다는 오히려 붉에 가까운 것이다.(유승국, 앞의 책, 158쪽 참조)

재하는 것이 아니다. 이는 한민족이 바로 그로부터 탄생했다는 관계적 원인으로서의 하늘이라는 관념을 지니고 있다. 곧 신화는 신으로부터 피조된 인간으로서의 한민족을 말하기보다는, 바로 하늘의 친연親緣적 자손이 한민족이라고 말한다. 그래서 한인은 하늘이면서 그대로 한민족의 '혼아버지', 그리고 한국인의 할아버지로 신화에 기록되는 것이다. 이것이 「선」에서 보는 최초의 하늘, 바로 한민족의 하늘이다. 그리하여 한인이 사는 그곳은 바로 '한국桓國'이자 하늘나라인 것이다.[61]

다시 말해 한국인의 하늘은 곧바로 혼아버지로서의 한님이며, 또 하늘나라는 다름 아닌 한국, 즉 '환국桓國'[62]이다. 이때, 한국은 한민족에 있어 그 자신이 출발한 고향의 의미로 주어지게 된다. 따라서 하늘은 떠나온 곳이면서 동시에 돌아갈 곳, 그런 의미에서 영원히 자신과 함께 할 고향으로 한민족에게 먼저 제기되고 이해되었던 것이다.

이로부터 공간적 하늘로서의 한국과 시간적 하늘로서의 한인, 그리고 이 양자의 절충과 합일에 의하여 한민족이 지닌 신화적 관념으로서의 '신즉인', 즉 선의 '하늘'이 여기 나타난다. 「선」의 하늘, 그것은 영원한 한민족의 고향이며, 한국인의 참모습을 지켜주는 하늘이다. 이 같은 사유는 특히 한국인의 선적仙的인 의식에서 확연히 드러나고 있다. 그러면 이와 같은 「선」의 하늘 개념의 구조는 어떻게 드러나는가.

단군신화의 처음에 등장하는 '석유한국昔有桓國'과 '한인'은 그대로 하늘나라와 하늘님을 대표하고 있다. 따라서 이는 세계의 모든 민족이 자기들의 출생과 기원에 관한 자의식으로서의 하늘 개념에 상당한 것이기도 하다. 이러한 하늘을 선사상의 존재론적 근원으로서의 하늘이라고 할

---

61 拙著, 앞의 책, 72쪽.
62 환(桓)의 발음에 있어, 임승국은 이를 하늘이란 뜻이 담긴 '한'으로 읽어야 한다고 주장한다 (『한단고기』, 정신세계사; 서울, 1986, 표제). 여기서도 이후 임 교수의 견해를 따라 '한'으로 표기하기로 한다.

수 있을 것이며, 달리는 이를 동양 철학 일반의 체용론體用論에 따른 체體로서의 하늘이라고도 할 수 있다. 그러나 이제 이러한 '존재 그 자체'요 체로서의 하늘이 그 단계적 변천을 따라 보여 주는 쓰임, 곧 용用의 흐름에 있어 한국의 하늘은 사뭇 다른 이해를 던져 준다. 그것은 '한웅桓雄'의 등장과 관계된다.

"이때에 그 서자 한웅이 있었다."[63]함은 존재 그 자체의 하늘이 하나의 변용으로서의 쓰임을 갖는다는 것이며, 이러한 쓰임 속에서 한웅은 한인과 같은 하늘의 위격을 지니면서도 체의 다음 단계를 표상하게 된다. 따라서 이의 문맥은 다시금 '하늘 밖의 하늘' 그리고 '하늘 안의 하늘'을 의미하는 특이한 형태를 지닌다. 곧 존재 자체로서의 일체의 근원적 근거로서의 체體적인 하늘이 '한인'이라면, 그 현실적 변용으로서의 용用적인 하늘은 '한웅'이 되는 것이다. 그리고 이러한 용적인 하늘의 등장과 더불어 이제 비로소 인간과 하늘의 연계적인 관계가 설정되고 있다. 따라서 '한인'의 하늘은 인간과의 관계에서는 그다지 가깝시 않다. 곧 '한인'은 친연성의 측면에서는 연계적이라 하겠지만, 현실적 삶에 있어서는 연계적이기보다는 간접적이다. 그러므로 '존재 그 자체'에 대한 관심으로서의 존재론적 절대자에 대한 관념은 한국「선」의 의식 속에서는 상당히 희박하며 약한 편이라고 할 수 있다. 곧 존재 자체라는 형이상적인 문제보다는 그 쓰임이라는 의미에서의 형이하적인, 즉 오히려 현실적인 측면에 한국인의 관심은 집중되고 있는 것이다.

하늘의 쓰임으로 드러난 측면에서 용적인 하늘, 곧 한웅의 등장은 곧바로 인간과의 직접적인 상호 연관을 지니게 된다. 따라서 신화에 나타난 선의 의식을 중심으로 할 때, 신화의 핵심에 등장하고 있는 하늘은 다

---

63 『三國遺事』卷一, 紀異 第一, 「古朝鮮」, "昔有桓因 庶子桓雄"

름 아닌 '한웅'이다. 즉 보다 더 크고 강력하다고 해야 할 한인의 하늘은 신화 전체를 통하여 주요 존재가 아니며, 오히려 그 아들 '한웅'의 이야기가 주가 되는 것이다. '한웅'과 더불어 새로운 하늘, 새로운 땅은 열리고 있다. 이것은 동시에 '신시(神市·새벌)'와 맞물린 한국 개벽 사상의 한 특징으로서, 개천開天의 근본적인 의미를 던져 주고 있다.

'신시개천神市開天', 새로이 열린 한민족의 하늘은 스스로 그 본질적인 의의와 목표를 제시하고 있다. 그것은 다름 아닌 홍익인간의 이념이며, 이는 또 다른 하늘의 의미와 목표를 제시한다. 즉 하늘은 인간 위에 군림하고자 하는 데 그 목적이 있는 것이 아니라, 오히려 인간 세상을 널리 이롭게 하며 인간을 돕고자 하는 데 그 존재 의의가 있음을 암시하는 것이다. 다시 말해 「선」, 즉 한국인의 근원 의식에서 제기되는 하늘은 인간과의 직접적인 관계성과 쓰임 속에서 참된 의미를 지니며, 그것은 상보와 총화의 세계관으로 드러나고 있다.[64]

따라서 「선」의 하늘은 단순히 자연천으로서의 하늘도 아니며, 이법천이나 주재천으로서의 하늘도 아니다. 굳이 규정한다면, 이는 인격적 하늘로서 인간과 어우러진 하늘이라고 할 것이다. 그리고 하늘의 존재는 인간에 앞서는 것으로서 스스로 절대적 의미를 지닌다기보다는, 오히려 인간과 더불어 있음으로써 그 존재 의의를 상보적으로 가지게 된다. 하지만 그렇다 해서 이러한 하늘이 인간보다 하위의 개념으로 등장하는 것을 의미하는 것은 물론 아니다.

기본적인 틀 속에서 여전히 하늘은 인간 창세주創世主의 의미, 즉 존재 근원이자 존재 기반이 되고 있음은 의심할 바 없다. 이는 인간 단군의 탄생이라는 측면에서 확인할 수 있다.

---

64 拙著, 앞의 책, 102-115쪽.

지모地母의 개념을 지닌 웅녀熊女의 등장과 그 인간화의 과정, 그리고 다음 단계에서 벌어지는 한민족의 민족적 자기 정체성과 맞물린 인간 단군檀君의 신인적 위격은 이 점을 보다 극적으로 웅변하고 있다. 인간의 수성獸性과 땅의 의미를 동시에 나타내고 있는 곰과 호랑이, 그리고 수성과 지성地性이 하늘과 만나 탄생한 '신인 단군'이라는 일련의 신화적 구조는 한국 사상의 근원적인 인간 사고를 형성하면서 한국 전통의「선」과 그 사상의 성립을 가능케 한다.

다시 말해 한국인 내지 한민족 자신의 존재 이해의 근거로 등장하는 일련의 행간에서, 인간이 얼마나 위대한 존재인가를 신화의 사유, 선의 의식은 보여 주는 것이다. 그리고 이러한 일련의 신화 구조 속에서 하늘의 의미는 새로이 산출된다. 그것은 인간 신성의 의미와 수행·수련의 의의 등등이다. 이는 왜 인간이 인간다워야 하는지에 대한 이유로서의 하늘의 존재 의미이기도 하다.「선」에서 말하는 인생이란 어쩌면 하늘, 즉 '고향'으로의 돌아감을 위한 것이다.[65] 그래서 『규원사화揆園史話』에는, "단군은 말하기를, 공을 다하고 하늘로 올라간다."[66]고 했던 것인지도 모른다.

그러면 한민족에게 있어 '하늘'은 진정 무엇인가. 그것은 바로 자신의 존재를 근거 지운 하늘이요, 그 삶을 이끌어 주는 어버이며, 그가 더불어 살아가는 동안의 친구요, 그가 생을 마감할 때의 목적지이다. 이러한 시·공간적인 이중의 의미를 지닌 하늘은 하나의 인생이 출발하고 마감할 때까지, 그리고 영원 속으로 그 존재가 잠복할 경우를 포함하여 이 모든 전체 시·공간을 아우르는 인간의 충실한 동반자인 것이다.

---

65 東學에서는 이를 同歸一體로 표명하고 있다. 곧『용담유사』에는, "쇠운이 지극하면 성운이 오지마는 현숙한 모든 군자 동귀일체 하였던가"(권학가)하고, "억조창생 많은 사람 동귀일체 하는 줄을 사십평생 알았더냐"(교훈가)라 한다.
66 『揆園史話』,「漫說」"檀儉則曰 功完而朝天"

따라서 답답하고 힘들 때, 한 번쯤 둘러보고 우러러보는 하늘은 한민족의 심성에 남아 있는 가장 친근한 존재로서의 하늘이 된다. 그러나 이러한 하늘은 때로 인간의 삶을 질타하고 그 행위의 잘잘못을 한 순간도 빼지 않고 기록하는 엄격한 심판관이기도 하다. 다만 이 경우에도 「선」의 하늘은 인간 외부에 존재하는 그런 하늘이 아니다. 이는 결국 인간 내부의, 바로 자기 자신의 엄정한 하늘로서 각 개인에 내재한 황금률로서의 법칙이다. 이것이 한국인이 바라본 '양지良知·양능良能'으로서의 하늘이요, 「선」의 하늘이다.

이 경우, 하늘의 존재는 인간을 신격적 존재로 이끄는 내재적 스승이요 동반자임과 동시에 자신의 행위 양상을 단죄하는 엄정한 판관으로 자리잡기도 하는 것이니, 이러한 하늘은 유가의 이법천과도 크게 다르지 않다고 할 것이다. 하지만 내재적 원리로서의 하늘은 동학, 아니 한국 사상 전통의 '인간이 곧 한울이요, 한울이 곧 인간'이라는 신인의 실현을 지탱하는 하늘이 됨으로써 최종적인 완성을 이룬다.

동학에서 '사람을 하늘같이 모신다' [67]라고 한 것은 단순한 인간 이해와 그 관념의 확대 및 연장이기보다는 오래된 「선」의 한국적 존재론과 인간관의 핵심에 있는 자기 의식이 된다. 그래서 「선」의 하늘은 그 다양한 개념과 더불어 대단히 복합적인 의미를 지니는 것이다. 다만 여기에 인간 선仙의 의식이 제기됨과 아울러 '한웅의 하늘'은 곧바로 선으로서의 인간이 도달하게 될 궁극적이고도 최종적인 목적지로 이해된다.

이와 같은 구도는 한국의 무속 신앙 내지 민간 사상 속에서도 발견되는데, 바리데기 신화나 오구굿에서와 같이 이승과 저승이 구분되지 않는

---

[67] "사람이 바로 한울이니 사람 섬기기를 한울같이 하라"(『천도교경전』, 「해월신사법설」, 待人接物). "내 마음이 곧 네 마음이니라.…천지는 알고 귀신은 모르니 귀신이란 것은 나니라"(상게서, 「東經大全」, 論學文).

미분적 의식[68] 속에서 한국인의 하늘 개념은 정리되기도 한다. 다시 말해 인간과 별개적 존재로서의 하늘이란 개념은 한국 사상의 흐름, 특히 선의 의식 속에서는 희박하다. 몸과 땅이 하나라는 신토불이의 경우와 같이, 하늘과 인간 또한 다르지 않다. 하늘과 인간이 다르지 않으므로, 한민족이 몸담은 땅과 하늘 역시 다르지 않다. 이는 아마도 후대 자생 풍수의 핵심에 담겨진 사상으로 연결되는 것 같다.[69]

곧 「선」은 하늘과 인간이 다르지 않으며, 인간과 땅이 둘이 아니요, 다시금 하늘은 곧 땅이요, 땅은 곧 하늘이라는 일체의 상호 연관의 갈래를 지니고 있는 것이다. 이러한 존재관은 한국 「선」의 경우에 특히 명확하게 나타나고 있다. 곧 인간은 단순히 인간, 즉 중간자적 의미에서의 불완전한 존재가 아니다. 인간은 언제나 신적 가능성을 지닌 존재로 이해된다. 그래서 신인 동류의 선으로 파악되는 것이다. 이 같은 의식을 산출한 한국 신화의 구조 속에서 볼 때, 「선」의 하늘은 권능적 주재천이 아니다. 그보다는 오히려 인간 세상을 위하고 도움을 주는 충실한 동반자이면서 하나의 이정표와 같은 길잡이로 존재하고 있다.

신화는 '수의천하數意天下 탐구인세貪求人世'하고, '가이可以 홍익인간…재세이화'라 한다. 하늘의 한웅이 도리어 인간 세상을 탐하여 있고, 또 널리 세상을 이롭게 하며, 다른 곳이 아닌 바로 이 세상 속에 이치와 원리가 존재하고 있음을 말하는 것이다. 이와 같이 「선」의 천, 한국의 하늘

---

68 김태곤, 앞의 책, 325-327쪽.
69 대개 오늘에 있어 한국의 風水라 하면 藏風·得水·方位를 주로 하는 것으로, 중국에서 건너온 술수 정도로 세간에 알려져 있다. 그러나 최창조는 자생 풍수의 존재와 그 성립·전개를 말하면서, "원래부터 우리 민족이 지니고 있던 地氣의 감지 능력"(『땅의 논리 인간의 논리』, 민음사; 서울, 1992, 70-72쪽)이었음을 말하고 있다. 만일 이와 같다면, 이러한 한국 풍수의 배후에는 역시 天·地·人 三者의 일체감을 기초로 한 돌아가 하나됨의 의식이 있었던 것이 아닌가 한다. 다만 이는 사실상 또 다른 주제 속에서 밝혀져야 할 문제인데, 두서없으나마 우선 여기에 언급해 둔다.

은 인간과 유리되어 존재하는 것이 아니라, 인간을 위해 존재하며, 그럼으로써 그대로 한국인 자신과 더불어 살아감으로 이해되는 한아버지였던 것이다. 그러면 이제 선사상의 인간 개념을 검토하면서, 이러한 하늘에 대해 좀더 명확하게 이해해 보기로 하자.

4. 「선」의 인간

「선」의 인간관에 들어가기 앞서 우선 '인人'에 관한 고증을 잠시 살펴보자. 유승국은,

> 「후한서後漢書」〈동이전東夷傳〉에서는 동방東方을 이夷라 하고, '이'는 뿌리이며 인仁하여 생生을 좋아하니 본니 인방人方이란 동이를 가리키는 말…「한서」〈한무제漢武帝 20년年〉 조條를 보면 동이는 '한국인韓國人'이라…「설문설文」에는 '이夷'와 '인人'은 같은 것이며, '인仁'과 '인人'도 같은 것…「맹자孟子」에 보면 '인仁은 인人야'라 하여 인仁보다도 인人이 선행함을 말하였다…은殷나라…골문骨文에 보면 '인방人方'이라는 기록이 자주 보인다.…즉 '인人'이란 동이족東夷族이 제일 먼저 사용한 것…[70]

이라 하였다. 위의 언급 속에는 한국인의 자기 이해, 즉 인간 이해와 맞물리는 문제가 내포되어 있으며, 이는 또 「선」의 개념과 사상 세계에 연결되고 있는 것으로 보인다. 곧 한국 고대의 자생적 사상을 선사상으로 칭할 때, 그 핵심적인 의미는 실로 한민족의 근원적인 인간 이해로부터 파생된다. 신화의 기본 구조와 전통적인 한국인의 문화 사유를 파악하는

---

70 유승국, 앞의 책, 166쪽.

데서 「선」의 인간 이해가 이루어지기 때문이다.

그러면 무엇이 과연 「선」을 말하게 하는가. 신화의 구조와 내용은 다음과 같다.

하늘의 쓰임으로 등장한 하늘인 한웅은 인간 세상에 내려옴으로써 땅의 주인인 곰을 만나게 된다. 그리고 지모신격地母神格인 곰은 사람이 되기를 바라면서도 그 동물적 속성을 버리지 못하고 있다. 이에 천신인 '한웅'은 동물인 곰에게 수련과 수행을 할 것을 명하게 된다. 그런데 이때에 같이 있던 범, 즉 호랑이 또한 사람이 되기를 기대하므로, 공히 하늘은 지켜야 할 덕목을 제시하고 수행을 명한다. 그것이 '불견일광백일不見日光百日'이요, '영애일주靈艾一炷 산이십매蒜二十枚'이다. 그리하여 드디어 곰은 삼칠일 만에 환골탈태하니, 이가 곧 지모신으로서의 웅녀이다.

다음으로 신화는 새로운 인간, 단군의 탄생으로 연결되고 있다. 그런데 이 대목은 오늘의 한민족과 연결되는 새로운 인간의 탄생이라는 의미와 동시에 한국인의 자기 정체성의 확인이라는 의미 맥락으로 이어진다. 곧 새로이 탄생한 인간 단군왕검, 그 위격은 단순히 신과 동물의 만남으로 이루어진 그리고 천부지모天父地母의 아들로 태어난 인간으로서의 단군에 머물지 않는다.

이는 천신으로서의 한웅과 지모이면서 동시에 인신人神이 된 웅녀[71]의 결합으로 잉태되고 탄강한 존재이다. 곧 단군왕검은 하늘이면서 땅이요, 더하여 인간이다. 곧 단군은 실로 천·지·인의 삼자를 모두 아우른 존재로 이해되는 것이다. 이를 위격적 측면에서 파악한다면, 단군은 곧 신이

---

[71] 여기서 熊女의 위격은 지금까지의 연구에 의하면, '가미神 곧 곰神'으로서의 의미를 지니는 것이다. 좀 더 확대해서 이는 노자가 말하는 谷神의 의미까지를 포함한다 하여도 크게 무리는 없을 것이다. 동시에 이를 이어받은 檀君의 위상은 그대로 三神論에 의한 붉神의 등장으로 보아도 무방할 것인데, 황준연은 이에 대해 천상과 인간 세계의 일치이며, 묘한 신비가 존재하는 것이라고 한다.(『한국사상의 이해』, 박영사: 서울, 1995, 50쪽)

면서 인이요 인이면서 신인, 인신이요 신인이며, 천·지·인의 총화이다.

이 같은 맥락 속에는 한민족의 독자적인 자기 이해와 그 원초적인 인간관이 깃들어 있다. 그것은 바로 한민족의 신인 사상이요, 신인 철학이다. 즉 사람이 곧 신이요, 신은 곧 사람이다. 따라서 하늘이 곧 사람이요, 사람이 곧 하늘이라는 일련의 동학사상은, 어쩌면 인간에 대한 한민족의 깊은 자기 이해와 성찰의 근원적인 기반 속에서 산출되고 있는 것이다. 이에 인간을 대하기를 하늘처럼, 신처럼 하라는 한국 사상의 지극한 인간 존중의 맥락이 결코 하루아침에 이루어진 것이 아님을 알 수 있다. 다시 말해 '인간이 곧 신이요, 하늘'이라는 원리는 한민족이 지녀온 인간관의 핵심적인 요체인 것이다.

그리고 이 같은 신화적 사유가 의미하고 또 그 사상사적 변천을 거치면서 자연스럽게 만나게 된 개념, 그것이 바로 한국의 '선仙'이다. 신화의 말미에는 신인인 단군이 인세人世의 작업을 마치고, '환은어아사달還隱於阿斯達…위산신爲山神'이라 하고 있다. 그리고 이제 여기서 전통적 '산신'의 개념 그리고 '산인山人'으로서의 개념인 '선'과 만나게 되는 것이다. 이능화는,

단군은 동방 최초의 임금으로… 군君 자는 '동군東君, 제군帝君 및 진군眞君' 등의 선가仙家의 용어이며 또한 '운중군雲中君, 상군湘君' 등 신군神君의 이름과 같은 것이다. 이로 보아 단군이라 함은 선이라 할 수도 있고 신이라 할 수도 있다.[72]

하였다. 또 최남선은 산신山神과 선의 상호 연관성을 설명하면서,

<hr>

72 『朝鮮道敎史』, 總說.

고종교古宗教에서는 천天과 선조先祖를 산악山岳에 배정하여 숭배하며, 그
것을 인격적으로 보는 이름을 산신山神이라고도 하고 선인仙人이라고도 하
며…이 경우의 선仙은 한문류漢文類로 말하면 신이라고도 하는데 합당하며…
선인仙人이라는 것은 종교의 행자行者 내지 신도神道의 체현자體現者에 대한 칭
호이며, 고대에서는 그대로 교권적教權的 군주君主의 이름이다.[73]

라고 하고,

묘청의 팔성八聖이 대개 '선인仙人·신인神人·천선天仙·천녀天女'로 칭하는
자요, 선인仙人이라 한 것은…『삼국사기』의 선인왕검仙人王儉이 후세의 기재
에는 신인神人으로 나타나는 등…고려의 선풍仙風으로, 외래 종교에 대한 고
유 신앙의 명호名號[74]

라고 하였다. 곧 한국의 신화에서 최초의 인간으로 등장하는 단군왕검의
위격적 규정은 '선仙'의 의미 그대로 신이면서 인간인, 신인神人이다. 그
리고 여기서 확인할 수 있는 보다 중요한 철학적 사실은 이것이 그대로
한민족 내지 한국인 자기 자신의 존재 이해와 결부되고 있다는 점이다.

이와 같은 인간에 대한 이해 내지 개념 정의와 더불어 제기되는 철학
적 문제는 바로 한국인 자기 자신의 존재 인식과 그 실천의 세계이다. 실
로 한국 사상의 핵심이며 중추적 요인으로 곧잘 지적되고 있는 인간 존
중 사상의 근원적인 이해 기반이 여기에 있는 것이다. 그런데 이러한 존
재 이해는 그 연장선상에서, 인간의 실천 수양론과 필연적인 사고 연관
을 맺지 않을 수 없다. 다시 말해 또 하나의 중요한 한국 철학의 쟁점 사

---

73 崔南善, 『六堂崔南善全集』 2, 韓國史 2, 361쪽.
74 위의 책, 127쪽.

항은, 「선」의 인간 이해와 그 실천의 문제는 밀접한 상호 관련을 가진다는 사실이다.

'선'의 의식 위에 있는 한민족의 인간 이해는 근본적으로 한국인의 자기 성찰 즉 자기 신원(identity)과 관련 맺고, 다음으로 개인의 수련과 수행을 요구하는 실천 지침을 예비하고 있다.[75] 이러한 한민족의 자기 성찰은 역사적으로 상당 기간 지속되어 내려왔음을 기록과 고증을 통하여 확인한다.

우선 최치원은 일찍이 「난랑비서」에서 '선사仙史'가 있었음을 말하여 한국 민족사가 '선'으로 특징 지어지는 인간 이해의 역사였음을 증언하고 있다.[76] 또 다르게는 『삼국유사』에 남겨진 일련의 기록, 즉 "신선(神仙: 卷三 彌勒仙花)·국선(國仙: 卷一 金庾信, 卷三 栢栗寺, 卷五 月明師 兜率歌, 卷二 四八 景文大王)·화랑국선花郞國仙·선화仙花·미륵선화(彌勒仙花: 이상 卷三)·도솔대선가(兜率大仙家: 卷五)"[77] 등을 통하여, 선에 대한 자각적인 이해와 그 흐름이 면면히 이어져 왔음을 확인하는 것이다.

이 같은 선의 흐름을 『고려사』에서 또한 확인할 수 있다. 의종 22년의 신령 제5조에는 "선풍仙風을 진작시켜 숭상하라. 옛날 신라에서 민물民物이 안녕한 것은 선풍이 크게 행해진 때문이니, 고려조에도 조종祖宗 이래로 선풍을 숭상한 것이 오래되었다.…"[78]라고 기록하고 있다.

이로써 알 수 있는 것은, 한국 사상의 자생적인 사유 체계 속에서 인간 이해의 핵심으로 자리한 것은 언제나 '인간으로서의 선, 그리고 선으로서의 인간'이라는 특징적인 관념이었다는 사실이다. 동시에 그 관념은

---

75 拙著, 앞의 책, 79쪽.
76 『三國史記』, 「鸞郎碑序」
77 『三國遺事』, 각권 참조.
78 『高麗史』 18쪽. : "遵尙仙風 昔新羅仙風大行 由是龍天觀悅 民物安寧 故祖宗以來 崇尙其風 久矣, 近來 … 定爲仙家 依行古風 致使人天咸悅."

비록 약간의 변형은 있었다 하더라도, 적어도 고려조에 이르기까지는 그대로 이해되고 받아들여지면서 한국 사상사 내에 면면히 이어져 온 것임을 알 수 있다.

그러면 이 '인즉선'의 관념이 갖는 철학 사상적인 특성은 무엇인가.

한국의 「선」이 갖는 자체적인 성격은 우선 선으로서의 인간은 곧바로 신과 인간의 조화와 종합의 계기를 지녀야 한다는 점에서 찾을 수 있다. 동시에 선으로서의 인간에 선행하는 수성獸性은 참된 인간이 되기 위해서는 이를 극복해야 한다. 이런 의미에서, 이는 그대로 한국인의 자기 계발과 실천·수양을 위한 실질적이고도 핵심적인 근본 문제들을 제시한다.

이로부터 나타나는 일련의 세계관적 구성은 그대로 한국인의 생사관이나 이승·저승의 이해, 그리고 시간관·공간관에도 특징적인 성격들을 드러내고 있다.[79]

사실 한국 사상의 선적 특성이란, 한민족이 지닌 최초의 세계와 인간 이해의 방식이라 할 신화적 사유를 재해석함으로써 발견한 것이다. 그러나 신화의 성격상, 이는 근본적으로 체계적이거나 합리적인 의식, 즉 논리적인 이야기는 아니다. 하지만 그렇다고 해서 신화가 거짓이라거나 허담공론임을 의미하는 것은 물론 아니다. 다만 그 언어가 논리적이지 못하다는 것으로, 이는 어쩔 수 없는 고대와 현재와의 차이일 뿐이다. 하지만 이 차이 또한 어른들의 교묘함과 어린이의 순진함 정도에 불과한 것인지도 모른다. 신화는 오히려 사실에 앞서는 진실을 담고 있는 인류의 최초적 진술이요 세계에 대한 인간 지성의 최초의 작업이라는 것 등은 새삼 재론을 요하지 않는다.[80]

신화를 따르면, 한국인들이 이해한 바 최초의 인간 아니 자기 자신의

---

79 拙著, 앞의 책, 109쪽.
80 김열규, 『한국의 신화』, 일조각; 서울, 1990, 136-143쪽.

모습은 그대로 신과 인간의 상호 결합에 의한 신인적神人的 존재였다. 그리고 이러한 신인적 존재로서의 인간에 대한 외경은 한국 사상이 지닌 일체의 사고 중핵에 인간 중심의 사고 체계를 형성하게 하였고, 이는 신을 섬기면서 동시에 신을 모신다는 숭고하고도 엄정한 자기 세계를 구축하여 왔던 것이다.

이 같은 사고 체계의 형성은 한국 문화와 그 철학 사상의 성격 또한 규정해 왔다. 곧 일련의 한국인의 신관이 그것이다. 인간 자신의 문제와 결부된 종교적 이해로서, 결코 인간 앞에 아니 인간의 우위에 신을 두지 않는, 그리고 이승과 저승의 경우에도 결코 저승이 이승에 앞서지 않는, 이로부터 한국인의 사유는 사후보다는 현재적 삶의 세계에 더 충실한 그런 사고 체계를 이루어 왔던 것이다.

하지만 그렇다 해서 이것이 죽음을 거부하거나 회피하는 방식으로 이해된 것은 아니다. 오히려 한국 선의 사유에 있어 특징적인 것은, 산 것이나 죽은 것이거나 간에 존재의 성격은 그 자체로 동일하다고 보는 데 있다. 곧 존재와 인식이 상호 합일하여 있는 것이다. 이것은 다른 의미로 한국인의 독특한 귀신관鬼神觀을 형성하기에 이른다.

즉 한국 무속 내지 민간 사상을 통해 확인되는 바, 인간은 살아 생전에는 그 존재 형태로 현실적 인간의 모습을 취하지만, 죽은 뒤에는 존재의 이면으로서의 신적인 형태, 즉 귀신으로 화한다. 그리하여 일체의 귀신 역시 인간과 동일한 형태로 다루어지고 모셔지고 이끌어지게 된다.

한국의 귀신은 대개 그 인간적 욕망과 현세적 서원誓願의 세계를 여전히 공유하고 있다. 이로써 조상신으로서의 여러 신들의 존재 또한, 그대로 한국인의 현세적인 삶과 세계에 작용하고 동참하는 특이한 사생관死生觀을 낳고 있는 것이다. 그러나 이 경우에도 언제나 그 사고의 중핵에 자리하고 있는 것은 현실적 인간의 지위에 있다. '득죄어천得罪於天 무소도

야無所禱也'라, 하늘에 죄를 지으면, 즉 다시 말해 인간에게 죄를 지으면 어디에도 달리 빌 곳이 없다는 말이 그래서 나온 것이다.

인간은 일반적인 단순한 인격적 지위를 넘어 존재하는 신적인 인간, 아니 이미 신 그 자체이다. 곧 인생에 있어, 다른 사람은 그대로 나의 삶을 규정하고 통제하며 그 위상을 이끄는 주재적 신격으로 작용한다. 이로부터 한국인의 삶과 생활의 인식 중에서 가장 중요한 부분을 차지하면서 부각된 것이 곧 인간관계의 중요성이다. 그래서 한국인의 관계 의식은 숱한 인간 대 인간, 인간 대 사물의 관계 성립을 요구하며, 또 특징적인 혈연·지연·학연 등등의 연관 고리를 가지고 있는 것이다.

선의 관념은 기본적으로 '인즉선 선즉인'으로의 인간 관념과 맞물린다. 그리고 이 같은 이해는 이후 한국 사상과 문화 전반에 걸쳐 강력한 영향력으로서의 자기 성격을 규정하기에 이른다. 그러면 선의 인간관이 하늘과 관계하면서 형성한 한국 사상의 특질과 성격 내지 그 문화적 성격은 어떠한 것일까. 이제 하늘과 인간의 만남을 거치면서 보여 준, 한국 「선」의 천인관과 그 문화에 대해 조망해 보기로 하자.

5. 「선」의 '천인관'과 한국 문화

「선」의 천인관天人觀이 지닌 사상성의 요체는 일체의 분리되고 분열된 것들에 대한 종합과 통일, 그리고 조화성에 있다.[81]

민족의 출발, 신화적 사유가 아직 채 끝나지 않은 상태에서 한민족이 원초적으로 지녔던 '인간즉신人間卽神' 내지 '선'의 관념은 – 신과 인간 그리고 인간과 자연 등등 – 인간을 둘러싼 제반의 상호 관계에 있어, 어떠

---

81 拙著, 앞의 책, 102-115쪽.

한 분열과 차별도 허용하지 않는 종합적인 세계관과 그 사유형을 잉태하고 있기 때문이다. 그래서 선은 조화라고 칭하는 것이다.[82]

'신즉선즉인神卽仙卽人', 곧 인간이 선이라 하는 선사상의 인간 이해는 기본적으로 그 성격상 신과 인간, 인간과 자연, 자연과 신 등의 상호 관계에 있어 각 세계들의 통합형을 지향할 수밖에 없다. 이로부터 「선」은 한국 사상과 문화, 철학이 지니게 될 독특한 종합과 조화의 사유에 대한 정신적 기반이 되었으며, 그 철학적 인간관의 근본 관념은 인간 존엄성에 관한 이해의 틀을 확보하게 해 주었던 것이다.

이는 또 이후 한국 사상사에서 나타나는 한국 유·불의 자기 성격과도 연관된다. 한국 불교나 유교 또한 언제나 종합적·회통적인 사유의 일원적 특성을 보여 주고 있는 것이다. 다만 이 같은 한국 문화의 회통과 전일성全一性은 단순히 전체주의적인 종합의 성격으로서가 아니라 다양성의 조화라는 형태로 드러난다는 사실을 여기에 특히 주목할 필요가 있다.

다시 말해 한국 사상의 자기 특성은 획일적 일관주의가 아니다. 그것은 언제나 조화와 종합으로서의 하나됨과 어울림의 의식을 지니는 「선」적인 성격을 그 배후에 깔고 있기 때문이다. 이것은 우주론적으로는 모든 것이 상호 침투되어 전체를 구성한다는 일련의 홀로그램이나 과정 철학적 세계관으로 이해될 수도 있다.[83]

원효대사가 제출한 '십문화쟁十門和諍' 이후로 나타난 한국 불교의 성격 그리고 율곡의 '기발이승일도氣發理乘一途'에 의한 이기理氣 통어統御의 태극설에 나타난 한국 유교의 일원론적 성격과 그 종합적 기반 등은 결국 한국 사상의 자생적 전통에 깊이 갈무리된 조화와 종합의 「선」적 사유에 의

---

82 증산 강일순은 유·불·선을 각기 평하여, "佛之形體 仙之造化 儒之凡節"(『大巡典經』, 10장 문명)이라 하였는데, 이는 곧 선은 조화를 주로 삼는다는 말이다.

83 마이클 탤보트/이균형, 『홀로그램 우주』, 정신세계사; 서울, 2001, 77쪽, '만물의 불가분한 전일성'

지하고 있다. 이로써 「선」은, 외래 사상으로서의 유·불에 있어서도 – 하나의 종합과 통일 그리고 현실 실천의 원리를 강조하는 형태로 – 그 한국적인 자체성을 지니게 한 동력으로 작용했던 것이다.[84]

그리고 외래적인 유·불과 달리 한국 사상사의 흐름에서 최근세의 사상적 특질과 연관하여 빼놓을 수 없는 것은, 19세기 후반부터 시작된 민족 종교 사상들의 흥기와 그 내용이다. 민족 종교 사상들의 대두와 「선」의 천인관은 대단히 의미 있는 상호 관련을 지닌다.

19세기 민족 사상은 민간에 잠재되어 있던 자생적인 기층 민중의 사유가 시대적 전환기를 맞아 새로이 자기 모습을 정비하면서 역사적 현실 속에 등장했다는 사상사적 의미를 지니고 있다. 밀려드는 서학의 물결 속에서 독자적 생존의 세계를 모색한 한국 사상계의 자체적인 몸부림은, 이 시기를 한국 사상과 문화를 단절이 아닌 연속의 시기로 이끌고 있다는 점에 있어 오히려 더욱 의미 있는 것이다.[85]

곧 과학적 유학이 더 이상 사회 이념으로 작용할 수 없는 시대적 상황 속에서, 민간에 갈무리된 「선」은 서학에 대한 동학의 존재 확인을 가능케 한 심층 이념으로 작용하게 된다. 이 점에 있어, 「선」의 한국 사상사적 의의는 결코 간과할 수 없는 중대한 의미를 지니는 것이다. 다만 이런 중에도, 「선」의 전통적인 흐름이 민족 사상들 속에 그대로 온전히 자기 모습을 갖추고 있느냐의 문제는 남는다.

한국 민족 사상들이 보편적으로 견지하는 사상적 내용의 특성을 꼽는다면, 이는 아무래도 '삼교회통적三教會通的 이념'과 '인내천의 의식' 그리고 '자생적 전통 사상에로의 회귀'와 '선·후천 개벽의 관념' 등을 들 수

---

84 拙稿, 「한국유학의 獨自性과 그 現世性에 관한 일소고」, 한국유교학회, 『유교사상연구』 제8집, 1996 ; 「韓國佛教의 特性과 固有思想」, 부산대학교 철학연구회, 『철학세계』 제6집, 1995.
85 유병덕 편저, 『한국민중종교사상론』, 시인사: 서울, 1985, 11쪽.
拙著, 앞의 책, 222쪽.

있을 것이다. 그런데 이 같은 사상은 바로 「선」의 세계에서 유추할 수 있는 특성들이다. 다시 말해 이들 일련의 민족 사상들은 「선」이 표방해 왔던 하늘과 인간에 대한 또 다른 이해를 나름대로의 방식으로 설명하고 있음을 읽을 수 있다.

즉 '동학의 인내천', '증산의 신명과 천지공사', '원불교의 개벽 사상', '대종교의 삼일 철학' 등등이 「선」과 연관하여 읽혀지는 것이다. 이 같은 사상 내용들은 어떤 방식으로든 새로운 인간 이해라는 특징을 보여 주고 있다. 곧 새로운 세상의 참된 주인으로서의 인간에 대한 전통적인 이해를 이들은 새롭게 시도하고 또 복원하고 있는 것이다.[86]

그리고 이들에서 공통적으로 보이는 선·후천 개벽의 정신은 기본적으로 하늘에 대한 의미 있는 관념을 내포한다. 그것은 곧 상주불멸의 하늘이 아니라, 변화하고 변천하는 하늘에 대한 관념이다. '선·후천'의 하늘은 곧 어제가 다르고, 오늘이 다른 하늘이다. 그리하여 이는 신화의 신시 개천神市開天과 맞물리는 개벽적 하늘의 관념을 구성한다.

하지만 앞서도 말했듯이, 여기서도 하늘의 개념은 초월적 절대자로서의 의미와는 일정한 거리가 있다. 곧 절대 권능의 하늘이란 개념은 상당히 희박한 것이다. 하지만 그렇다고 이것이 어떤 이원적 상태를 표방하고 있음을 의미하는 것은 아니다. 이는 오히려 일원적 우주가 변화하는 과정(過程, process)적 상태와 세계를 나타낸다. 그리하여 선·후천으로 분할된 하늘에 대해, 그 실천적인 통합과 새로운 전개에 따르는 과정적 권능과 책임이 오히려 인간에게 고유한 것임을 말하고 있는 것이다.[87]

---

86 유병덕은 이를 인본 사상, 평등사상, 共和 사상 등으로 요약하고, "민족 철학이 日帝나 그 밖의 다른 문화권과의 상대적 차원에서 투쟁에 말려든 민족적 독선주의의 편협성에 떨어지지 않고, 인류가 공생할 수 있는 세계주의로 나갔다는 점은 높이 평가"되어야 한다고 역설하고 있다.(앞의 책, 14-19쪽)
87 拙著, 앞의 책, 258쪽.

따라서 신성의 확보와 성립 또한 오히려 인간의 것이라는 의미를 던진다. 신화를 통해 파악한다면, 선·후천의 개벽적 하늘은 그대로 '하늘 안의 하늘'이다. 그러나 이를 넘어선 곳에는 또 다른 하늘, 즉 '하늘 밖의 하늘〔天外天〕'이 있음을 인정하고 있는 사유 흔적을 발견할 수 있다. 그것은 한인과 한웅의 관계로부터 유추된다.

그러나 이러한 '하늘 밖의 하늘'은 그 현실적 쓰임에 있어 인간과 직접적인 관계를 가지는 것은 아니다. 이는 다만 간접적인 영향력 위에 존재하고 있다. 하지만 '하늘 안의 하늘'과 '하늘 밖의 하늘'에 대한 일련의 사유는, 그 형이상적 중요성에 있어 간과할 수 없는 특징을 가진다. 특히 이는 귀신의 존재를 말해 온 한국 무속에서 더더욱 분명한 성격으로 나타난다. 사실 「선」의 인간 이해와 무신교적인 인간 이해는 그 성격상 동전의 앞뒤와 같다.[88]

다만 무교는 일련의 형이상적인 이해에 앞선, 자연적인 민간 신앙의 한 형태로서 종교적 세계관을 형성한 것이다. 이 가운데 '무신(巫神)'들이 존재한다. 그러나 그 무신들은 대개 우리와 한때 같이 생활하던 존재들이다. 바로 그들은 하늘 안의 존재인 것이다. 그러므로 하늘 안의 하늘, 이는 귀신이 머무는 장소로서의 하늘을 의미한다. 따라서 이러한 이해로부터 파생되는 일련의 세계 의식은 선적인 것이라기보다는 오히려 무신교적인 성격을 더 풍부하게 가진다. 무속적 우주관의 한 형태인 이승과 저승의 미분적 양상과 이로부터 드러나는 하늘 관념이 바로 그것이다.

다만 여기에서도 한국 민간의 무속적 관념 또한, 나누어지지 않는 전체로서의 통합적인 존재 관념과 연결되고 있음을 지적하지 않을 수 없다. 한국 민간에서의 귀신과 인간의 관계는 단순히 죽지 않은 것과 죽은

---

88 위의 책, 86쪽.

것의 구별이 아니다. 죽음은 곧 생의 연장이며, 생이란 죽음으로부터 잠시 빌린 그 무엇이다. 그래서 인간은 죽어 귀신이 된다. 이러한 영적 존재인 귀신은 무속의 핵심적인 내용과 의례를 형성하게 한다. 그러나 한국 무속 사상에 있어 중점이 주어지는 것은 귀신이 아니라 인간이다. 단순히 귀신을 모시기 위한 것이 아니라, 인간의 삶과 세계를 지키기 위한 무속인 것이다.[89]

따라서 한국 무속의 하늘은 인간의 하늘이지, 귀신의 하늘이 아니다. '하늘 밖의 하늘'이 귀신의 하늘이라면, '하늘 안의 하늘'은 인간의 하늘이다. 그리고 그 귀신 또한 여기에 더불어 산다. 다만 존재의 형태만 변화한 것이다. 이 같은 존재 이해 속에서 한국 무속의 초령招靈과 제의의 철학적 기반이 제공되고 있다.[90] 다시 말해, 무속은 저쪽의 신과 이쪽의 인간을 연결하는 고리 내지 매개로서의 무巫를 필요로 하는 것이다.[91]

하지만 「선」은 이런 무를 굳이 필요로 하지 않는다. 이는 선이 무와 다르게, 일련의 철학적 형이상의 세계에 대한 이론적 실천적인 이해를 추구함에 있어 그러하다. 곧 무속이 일반 기층의 관념을 자극하여 하나의

---

89 김인회는 人格神에 대해 "현세에서 가졌던 위계질서나 사회적 관계를 그대로 계속한다고 믿었다.…의미는 요컨대 인간을 보호하고 인간을 위해 도움이 되는 능력을 지녔다는 점에서 인간지향적 의미가 공통적 핵심을 이룬다."(『韓國巫俗思想研究』, 집문당; 서울, 1988, 74쪽)하고, 무속의 목적과 이상이 現世에 있다 하면서, "관심의 대상은 사람이 사는 현재의 자연 세계이지 天上界나 地下界가 아니다.…그 어느 경우에서도 他界에 대한 관심이 목적이 아니며, 따라서 他界에 대한 묘사나 설명이 거의 없다."(위의 책, 77쪽)고 보고하고 있다.

90 임동권은, "인간이 精靈과 呪力(Mana)을 인정하고 이것을 禁忌(Taboo)하고 呪術(Magic)로 대하여 조상은…숭배하지 않을 수 없는 것이며, 숭배만으로 마음을 다하지 못할 때에…祭儀를 올리게 된다."(『韓國民俗學論巧』, 집문당; 서울, 1987, 366쪽)하였고, 또 김태곤은 이러한 무속의 원리를 순환의 본으로 보고, "순환의 원리는 카오스의 미분성에 기반을 둔 「原本」思考의 未分的 同一根源 原理에 의한 것이라 생각된다."(김태곤, 앞의 책, 331쪽)고 한다.

91 김열규는 神話와 巫俗의 만남을 다음과 같이 보고 있다. "죽음이라는 물리적 현상이 現象 그대로 보여지는 데 그치지 않고, 그 뒤와 그 너머가 透視되어 있다. 그 속이 들여다 보여지고, 하나더 저쪽이 넘겨다 보이고 있다.…現象의 속과 저쪽을 넘겨다보고 들여다보는 일을 '에피포르'라 한다."(김열규, 앞의 책, 4쪽) 또 "葬禮는 생자이던 조상을 신격화하는 절차란 점에서 그 通過祭儀上의 특수한 의의"(위의 책, 111쪽)가 있음을 말하고 있다.

종교 현상으로서의 세계를 구축해 간 민간 신앙이라면, 「선」은 이 같은 '무'의 이론적 기반을 제공하는 철학 내지 사상이기 때문이다.

그리고 실로 천지인을 조화시킨 「선」의 철학적 존재론은 셋이 하나요, 하나가 셋이라는 삼일 철학의 바탕 위에 서 있다.[92] 그로써 신과 무와 인의 셋이 선으로 통일되며, 신선무神仙巫가 인으로, 무선인巫仙人이 신으로, 신선인神仙人이 무로 통합되는 것이다. 이들은 결코 갈라지고 떨어지고 별개로 살지 않는다. 마치 정삼각형 넷이 모여 정사면체를 이룬 피라미드와 같이, 각각의 존재는 다른 존재들과 더불어 존재한는 것이다.

그러면서도 「선」의 세계는 삼일론三─論과 연관한 '하늘 밖의 하늘'이라는 보다 이론적이고 추상적인 하늘과도 관계한다. 그러나 이런 중에도 「선」은 인간과의 유대와 관계를 보다 중시하는 점에 있어, 그 관념은 '하늘 안의 하늘'에 머물러 보다 현실적이고 실천적인 특징을 가지는 것이다. 다시 말해 죽어 인간이 그 형해를 산하에 뿌리고 귀신이 된다 하여도, 살아 있는 인간은 귀신을 보내지 않는다. 그는 살아 있는 인간이 인식하는 한, 늘 새로운 하늘이다. 또 그 위격은 그대로 '하늘 안의 하늘'로서 기능하게 된다.

그러나 존재론적 관점으로 본다면, 그는 그대로 가야 할 곳으로 간다. 떠나간 존재인 것이다. 그래서 이곳과 분리된 저곳의 존재이며, 그런 만큼 이는 그대로 '하늘 밖의 하늘'이다. 하지만 이와 같이 현상적이며 존재론적으로 분리된 하늘은 초월적이다. 그러므로 이는 결국 현실에 있어서는 부차적인 것일 수밖에 없다.

하늘과 인간의 합일과 그 과정은 그대로 시간적인 것이며, 공간적인

---

92 拙著, 앞의 책, 313-359쪽;拙稿, 「삼신 사상에 대한 철학적 고찰」(『국학연구』 제7집, 국학연구소, 단기 4335년 12월, 79쪽 참조); 이는 현재 다루고 있는 論旨와는 다소 거리가 있다. 다만 한국적 존재론의 문제 이해를 위해 두서없는 줄 알면서도 일단 언급해 둔다.

것이 아니다. 다시 말해 떠나간 '한님'들은 현실의 나와 공간적으로 떨어져 있을 뿐, 시간적으로 분리된 것은 아니다. 또 이는 공간적으로도 분리된 것이 아니라, 다만 구분 지어진 것일 뿐이다. 굳이 말하자면, 차원의 상이함이라고 부를 수 있을 것이다. 새로운 '한님'은 저쪽에, 나는 이쪽에, 그러나 우리는 모두 한데 있다.

그리고 시간이 멈춘다면, 우리는 이제 더 이상 나와 너로 분리되지 않는다. 모두가 다시 만나는 「혼」의 세계를 「선」은 보고 있기 때문이다. 따라서 「선」은 과거나 현재 그리고 미래에 대한 엄정한 시간적 분리를 갖지 않는다. 일체의 시간이 하나로 귀결되고 중첩되어 있다. 그래서 '한님'의 시간, 선랑들의 시간에는 언제나 지금만이 있는 것이다.[93]

그래서 '한님'은 또 지금의 나와 더불어, 통합의 '선'·조화의 '선'이 되어진다. 아니 '선'은 '한'과 만나 되어지면서 해 나가는, '하는 님'이 되는 것이다.[94]

「선」의 하늘은 그대로 인간이며, 「선」의 인간은 그대로 하늘이다. 곧 인간은 선으로서 신이며, 신은 곧 선으로서 하늘이다. 하늘의 이법은 나에게 주어져 있으며, 나의 올바른 이해와 인식은 그대로 하늘에 연결된다. 이러한 인식의 측면에서, 인즉선의 실현과 실천을 위한 일련의 과정으로서의 수련과 수양의 필요성에 대한 신화적인 문제 제기는 그대로 참된 인간, 즉 선仙에 이르기 위한 기본 조건을 제시하고 있다.

웅녀의 인화人化는 한웅의 가화假化와 만나 그 수성獸性을 극복한다. 이로써 탄생한 단군은 돌아감으로써 산신이 되어 선의 조화와 어우러짐을

---

93 김형효는 이를, "韓民族 느낌의 경험 문화는 시간적인 문화라기보다도 오히려 공간적인 문화"라 하고, 그러기에 시간의 종말론을 강조하지 않는다고 한다.(『韓國思想散考』, 일지사; 서울, 1985, 82-85쪽)
94 "작용의 하'와 통논리의 '한'과 인격신 '하는 님'은 한국 사상 즉 한사상의 삼대요소인 것이다"(김상일, 『수운과 화이트헤드』, 지식산업사; 서울, 2001, 443쪽)

완성하는 것이다. 따라서 인간이 그냥 그대로 「선」과 동일시된다기보다
는 일련의 과정을 거쳐서 비로소 참된 인간에 이른다는 점을 명확히 이
해할 필요가 있다. 그리고 이 같은 수련의 과정을 거치지 못한 상태에서
의 인간이란 그대로 금수와 다를 바 없다는 일련의 신화적 암시는 한국
「선」의 인간 이해에 있어 빼놓을 수 없는 대목이다.

이런 측면에서 한국 사상의 근원으로서의 「선」적 특성은 – 이후 한국
사상사에 등장한 여러 철학과 사상들도 한결같이 – '참된 인간성을 회복
하고 되살리기 위한 인간의 현실직인 수양과 수련의 측면'을 강조할 수
밖에 없는 하나의 실천적인 경향성을 예비하고 있던 것이라 하겠다.

선사상에서 인식상의 논리 관계는 계통적 존재 관념을 따르는 것이며,
분별지적 인식, 즉 주객 이분의 대상적 인식론을 따르는 것이 아니다.[95]

하지만 여기서도 선사상의 천인관은 – 참된 '선'적인 인식을 통해 하
늘과 인간이 합일된다는 내용 구조를 지님으로써 – 실로 현재적인 일치
성에 그 비중을 두고 있다. 곧 「선」은 하늘과 인간이 존재적으로 합일되
어야 할 것이 아니라, 이미 존재론적으로 합일되어 있는 상태임을 말하
고 있는 것이다.

하지만 인식론적으로 말한다면, 이는 반드시 단일한 일치 즉 미분적
상태에서의 존재 일자—者와의 합일을 의미하는 것은 아니다. 오히려 합
일적 전일성의 측면에서, 「선」의 천인관은 인간에게 그 인식과 존재 세계
에 있어 일련의 새로운 통찰과 각성을 요구한다. 인간·자연·신에 관한
전면적인 재해석을 요구하는 것이다. 이런 의미에서 「선」은 원형적이면
서도 현대적인 사상 체계로 기능할 수 있으리라고 본다.

---

95 계통적 존재관이란 사람과 신의 동일계열적 속성이해를 의미하고, 분별적 인식론이란 주·객
분리의 대상적 인식관계를 이와 같이 이름해 본다. 이와 같은 한국적 세계관을 이남영은 "생명
중심의 세계이고 천지상하의 조화로운 교감의 세계라…⟨the World of Toyality⟩"라 한다.(조명
기 외 『韓國思想의 深層』, 우석; 서울, 1996, 69쪽)

하늘은 곧 나이며, 나는 곧 하늘이다. 이는 일체의 자연력으로서 밖에 존재하는 하늘이 아니라, 나의 내부에서 인식되는 하늘이다. 이 같은 하늘은, 내가 인식하는 하늘로서 나의 존재를 결정하는 그런 하늘이다. 따라서 「선」의 하늘은 중국 유가 철학에서의 주재적主宰的 하늘이 아니라, 상생相生·상화相化하는 한국인의 태극적太極的 하늘이다. 바로 이 같은 상생상화의 지점에서, 한국의 선사상은 유교나 불교 그리고 한국 문화의 기반 사상들과 만났던 것이며, 이제 새로운 시대를 당하여 또한 거듭날 준비를 하는 것이다. 그리고, 인간의 존엄성과 가치 그리고 그 새로운 가능성에 관한 한국적인 이해를 「선」은 보유하고 있다.

이 장을 마무리하기에 앞서 잠시 생각해 본다. 한편으로 정치사상적인 측면에서 보면, 한국 사상의 「선」적'인 성격은 비민주적인 특징을 가진다. 「선」은 법法보다는 오히려 인간에 더 의지하는 인치人治적인 관계를 형성하기 때문이다. 그러나 이러한 참된 인간에 의지함을 부정적인 의미의 인치로 볼 필요는 없다고 생각한다. 오히려 이것은 곧바로 참된 인간이 시행할 바의 덕치德治요, 또 정감이 있는 다스림의 세계를 구성할 것이기 때문이다.

이런 의미에서 「선」의 인간관계적인 특징을 제대로 유지하게 만드는 기본적인 사회 구조의 문제가 여기에 필요하게 된다. 이때 요구되는 삶과 사회의 특징적 시스템은 그대로 소국과민小國寡民이라는 도가 철학적인 정치사상의 형태가 아닐까 하고 생각되기도 한다.

실로 「선」의 사유 속에서 볼 때, 작은 정부란 대단히 의미 있는 이상 사회의 성격을 확보할 수도 있을 것이다. 이 문제는 한국인의 국가주의와 그 민족주의를 통해서도 이해할 수 있는 여지가 많아 보인다. 즉 demos와 kratos의 합성어로서의 democracy가 기본적으로 힘에 의한 통치를 의미하는 한에 있어, 「선」의 근본적인 세계 의식과 오늘날의 민주주의는 일정한 거리를 가지고 있다. 곧 민주주의가 다수의 결합에 의한 권력적 요소를 지향하는 체제를 의미하는 것이라면, 이는 결코 한국적 「선」의 정치사상은 아니라는 것이다.

그리고 한국인의 생활 정치적인 일반 감각을 따른다고 할 때, 「선」은 일련의 '홍익인간'과 이를 위한 '재세이화'의 방법을 강구할 뿐이다. 따라서 추상 같은 '법' 또한 일종의 제도적 장치일 뿐, 이것이 어떤 이치를 넘어서서 인간 위에 군림하는 법이 되어서는 안 될 것이다. 굳이 말해 둔다면 인간 중심의 '이치주의理治主義'가 「선」의 기본적인 정치사상이라고 할 것이다.[96]

다만 이 같은 정치사상으로서의 선사상은 '고대 한국, 즉 고조선'의 기본적인 정치 제도를 밝혀 내는 것을 선결 과제로 하기 때문에, 여기서는 그 깊이 있는 탐색을 시도하기 어렵고 다음 기회로 미루기로 한다.

6. 「선」의 정신, 「선」의 철학

지금까지 「선」의 천인관과 그에 따른 한국 문화 사상의 제 양상과 영향 등을 천착해 보았다. 이제 이를 마무리하면서 앞의 내용을 재론함이 없이, 일련의 문제 제기를 통한 과제 제시로서 정리해 두고자 한다.

한국 선사상의 하늘 개념은 그것이 유교적인 주재·의리·인격·자연 등등의 의미 단계와 달리, 인간과 결합하는 한에서는 '한울님'으로 다시금 그것이 별개적으로 존재하는 양상에서는 '귀신'과 동격적으로 이해되는,

---

[96] 한국 정치사상의 근본 모델은 과연 어떤 것일까. 안호상은 '사람 조화적 민족주의'(人間調和民族主義)를 말하는데(『민족사상의 정통과 역사』, 흔뿌리; 서울, 1992, 67쪽), 이는 오히려 '가족 중심의 정감적 생활 세계로서의 정치사상과 그 체계'를 의미하는 것은 아닐까 하며, 우선 이름해 본다.

그 어떤 신령스런 에너지로 인식되고 있다. 따라서 「선」의 천인관의 갈래는 사실상 그 의미에 있어서는 전통적으로 '한님'이나 '한얼' '흔울님' 등으로 일컬어져 온 인격적 주재자로서의 하늘이란 성격에 더욱 흡사하다.

그리고 이러한 하늘 개념을 이해함에 있어, 비로소 그 천인관天人觀의 상호 관계를 규정할 수 있으리라고 본다.

다만 이런 중에도 「선」의 천인관에서 강조되는 인간의 개념은 그야말로 한국인 내지 한민족이 지닌 독특한 사유 세계를 구성하고 있음을 확인할 수 있다. 이는 '선'으로 규정되는 인간 이해를 통하여 자발적 합일의 의식을 포함하는 것이다. 곧 인간이 자기 한계를 초극한 곳에서 그 가능 존재를 확인하는 신성의 영역 그리고 하늘, 이 같은 인간과 하늘의 상호 연계는 한국인의 자기 의식 속에서 언제나 그 마음을 사로잡은 삶의 어떤 영역이 아니었겠는가 한다.

그리고 삶의 현실 가운데 풀려 가고 통해 가는 모든 곳에서 알려지고 있는 천지신명의 보살핌과 해원解冤·해한解恨·해원解怨, 그리고 신통神通의 구조와 신명神明의 세계, 관계와 관계들, 이들은 어쩌면 굳이 철학이나 사상이 아니더라도 오히려 한국인의 삶과 문화 영역에서 그 첫 자리를 차지하고 있었던 주요한 원리가 아닐까 생각해 본다.

그리고 한국적 「선」의 천인관을 넘어, 한국 문화를 이해하기 위해 요청되는 또 다른 개념은 한韓과 다른 의미에서의 한恨의 세계라 생각된다.

한이란 풀리지 않는 인생의 의미를 찾아가는 한국인의 사유 속에서 발생된 철학적 인생관이요, 세계관의 문화이다. 이는 곧바로 한국인의 자의식이 잉태하고 배출한 한계 상황과 그에 대한 초극의 노력이 승화된 하나의 결정체이다. 그리고 물질적 현실보다 정신적 현실에 더욱 충실했던 한국인의 하늘 개념이 빚어낸 일련의 문화 의식이라 할 것이다. 그래서 이는 원怨이 아니라, 한恨이다. 동시에 이는 신명의 세계와 연관된 그 무엇이기도 하다.

이 같은 한국적 한의 세계를 이해하기 위해서라도 한국의 하늘 개념은 선결적인 이해를 요청 받고 있다. 하나된 세계 속에서 나의 물질적 현실에 대한 단순 보상으로서의 세계관과 인생관이 아니라, 단순 보상의 차원적 한계를 넘어 '너·나가 없는 우리의 세계'를 형성할 것을 바라고 희구한다. 그래서 단순히 원으로 머무를 수 없는, 그래서 더더욱 그 속에 채워져 가는 정신의 원망과 바람이 하나의 차원 높은 심리적 상태를 잉태하도록 하는 것이다.

오로지 그 속에서 한울타리로 어우러지는 정신적인 하나됨의 가치를 발견함을 통하여, 한국인의 의식 세계는 풀리지 않는 인생의 아픔과 고통을 관조할 수 있었던 것인지도 모른다. 이것은 한국인 자신의 존재에 관한 중요한 이해를 내포하고 있다.

원은 이를 지님으로써 그대로 원으로 되갚아 줄 수 있거니와 한은 그렇게 하지 못한다. 그리고 그리하지 않은 이유는 따로 있는 것이다.[97]

그것은 자신과 동일한 의미에서, '선'인 인간에 대한 존엄성과 종합적 존재 이해로부터 파생된다. 내가 미워하고 원망하는 것은, 나의 존엄성에 대한 스스로의 포기를 불러일으킨다. 어쩌면 그 남이란 것, 역시도 '선仙'에 이를 그 무엇이다. 그러기에 그 남이 내가 되지 못하고 내가 남이 되지 못하는 상황, 다만 이를 회한하고 연민할 수밖에 없었던 것이다.

잘나면 잘난 대로 못나면 못난 대로, 한 세상 살고 나면 그만인 인생이다. 돈은 무엇이고, 권세나 명예는 또 무엇이던가. 이는 그대로 뜬구름과 같은 것, 언젠가는 사그라들고 말 그 무엇일 뿐이다. 다만 서러울 것이 있다면, 그리 몰라주던 것인가. 내가 저가 되고, 저가 내가 되어, '우리'

97 『브리태니커 백과사전』, 한국판. '恨'의 항목.

가 되는 것이다. 서로가 다를 것 없이….

그래서 한국의 선사상은 자연, 아니 만물제동萬物齊同의 인식론적 특질을 지닌 것이라고도 하는 것이다.[98]

그리고 그처럼 한데 어울려 살아가는 것이 전부인 것이 인생이다. 나뉘고 바뀌고 쪼개져, 그렇게 동강난 인생들, 바로 거기에 한은 서린다. 이것은 맺혀진 원이 아니라, 풀어야 할 한이다. 그래서 한국의 한, 그 한의 문화는 한민족이 못나고 서럽던 시절에 생긴 하나의 문화 현상이다. 이것은 한민족이 남에게 끼친 그 무엇이 아니라, 남들로부터 당한 그 무엇으로 있는 것이다. 그러나 이를 원으로 갚지 않고 한으로 승화시켜 올 수 있었던, 바로 그 자리에 한국인의 하늘이 있었던 것은 아닐까 한다.

인간이 곧 하늘이 되고 하늘이 곧 인간이 되는 사고 체계 속에서, 그렇게 한민족은 무와 선으로, 하늘과 인간으로 대변된 자신들의 존재관을 통하여 서로를 아끼고 존중하며 살아 내려왔던 것이다. 그런데 이러한 착한 마음들은 이제 다 어디로 갔을까.

서럽게 지낸 역사의 몇백 년 사이에 쌓이고 얽혀진 마음의 아픔들을 보면서, 그리고 오늘 살벌해져 가는 한국인의 마음들을 바라보며, 글쓴이의 가슴에도 응어리 비슷한 한의 세계가 생겨남을 본다. 그러나 한은 언제나 하나인 우리로 승화되기 위해, 그 아픔을 동반한 한국인의 원초적인 정신세계이자 문화 의식으로 살아 남아 흐르고 있다.

---

98 道家의 自然 思想과 한국의 「仙」이 만나는 그 어떤 지점. 그것은 아마도 '너·나의 구별 없이 우리'에로 이어지는 이와 같은 사상적 원형 의식일 것이다.(拙著, 앞의 책, 112쪽 참조)

제3장 삼신 사상과 한민족 문화

1. 삼신과 한국 사상

1) 생활과 문화

2002년, 전 세계적인 축제로서의 월드컵 축구 대회가 열렸다. 이때 한
국팀의 선전은 국민적 축제와 화합의 동참이라는 쾌거와 맞물려 커다란
관심을 불러일으킨 바 있다.[99]

그런데 인터넷상에 올라온 이야기들로, 골(goal)의 수와 과거 승패의 편
차에 따라 한국팀의 승리를 기원하는 숱한 문구들 가운데 재미있는 대목
들이 있었다. 그것은 '단군 할아버지의 격려'와 '삼신할미의 저주'라는
다소 문제 많은 제목들이었다. 더군다나 '붉은 악마'라는 공식 명칭으로
활약한 축구 국가 대표팀의 서포터스(supporters)는 과거 한민족이 지녔던
대륙의 영광 가운데서 치우천왕蚩尤天王을 선정하고, 그 형상을 회기로 사

---

99 拙著, 『삶과 동양철학』, 신지서원: 부산, 2003, 199-231쪽. 한국인의 저력과 이성, 그리고 이
아름다움을 영원히 지켜내고 싶은 마음에, 이때의 문화 현상을 풀어보았다.

용한 바 있다.

　이들 한국적 문화 코드의 다양한 요소들이 전 세계인이 지켜보는 가운데 활용되고 알려졌다는 사실은 대단히 의미 있는 일이다. 특히 단군 이래 최대의 경사라는 설명이나 수사가 주저 없이 사용된 사실은 지나간 한민족의 역사와 더불어 새삼 많은 것들을 생각하게 만든다. 얼마나 많은 어려움 속에서 한민족의 역사가 진행되었고, 또 그 어떤 아픔들 위에 민족 문화가 있었기에, 고작 축구공 하나의 승패로 '최대의 경사'와 '민족적 쾌거', '단군 이래'라는 말들이 회자되고 있는 것일까.

　돌아보면, 여기에는 한민족의 하나된 문화적 사회 현상과 함께 새롭게 일군 자신감의 회복이라는 또 하나의 변수가 있었던 것 같다. 한국의 어린 대표 선수들이 해 냄으로써, 한민족 전체가 스스로 뭔가 이룰 수 있을 것 같은 가열찬 느낌이 한국 사회 전반에 넘쳐났던 것이다. 이런 가운데 급기야 과거의 전적을 토대로 한국 대표팀에게 3:0 이상의 전적을 거두었던 몇몇 팀은 이번에 반드시 무너진다는 예의 기사들이 제공된 바 있다. 이름하여 '삼신三神의 저주'라는 대목이다.

　게다가 과거 5:0 이상의 아픔을 주었던 팀들은 '단군할배'에 의해서 무너진다는 또 다른 내용들도 있었다. 대표팀 감독의 별명이 '오대영'이라든가. 어쨌든 이 같은 근거 없는 뜬소문들이 네티즌들 사이에 유행하더니, 정말로 과거 한국팀에게 수모를 안겨 주었던 숱한 팀들이 줄줄이 패하고 마는 결과를 낳고 말았다.

　이런 현상을 바라보면서, 한민족과 한국 사회 속에 심어진 전통 문화와 고유 사상의 영향이란 과연 어떤 것인가를 생각해 볼 필요성을 크게 느끼게 되었다. 그리고 집단 무의식적인 민족적 열망과 민간의 습속이나 바람(vision) 비슷한 고유 신앙과의 상호 관계에 대해 흥미를 갖지 않을 수 없었다.

하나의 사회 현상과 그 속에 피어나는 인간 심성의 체계. 아마도 인간의 진화와 인류의 미래 사회에 대한 많은 논의들 가운데 빼놓을 수 없는 것이 있다면, 이 같은 인간 심성의 원초적 정신 작용이 될 것이다. 또 하나, 사회 현상이 일어나는 그 이면에는 반드시 일련의 의식적이거나 무의식적인 문화 의식이 잠재되어 있다는 점이다.

더욱이 그것이 개별적 우발성을 벗어나 집단적 총합성으로 나타날 때, 내면에 잠재된 의식은 더더욱 깊이 개별적 존재의 자기 정체성과 연계되고 집단 전체의 정체성을 드러내기도 하는 것이다. 이 같은 의식은 때로 종교적으로 신앙화하기도 하고, 철학적 측면에서 자기 성찰의 반성적 의식으로 연결되기도 한다. 그러나 수면 위로 드러난, 즉 현실화한 많은 문화 의식의 근저에는 반드시 기층의 심연을 담당하는 일련의 정신 체계가 존재하고 있다.

이 경우 한민족의 가장 기본적인 원초적 신념이나 신앙 체계로 거론되는 것 중의 하나가 앞에 언급한 삼신의 사상일 것이다. 어려서부터 삼신에 의해 컸다든지, 그로부터 보호받는다든지 하는 한국 민간 의식의 기층에는 생명의 근원으로서의 삼신에 대한 막연한 사유들이 있다. 그리고 이는 입에서 입으로 전해져 내려와 민족의 역사를 이룬 것이기도 하다.

그러나 아직까지 이 삼신 사상에 관한 체계적인 접근은 제대로 이루어지지 못한 감이 있다. 기독교의 삼위 일체론, 인도나 불교 쪽의 화현化現설·삼보三寶론, 도교의 삼통三洞·삼청三清설 등에 주의를 기울이면서도, 정작 삼三과 일─·일과 다多가 던져 주는 모순 통일의 사상 세계에 대한 한국적인 이론 토대를 제공해 왔다고 여겨지는 삼신 사상에 대한 연구는 소홀했던 것이다.

삼신은 한민족의 구성원이라면 누구나 한 번쯤은 들어보았을 이야기며, 또 그로부터 보호받고 산육産育되었던 한국인과 한국 민간의 전형적인(archetype) 신이다. 삼신 사상은 이 같은 삼신에 대한 이해로서 일부 사람들에 의해 제기된 것이다. 하지만 그 철학적 내지 형이상학적 체계나 원리에 대해서는 아직도 명확한 정설이 유보되어 있다.

19세기 말부터 20세기 초엽에 걸쳐 민족 사상 진영에서는 이에 대한 많은 논의가 이루어져 왔지만, 이것이 한국인의 일상 현실과는 다소 유리되어 진행된 바 있고 또 어느 한 방향의 의미만 강조되어 온 느낌이 있다. 동시에 기 제기된 논의들조차 민족 종교 사상이란 제한된 틀 속에 갇혀 제대로 된 이해와 연구가 진행되지 못하였다.

이에 이 글은 보다 본질적이고 철학적인 의미에서 삼신 사상의 함의를 추적해 들어가고자 하는 의도를 가지고 출발하고 있다.

2) 삼신 사상의 자료와 그 이해

본격적인 입론에 앞서 밝혀 둘 것이 있다. 그것은 삼신에 관한 이해를 구하면시, 『한단고기』, 「태백일사太白逸史」「삼신오제三神五帝 본기本紀」를 인용하지 않을 수 없었다는 사실이다. 이 책은 말 많고 탈 많은 사서인 『한단고기』 중에 편책編冊되어 실려 있다. 이런 관계로 그 진위에 관한 논란이 분분하다는 사실 또한 잘 안다.

그러나 그 속에 담겨진 많은 철학적 이론들과 형이상적 이해의 폭에 대해 고구해 보면, 그 이해의 가치란 결코 만만하지 않다고 생각한다. 특히 도교나 도가의 형이상적 이론과 연관해서 볼 때, 그 철학적 이해의 세계는 더욱 세밀하면서도 엄밀하며 보다 상수학象數學적인 체계를 강화시켜 놓고 있다. 더욱이 삼신에 관한 언급으로 이만큼의 분량을 내포하고 있는 것은 달리 필적할 것이 없다. 그럼에도 불구하고 사료史料적 측면에서 벌어진 위서 논변의 결과로 인하여, 그 학적 자료 내지 근거로서의 자기 역할을 다 못하고 있는 현실은 지극히 안타까운 일이다.

그래서 현재 진행되고 있는 서지 비평(text critics)의 대체적인 경향성에 대해 사족처럼 붙여둔다. 오늘 한국의 서지학은 서지의 출현, 즉 발생 단계와 시기를 주로 하고, 저자의 실존 여부 및 그 실질적 연관성을 중심으로 하고 있다. 이 같은 검색 기준 아래, 무수한 자료들이 그 학적 신빙성을 의심받고, 당연한 수순으로 자료의 가치 문제 또한 심각하게 훼손되거나 역으로 지나치게 높은 평가를 받기도 한다. 마치 하나의 예술 작품이 어느 비평가의 말 한 마디에, 또는 소위 전문가라는 다수의 그룹에서 내린 평가 하나로, 그 예술적 가치 전체를 멸실당하는 그런 상황과도 흡사한 양상이다.

이러한 상황에 대해 필자는 우선 어떠한 작품을 막론하고 그것이 세상에 나왔을 때, 그것은 나름대로의 가치를 가질 수 있다는 입장이다. 이는 그것이 어떤 작품이든 간에 단순한 평가에 의해 자체의 가치가 폄하되거나 멸실되어서는 안 된다고 생각하기 때문이다. 이는 한 개인이 지닌 인격, 즉 인간적 가치와 상호 연관되는 문제와도 유사하다고 생각한다.

세상 사람들이 어떤 사람을 좋다 나쁘다로 규정한다 해서, 그 개인 자체의 인격적 가치가 손상될 수 있는가. 그럴 수는 없다. 혹 누군가가 '그럴 수 있다'고 여긴다면, 그것은 그가 나쁜 사람으로 규정되어 인격의 손상을 겪어 보지 않았기 때문에 그럴 것이다. 힘이 없어 서럽게 천대받아본 경험이 없기 때문이다. 물론 이것이 사기나 속임수까지 용인해야 한다는 말은 결코 아니다.

인간의 현실로 볼 때, 모든 규정은 힘 있는 자들에 의해 이루어져 왔다. 그럼에도 인간은 결코 그렇게 취급받아서는 안 된다고 부르짖는다. 이는 왜인가. 그것은 인간이 존재하는 한 그는 언제나 실존적 세계와 더불어 있기 때문이다. 인간 정신의 흔적과 그 활동은 일련의 예술이자, 생명의 큰 흐름이다. 정신이 살아 있는 한, 그 생명 또한 살아 있다. 이런

의미에서 인간과 동일하게, 죽어 있는 기술이 아닌 모든 살아 있는 예술
들 역시 이 같은 인간 실존의 의미와 그 세계를 공유한다.

이런 측면에서 『한단고기』를 생각해 본다면, 그 가치와 진위에 관한
개인적인 입장을 이해할 수 있을 것이다. 그러나 고증학적 서지 분석이
나, 명증적 위서론에는 이런 사유의 여지를 발견하기가 어렵다. 그러다
보니 자연히 그 내용이 담고 있는 학문적 가치와 세계 이해의 폭에 대한
검토는 부차적인 문제로 미루어지고 만다. 동시에 훈고학과 고증학이 만
들어 놓은 서지학적 분석과 오늘 현재 진행되고 있는 서구 실증주의의
문헌 비평 사이에는 일정한 간격이 있는 것 같다.

서구에서 책의 진위 여부를 부차적으로 하고 일련의 가치 분석을 일차
적으로 부여한다면, 동양의 일반 분위기는 하나의 잘못이 연쇄 반응을
일으키는 꼴이다. 다시 말해 역사학 쪽에서의 진위와 시기 문제가 거론
되고 나면, 기타 학문 분야 역시 동일한 결론에 이르는 경향성을 보이는
것이다. 극단적으로 말해, 이 같은 행태는 사학적 측면에서 사료로서의
가치와 그 사실적 관계를 논하고자 하는 데서 생기는 호오好惡 동이同異의
결론적 관계일 뿐이라고 생각한다.

하지만 이는 학적으로 수긍하기 힘든 것일 뿐더러, 상식적으로도 받아
들이기 어렵다. 다만 이 글의 성격상 이 같은 서지학적 관점에 대해서는
더 이상의 논의를 진행하기 어렵다. 그러므로 이에 관해서는 다음 기회
를 빌어 다시 논하기로 한다.[100]

논의 전개를 위해 규명하고자 하는 것이 무엇인지를 널리 살펴보고 명
확히 아는 것이야말로, 그에 대한 어떠한 논설보다도 더 선결적으로 요
구되는 부분일 것이다. 그러니만큼, 이미 언급한 위서 논란에 유의해서

---

100 제6장 「한민족사와 역사 철학」 부분 참조.

문제시되는 부분은 가급적 줄인다 하더라도, 필수 불가결한 부분은 참조하지 않을 수 없었음을 우선 밝혀 둔다.

이 글은 삼신 사상의 철학적 이해를 구하고자 한다. 그러므로 다양한 특수성 속에서 공통되는 보편성과 그 원리적 측면을 찾아낼 수 있어야 한다. 이에 삼신 사상에 대한 지금까지의 철학적 논의들을 개략적으로 정리하고, 그 개념적 틀을 규정하는 한편, 한국 문화 사상의 한 축으로 자리잡은 일련의 형이상적 원리들에 대해 중점적으로 점검하고자 한다.

이로써 삼신의 개념에 관한 이해, 다음으로 존재 인식론적 측면과 생활 사유로서의 삼신 문화의 세계, 그리고 삼신 사상의 한국 문화 및 철학적 과제에 관해 생각해 보기로 한다.

2. 삼신의 개념과 함의

삼신이란 무엇을 의미하고, 그 개념은 어떠한가. 삼신 사상이란 결국 삼신의 개념을 중심으로 하고, 이로부터 발현된 제반의 생활과 종교·문화와 철학에 끼친 총체적인 현상을 기초하는 일련의 정신 체계를 의미하는 것이다.

하지만 삼신이란 말 자체에도 다양한 의문이 있을 수 있다. 왜냐하면 삼신이란 말은 그 자체로 신의 속성에 대한 표현을 함축하면서, 동시에 최고신의 명칭으로 한민족 사회 속에서 이해되어 왔기 때문이다. 이는 또한 문화 특히 민간 종교와 밀접하게 관련되어 온 만큼, 다양한 신학적 문제까지 야기할 수 있는 개념이기도 하다.

그러나 삼신에 관한 개념은 동양 사회 속에서 다양한 방면으로 이해되어 온 바, 이것이 반드시 한민족과 그 지역에만 국한되는 것은 아니다. 즉 삼신 사상이라 하면 모르겠지만, 삼신이란 적어도 한자 문화권 속에서는 심심찮게 발견되는 신에 관한 범칭과 같은 것이다.

이를 대표하는 것이 천·지·인 삼재三才를 삼신으로 보는 경우이다. 삼신이란 글자 그대로 풀자면 석 삼三 신 신神, 즉 세 신에 관한 사상이다. 하지만 여기 삼신의 의미가 단지 숫자적인 의미에만 국한된다면, 굳이 더 이상의 다른 해석이 불필요할지도 모른다. 왜냐하면 신에 관한 어떠한 논의도 철학적으로는 형이상적인 불가지론의 계열에 빠질 가능성이 크고, 그런 의미에서 이는 오히려 신학적 측면에서 다루는 것이 더 바람직할 것이기 때문이다.

그러나 삼신 사상이 지니고 있는 핵심은, 이것이 한민족 사회의 전통적인 살림살이, 즉 민간 생활 가운데서 믿어지고 신봉되고 추앙되었다는 데 있다. 즉 하나의 신앙이자 문화 사상으로 기능해 온 강력한 흔적들을 삼신 사상은 지니고 있는 것이다. 실로 삼신이란, 그야말로 다양한 함의를 내포한다. 이런 삼신 사상의 의미에 대해 신채호는 다음과 같이 말하고 있다.

사기 봉선서封禪書의 삼일신이란 천일·지일·태일인데, 그 중에 태일이 가장 존귀하고 오제五帝는 태일의 보좌라 하였으며, 진시황 본기의 천황天皇·지황地皇·태황泰皇 가운데 태황이 가장 존귀하다고 하였으며, 초사楚辭에는 동황태일東皇太一이란 노래 이름이 있고, 『한서예문지』에는 태일잡자太一雜子라는 책 이름이 있으니 삼일신과 삼황三皇은 곧 고기에 있는 삼신三神, 삼성三聖 등의 유이다.[101]

즉, 우선 동양 철학 일반에서 이해한 삼신의 세계가 있다는 것이다. 이

101 신채호, 『조선상고사』, 문공사, 1982, 70쪽.

를 보면, 유학에서는 신의 이름으로 나타난 삼신, 즉 삼일론을 말하기도
한다. 「봉선서」에 이르기를, "옛날에 천자는 3년에 한번씩 태뢰太牢를 가
지고 삼일신, 즉 천일天一·지일地一·태일太一에게 제사를 지낸다."고 하였
다.[102] 그리고 도교에서는 도묘道妙, 즉 도의 묘함을 이르는데 이를 사용
하고 있다. 즉, "삼황이 받은 도묘의 요체는 태일·진일眞一·현일玄一인데,
이것이 삼일三一이다."라고 한 것이 그것이다.[103]

반면에 최남선은 삼신속설이란 문답을 통해 다음과 같이 밝히고 있다.

삼신三神의 원어는 '삼부루', 촉호促呼하여 삼불이었은 양하다. 부루는 밝
의 전轉으로서 고어에 신명神明을 의미하는 어語인즉, 삼부루는 곧 삼의 신이
라 함인데 후에 한문으로 음의音義 교역하여 삼신三神이라고 씀으로부터 삼
三의 자의字意에 부회附會하는 종종의 류설謬說이 일어났다.…또 지나支那적으
로 생각하려는 이는 〈한서漢書〉의 교사郊祀 율력律曆 등지等志 급及 사마상여열
전司馬相如列傳 등에 나오는 천·지·인 혹 지지地祗 천신天神 산악山嶽의 삼신과
내지 〈포박자抱朴子〉〈태일잡자泰一雜子〉 등 도가서에 나오는 정·기·신의 「삼
일지도三一之道」에 연결하는 이가 있으며, 또 불교로 섭수攝收되어서는 한인桓
因 급 한웅 천왕의 환 천왕 등자 때문에 제석 한인 곧 제석천에 혼동하는 동
시에 삼부루는 삼불 곧 불교의 삼존三尊으로 탈화脫化하여 속에 삼불제석三佛
帝釋 또 제석帝釋을 따로 떼어 제석 천왕 등의 칭稱이 생기고 다시 내켜서는
삼신의 봉사奉祀를 제석풀이 또 제석불사로 칭위稱謂하기에 이르렀다. 그러나
범칭汎稱인 삼존불과 특정명인 제석이 일一 숙어熟語를 이룰 수도 없거니와,
어느 불佛이나 또 제석천帝釋天이 산육신産育神이 될 이유도 없으며, 또 인도
의 제석과 진역의 천주天主가 잡유되기는 다만 역자가 우동偶同함에 인한 것

---

102 『史記』「封禪書」
103 『雲笈七籤』,『洞神八帝妙精經』.

일 따름인즉 삼신의 삼불제석설이 무위無謂한 부회附會임을 알 것이다.[104]

곧, 중국이나 만주 일대의 동북 아시아 일대에서는 삼신에 대한 이해가 오래 전부터 있어왔다는 사실을 지적하는 것이다. 그리고 유사한 종류의 이해로, 『태백일사』에는 "대개 삼신이란 천일, 지일, 태일을 말한다. 천일은 조화를, 지일은 교화를, 태일은 치화를 주관하는 것이라."[105] 하여, 삼신의 개념을 규정하고 있음을 볼 수 있다. 또 삼신에 대해, 상고시대에 한국 국토를 마련했다는 한인·한웅·한검의 삼성三聖을 말한다 하고, 삼신할머니도 여기에 해당한다고 그 개념을 정리하고 있음도 확인할수 있다.[106]

다시 말해, 삼신과 한민족 문화 사이에 일련의 상관 고리가 국조 신화 및 단군 사상론과 더불어 상호 연계되고 있다는 것이다. 특히 대종교에서는 한얼신인 한배님은 무한한 사랑인 대덕大德과 무한한 슬기인 대혜大慧와 무한한 능력인 대력大力의 권능으로 되어 있기 때문에, 생生·화化·성成을 행하고, 조造·교敎·치治의 삼화三化를 이룬다고 한다. 그래서 우주 만유의 부父·사師·군君이 된다고 하였다.[107]

그런데 여기서 한민족 국조 신화의 기원이 되는 한인·한웅·한검桓儉의 셋을 삼신에 비정하고, 이들이 바로 한배 하느님과 동일하다는 이해 속에서 한민족 고유의 삼신 일체론, 즉 삼신 사상의 비롯함을 본다. 이를 최남선은,

104 『육당최남선전집 3』, 「조선상식문답」, 현암사, 1973.
105 『太白逸史』, 「三神五帝本紀」, "稽夫三神 曰天一 曰地一 曰太一 天一主造化 地一主敎化 太一主治化"
106 김승동, 『도교대사전』, 부산대출판부, 1996.
107 『神理大典』 「神位」; 「神誌 外/최동희 外 譯, 『三一神誥 外』, 양우당(한국사상대전집 27), 서울 1988' (이하, 『삼일신고』로 약함), 50쪽.

진역震域의 신전神典에는 신계神界의 주主로 한국桓國, 신인神人 중간계의 주
主로 한웅桓雄, 인계人界의 조祖로 단군왕검의 삼신을 말하여 일종의 삼위 일
체(Trinity)의 관觀을 정몯하고 후세에 있는 구월산 삼성사三聖祀는 곧 이 관념
을 구체화한 것인데, 세世에는 삼신은 필시 이 삼성을 가리킴이라 함이 우선
사이비한 억견臆見이니, 산육産育상의 삼신은 삼성三聖의 삼신과 저절로 딴 것
일 것이다.[108]

라 하였고, 신채호는 삼한의 역사와 삼신을 결부시키고 있다. 즉

삼일신을 다시 우리의 옛 말로 번역하면, 천일은 말한이니 상제上帝를 의
미하는 것이요 지일은 불한이니 천사天使를 의미하는 것이요, 태일은 신한이
니 신은 최고 최상이라는 말, 신한은 곧 하늘 위 하늘 아래에 하나이고 둘이
없다(天上天下獨一無二)는 뜻이다. 말한 불한 신한을 이두로 마한 변한 진한이
라 적은 것이고, 오제는 오방신…차례로 말하면 말한이 불한을 낳고 불한이
신한을 낳았으나 권위權位로 말하면 신한이 신계와 인계의 대권을 모두 차지
하여 말한과 불한보다 고귀하므로 삼일 중에서 태일이 가장 고귀하다는 것
이고, 오제(곧 5가)는 곧 태일의 보좌이다라 하였으니,…거북(龜)의 삼신 오제
는 곧 왕검이 만든 전설이다.[109]

여기에 또 하나 흥미 있는 일련의 전설적인 이야기가 전해오고 있다.
그것은 예로부터 한국을 신선 불사의 나라라고 불러온 것과 관계 있는
것이기도 하다. 곧 삼신산의 이야기가 그것이다. 삼신산은 발해만 동쪽
의 봉래蓬萊·방장方丈·영주瀛洲의 세 산을 말한다 하였는데, 『사기』에 의하

---

108 앞의 책, 「조선상식문답」.
109 『조선상고사』, 앞의 책, 70쪽.

면 이 곳에 신선이 살고 있으며, 불사약이 있다고 하였다. 이에 진시황과 한무제가 이를 구하려 수천 명을 보냈으나, 모두 행방불명되었다는 것이다.[110] 즉 이는 옛날부터 중국에는 해동 청구에 삼신산이 있다는 믿음이 전해 내려왔음을 말해준다.

이 같은 삼신산에 대해 「태백일사」는 "삼신산은 천하의 뿌리가 되는 산이므로 그래서 삼신으로 산의 이름을 삼았다. 옛날부터 이 산으로 삼신이 내려와 유력했음을 모두 다 믿었는데…, 그 실체는 불생불멸하고 그 작용은 무궁무한 하다. 때와 장소에 따라 그 이치를 검색할 수는 있으나, 신의 지극한 미묘함과 드러남 그리고 그 여의자재如意自在함은 마침내 알기가 어렵다."[111]고 하였다.

여기서 삼신산을 백두산으로 비정하는 경우도 있는데, 「태백일사」에는 이에 대한 의미 있는 기록을 남기고 있다. 즉 "신의 의미 역시 새로움이요, 새로움이란 백白이 된다 하고, 신은 높으니 높은 것은 머리가 된다 하였다. 그러므로 또한 백두산이라 칭하는 것"이라 하였다.[112]

그런데 이 같은 이해들은 예로부터 삼신 사상의 중심지가 해동의 청구라는 사실을 보여 주며, 또 삼신 사상이 생명의 이론과 관계 있음을 보여 주는 대표적인 대목이라고 생각된다. 뒤에 다시 살펴보겠지만, 사실 민간의 문화 습속을 따를 때, 삼신이 한민족의 생명 이론과 밀접한 관련을 가지고 있음을 부인할 수 없다. 민속 신앙에서 아이를 낳고 기르는 일을 맡은 삼신을 높여, 삼신상제, 삼신제석 또는 삼신제왕이라고 칭한 것은 삼신의 세계가 생명과 밀접한 관련이 있다고 생각했기 때문일 것이다.

---

110 『史記列傳』, 「秦始皇」.
111 「三神五帝本紀」, "三神山爲天下之根山 以三神名者 蓋自上世以來 咸信三神降遊於此 化宣三界 三百六十萬之大周天 其體 不生不滅 其用 無窮無限 其檢理 有時有境 神之至微至顯 神之如意 自在 終不可得以知也."
112 「三神五帝本紀」, "三神 或說 有以三爲新 新爲白 神爲高 高爲頭 故亦稱白頭山."

곧 전통적으로 삼신의 의미는 산육신과 생명신의 의미를 지니고 있다.

또 성스런 음ᅳ '시옷'과 '히읗'의 세계를 표방하는 삼신의 신앙 세계
는 일종의 주문(mantra)형이었을 가능성도 배제할 수는 없다. 한국 민간에
서 행하는 비손의 풍습과 문화형으로 볼 때, 인간의 삶에서 기원되는 미
지의 세계에 대한 두려움의 감소나 자신감의 확보 내지 자연으로부터의
보호를 요청하는 경우, 절대 이론의 세계 속에 잠재된 유일신적인 신앙
보다는 우리들 삶의 현실에 개입된 삼신의 세계가 더욱 그 정신적 영향
력이 컸음을 부인하기 어려운 것이다.

더욱이 신의 세 가지 존재 형태인 진리·사랑·믿음에 대한 새로운 해
석들은 신의 성격을 규정하는 또 다른 요소가 되기도 한다. 「태백일사」는
다음과 같이 말한다. "천일天一은 권능으로 조화하고 그 성性을 통하니 진
眞이요, 지일地一은 법력으로 교화하고 그 명命을 아니 선善이요, 태일太一
은 덕량으로 치화하고 그 정精을 보전하니 미美이다."[113]

이 같은 이해는 다시 일신一神으로서의 한배검론과 삼신三神으로서의
국조 한아버지 개념으로 이어진다. 또 민속과 민간 신앙에서 삼신을 말
할 때, 이는 생명의 주관신이자 산육신의 개념으로 나타나는데, 그 중 일
상에서 드러난 삼신의 의미로는 역시 산육신의 개념이 가장 강한 것이었
다고 보인다.

그리고 도가의 양생법에서는, 전통적으로 사람 몸에 있다는 원신元神·
식신識神·진신眞神의 삼신을 말한다. 이를 보면, "원신은 무지무식無知無識
하고, 식신은 다지다식多知多識하며, 진신은 원지원식圓知圓識하다고 하였으
며, 삼신을 내양하면 장생할 수 있다."라고 한다.[114] 이런 언급들은 사람

---

113 「三神五帝本紀」, "高麗八觀記 三神說 云
上界主神 其號曰天一 主造化 有絶對至高之權能 無形而形 使萬物各通其性 是爲淸眞大之體也
下界主神 其號曰地一 主敎化 有至善惟一之法力 無爲而作 使萬物各知其命 是爲善聖大之體也
中界主神 其號曰太一 主治化 有最高無上之德量 無言而化 使萬物各保其精 是爲美能大之體也."

몸에 깃들인 삼신이란 이해를 가능케 하는 것이다. 즉 삼신의 존재는 떠나면 죽고, 있으면 사는 그런 신비적인 생명의 원리로 이해되기도 하였던 것 같다.

그리고 삼신에 관한 또 다른 이해로 「태백일사」에, "저 상계에는 삼신이 있으니 곧 하나의 상제이다. 주체가 곧 일신이니, 따로 신이 있는 것이 아니요, 작용이 곧 삼신이라."[115] 하였다.

즉, 일신과 삼신이 따로 있는 존재가 아니라 했으니, 여기에는 다만 '신 존재 일자'에 일과 삼의 의미가 개입된다는 의미이다. 이 경우 철학적으로 이를 이해한다면, 삼신의 삼은 다多로 드러난 만물의 제 양상을 상징하는 상수像數로 보아야 할 것이라 생각되기도 한다. 곧 여기서의 삼신이란 존재론적인 의미에서 하나와 셋의 관계에 대한 이해로 등장하는 것이다. 이를 수리적으로 해석해 가는 작업은 다소의 논리적 비약에도 불구하고, 아마도 한민족의 우주론적 사고를 찾아가는 의미있는 작업이 될 것이다.

곧 철학적 원리로서의 삼신은 형이상적으로 신의 세 양상, 즉 존재·운동·인식의 여러 의미들을 총체적으로 기초하는 것이다.

이상에서 알 수 있듯이, 삼신 사상의 세계를 검토하는 것은 형이상학적인 존재론의 측면과 한민족의 민간 신앙에 연계된 문화 의식 및 생명 사상의 세 측면이 동시적으로 진행되어야 할 것이라 생각된다. 이 중에서 특히 형이상학적인 존재론의 이해는 철학적으로 대단히 중요한 일이다. 그러면 이제 장을 바꾸어 어떻게 일—이 삼三이 되고, 삼이 일이 될 수 있는가에 대하여 생각해 보기로 하자.

---

114 『雲笈七籤』, 『黃庭外景經』.
115 「三神五帝本紀」, "自上界 却有三神 卽一上帝 主體則爲一神 非各有神也 作用則三神也."

3. 삼신과 삼일=─의 존재론

1) 삼수=數와 삼신=神

동양 형이상학의 존재론적 통찰은 그 수리적 세계와 불가분의 관계에 있다. 또, 옛 일로 치자면 수數로써 상像을 나타내는 일은 동양의 수리학에서는 일반적인 일로 추연鄒衍 이래의 음양가와 오행 술수론자들의 기본 세계관이 이로써 형성된 바 있다.

지금도 마찬가지겠지만, 옛 사람들은 특히 세계의 운동 변화의 제 양상을 파악하는 수단으로 수를 사용해 왔다. 이로부터 수라는 것은 존재와 존재 근원의 문제로부터 삼라만상의 제 현상들을 설명하는 데 적용된 동양수리, 즉 상수학이라는 일군의 그룹을 형성하기도 하였다. 특히 『서경書經』 「홍범洪範」에 나타난 오행의 원리와 「구주九疇」의 각각에 있어 숫자를 원용한 설명은 동양학에 있어서 수리적 사상 세계의 원조라 할 수도 있을 것이다.

삼신 사상을 철학적으로 이해하기 위해서는 마찬가지로 그 수리적 해석을 진행하지 않을 수 없다. 그것은 신의 의미 속성 자체가 수로 표상되고 있기 때문이다. 동시에 이제 삼신 사상의 세계가 한민족 사회 내에서 일상화되고 논의되어 왔다면, 여기에는 분명한 정도의 세계 이해나 인생관의 요소 또한 겸비되어 있음에 틀림없다. 즉, 한민족 문화의 근원에 갈무리 된 '하나가 셋이 되고 셋이 하나 되는' 사유의 세계에는 일정한 이유가 있을 것이라 생각된다.

사실 삼三과 일─의 상호 관계에 대한 논의는 인류가 문화생활을 시작한 이후로 끊임없이 제기되어 온 문제이다. 이것은 세계를 바라보는 일원적 사유의 기본 틀로서 이해되어 오기도 하였다. 이런 의미에서 삼신

사상은 근본적으로 한민족이 세계를 일원적 사유로 파악했다는 근거가
되는 것이기도 하다.

그러면 숫자 삼과 일이 어떤 의미를 갖는지에 관하여 살펴봄으로써,
삼신이 일신이라고 말하는 의미에 대하여 천착해 보기로 하자.

이은봉은 3이라는 수는 신성을 파괴하지 않고 변화의 전개를 한 수로,
2로 갈라지지 않고 1에서 3으로 나아가는 것은 한국 종교의 특색을 이룬
다 하였다.[116]

사실 숫자 삼三. 參은 그 수리상 대립을 결합하여 이룬 통일물로, '일'의
의미를 나타낸다는 것은 역철학이나 오행론에 있어서는 보편적인 이해
에 속한다. 동양의 오래된 상수 개념에서 일반적으로 말하는 것을 살펴
보면, "하나 일一은 수의 시작이요 원圓의 약수이며 우주의 본체수로서,
계수적인 것보다는 오히려 의미적인 수로서 절대수가 된다. 둘 이二는 방
方의 약수로 생수 일에 대하여 화수化數이고 또한 땅을 의미한다. 셋 삼三
은 긱角의 약수로 성수이며 사람을 뜻하고 돌고 돌아 다함이 없는 수…"[117]
라 하였다.

또 삼오여일三五如一이라, 삼이란 것은 수일水一 화이火二가 합성한 삼이
요, 오五란 토土이며, 삼오여일이란 수·화·토가 서로 섞여 일기一氣가 된
다는 것을 의미하며, 이는 천지의 정精을 가리키는 것이라 한다.[118]

이 외에 역易에 나오는 '삼천양지三天兩地'란 말을 설명하는 가운데 '삼
인즉일三因卽一'이란 개념을 쓰는 경우도 있다. 이는 달리 일교이一交二라고
도 하는데, 이것은 주역에서 음양의 괘를 풀어 해석하는 중에 기우奇偶 관

---

116 이은봉, 「한국고대종교사상의 구조적 탐구-신관념을 중심으로」, 성균관대학교 박사학위논문,
   1985, 77쪽.
117 『三一神誥』, 앞의 책, 237-238쪽; 수에 대한 이 같은 이해 속에서 원방각(圓方角)의 도형을
   이용하여 민족 사상의 세계를 말하는 경우도 주위에서 흔히 볼 수 있다.
118 『도교대사전』, 앞의 책, 삼오여일(三五如一) 항.

계를 설명하는 것이다. 방이지는 자연 과학과 수학에는 기본적으로 철학이 들어 있다는 전제하에 역 철학을 풀이하는데, 그 대체적인 것은 기는 우 가운데를 꿰뚫고 있다는 것이다.[119]

이로부터 하나로써 또 다른 하나를 저울질하는데, 일이 이에 섞여서 삼이 된다. 그런즉 삼[三]은 곧 하나라고 주장하는 것이다. 여기서 말하는 삼천양지란, 하늘은 셋, 땅은 둘로 표상한다는 뜻인데, 이에 대한 사전적 설명을 보면, "하늘은 원형인데 직경은 일이요, 둘레는 삼이므로 천수를 삼[三]이라 하고, 땅은 방형인데 사각형은 상하좌우가 2개씩 상대하여 있으므로 지수를 이[二]라 한다." 하였다.

공영달孔穎達은 하늘의 수에 대해 일로 기수의 대표로 하지 않은 이유는, 하늘의 덕은 땅까지도 포함하기 때문에 일로 이를 감싸 삼으로 한 것이라 하였다. 또 주자朱子는 하늘의 수 삼, 땅의 수 이로 기수基數를 삼고, 이에 따라 괘를 세우는 데 필요한 구[老陽], 육[老陰], 칠[少陽], 팔[少陰]의 수를 만들었다 하였다.[120]

즉 숫자 삼에 대해, 동양에서는 이를 하늘을 대표하는 수로서 일자—者로서의 존재 근원이 스스로를 분화하여 세계를 조물造物해 내는 첫 번째 단계로 간주해 왔다. 또 이는 곧잘 만사 만물과의 관계 속에서 만상을 표상하는 수로 이해되기도 하였다. 다시 말해 일과 이가 여전히 형이상적 세계의 수로 하늘과 땅을 나타낸다면, 삼은 현상계의 수로서 또 다른 일자에 해당하는 것이다.

이런 이해의 흔적이 삼기三炁설에 보인다. 삼기설이란 도교에서 무상삼천無上三天에 있는 현玄·원元·시始의 삼기를 말한다. 곧 『도교의추道教義樞』에 이르기를 대라천大羅天이 생한 현·원·시는 삼청천三清天이 되는데,

---

119 方以智, 『東西均』 「公符」.
120 김승동, 『易思想辭典』, 부산대출판부, 1998: '參天兩地而倚數' 항.

청미천淸微天의 옥청경玉淸境에서 시기가, 우여천禹餘天의 상청경上淸境에서 원기가, 대적천大赤天의 태청경太淸境에서 현기가 이루어진다. 또 이 삼기의 각각에는 다시 삼기가 생하니 합쳐서 구기九炁가 이루어졌고, 여기서 구천九天이 완성되었다는 것이다. 이때 형形, 즉 형체는 기炁를 따라 생한다고 말한다. 이 경우 대라천이나 일기一氣는 일에 해당하는 것이며, 현·원·시의 셋은 삼에 해당한다 하겠다.

또 천·지·인의 삼기三氣를 말하기도 하는데, 이들 역시 일기의 분화로서 나타난 것이다. 태초太初·태시太始·태소太素도 삼기라 하는데, 태초는 기의 처음이요, 태시는 형形의 시이며, 태소는 질質의 시이다. 이들은 결국 일체의 만물이 3단계를 거쳐 생성된다고 하는 일련의 우주론적 생성론으로 기능하고 있는데, 이 같은 논리가 아기가 갓 태어날 때의 생명 이론에도 적용되고 있다.

즉 일체를 기로 설명하는 경우, 형질의 탄생 자체가 삼기의 과정을 거쳐 드러난다고 하는 것이다. 여기에, 기 앞에 기 이전의 태역太易을 가한 사시四始설, 태소의 뒤에 형질을 모두 갖춘 태극太極을 덧붙인 오운五運설 등의 발전이 뒤따르기도 하였다.[121]

물론 여기서 간과할 수 없는 사실은, 이들 입론 전체가 일련의 형이상적 세계를 지칭하는 것이기에, 이를 명증적으로 설명하기는 어렵다는 난점을 가진다는 점이다. 하지만 달리 삼극三極으로 설명되기도 하는 천·지·인 삼재의 세계를 만나면, 이들이 무엇을 의미하고자 하는지를 어느 정도 이해할 수 있다.

『주역』「계사전」상에, "육효六爻가 움직이는 것은 삼극三極의 도이다."라고 하였는데, 여기서 삼은 곧 삼재이고, 재는 재才 즉 재료라는 의미와

상통하며, 극極은 지고의 뜻이다. 천·지·인 삼재란, 이것이 우주에서 지극히 높은 것이므로 삼극이라 한 것이다. 『석문釋文』에는 음양, 강유, 인의를 삼극으로 해석하고 있다.

즉 이들은 세계의 근원에 해당하는 존재 일자가 지금의 현상계를 조물·구성해 내기 위해서는, 결국 3재료와 3단계가 필요함을 다양한 방법으로 말하고 있는 것이다. 또 황로黃老 사상과 노화연단爐火鍊丹의 실천을 나타내고 있는 『참동계參同契』에서도, "삼도三道는 일에서 유래하고 다 지름길을 낸다."라고 한 바, 이들 역시 논문의 서론·본론·결론과 같이 삼변하여 이루는 세계의 법칙을 설명하고 있다. 그런데 이와 같은 이해가 사람에게 적용되어 인간은 정精·신神·기氣 셋이 모여 하나로 된 것이라 하고, 이들이 삼위 일체가 되어야만 제대로 된 인간이 된다고도 한다.

특히 양생법을 다룬 도교 사상의 일군에서는 이 삼과 일의 관계를 통해 인간의 생명을 다루는 광범위한 이론 체계를 갖추고 있음을 확인할 수 있다. 이에 대한 한민족 사상의 이해 또한 비슷한 유형을 보인다.

증산은 이를 삼변三變 또는 삼천성도三遷成道라 하였고, 대종교에서는 삼신 일체의 이론을 말하고 있다. 곧 한배 하느님인 신은 체일용삼體一用三, 즉 체성體性으로 볼 때는 하나요, 작용에서 볼 때는 셋이라 한다. 이로부터 홍암 나철은 삼과 일의 관계를 기본 원리로 하여 한얼 사상을 전개하는데, 이것을 삼일 철학이라 부른다. 이 이론은 근본적으로 셋이 하나라는 수리적인 삼일 논리를 바탕으로, 삼신 일체론이나 삼진귀일三眞歸一론과 맞물리고 있다.

2) 삼신三神 즉 일신一神

하늘은 시생始生의 도를 땅은 자육資育의 도를 각각 가졌다. 이로써 천지의

이리가 상감相感하면 만물은 곧 자성自性을, 천지의 기氣가 상식相息되면 만물
은 곧 자명自命을, 천지의 기기機가 상촉相觸하면 곧 만물의 자정自精을 각각 갖
추게 된다. 이 성명정性命精을 삼진三眞이라 한다. 육대원소(天火電水風地)가 이
삼진을 갖춘 뒤 다시 모체에서 삼진의 성에 의지한 심心과 명에 의지한 기氣
와 정에 의지한 신身을 받아 형체화되어 만물로 나타나게 된다. 이 심기신心
氣身을 삼망三妄이라 한다. 삼진과 삼망은 서로 대하여 감식촉感息觸의 삼도三
途 18경지를 형성하게 된다. 사람들은 이에 사로잡혀 생장병초몰生長病肖歿의
오고五苦에 빠져 헤어나지 못하는데, 지감止感 조식調息 금촉禁觸의 수련법으
로 삼망을 돌이켜 삼진에 돌아온다. 삼진에 도달하면 보고 듣고 알고 행하는
4대 신기神機가 나타나게 되는데, 이를 성통공완性通功完이라 한다. 이 성통공
완의 경지에 들어서면 그 곳이 바로 한배검이 있는 곳으로 덕德 혜慧 력力의
삼대를 합하게 되는데, 이를 삼진귀일이라 한다.[122]

삼진귀일론에 따르면, 모든 것은 분리되었다가 다시금 합일하는 과정
을 반복하고 있다. 또한 삼三은 모든 만사 만물을 기초하는 출발점의 의
미를 가지기도 한다. 곧 노자가 '삼생만물三生萬物'[123]이라 한 의미가 바로
이것이며, 「태백일사」에서 "삼신으로부터 만물이 나온다. 그 형체를 볼
수 없으나 천만억토를 거느린다."[124]거나, "만물이 되는 삼신 일체의 원
리는 크고 크도다."[125]라 한 것이 바로 이것이라 하겠다.

과정 철학에서 모든 것은 갔다가 돌아오며 다시금 출발하는 과정으로

122 『도교대사전』앞의 책, '삼진귀일' 항, 전문 인용;『삼일신고』앞의 책, 「會三經」요약.
123 老子,『道德經』42장.
124 「三神五帝本紀」, "三神有引出萬物統治全世界之無量智能不見其形體而坐於最上上之天所居千
萬億土"
125 「三神五帝本紀」, "大矣哉 三神一體之爲 庶物原理 而庶物原理之 爲德爲慧爲力也 巍蕩乎充塞
于世 玄妙乎 不可思議之爲運行也"

이해하는 것과 같이, 일즉다—則多와 삼일三—의 상호 관계 역시 과정적 회귀 순환의 원리와 상통하고 있다.[126] 그 하나에 신이 배당되어 있는 과정 철학과 천·지·인 셋의 회귀로 돌아오는 하나의 원리는 동일한 것이기 때문이다. 이것은 존재론적이며, 동시에 인식론적인 것이기도 하다.

삼일론의 삼신 사상에서 나타나는 근본 개념과 논리는 본질적으로 존재 일자로서의 신의 속성과 이를 이해하려는 인간 인식의 상호 관계로부터 유래하는 것이다. 모든 존재자, 즉 만사 만물의 근원으로서의 존재 일자의 존재성과 인식 그리고 그 가치의 연속선상에서 '삼일, 즉 삼신이 곧 일신'이라는 근본 사유 구조가 도출되기 때문이다. 이것은 헤겔이 말한 절대정신의 자기 분화의 단초, 즉 태시太始에 해당하는 우주론적 사유와도 그 맥락을 같이하는 것이며, 일체 현상에 대하여 이를 신의 드러남과 그 과정으로 이해한 과정 철학적 사유와도 연결되는 것이다.

이에 관한 철학적 존재론을 전개해 보면 다음과 같다.

무無의 상태에서 존재하는 일자—者가 있다. 여기 일자 이외에는 다른 아무 것도 없다. 공간도, 시간도, 물론 물질이란 존재하지 않는다. 오직 일자 즉 일신만이 존재하는 것이다. 그러면 그 일신은 과연 존재하는 것인가? 그 답은 '존재하지 않는다'이다.

무의 속성이 그러하다. 아무 것도 없다는 것은 무엇을 말하는가? 이것은 단순히 빈 것을 말하는가? 그렇지 않다. 빈 것과 무는 다르다. 다만 이를 표현하기 위한 인간의 언어로 말할 때, 이를 공空으로 할지, 무라 할지에 대해서는 선택의 문제가 될 것이다. 불교에서는 이를 공이라 하고,

126 "모든 사실 존재들은 모두 자기 원인적이다. 그리고 신도 자기 원인적이다. 이런 점에서 모든 사실 존재들은 신과 그 성격적 공통성을 갖는다."(김상일, 『화이트헤드와 동양철학』, 서광사, 1993, 230쪽)

도가에서는 이를 허虛나 무로 이름하고 있음은 주지의 사실이다. 그러나 삼일의 원리에서는 이 무無 있음의 세계를 본다. 그것이 한국 사상에서 이름하는 '한'의 세계이다.[127]

즉, 무 있음의 존재론 그것이 '한'이요, 이로부터 드러난 한국적 우주론과 세계관의 체계가 한철학이나 한사상이 되는 것이다. 「천부경天符經」의 일시무시일—始無始—이나 일종무종일—終無終—이 바로 그와 같은 것이다. 다시 말해 '흔'이란 일—이며, 무無이다. 있음은 없음이고, 없음은 있음이 되는 까닭이 여기에 있다. 불한과 마한과 신한의 한, 한이라는 하나가 다 이것이다.

그러나 여기에 인식의 문제가 개입되면, 이제 삼의 세계가 드러난다.

어떤 것이든 스스로는 스스로를 인식하지 않는다. 즉, 즉자卽者는 즉자로서 인식되지 않으며, 인식하지도 않는 것이다.[128] 인식되지 않는 것을 존재한다 할 수 있는가? 그 답은, '존재한다고 말할 수 없다'이다. 무언기 존재한다고 말할 수 있기 위해서는 적어도 그것을 우리는 인식할 수 있어야만 한다. 인식하지 못할 때, 인간은 없다고 말한다. 바로 그것이 언어로서 다 말하지 못하는 존재의 원리이다.

그래서 일자는 스스로를 분화시킨다.

이것은 스스로를 인식하기 위한 성스러운 이분법이 된다. 이로부터 일자는 즉자와 대자, 즉 원래의 일신에서 스스로의 분화로서 대자對者를 드러내는 것이다. 그리하여 드디어 일자—者는 이자二者화 한다. 진정한 자

---

127 拙著, 『仙과 흔』, 세종출판사: 부산, 1994, 275–279쪽.

128 M.콘퍼스/이보임, 『인식론』, 동녘, 1991; '의식은 언제나 의식되어진 존재인 것'(23쪽), '물 자체의 인식'(153쪽). 스스로는 그 자체 스스로 인식되는가 아니 인식하는가의 문제는 인식론의 오래된 의문이다. 이 경우 대부분의 철학자들은 인식할 수 없다는 데 동의하고 있다. 그리고 여기서 卽者와 對者로 쓴 것은 헤겔철학이나 사르트르가 말하는 '卽自 · 對自'의 向自的 개념과는 다소 다른 의미로 사용하는데, 즉 '자기 자신 그 자체'의 의미로는 卽者를 사용하였고, 이의 '대상화한 자신'이란 의미로는 對者를 사용했음을 밝혀 둔다.

기 자신과 스스로를 분화시켜 상대편에 세운 자기 자신, 이렇게 일자는 둘로 나뉘는 것이다. 이때 맞서 있는 자기 자신을 통해서, 일신은 스스로가 일신이었음을 안다. 자기와 다르게 내세운 대자 자체가 바로 자기 자신이기 때문이다.

그러면 이제 존재하는 것은 즉자와 대자 그리고 통합된 일자의 셋이 된다. 이는 달리 앞서의 존재론적 개념으로 말하자면, 무와 일과 이의 삼자로 드러난 것과 같다. 하지만 어느 것이든 이들은 결국, 일자 '한'의 자기 전개에 다름 아니다. 바로 이 삼자의 존재 인식 관계를 통하여 세계의 분화와 만물의 이루어짐이 나타나는 것이다. 마치 솥의 세 발과도 같이 셋이 이루어지면, 만물은 그 안에서 생성·분화·발전 회귀한다.

달리 말하자면, 삼신 사상에서 삼이란, 존재하고 인식하고 작용하는 신의 세 가지 양태를 일체의 가치중립적인 인식 구조로 언명한 것이라 하겠다. 이로부터 말할 수 있는 것은, 일신의 움직임은 과거·현재·미래에 걸쳐 있으나, 신의 과정적 전개는 언제나 현재일 뿐이라는 사실이다. 모든 가능성들이 하나의 자기 중심에 서서 가능성과 불가능성의 상호 이질적 관계를 오고 가는 것이다. 태극의 움직임이 그러하고, 도道의 가고 오는 것이 다 그와 같다. 반자도지동返者道之動이요, 무왕불복無往不復의 이치라 하던가.

그러나 삼일의 진행상으로부터 신의 존재 인식 관계를 정의한다면, 이 모든 비非 신적인 다多의 상태도 결국은 일신의 자기 전개로 귀착될 뿐이다. 삼진과 삼망이 삼도三途를 빚어 낸다 하여도, 이 모두는 궁극의 일신으로부터 출발하기 때문이다. 하지만 이 합일은 또 하나의 새로운 분화를 위하여, 스스로를 떼어 내어 또 다시 세계 속으로 침투한다. 그렇게 운동도 셋이요, 존재도 셋으로 드러나는 것이다.

이 같은 존재의 양태는 처음 것과 나중 것, 그리고 합일된 것과 분리된 것, 그러면서도 동시에 영원히 하나인 것으로 드러난다. 언제나 그것은 또 다른 출발을 위한 시스템으로 우주 내의 원리 세계에 잠복해 있는 것이다. 이들은 나누자면 셋이요, 합하면 모두 하나에로 돌아온다. 이 세계의 온갖 무리와 군상들 또한 여기서 벗어나지 않는다. 삶과 죽음이 있다면, 그것은 대대(待對)인 채로 있을 것이다. 그러나 영원한 현재는 삶과 죽음을 넘어 상존해 있다. 그럼으로써 존재의 세 양태, 동시에 운동의 세 측면을 구성하고 있는 것이다.

이를 한민족의 삼신 사상에서는 조화·교화·치화로 이해하고, 신성적 존재인 한인·한웅·한검 세 분에 각기 그 작용을 배당하기도 하였던 것이다. 이 경우, 조화는 분화하고자 하는 일자의 작용을, 교화는 신성한 이분법으로 이루어진 이자의 작용을, 치화는 셋으로 드러난 삼신의 작용을 대변한다. 그러나 이들 삼신은 결국 일신일 뿐이다. 왜냐하면 이 모두는 결국 궁극의 일자 자신이 스스로를 분화시켜 가면서 확인해 간 자기 자신의 다른 양상에 불과하기 때문이다.

다만 여기서 이 같은 존재론적 이해를 통해, 한국 신화의 문화 사상적인 중요성이 삼신 신앙 속에 나타남을 지적할 수 있다.

그것은 한국 신화는 인간사의 발전과 가족사의 중요성을 동시적으로 드러낸 문화 신화를 형성하고 있다는 사실이다. 특히 삼일三一의 원리를 추구해 온 한국의 삼신 사상이나, 한사상 등은 새로운 우주론과 윤리론으로서의 가치를 보유하고 있는 것으로 보인다. 여기에 공동체의 가치가 깊숙이 개입되어 있음은 말할 것도 없다.

즉 할아버지·아버지·나의 삼대, 아버지·어머니·나의 삼자, 나·자식·후손의 삼자가 다 여기에 적용된다. 나로부터 보자면, 앞과 뒤는 오대五代요, 이로써 삼오여일의 이치를 또 다시 말할 수 있는 것이다.

시간에는 과거 현재 미래가 있으나, 결국에는 언제나 신성한 현재만 있을 뿐이다. 사방四方 육합六合의 공간을 말하지만, 전후·좌우·상하 그리고 중심으로서의 한 점이 각기 삼의 삼을 구성하고 있을 뿐이다. 이로써 존재하는 자기 자신이 이 모든 존재들의 핵심에 자리하고 있을 따름인 것이다. 그리고 모든 존재물들은 단순히 체용體用으로서만 존재하는 것이 아니라 체와 상相과 용의 셋으로 자신을 드러내는 것이다.

결국 삼신에 적용된 삼일의 근본 사유는 자기와 자기 아닌 것 그리고 우리로 만난 전체의 세계를 말하고 있다. 이로써 나는 나 아닌 것과 만나 우리로서 완성되는 것이다. 바로 이런 문화 의식 속에서 한민족 사상과 세계는 구성되어 왔다. 결코 포기하고 나누고 선과 악을 대립시켜 온 것이 아니라, 그들 모두를 동화시켜 자기 속에 갈무리해 온 사유의 체계를 한민족은 지녀 내려왔던 것이다. 바로 이것이 삼신 사상의 핵심적인 문화 이념이 된다 할 것이다.

이 같은 삼신 일체라는 삼일론의 사상적 경향은 전래된 동양의 전통적인 삼교 사상에도 적용되어 왔다. 고운孤雲이 풍류도에 관해 설명한 것과 같이, 삼교를 합일하고 또 포함한다는 삼교원융三敎圓融론의 사상적 경향이 한국 사상 속에서는 유독 강했음을 알 수 있는 것이다. 이 같은 맥락은 동학의 수운 최제우에게서도 나타나고 있다. 곧 고운의 선사를 청한자淸寒子 김시습이 500년의 간격을 두고 선맥仙脈으로 잇고, 다시금 500년을 격하여 수운이 이어간다 하겠다.

수운이 제창한 동학이나 이후 천도교는 그들 사상이 지닌 기초적인 토대로 유·불·선의 삼교 융합을 내세우고 있다. 수운은 일찍이,

이 도는 원래 유도 아니고 불도 아니고 선도 아니고, 유·불·선을 합일한 것이다. 즉 천도天道는 유·불·선에서 유래한 것이 아니고, 유·불·선이 천도의 일부분이 되는 것이다. 유儒의 윤리와 불佛의 각성覺性과 선仙의 양생養生

은 모두 인성에 저절로 부과된 천도의 고유한 부분에 지나지 않지만, 이 도는 그 무극대원無極大源을 모두 얻은 것이다. 그러므로 이 점에 유의하여 지금부터 이 도를 얻은 사람을 지도하지 않으면 안 된다.[129]

라 하여, 자신이 받은 동학의 가르침이 유·불·선 3교를 융합한 것임을 말하였다. 그는 또 "유교는 명분을 너무 중히 여기어 현묘玄妙의 역域에 이르지 못하며, 불교는 적멸에 들어가 윤상倫常을 절하며, 도교는 자연에 유유하여 치평治平의 술術을 결한다."라고 하여 유·불·도 삼교의 단섬을 각기 지적하고 동학이 진정한 천도임을 표명하였다.

그러나 이러한 천도의 표명이란 한국 철학적인 측면에서 볼 때, 그리 중요한 것은 아니다. 「선」과 결부된 모든 가르침이 '흔울'로부터 유래하지 않은 것이 없기 때문이다. 다만 삼신 일체의 의식 속에서 모든 분리된 것들을 합일하고자 하는 사유가 한국 문화 사상의 특징을 기초하고 있다는 점, 이것이 삼신 사상의 보다 현실적인 의의로 제기되는 것이다.

그럼에도 불구하고 일반 민간에서의 의식은 이 같은 존재론적 통찰을 토대로 하는 것은 아니었다. 모든 민간적 사유가 갖는 특징처럼, 기복적이고 현실적인 측면에서 민간의 요청에 삼신은 응할 필요가 있었을 것이다. 결국 삼신의 여러 의미와 기능 가운데, 생활상에서 가장 두드러질 수 있는 특징과 효용들이 남아 민간의 사유와 문화·풍습의 흔적을 남기게 된다. 그러면 이제 삼신 사상의 민간적 유습과 전통 사상으로서의 이론적 세계가 어떻게 민간에 전화되어 왔는지에 대해 천착해 보기로 한다.

---

129 『도교대사전』, '삼교원융론' 항, 『東經大全』, 「修德文」 「論學文」 전문 요약.

4. 삼신 사상의 문화사적 전개

1) 민간 신앙과 그 유풍遺風

한민족의 국조 신화인 단군신화는 본질적으로 삼신 신화로서의 성격을 가지고 있다. '삼신 즉 일신'이란 존재론적 통찰 아래, 한인·한웅·한검의 세 분이 신화 속에 삼신으로 등장하고 있기 때문이다. 이 같은 삼신 신화는 이후 한민족의 문화적 동질성과 민족적 특질을 가늠하는 중요한 기준이 되기도 한다.

곧 제주도에서는 삼신인三神人을 조상으로 삼고 이를 따라 나라도 서게 되었다는 전설이 전해진다. 『동국여지승람』에 그 기록이 남아 있는데, "옛 기록에 이르되, 맨 처음에 사람이 없다가 삼신인이 이 땅에 솟아나왔는데, 지금 진산鎭山 북쪽 기슭에 구멍이 있는 모흥혈毛興穴이 그 땅이다. 맏이가 양을나良乙那이고, 다음이 고을나高乙那이며, 셋째가 부을나夫乙那이다. … 세 사람이 각기 나이를 따라 장가를 들고 … 날로 부성富盛하여졌다."[130]라고 되어 있다.

즉 최초의 선조라는 의미에서 삼신의 역할이 공히 이해되고 있는 것이다. 이 경우 삼신 제사란 전통적인 조상 숭배의 의식과도 관련이 깊은 것으로, 다름 아닌 근본을 잊지 말자는 뜻에서 유래하는 것이라 하겠다. 즉 모든 존재의 근원으로서의 한얼 삼신은 온 누리와 뭇 사람들의 근본이 되며, 조상은 곧 나의 근본이 되는 것이다.

이에 '그 근본에 보답한다'는 소도 제천蘇塗祭天·제천보본祭天報本의 사상과 신앙이 여기서 나온 것이다. 기록에도 있다시피, 삼신 사상과 제천

---

130 전규태, 『한국신화와 원초의식』, 반도(이우)출판사, 1985, 270쪽 재인용.

보본의 의식은 대개 10월 상달上月로 지낸다. 비록 그 출발은 분명치 않으나 한민족은 오래 전부터 제천 또는 개천절을 정하여 행해 온 것이다.[131]

즉, 한민족의 삼신 사상은 조상 숭배와 맞물리면서 근본이자 생명의 근원에 보답한다는 보본제천, 산악숭배와 연계된 소도 제천의 의식으로, 한민족의 지성과 공경의 문화를 만들어 내었던 것이다. 이 같은 제천의 의식은 한민족 사회 내에서는 대단히 보편적이었다. 중국 측 기록을 보더라도, 영고·무천·동맹 등 시월 상달을 중심으로 한민족의 축제로서 여러 제천의 의식들이 나타나고 있다.

이때, 음주가무와 선사귀신善事鬼神, 즉 신을 잘 모시었다고 한 기록들은 한민족의 특질을 반영하는 것이며, 이들은 또 고신교古神敎의 전통으로 이어지는 것이다. 이 고신교 전통은 이후에도 고구려의 조의선인皂衣仙人이나 신라 화랑에서 확인되는 바와 같이 국선 낭가國仙郎家의 정신으로 연결되었으며, 이는 고려 팔관회에까지 그 맥이 닿는 것이었다.[132]

따라서 삼신 숭배의 신앙과 연결된 여러 풍속들 속에서 한민족 문화의 보편성과 그 동질성을 확인할 수도 있다. 그러나 꼭 유교의 영향이었다고 말하기는 어렵지만, 이후 왕조 권력의 강화와 더불어 왕이 곧 국가가 되는 상황이 벌어지게 된다. 이 속에서 고유한 삼신 숭배의 사상과 문화적 전통은 온 백성을 중심으로 한 전 국가적 행사가 아닌, 일부 권력 계층의 전유물로 변질되고 또 백성들은 유리되는 사태를 빚게 되었다. 다시 말해 제사를 중심으로 한 하늘 숭배와 조상 숭배, 산악숭배 등 여러 제천의식들이 쇠퇴하게 된 것이다.

이로써 삼신 사상의 후기적 변질은 개인과 집단, 부락을 중심으로 한 민간문화로서의 성격으로 나타나게 된다. 이런 속에 삼신 숭배의 신앙과

---

131 『三國志』, 「東夷傳」.
132 『仙과 혼』, 앞의 책, 93-140쪽.

전통은 그 양상을 바꾸어 가며 이어져 온 것 같으니, 정약용의 「풍속고風俗考」에는 다음과 같은 글이 있다.

> 지금 여러 집에서 베주머니를 만들어, 쌀을 가득 넣고 밝달나무(檀木)의 못으로 벽에 걸고, 공경히 받드는 것을 삼신제석三神帝釋이라 한다. 어린아이가 10살 안에는 지혜가 모자라, 혹 위험한 땅에 다다르면, 삼신·한얼이 반드시 보호한다고 한다. 아직도 어떤 지방에선 어린아이들에게 삼신주머니(三神囊)를 채워 주는 일이 있는데 이것은 삼신이 보호해 주기를 빌며 바란다는 뜻이다.[133]

곧 삼신 사상의 유풍은 이제 무신교적 성격을 띠면서 한민족의 민간 사회 속으로 침투하게 된 것이다. 이 같은 삼신 숭배의 민간 풍속에 대해 최남선은,

> 진어震語에 포태胞胎를 '삼'이라 함이 '삼줄' '삼불' '삼가르다' 등에서 봄과 같으니, '삼신'은 우선 포태신의 의意를 가졌다. 그러나 산기産氣 부녀에 있는 삼신 숭배는 포태 중에서뿐 아니라 수태치 못하는 부녀 등에도 숭배하는 경우…본래 수사授嗣신, 또 산육産育의 수호신…이 세 가지 의미를 종합하여 그 실체를 더듬을진대 삼신은 곧 명신命神으로서 우리 고신도古神道에 있는 중대한 지위에 거하심이 분명…후대에는 산육의 방면, 유아 수호의 일면으로써 심중한 교섭을 가지게 되었다."[134]

하였다. 곧 민간의 고유한 풍속으로 전이되면서 삼신은 출산 및 육아에

---

133 정약용, 『與猶堂文集』, 「風俗考」.
134 『육당최남선전집3』, 앞의 책: 241쪽, 「조선상식문답」.

관련된 집안 신으로, 이제 삼신할매·삼신바가지·삼신할머니·산신産神 등
으로 불리게 된 것이다. 옛날에는 태胎를 보호하는 신을 삼신이라 했다고
도 한다.

삼신은 아기를 낳을 때, '삼신할매의 점지'로 낳는다는 말이 나올 정도
로 출산과 관계가 깊었던 것이기도 한데, 이는 아기를 낳다가 죽는 일이
많았던 예전의 분위기를 말해 주기도 한다. 아기가 커서 어느 정도 성장
할 때까지도 삼신의 배려는 절대적으로 필요한 것이었다. 진염병의 만연
으로 어린아이들이 죽는 경우가 많았던 당시에 의학적으로 해결하지 못
하는 점들을 어머니의 비손에 의지했던 것이다.

이 같은 생활 풍습화한 삼신 신앙의 편린을 보면, 현재에도 전국 각 지
방에선 아기를 낳으면 곧바로 상에다 밥 세 그릇과 미역국 세 그릇을 차
려놓고, 아기를 점지해 준 삼신에게 고맙다고 빈다. 그 상은 삼신상(삼시랑
상)이요, 그 밥은 삼신밥(삼시랑밥)이요, 또 미역국은 삼신국(삼시랑국)이다.
이 삼신을 서울에선 삼신할머니라 하고, 삼남지방에선 삼시랑할망구(三神
娘 할머니)라 하며, 제주도에서는 삼승할망이라 한다.

삼신은 아기를 점지해 줄 뿐 아니라, 그에게 치성 드려 빌면 또 아기
어머니에게 젖도 잘 나게 하여 준다고 한다. 이 치성 드리는 것을 함경도
회령 지방에선 삼시각질(三神各位, 三神 각시질)이라 한다. 이 삼신각시질은
아기 낳은 지 3일만에 깨끗한 상 위에 밥 세 그릇과 천수天水 한 그릇을
차려놓고, 그 상 앞에 큰 항아리 독에 뿌연 물을 채워 두고 빌고 절하면
그 항아리의 물이 붇고 엄마의 젖이 잘 난다는 것이다. 그런데 이 밥 세
그릇이 곧 삼신께 드린 밥이다. 삼신은 아기를 점지해서 낳게 할 뿐 아니
라, 또 어린아이를 보호해 주기도 한다.

삼신은 아기의 포태·출산뿐만 아니라, 15세 정도까지의 양육을 도맡
아 준다고 믿었다. 아기와 산모에게 가장 중요한 시기인 21일 (삼칠일) 동

안은 미역국과 메를 지어 삼신께 먼저 정성을 올린 후 먹었으며, 아기가
자라 백일이나 돌을 맞이하여 잔치를 벌일 때도 반드시 삼신을 모셨다.
신체神體는 일반적으로 안방의 아랫목 시렁 위에 자리잡으며, 바가지 형
태와 오지단지(삼신단지)로 나타난다. 바가지에는 햇곡식을 담아 한지로 봉
하여 안방 아랫목 윗 벽에 모셔 두며, 단지의 경우에도 알곡을 담아 구석
에 모신다. 지방에 따라서 삼신자루(또는 삼신주머니)라 하여, 백지로 자루를
지어서 그 안에 백미 세 되 세 홉을 넣어 안방 아랫목 구석 높직이 달아
매 놓고 이를 제석자루라 부르기도 하였다. 아기와 산모를 위해 치성을
드리는 삼신굿도 자주 행해진 바 있다.

또 집안에 병든 이나 또 재앙이 있을 적엔, 이것을 없애기 위하여 집에
서나 혹은 산에 가서 삼신제왕三神帝王께 치성 드려 비는 것은 아직까지
일반의 풍속이다. 집안에 병든 이를 낫게 하기 위하여 경 읽고 굿하는 것
은 함경도 회령 지방에선 복수리 구명[박수求命]이라 한다. 이 복수리 구명
의식에는 종이를 오려 만든 세 사람의 형체를 붙이거나 걸고, 그 앞에 떡
세 그릇, 쌀 세 그릇, 베 및 천수 한 그릇을 차려 놓고, 무당이 경 읽고 굿
하는데, 이 굿은 또 정초에 안택安宅을 위해서 하기도 한다. 이 복수리 구
명의 굿, 세 종이 사람, 세 그릇 떡 및 세 그릇 쌀이 모두 삼신 신앙의 표
현인 것이다.

삼신은 사람을 점지(출생)하고 보호하여 줄 뿐 아니라, 죽게도 하며, 또
죽으면 저승으로 데리고 가기까지도 한다는 것이, 옛적부터 내려온 신앙
이었다. 이를 보면, 사람이 죽으면 그 집에서 세 개의 짐 꾸러미에 세 그
릇 쌀밥과 또 세 켤레 짚신을 집안 구석진 곳에 두는데, 이것을 차삿밥이
라 한다. 이것을 보아 차사差使는 셋이요, 이들은 또 삼신을 의미하는 것
으로 이해하고 있다. 그리고 3·1운동(1919년) 전후까지도 전국적으로 대
체로 집집마다 마루, 부엌 혹은 방에 삼신독(三神 단지)을 두고 해마다 가을

에 새 나락이 나오면, 원래 담긴 묵은 나락을 비우고 새 나락을 갈아 담아 두었다.

이 같은 민간 습속 중, 삼신당三神堂=三聖堂=三仙堂을 짓고 삼신에 제사를 드리는 것 또한 빼놓을 수 없다. 이것 역시 다름 아닌 근본을 잊지 말자는 뜻으로 한얼 삼신三神이 온누리와 뭇 사람들의 근본인 까닭에, 한얼 제사로써 근본 갚기(祭天報本)의 사상과 신앙에서 나온 것이다. 그 제삿날은 태백날太白日, 향산날香山日 혹은 영구날迎鼓日이라고도 불렀다.

이 같은 제사를 함경도 회령 지방에선 상산조은이(三神 좋은이)라 하며, 상산조은이는 대체로 10월 10일 이전에 지내는데, 제사를 드리기 전에는 고기 등 비린 것은 먹지 않는다. 그 의식은 상이나 혹은 선반 위에 떡 세 그릇과 쌀 세 그릇(혹은 1그릇)을 차려 두었다가, 하루 뒤에 그 상을 걷어치운다. 세낭단郎壇, 城皇壇 또는 서낭당仙郎堂, 城隍堂도 회령 지방 것을 보면 그 안에 한 개의 나무 널판 위에 반드시 조각한 삼신의 나무상木像을 꽂아 세워 두었다.[135]

이상과 같이 삼신 사상의 유풍은 오래 전부터 최근에 이르기까지, 민간에서 중요한 생활사상의 하나로 자리잡아 왔음을 알 수 있다. 그런데 앞서 인용한 최남선의 언급 가운데, '산육産育상의 삼신은 삼성三聖의 삼신과 저절로 딴 것일 것'이라 한 부분이 있다. 그러나 이 부분에 있어 필자의 생각은 다소 다르다.

최남선은 삼신의 이해에 있어 삼(三·삶)의 수리적 부분과 의미적 부분을 따로 떼어 생각하고 있는 듯 하다. 그러나 한국인의 삶과 문화를 기초

---

135 이상: ① http://www.feng-shui.pe.kr/chapter20-3-2.htm.(박시익, 『풍수지리설 발생 배경에 관한 분석연구』, 한양대 박사학위논문. ② 김무조, 『한국신화의 원형』, 정음문화사, 1988, 49~53쪽. ③ 김태곤, 『한국민간신앙연구』, 집문당, 1983, 106~152쪽. ④ 村山智順/노성환역, 『조선의 귀신』, 민음사, 1990, 139쪽. ⑤ 『브리태니커 백과사전』, 「삼신」 항에서 자료의 배열 순서대로, 인용 후 종합 요약 정리.

하고 연계 지은 여러 맥락으로부터 고려하고, 삼신의 개념과 삼신 사상 전체의 의미로서 판단할 때, 산육신과 삼신의 의미는 오히려 동일한 사유의 두 측면으로 보아야 할 것이다. 왜냐하면 생사화육의 주관신으로서의 삼신과 국조 조상신으로서의 삼신, 그리고 수리적 관계 속에 이해되는 삼신과 형이상적 원리로서의 삼신 등 삼신의 인간학적인 개념과 세계관적인 다양한 측면들은 사실상 상호 소통되고 있기 때문이다.

실존적 존재로서의 인간의 문제를 생각하면서 삶의 각 단계들을 고려해보면, 신의 육화(肉化: incarnation)와 변화(transformation)를 통하여 문제를 해결하고 어려움을 책임져 줄 자신 아닌 또 다른 존재를 희구하는 것은 당연한 일이다.

이 경우 조상신으로서 근친 관계에 있는 신보다 더 합당한 존재를 찾기는 어려울 것이다. 산육신으로서의 삼신과 국조 신앙은 이런 맥락에서 맞닿아 있나. 다만 외재적 존재로서의 산육신 개념과 내재적 원리를 표방하는 삼일신적 삼신 개념은 다소 융화되기 어려운 측면도 있다. 하지만 삼신을 생명의 근원으로 파악하는 삼신 사상에서, 산육신으로서의 삼일신과 삼일신으로서의 산육신은 결코 분리되지 않는다. 다만 외재적 절대성과 내재적 합일성, 즉 믿음이라는 신앙의 세계와 원리에 대한 이해와 실천적 앎 가운데 어느 쪽을 더욱 중시하는가의 문제만 남는 것이다.

이 경우 민간의 일반 관념은 신앙의 세계를 택함으로써 한국적 무신교의 '무'적 체계로 삼신을 받아들이게 되었던 것이라 하겠다. 이에 반해 삼일 원리에 대한 이해를 토대로 전통적 삼신의 체계를 이해해 온 흐름이 있으니, 그것은 '선', 즉 국선 낭가의 세계로 남겨져 있는 것이다. 그러나 이 경우에도 삼신 사상의 삼일론적 개념은 그 본질에 있어 '무'와 '선'의 구별을 원하지 않으며, 오히려 한국 문화 사상의 전일적 요소와 함께 일一과 다多를 융섭해 온 '한(韓·一)'의 사상적 세계관과 연결되고 있다.

그러면 이제 국선으로 이해된 삼신 사상의 생명 세계를 찾아가 보자.

2) 수련적 전통과 「선」의 세계

삼신 사상이 지닌 삼일신적 성격은 곧바로 일一과 다多의 상호 관계를 융섭하는 특징을 가진다. 이 경우 신과 인간의 관계라는 것은, 비록 그 양에 있어서는 굳이 동일하다 말하기 어려우나, 그 성질에 있어서는 동일하다는 이해를 가능케 한다. 이는 마치 인도 철학의 범아일어梵我一如사상과 같은 논리 구조를 지니는 것이다.

이 같은 논리 구조의 성격을 규명해 보면, 궁극적으로 인간은 삼신을 모신 존재라는 것을 의미하며, 삼신이 곧 일신이므로 인간은 결국 신神이라는 결론에 도달하게 된다. 그러나 그 양과 질에 있어 같다고도 할 수 없고, 또 그렇다 해서 다르다고 할 수도 없는 것이 신과 인간 그리고 만물과의 관계이다.

다만 여기서 정신의 문제와 생명의 관계를 보면, 그 청탁후박이 같지 않아서 사람과 만물의 구별이 생긴다. 이 경우 성명정性命精과 심기신心氣身이 고루 순선純善하면 사람이 되고, 이들이 투박하면 사물이 된다 함은 주자학의 태극이기론과도 그 맥락을 같이하는 것이라 하겠다. 그러나 성명정이 깃들인 심기신이 감식촉感息觸과 만나 삼진三眞과 삼망三妄으로 갈림으로써, 그 스스로 일신一神이 되는 길을 잃어버린 것이 보통의 인간 삶이라 하겠다.[136] 즉 망령됨도 셋이요, 참함도 셋인데, 이들 모두가 삶(삶)이라는 것이다.[137]

이와 같이 삼신 이론이 지닌 생명 사상의 측면에서 빼놓을 수 없는 것이 성명정과 정기신 그리고 감식촉의 세계이다. 「태백일사」는 이에 대해,

---

136 『삼일신고』, 「會三經」, 삼망, 삼도.
137 전규태, 앞의 책, 142쪽, '三은 삶을 의미'

"오직 원기가 있으니 지극히 묘한 신神이로다…하나로서 셋을 머금으니…
머문즉 있고, 느낀즉 응한다"[138]하였고, 또 "오직 하늘의 일신이…삼대三
大 삼원三圓 삼일三一의 영부靈符가 되어, 만민에 강림하여…심기신心氣身의
세계를 조성하니…영지의靈智意 삼식三識이 영각생靈覺生이 되고…형년혼形
年魂을 나타내나…감식촉感息觸으로 말미암아 세 가지 길이 갈라진다."[139]
하였다.

바로 이 대목에서 이제 삼망을 벗고 삼진을 되찾아 하늘 같은 자신의
본 모습으로 되돌아갈 것을 삼신 사상의 삼일三一은 말하고 있다. 그리하
여 삼신 사상의 가르침은 삼진귀일三眞歸一이라, 즉 세 참됨을 돌이켜 하
나에로 돌아갈 것을 말하는 것이다.

이는 결국 다르다고 알려진 여러 생명들, 즉 다多의 세계를 하나, 즉 일
一의 세계로 돌려 온전할 것을 제안하고 있다. 이것은 삼신론이 제기하는
인간의 삶과 생명에 관한 하나의 시사이다. 궁극적으로 일신으로부터 나
온 인간 존재는 삼망三妄으로 인하여 스스로 신의 일원임을 망각한다. 여
기서 분리감·이질감·방탕함으로 고통에 빠지는 것이다.

이제 이를 바로잡자면, 우선 삼망을 돌이켜 삼진으로 돌아온다. 그리
하여 삼진은 삼신에 이어지고, 또 삼신은 곧 일신一神임을 깨달아 영원한
생명의 길에 동참할 것을 제안하는 것이다. 이를 『삼일신고』는 '성통공
완性通功完'이라 하였다.

이런 측면에서 실로 삼신 사상은 단순히 믿음이라는 민간 신앙의 영역
에만 머물러 있는 것이 아니라, 본격적인 실천 수양의 원리로 등장하게

---

138 「三神五帝本紀」, "惟元之氣 至妙之神 自有 執一含三之充實光輝者 處之則存 感之則應 其來也
未有始焉者也 其往也 未有終焉者也 通於一而未形成於萬而未有."
139 「三神五帝本紀」, "惟天一神 冥冥在上 乃以三大三圓三一之爲靈符者 大降降于萬萬歲之萬萬民
一切 惟三神所造 心氣身 必須相信 未必永劫相守 靈智意三識卽爲靈覺生三魂 亦因其素以能衍
形年魂 嘗與境有所感息觸者 而眞妄相引 三途乃?"

된다. 바로 이 같은 수련·수양의 체계 속에서 풍류·배달도의 본질과 한국 '선'의 참모습으로서 삼신 사상의 성격은 드러나는 것이다.

『중용』에 이르기를, '천명지위성天命之謂性하고, 솔성지위도率性之謂道하며, 수도지위교修道之謂敎'라 하였다. 이를 통해 유교 심신 수행의 근본 교의가 나오게 된다. 곧 천명天命의 뜻을 알고 이해하기 위해서는 성性을 알아야만 한다. 여기서 하늘이 명한 바의 것, 그것은 절대 지고의 것이다. 성誠과 경敬이라는 엄숙주의는 바로 하늘에 응대하는 인간의 태도를 유도한 유가적 문화주의의 산물이다.

그러나 이 유학의 성性·도道·교敎에 대하여, 정精·기氣·신神과 감感·식息·촉觸으로 나타난 삼신 사상의 삼이란 문제는 전혀 다른 생명의 약동원리(dynamic vitalism), 즉 수리적 해석에 따른 신선 풍류의 자유주의를 던져 주고 있다.

모든 것이 일신에 속한다면서도 모든 것은 제각기 자신의 길을 간다. 상극하고 부쟁할 것도 없이, 즉 이원본적인 선악·음양의 대대본이 아니라, 온전히 순환의 끝에서 회귀하는 세계의 모습을 던져 주고 있는 것이다. 다만 『중용』의 이론과 삼신을 비교하면, 여기서는 하늘이 명命한 바의 것이 성性이 아니라, 근원적으로 부여된 것이 성이라고 하였다. 또 성性을 따르는 것이 도道라 하였으나, 성 자체에 이미 명이 있다 한다. 그리고 도를 닦는 것이 교, 즉 가르침이라 하였으나, 삼신론에서는 정을 기르라고 말한다. 달리 말하자면, 삼신론에서는 새로이 닦고 배울 것이 없다.

삼신론의 세계관을 따르면, 이에 포함된 모든 존재는 각기 성명정의 온전함을 모두 부여받아 있다. 다만 감식촉의 경계에서 어리석음으로 인하여 잘못된 선택으로 일신에서 떠났으니, 다시 돌아오기만 하면 되는 것이다. 그래서 이를 회삼귀일會三歸一, 즉 셋을 모아 하나에로 돌아감이라 한 것이다.

또한 우주론적으로 말하자면, 먼저 천일天—이 조화를 주장하여 각각의 만물이 그 성품에 통하고, 다음 지일地—의 교화에 그 사명을 안다 하였으나, 태일太—, 즉 인일人—이 치화로서 정기精氣를 고르게 하여 일신—神으로 돌아가 그 공을 완수한다 하였다. 이로써 태일을 삼신 중에서도 일신에 이르는 핵심으로 파악하였으니, 인간에 대한 지극한 가치 부여가 하늘보다도 더 높은 것으로 이해하였던 것이라 하겠다. 『태백일사』는,

사람과 만물의 태어남은 하나의 참된 근원에서 비롯한다. 성명정性命精은 삼관三關이니 관關이란 신을 지키는 요충이기 때문에 그리 이름한다. 성性은 명命을 명은 정精을 떠나지 않는다. 정은 그 가운데 있다. 심기신心氣身은 삼방三房이다 화성化成의 근원이 된다. 기氣는 마음을 마음은 기를 떠나지 않으며, 몸은 그 가운데 있다. 감식촉感息觸은 삼문三門이니 문이란 길을 가는데 항상 거쳐야 할 법이다. 느낌은 호흡을, 호흡은 느낌을 떠나지 않으니, 촉각은 그 가운데 있다. 성性은 진리眞理의 원관元關이 되고, 심心은 진신眞神의 현방玄房이 되며, 감感은 진응眞應의 묘문妙門이다. 자성自性의 이치를 궁구하면 진기眞機가 대발하고, 신에 머물러 그 마음을 구하는 가운데 진신이 크게 드러나며, 서로 응하여 느끼는 가운데 진업眞業이 크게 이루어진다.[140]

하였다. 또 "경험하는 데에는 시공時空이 있으니, 그 가운데 사람이 있다."[141]고 한다.

곧 삼신론에서는 가르침, 즉 교敎란 따로 도道를 정해 놓고 이를 따라

---

140 「三神五帝本紀」, "故曰 有眞而生有妄而滅 於是 人物之生 均是一其眞源 性命精爲三關 關爲守神之要會 性不離命 命不離性 精在其中 心氣身爲三房 房爲化成之根源 氣不離心 心不離氣 身在其中 感息觸爲三門 門爲行途之常法 感不離息 息不離感 觸在其中 性爲眞理之元關 心爲眞神之玄房 感爲眞應之妙門 究理自性 眞機大發 存神求心 眞身大現 化應相感 眞業大成."
141 「三神五帝本紀」, "所驗有時 所境有空 人在其間."

가르치는 것이 아니라는 것이다. 각각의 존재자들은 그 성性 자체에 깃들인 명命을 따라 나온다. 그리고 이 성性과 명命은 정精에 기울어져 있다. 즉 정기에 따라 성품과 천명이 변화하는 것이다. 이것은 처음 성품(性)에 따라 명과 정이 조화되고, 천명(命)에 따라 성과 정이 교화되며, 정기(精)에 따라 성과 명이 치화되는 관계를 갖고 있다.

이를 따라 심기신心氣身 또한 그렇게 아리랑과 같이 어우러지는 것이다. 삼태극三太極의 나선 원환 작용, 그것은 인간의 몸 속에서 움직여 가는 거대한 우주적 생명력으로 드러난다. 이로써 인간은 삼신의 작용을 통해 일신一神과 더불어 창조와 진화의 영원한 우주적 운동을 지속하는 것이다. 삼진三眞을 기억하고 돌이켜야 하는 이유는 바로 이와 같은 영원한 우주적 운동에 참예하기 위함이라고 말할 수 있다.

『삼일신고三一神誥』는 지감止感과 조식調息과 금촉禁觸을 이 같은 수련의 방법으로 제시하고 있다. 하지만 이의 가부에 대한 논의는 또 다른 지면을 빌어야 할 것 같으며, 여기서는 다만 삼신론은 유학에서 잘 언급하지 않는 인간 정기精氣의 문제를 다룸으로써, 그 세계관과 인생관에 대한 일정한 차이를 드러내고 있음을 지적해 두는 데 그치기로 한다.

즉 삼신론의 수련 체계는 분명 그 갈래가 유교의 것과 상이한 것이다. 실로 인간에 대한 이 같은 존재 이해는 한국 선仙의 수련 세계에 개입하는 핵심 사안을 보유·담지한 것이라고 아니할 수 없다. 다시 말해 세계와 인간을 이해하는 그 배당과 안배가 각기 달라서 제 길을 따로 주장하니, 이는 학문적 이해의 경우나 노선 투쟁의 현상과 같아서 심히 그 방향을 달리하는 현실을 또한 낳을 수밖에 없었던 것이다.

이상에서 살펴본 바와 같이 한국의 삼신 사상은 단순히 신앙적 체계로 구성되는 것이라기보다는, 일련의 수련적 세계관과 그 철학적 이론을 훨씬 더 강하게 공유하고 있다. 즉 인체의 기본 구조와 생명의 원리를 이해하는 방식에 있어 신神의 체계와 삼일의 원리가 적용된 분명한 흔적을 갖고 있는 것이다.

그것이 대표적으로 드러난 것이 삼진三眞 삼망三妄의 체계이고, 이를 보다 의학적으로 정리하고 있는 부분은 삼신오제의 세계에서 보여 준 삼오여일三五如一의 체계라고 할 수 있다. 다만 이 같은 삼신의 수련 세계를 '국선 낭가'로 규정하면, 국선의 흐름이란 결국 '삼진' '삼망'의 해석과 실천 해결에 달려 있는 것이다.

그러나 한국 고유 사상의 현세적인 특징에서 이해한다면, 삼일론의 형이상적 체계와 그 이론의 세계는 그렇게 강조되지는 않았을 것이다. 오히려 한국 문화의 여러 유형이나 과거 선랑仙郎들이 유오산수遊於山水하였다는 기록으로 파악해 볼 때, 삼신 사상의 실천 세계는 오히려 심신 수련과 생활에 있었을 것이다.

다만 이 같은 실천을 위해 삼신의 기본 외미를 이해하는 일은 수련인들에게는 선결 문제였음에 틀림없다. 결국 지식인층의 세계에서는 수련 양생의 선도仙道적 수행과 그 이론적 이해의 체계로 이어졌던 것이다. 하지만 수련과 수도가 아닌 민간의 생활 관념으로 삼신의 문화가 한민족 사회 속에 전해져 내려왔을 경우, 이는 무신교巫神敎적 신앙 관념으로 나타나게 된 것이라 하겠다.

즉 삼신의 생명 사상은 무적巫的 생활 관념과 선적仙的 수련 의식의 현실적인 두 방향으로 전화하게 된다. 그러므로 삼신 사상의 문화적 맥락은 한국 문화 속의 선仙과 무巫라는 두 가지 고유한 철학 체계의 현실적 드러남으로 이해할 수 있는 것이다. 이는 오늘 한국 사회 속에서도 일련의 국선 수행의 흐름과 함께 보다 민간의 생활 관념 속에 남겨진 삼신 신앙의 두 방향을 확인함으로써 더욱 명확해진다.

그러나 이에 관한 철학적 고찰은 그 전적의 소략함과 선입관적 배척,

이해의 부족 등으로 인하여 기존 학계에서는 거의 이루어지지 못하고 있다. 하지만 삼신론의 핵심은 실로 한민족 철학의 원초적 존재 이론을 담지하고 있는 것인 만큼, 이를 결코 소홀히 할 수는 없을 것이라 생각되는 것이다.

5. 삼신 사상의 한국 문화적 의의

1) 삼신 사상과 한민족사

한민족사에서 왕조의 시대는 분리의 시간이었다. 백성과 조정이 서로 분리되어, 조야朝野의 행사가 따로 움직인 것이다. 실로 조선 왕조의 권력 암투의 역사는 백성과 유리된 양반 사대부 계층의 자기 만족적 정치 행위로 그들만의 게임을 치러낸 시간이었다. 이것은 백성들과 조정의 상호 관계에 대해 심각한 문제를 야기하였고, 급기야 민족의 역량을 철저히 송두리째 말살하는 결과를 낳게 된 것이다.

고유한 종교요 신앙이던 한얼·삼신三神 신앙은 외래 종교인 불교와 유교가 한반도에 들어오면서, 권력층의 이데올로기로 정립되지 못하고 오로지 민간 신앙으로 남게 되었다. 즉 정치 이데올로기로 권력화한 외래 종교와 사상과는 다르게, 삼신 사상은 권력으로부터 밀려나면서 여러 사상적 압력과 멸시 속에 민간으로 흘러 들어가 민중의 신앙으로 이어져 온 것이다.

이런 의미에서 일찍이 신채호가 삼신 사상의 약화로 인하여 민족적 역량 또한 약화되었다고 언명한 이유를 찾아볼 수 있다. 그는 삼신설의 약화로 인하여 한민족의 민족적 기상이 약화되었음을 지적하고 있는데, 곧 "말한은 천신天神의 대표로, 불한은 지신地神의 대표로, 신한은 하늘보다 높고 땅보다 큰 우주 유일신의 대표로 신앙하여 오다가, …배반하고 각기 스스로 신한이라 일컬어…삼신설을 의심하였다." 또, "국력의 약화로 인하여…삼신설의 기초 위에 세운 삼한三韓이 삼신설의 파탄으로 붕괴"된 것이라 보고하는 것이다.[142]

그러면 삼신 사상의 쇠퇴라는 단순한 문제로부터, 왜 이렇게 국력이 약화되었으며 그 이유는 무엇일까. 『태백일사太白逸史』에는 "삼신은 한국에 앞서 있었다. 아버지는 죽어 삼신이 되었다. 삼신이란 영원한 생명의 근본이다."[143]라 하였다.

이를 토대로 "단군왕검은 맨 처음 나라를 세운 한밝산 아시땅白岳山阿斯達에 본갗기단, 곧 보본단報本壇으로 하고, 비로소 사람이 한얼·삼신에 제사 올렸다. 또 강화도 마니산에 제천단祭天壇인 참성단塹星壇을 쌓아서, 일체삼용의 원리를 따라 한얼 삼신께 제사를 올렸다. 이것은 한민족이 근본에 보답한다는 의미로 제천의 의식儀式을 일찍부터 거행하였다는 사실을 말해준다."[144]고 말하기도 한다.

역사적 기록으로서도 이 점은 여러 부분에서 나타나고 있으며, 앞서 말한 10월 상달의 영고, 무천, 동맹과 소도 제천의 의식, 고구려 조의皂衣 선인이나 신라 화랑과 같은 국선 낭가의 유풍과 고려 팔관회八觀會 등의 기록은 이 같은 제천과 신년맞이 등의 행사가 국가적 차원에서 장려된 것임을 알 수 있다. 그런데 국가적 차원에서 이것이 장려되고, 또 백성들이 이날 결집될 수 있었다는 사실은 고대적 시점으로 대단히 중요한 문제였을 것으로 생각된다.

매스컴이란 것이 없던 과거에 지역과 지역, 계층과 계층 사이의 갈등과 어려움은 실로 전체 국력의 우열을 결정하는 중요한 변수였다고 아니

142 『조선상고사』, 앞의 책, 108쪽.
143 「三神五帝本紀」, "三神在桓國之先 那般 死爲三神 夫三神者 永久生命之根本也 故曰 人物同出 於三神 以三神一源之祖也"
144 박시익, 앞의 논문, 같은 주소

할 수 없다. 그러나 제천보본의 의식을 거행하고, 전체 백성이 한마음 되는 일련의 행사는 그러한 갈등과 심리적인 골을 상당 부분 해소하는 순기능의 역할을 담당했을 것이다. 더욱이 국가적 차원에서 이것이 거행됨으로써 전체 백성이 참여할 수 있었다는 것은 대단히 중요한 의미를 지니지 않을 수 없다.

로마 제국의 역사에서 보듯이 콜로세움에 시민들을 모아 그들의 흰심을 사는 것은 로마의 징치인늘에게는 대단히 중요한 일이었다. 마치 월드컵에서 온 백성이 하나되는 것과 같은 축제요, 잔치를 통해 묵은 감정을 해소하는 것은 어떠한 통치 행위보다도 더욱 값진 것이었을 것이다. 바로 전국민적 역량의 표출이 이 경우에 나타나기 때문이다. 물론 파퓰러리즘은 경계해야 할 일이겠지만, 소도 제천의 의식 속에서 인기주의가 영합할 자리는 얼마 없었으리라 생각된다. 바로 이와 같이 소도蘇塗는 로마의 콜로세움과도 같은 기능을 어느 정도 기지고 있었음도 생각해 볼 수 있다.

그리고 더더욱 중요한 사실은 이때의 행사가 어느 집권층이나 특권층에 의한 것이 아니라, 전체 백성의 그것이었다는 데 있다. 즉, 삼신 숭배를 통한 보본제천의 의식은 모든 백성이 한데 어울렸다는 그 사실 자체만으로도 한민족의 역량을 한데 묶는 중요한 문화 행사였음을 이해할 수 있다. 또한 삼신 모심을 통한 사회 전체적인 축제의 공유는 민족 사회 내부 구성원들에 대해 배제함과 배제됨이 없는 참여와 합일의 의식을 잉태시켰음에 틀림없다.

이것은 타 민족과의 관계에서도 무한한 정신적 상승 효과를 낳았을 것이다. 분열된 민족과 결집된 민족의 역량에 어찌 차이가 없을 수 있겠는가. 삼신 사상은 바로 이와 같은 배제함이 없는 동참과 화합의 민족적 문화 자산을 기초한 사상이었던 것이다.

이로부터 신채호는 삼신 사상과 낭가의 정신이 쇠퇴한 것이 결국 민족적 역량의 쇠퇴로 이어진 것이라고 본 것인지도 모른다.

또 전통적인 낭가 사상에서 밝히다시피 '소도 제천, 음주가무, 유오산수遊於山水' 등의 여러 대목들은 한민족의 전통적인 선도仙道 풍류의 세계를 기초하는 것들이다. 그 근본을 생각하면서 집전한 제천보본의 의식(儀式, ritual)은 그 자체로서도 성誠과 경敬과 신信을 다하는 제사의 형태를 띤다. 특히 신라 국선 화랑도에서와 같이 한국의 전통 선법仙法들이 세상을 등지고 살아가는 것이 아니라, 언제나 재가在家에서 행해졌다는 사실은 삼신 사상과 선과의 또 다른 상호 관계를 이해할 수 있도록 한다.

난장을 넘어 질서로 질서 속의 무질서로, 개인을 위한 전체요, 전체를 위한 개인인, 그야말로 모든 이분적 질서 위에 자리잡은 일원의 세계를 지향한 세계, 그러므로 굳이 일신이라 하지 않고 삼신이라 하였고, 삼신 사상은 이 같은 민족의 단합된 힘을 기초하였던 것이다.

그리고 삼신 사상은 한민족으로 하여금 그 이치와 원리에 있어 일련의 자신감과 함께 민족적 자긍심으로 승화될 수 있는 여러 사상적 요인들을 가지고 있었다고도 할 수 있다. 그 이치란 '이도여치以道與治' '재세이화'에서와 같이 올바른 세계 이해에 관한 것이요, 자신감이란 심신의 이론이 포함하고 있는 수련과 수양의 자기 관리에 있어서의 만족감이라 할 것이다. 곧, 올바른 이치를 알고 있다는 자긍심과 심신의 넉넉함에서 오는 자신감, 이 양자의 정신세계가 고대 한민족의 영광과 같이했던 것이라 하겠다.

2) 삼일론의 문화적 의의

세계의 구성과 그 원리에 대한 탐구는 지역과 공간을 따라 각기 그 이해의 방향을 달리해 왔다. 이를 보면, 중국에서 체용론으로 이해해 온 세

계 파악의 원리는 결국 음양 대대의 이분법적 사고로 그 경향성을 마무
리했다. 이와 유사하게 서구의 발전 법칙 또한 변증법적 사고에 의한 진
보의 모델을 설정했지만, 그들 또한 부정의 변증법으로서의 모순 갈등의
구조라는 세계 이해에 머무르고 있다.

비록 최근에 있어 새로운 종류의 통합적 모델을 찾고자 하는 일련의
노력들을 발견할 수는 있으나, 본질적으로 이들은 인식의 기초가 될 주
객 이분법의 근본 양상에서 크게 벗어나지는 못할 것으로 생각된다.

이에 반해 종교적 삼위 일체론들은 또 다른 세계 이해의 준거를 마련
하고 있다. 이 같은 사유들은 세계의 운동 법칙을 대대 발전의 모델로서
보다는 순환 회귀의 완결적 시스템으로 이해하고 있는 특징을 나타내고
있다.

사실 인간의 분별지가 일체의 대상물을 나로부터 밖에 있는 존재, 즉
다름으로 파악하는 한, 대상과 주체는 분리될 수밖에 없다. 분리는 갈등
을 불러일으키고 갈등은 또 다른 분쟁을 야기시킨다. 이러한 모순 갈등
의 세계는 영원히 끝나지 않을 세상의 법칙인 것으로 여겨진 적도 있다.
그러나 분쟁의 종식이란 인류가 영원히 바라는 희망이기도 하다. 그렇다
면 근원적인 해법은 결국 분리를 넘어서는 길뿐일 것이다. 곧 분리되어
있는 세계를 자기 안에 감싸안음으로써, 분리의 시간을 끝내고 합일의
새 출발을 향한 발걸음을 재촉할 수밖에 없다.

바로 여기에 모든 것이 동일한 근원이라고 생각했기에 침략을 거부하
였고, 인간의 내재적 가치를 존중했으며, 언제나 이 땅의 한울님이 보우
하신다 믿었기에, 또 그토록 생명에의 외경을 지니고 한恨의 세월을 인고
忍苦의 미덕으로 살아 온 삼신 사상의 의의가 있다. 그러나 여기에 신바람
의 신명神明이 한 번 지피면, 세상의 모든 것을 감싸안을 만한 커다란 포
용과 용서·화해와 관용의 넉넉함을 동시적으로 지녀 온 것 또한 잊어서

는 안 될 것이다.

결국 이 모든 것이 삼신 사상의 원초적 생활 이념에 힘입은 바 크다 할 것이다. 해혹복본解惑復本이라, 미혹을 풀고 근본으로 돌아간다는 것은 삼신 사상의 핵심적 원리이다. 즉 일신과 같이한 삼신, 삼신으로 나타난 일신이란 사상은, 원래가 일─인 신과 다多로 나타난 만물들 사이의 관계가 동종 동류의 것임을 말하고 있다.

이는 인간들에게 스스로 인격적이자 신격적 자각을 요구하고, 이같이 스스로 신임을 자각한 인간, 즉 한민족에게는 선仙의 의식을 불러 일으켰던 것이다.

이를 이은봉은 "삼위 일체적 표현은 초월신을 표현하기 위한 인간 지성의 내적 구조와 긴밀히 관련…초월적 세계의 연속과 보존이 그대로 유지되어 있어야 하는 아버지…초월성을 운반하는 동반자로서의 아들…그것을 완성시키는 지상 세계의 활동자가 있어야 한다."[145]하고, 또 "상호 침투성, 초월자는 우리의 자기 이해 없이는 작용하지 않고 단지 자기 이해를 통해서만 작용한다."[146]고 하였다.

즉 인간의 사유와 심리는 감성과 이성이라는 이중적 구조로 구성되어, 현세적인 것과 초월적인 것을 구분하면서도 동시에 통합시키려는 경향을 보인다. 이때 통합의 축으로 작용하는 것은 제3의 성정이라 할 영성이라 할 것이다. 즉 자아와 초자아의 분열에 대한 전의식과 무의식의 대응인 것이다. 이같은 통합적 세계를 지향하는 정신은 한민족 문화의 내면적 가치를 규정해 온 하나의 중요한 질서 의식이다.

이 대목에서 간과할 수 없는 사실은 삼신 사상의 가장 핵심적인 내용이 바로 이 내적 통합의 길이었다는 사실이다. 여기에 선이 나타날 수 있

---

145 이은봉, 앞의 논문, 78쪽.
146 앞의 논문, 같은 쪽.

었던 문화 사상적 세계를 또한 확인할 수 있다. 『산해경』에서 동방의 청구를 일러 신선 불사의 나라라고 지칭한 것은 예사로운 일이 아니다.[147]

또 이것이 단순히 우리가 잘났다고 자랑하기 위해서 지어낸 말도 아니다. 생각하면, 삼신 사상이 그 건전성을 보유하고 있는 속에서는 적어도 스스로가 신과 같은 존재임을 자각하는 일면과 아울러, 일상 생활 속에서도 늘 신神이 스스로를 보호한다는 믿음이 동시적으로 자리하게 되는 것이다. 이와 더불어 그 같은 신에 이르기 위하여 연구되거나 상정된 여러 가지 양생 보건의 기술들, 즉 한민족 특유의 심신 수련과 호흡법 등을 개발·연구·발전·심화시켜 왔다.

또 이들은 신라 화랑의 예에서와 같이, 국선의 사상과 문화로 그 맥을 이었다. 이로부터 등장한 한국적 인간 이해의 세계가 선仙·僊과 전僅과 종倧이다. 이들은 모두 신인, 즉 사람이면서 신이고, 신이면서 사람이라는 의미를 가지고 있다. 동학 '인내천'의 교의가 하루아침에 얻어진 것이 아니라, 민족의 오랜 사유 속에 들어 있었다는 말이다. 삼신의 사상은 이 같은 인간관으로 한민족의 정신 철학과 만나고 있는 것이다.

그런데 여기서 종倧의 의미와 삼신 사상론이 갖고 있는 특징, 그리고 대종교에서 말하는 일체삼용—體三用과 삼일三—사상의 성격을 생각해 볼 필요가 있다. 『신리대전神理大典』에서는 "큰 선인의 이치라는 것은 곧 삼일三—이 그것이라."고 하였다.[148] 여기서 대종大倧의 이치가 삼일이라 한 것은, 삼일의 이치를 따라 사는 사람을 종倧이라 한다는 뜻이기도 하며, 이는 곧 선仙의 의미와도 상통한다.

즉, 이는 큰 마루와 같이 범할 수 없는 인간의 지고 지엄함을 드러낸

---

147 『山海經』, 「海外東經」; '君子國在其北…其人好讓不爭'
　　許慎, 『設文解字』 4; "東人從大 大人也 夷俗仁 仁者壽 有君子 不死之國."
148 『삼일신고』, 「神理大典」, '大倧之理, 三—而已'

것으로, 그 뜻은 지배할 수도 없고 지배되어서도 안 되는 인간의 자존과 독립을 표상하는 것이기도 하다. 그리하여 그 실천은 또한 홍익인간에 이르는 것이니, 한아버지와 '한배'가 된다 함은 나와 우리 할배가 한 몸인 것처럼 인간의 자기 자존이 곧 신이라는 의미로 드러난 것이다.

이로써 마땅히 종倧은 그 자신의 길이 있게 된다. 그리하여 민족의 위란危亂에 처하여서는 차마 어찌할 수 없음이 있다. 딱히 민족의 성명을 보존치 못하면서 멀리 인류 공영을 논함은 차마 그 말에 실함이 없는 것이요, 또 민족만을 말하여 저들을 다른 것으로 물리쳐 내버린다면 또한 그 가르침에 하자가 있는 것이니, 선과 종, 홍익인간의 큰길은 차마 감히 소홀히 할 수 없는 일이다.

이런 의미에서 대종교 중광重光의 뜻은 위란의 시기에 처하여 사그러들어가는 민족 정기와 그 경시의 풍조에 큰 일침을 놓은 것이며, 수운 이래로 삼신이 직접 그 가르침을 이 동토에 내려준 뜻과 궤를 같이하는 것이다. 또한 동학의 사인여천事人如天과 같이 생명의 살림을 목표로 하는 한민족 살림살이의 생활 이념으로 볼 때, 삼신 사상은 한민족의 생명 사상의 세계와도 그 맥락을 같이하고 있다. 이로부터 홍익이화 역시, 바로 옆·바로 앞·바로 뒤와 더 없는 위의 모든 것과 관계하여 연성하는 생명 고리의 이념을 드러내는 것이다. 생명 있는 모든 것이 신, 즉 한배검과 하나로 있다.

그러나 이 같은 일체삼용이나 삼일 사상의 철학적 근저에 관한 논의가 민족 사상의 근간이라 할 수 있음에도 불구하고, 대종大倧의 단군 사상 관계 논의가 종교적이거나 신념적인 민족주의로 오해되는 데서 비롯하는 숱한 문제점들이 여기에 존재하기도 한다.

단군 민족주의라는 말을 사용하는 경우가 있음도 보거니와, 사실 민족주의를 오늘 이해하고 있는 일련의 정치 사회학적 개념으로만 한정해서 말한다면 단군 민족주의라는 개념은 그 정확한 철학적 이해를 가져다 줄 수 없다고 본다. 단군 사상의 핵심은 홍익인간이라는 전체 세계 보편주의 내지 사해동포주의에 입각해 있음에 반해,[149] 오늘의 민족주의란 개념은 본질적으로 지역적·혈통적·사회적 집단주의의 의미를 다분히 내포하고 있기 때문이다.

또한 단군 민족주의란 개념도 그 말이나 의미 자체가 맞지 않는 것이다. 홍익이화로 천하 만민과 여민동락與民同樂함을 그 뜻으로 삼았던 큰 벗님 한배님과 사소한 방역邦域의 무리들의 만남으로 이루어진 민족적 집단주의를 동일한 궤 속에서 이해하기는 어렵기 때문이다. 다만 민족의 개념을 단순히 확대하는 선에서가 아니라 민족주의의 국제 관계학적 함의를 원용한다면, 단군 민족주의는 비로소 그 정당한 개념을 가진다고 할 것이다.

물론 이 경우, 민족주의의 국제 관계학이라고 하는 것은 똘레랑스, 즉 관용과 화해를 기반으로 한 상호 인정의 이념으로 이해해야 한다. 즉 각 민족의 문화적 가치를 승인하고, 다양한 문화적 양태와 존재론적 가치를 인식함으로써, 전체 인류의 문화유산과 자산을 무시하지 않음을 의미하는 것이다. 여기에는 삶의 패턴과 각 개인의 자각적 결단을 고양하는 일체의 정신문화적 상호 승인과 가치 인식의 세계를 필요로 한다.

일체의 폭력과 테러의 현실로부터 벗어나기 위한 합의의 세계를 필요로 하고, 힘에 의한 상대적 억압의 세계를 거부한다. 아나키즘에서 말하는 것과 같이 어떠한 종류의 억압도 폭력일 뿐이다.[150] 강제와 강제에 의한, 자발적 인식에 기초하지 않은 어떤 행위의 비자발적 도출 또한 마찬

---

149 여기서 세계 보편이나 사해동포를, 단순히 global 체제에서의 cosmopolitanism 이해해서는 안 된다. 근본적으로 삼신 사상의 체계는 '팍스 로마나' 나 '팍스 아메리카' 를 지향하는 것이 아니다.

150 엠마 골드만/김시완, 『저주받은 아나키즘』, 우물이 있는 집; 서울, 2001.

가지다.

삼신론과 결부하여 말할 수 있는 사실은 결국 신인, 즉 선仙으로서의 인간의 자기 모습에 대한 자각과 정체성의 인식 문제이다.

선仙은 결코 사람을 함부로 다룰 수 있는 존재가 아님을 보여 준다. 인간이 인격적으로 대우 받아야 한다는 고전적 유럽 철학의 언명처럼, 한민족의 삼신론과 이에 연계된 선적 의식은 본질적으로 인간의 신격성을 기초함으로써 스스로의 자긍심과 자신감을 길러 왔다. 실로 삼신 사상은 한민족의 원형적 의식 속에 자리잡음으로써, 결코 강제되지 않는 자각적 이해의 정신문화를 발현시켜 왔던 것이다.

그러므로 세상에서 가장 지배하기 어려운, 아니 지배 자체가 불가능한 유전적 인자를 한민족은 자체 내에 보유하고 있다. 바로 이 같은 인자를 배태시킨 삼신 사상은 한민족 사회 내에 인간 존재의 거룩함을 고양시키고 또 그 정신의 위대성을 갈무리해 왔던 것이다.

6. 삼신, 민족의 고향

삼신 사상은 외재적 산육신과 내재적 삼일신, 또한 삼신의 개념 속에서 내재하면서도 외재하고, 외재하면서도 내재하는 상호 관계를 민족 문화 속에 형성시켜 왔다. 다만 이것이 민간에 뿌리박아 내려올 때, 그것은 한국 민간의 무속적인 무신교巫神敎로 발전하였고, 전통 사상의 이론적 체계 속에서는 선仙의 수련적 세계로 발전해 왔다.

다시 말해 무신교적 삼신론이 산육신의 의미를 강화해 오는 동안, 존재론적 삼일신의 의미는 수련적 선의 세계를 형성해 온 것이다. '무'나 '선'은 그런 의미에서 동일한 근원의 두 갈래 지평이기도 하였다. 하지만 그것이 전체적인 한국 문화형과 사유 속에서는 동일하게 하나의 생활 의

식이자, 신념 체계인 '한韓··─'의 철학, '한민족의 사상'으로 자리잡아 온
것이다.

최남선은 일찍이 삼신에 대해 다음과 같이 설명한 바 있다.

"조선과 동일한 문화 계통에 속하는 동東 급及 동북東北 아시아의 여러
민족간에 있는 고대 신앙을 살펴보건대, 천주의 어느 자손이 역내에 있
는 대표적 산악에 진좌鎭坐해 있어 그 주민의 생사 화복을 관장하니 우리
의 생은 곧 그리로서 인간으로 출래出來함이요, 사死는 인간으로서 그리로
귀환歸還함이라 하며, 그 신산神山은 우리 생명의 고향이라 하였다. 조선
에서 생을 난다 사를 돌아간다 함은 이 원시 철학의 표상어이다." [151]

또, 『태백일사』에서는 "삼신이 하늘을 생하고 만물을 지어 내니, 한인
이 사람을 가르쳐 의로움을 세우고, 이로부터 자손 대대로 현묘한 도를
얻고 광명이세의 세상을 열었다. 천지인 삼극이 이미 서니…구환九桓의
예악禮樂이 옛날 삼신께 제사 드리던 풍속에서 나오지 않음이 없다." [152]라
고 했다.

이 같은 언급들은 결국 삼신 사상의 세계가 한민족 사회 내에서는 지
극히 오래되고, 또 보편적 인간 심성의 근저에 자리잡고 있음을 의미하
는 것이다. 그러나 삼신 사상은 민간 신앙화한 이후, 이론적 접근은 거의
이루어지지 못한 채 단순한 민간의 속신 정도로 이해되어 왔다. 더욱이
종교학적이거나 형이상학적인 접근조차도 신에 대한 일반의 편견과 오
해로 인하여, 정당한 해석의 가능성을 상실한 채 오늘에 이르고 있다.

하지만 삼신 사상과 그 문화는 단순히 종교적 신앙으로만 존재해 온
것이 아니다. 여기에는 세계에 대한 풍부한 지식과 지혜의 길을 담지하

151 앞의 책, 「조선상식문답」.
152 「三神五帝本紀」, "竊想 三神生天造物 桓因敎人立義 自是子孫相傳 玄妙得道 光明理世 旣有天
地人三極 大圓一之爲 庶物原義則天下九桓之禮樂 豈不在於 三神古祭之俗乎."

면서, 동시적으로 자연과 하나되는 자기 수련과 수양의 가치를 고양시켜
왔던 삶의 문화 실천적인 가르침이 있었던 것이다.

본질적으로 삼신 사상의 세계에는 동아시아 전반에 걸친 문화사적 보
편성에 대한 검토로부터 접근하지 않으면 곤란한 많은 문제들이 개입되
어 있다. 이는 철학적으로는 세계의 운동과 존재 양태 및 천지의 개벽적
전개에 따른 근원적 이해라는 광범위한 영역을 자기 성격의 내부에 포함
하는 것이다. 또 다른 측면에서 이는 삼신의 의미 규정 및 그 현실적 변
용과 민속학적 부문에 이르기까지, 다양한 논의를 가능케 하는 내용들로
가득 차 있다. 더욱이 이것이 민족 사상의 중추라 할 단군신화의 개벽적
상황과 맞물려 있음으로 하여, 그 문화 해석의 세계는 실로 한국학 전반
의 근저로 작용하고 있다 하여도 크게 틀리지는 않을 것이다.

가치론의 입장에서, 인간 가치의 삶과 인격적 보편성을 확보하기 위한
논리적 요청을 따르기 위해서라도 신은 필요하다고 말할 수 있다. 이 경
우 신과 인간의 문제는 영원한 철학적 물음으로 남겨져 있고, 이에 대한
답을 찾아서 무수한 삶이 진행되어 왔다. 하지만 불변의 진리란 아직도
존재하지 않으며 누구나 나름대로의 길을 가고 또 가는 것이다. 삼신은
이 같은 의문에 대한 한민족의 대응이었다고도 할 수 있다.

생명이란 오고 또 오고, 가고 또 가며, 돌고 또 도는 것이다. 그렇게 신
적인 우주는 스스로의 운동을 스스로 전개해 간다. 마치 새 하늘 새 땅이
열리듯, 개벽의 자기 운동은 결코 일회적이지 않은 영원의 몸부림으로
계속할 것이며, 그 속에서 천·지·인의 운동·인식·가치는 계속될 것이
다. 삼신은 이 같은 가고 옴의 세계 전체를 기초하는 수리적 관계이면서,
신의 속성을 설명한 최선의 방식일 수도 있다. 그리고 음운론적으로도
우리 말 삼의 상징성은 그 의미상에 있어서는 삼과 삶의 의미와 함께,

shaman의 어근으로 신의神意의 대행자란 의미도 지닌다.[153]

이로부터 삼신은 생명과 삶의 문제를 주관하는 존재임과 동시에, 한민족은 인간 존재의 신적 속성에 대한 믿음을 신봉해 왔음을 또한 유추해 볼 수 있다. 곧 삼신 사상은 한국적 존재론의 사유 특징을 지니고, 그로써 실천·생활하고자 한 한민족 신앙의 문화 사상적 기반으로 작용해 왔던 것이다. 이 경우 삼신은 모든 생명의 본체이자 인간 존재의 목적을 위한 현실적 작용의 근저로 기능하고 있다.

일신—神으로부터의 유출과 삼신三神의 조화라는 상호 작용으로 나온 인간의 가치는 신적인 성스러움에 있다. 배워야 할 새로운 것은 아무 것도 없으며, 단지 다시 기억하기만 하면 된다.

신의 조화로 지상에 나온 한민족들은 그 정신세계의 가치를 따라 스스로 신적인 이해를 비롯하고 있었던 것이다. 이것이 국선 사상, 즉 선과 연결되는 것임은 말할 것도 없다. 그리고 이제 새롭게 신의 세계와 삼신의 이해가 필요하다고 생각되는 것은 방향을 잃어버린 듯한 인류 문명의 현실에서, 바로 이 같은 신인류新人類의 도래와 함께 인간 생명 원리의 회복을 요구받고 있기 때문이다.

한국 사상의 현실과 가능성, 그 위에 자리하고 있는 삼신 사상의 이해를 통해 잊혀져 온 인간의 자기 가치를 회복하고, 홍익 이화의 인간 세상이 도래하는 그날을 꿈꾸어 본다. 그리고 삼신 사상에 관한 철학적 존재론과 인식론의 세계를 이해함으로써, 삼신과 한민족 문화 사상에 관한 새로운 지평을 열어갈 것을 일단 제안해 둔다.

---

153 최광열, 『韓民族史와 思想의 源流』, 사사연, 1987, 206쪽.

제4장 한국 도교와 「선」의 생명 철학

1. 죽음이란 무엇인가?

삶과 죽음, 이로부터 자유로운 사람이 있을까? 하지만 우리 모두는 이로부터의 탈출을 꿈꾼다. 하지만 죽음이란 삶을 획득한 인간 존재로서는 피할 수 없는 숙명처럼 반드시 맞이해야만 하는 사건이다. 그러나 이 사건은 지금까지의 모든 존재와 운동의 제 양상들을 전면적으로 변형시켜 버린다는 데 있어, 다른 어떤 종류의 사건들과도 그 성격을 달리한다.

이러한 죽음에 관해, "죽음이란 보편적인 인간 현상으로 어느 공동체나 체험하는 사자死者와의 완전한 단절을 말한다."라고 하기도 한다. 하지만 보편적 사건으로서의 죽음을 해석하는 방식에 따라, 숱한 문화와 사상이 형성되고 또한 사라져 갔다. 그러므로 한국인의 죽음관이라는 하나의 사안을 이해하기 위해서는 어쩌면 그 문화와 사상의 전반적이고도 전체적인 양상들을 검토하는 것이 필요하다.

그러나 이러한 작업은 분량과 깊이에 있어 만만히 해결할 수 있는 성질의 것이 아니다. 그렇기에 여기서는 대표적으로 이해되는 몇 가지 점만을 검토 대상으로 삼고, 특수한 성격으로서의 한국 도교 문화에 집중하여 그 죽음관을 정리해 보기로 한다.

먼저 죽음에 관한 일반적인 측면들을 살펴본다. 고대 메소포타미아인들은 죽음을 실질적으로 삶의 끝이라 하여 그 세계를 Arallu(히브리어: She'ol)라 하였는데, 이는 먼지를 먹는 어두운 지하 세계란 뜻이라고 한다. 또 길가메시 서사시와 결부하여, 그들은 죽음을 '신들이 결정한 인간의 운명'으로 받아들였다. 이집트에선 오시리스(Osiris)의 죽음 속에서 인간도 죽음을 통해서만 영원한 생명을 얻을 수 있다고 믿었다. 죽음의 왕국에 재생한다는 이들의 관념은 미라를 만들었고, 사자死者의 심장은 질서(maat), 곧 진리의 여신을 상징하는 깃털과 함께 저울에 달려 판결된다고 보았다. 여기서 죽음이란 하나의 전환기로 이해되었으며, 이는 윤리적인 도덕성과 결부된 것이기도 하다. 따라서 이집트의 죽음관은 다른 의미로 죽음에 대한 종교적 해석의 전형적 성격을 보여 준다 하겠다.

짜라투스트라와 페르샤, 그들에게서 죽음관은 특이한 성격으로 나타난다. 선신善神 아후라마즈다에 의하여 창조된 인간은 본래 완전한 상태로 만들어졌고, 영원한 생명을 누리도록 되어 있었다. 하지만 악신惡神 앙그라메뉴의 침입으로 죽음이 인간의 역사 속에 들어왔다. 그렇기 때문에 그들은 악이 극복될 때에 죽음도 극복되리라고 믿었다. 그리하여 세상 마지막 날, 구세주(Saoshyan)의 구원을 사람들은 받아들일 수 있게 된다고 믿는다. 결국 그들은 죽음 후의 심판을 최초로 가장 명료하게 제시한 셈이 되었다.

힌두에서는 영원한 생명과 '참된 나'의 개념을 가진다. 그들은 삶을 생사의 윤회로부터 벗어나 불사에로의 변혁과 해탈할 수 있는 기회로 보고 있다. 그래서 그들은 말한다. "헌 옷을 벗어 버리고 다른 새 옷을 입듯이,

육신의 소유주도 낡은 몸들을 벗어 버리고 새로운 몸들로 옮겨간다."[154] 역사 순환론적인 사유가 개입된 이 같은 이해 속에서, 그들은 불생의 아트만과 불사의 두려움 없는 브라흐만을 따르는 종교와 일상이 결합된 철학과 문화를 생성시키고 또 말하고 있다.

중국에서는 조상신 개념과 천명 그리고 가족 단위의 공과功過 사상을 발전시켰다고 하며, 초기에는 죽음 후의 심판 사상을 지니고 있지는 않았다고 알려져 있다. 그러나 불교의 유입 이후 중국에서의 죽음관은 상당한 변천을 겪은 것을 확인할 수 있다.

이상에서 열거된 죽음관들을 정리해 보면 크게 셋으로 나눌 수 있다. 그것은 곧,

1. 죽음을 신들이 결정한 인간의 운명으로 이해하고

2. 조상신으로서 상제의 좌우에 좌정하거나, 죽음의 왕국에서 영생을 얻는, 그리고

3. 선악에 따라 죽음 후 심판을 받는다는 사상 등이 그것이다.

그런데, 이 외에 죽음에 관한 또 다른 흥미 있는 언급들이 있다.

그것은 셀레베스 섬의 알푸루족에게서 볼 수 있는데, 그들은 신이 하늘에서 내려준 돌과 바나나 중에 인간이 식품으로 바나나를 골랐기 때문에 생명이 정해지게 되었다고 믿고 있다. 또 멜라네시아와 아프리카에는 신령의 메시지가 잘못 전달되었다는 신화가 전해오고 있다. 곧 부시먼족의 경우, 달이 토끼에게 "내가 죽어도 되살아나듯이 사람도 죽었다가 다시 살아날 것이다."라고 사람들에게 전하라고 하였는데, 토끼가 "사람은 죽으면 다시 살아나지 못할 것이다."라고 잘못 전했기 때문에 생명이 정

해졌다는 것이다.

결국 우리들 모두, 인간이라면 언젠가는 직접 경험하게 될 죽음 그리고 단절의 체험과 그 해석의 체계, 일련의 죽음관은 이 같은 구조 속에서 형성되고 해석되어 왔다. 동일하게 모든 인간에게 일어날 하나의 사건이 숱한 해석의 체계 안에서 서로 다른 문화와 철학의 이념을 잉태시킨 것이다.

한국 문화의 제 양상 속에도 이러한 죽음의 의미를 이해하고 해석하고자 하는 수많은 시도들이 있어 왔다. 이런 가운데 한국 민족 문화 속의 가장 본질적인 죽음의 이해는 그 자연성과 근원성 그리고 토착성에 있어 역시 민간적이거나 무속적인 것에 가장 여실히 드러나 있는 것이 아닌가 한다. 따라서 이 부분에 대한 연구가 선행되어야 할 것으로 여겨진다.

그럼에도 불구하고 오늘 한국 현대 사회는 일반적인 서구 문화의 경향을 따른 기독교적인 것과 불교적 죽음관, 그리고 유교적 상장례喪葬禮가 그 대종을 이루고 있는 것처럼 보인다. 하지만 사회의 내면을 들여다보면, 이와는 전혀 다른 숱한 죽음에의 해석이 존재하고 있음을 확인할 수 있다. 이것은 다른 의미로 그만큼 무수한 문화들이 한국 민족 문화사의 과정 가운데 유입·습합襲合되고, 동시에 이를 통해 삶의 의미를 이해하려는 일련의 시도들이 끊임없이 있어 왔음을 말해 주는 것이다.

간단히 한국인의 일생을 희화적으로 본다면, 태어나는 과정에서는 삼칠일·백일과 같은 민간적·무속적 사유로서의 통과 의례를 시행하고, 성인식과 결혼의 과정은 대체로 서구 기독교의 방식으로 진행하며, 제사와 일상의 행위 규범에서는 유가적인 철학의 영향 아래 그 삶을 영위하고 있다. 그러면서도 최종적인 장사葬事의 의례에는 불교적이고도 유교적이며, 민간적이고도 도교적인 제 유형을 혼합한 상태, 즉 외래적인 것과 고유함이 뒤섞인 제의로서 진행되고 있음을 확인할 수 있다.

이 같은 문화사적인 과정 속에서 한국인의 자기 의식 또한 매우 다양한 형태로 그들의 생활 문화와 삶을 형성해 왔다. 그러면 이러한 한국 생활 문화의 형성에는 과연 어떠한 의식이 그 주된 기반으로 자리잡아 왔으며, 그 삶의 질과 죽음에 대한 이해는 한국 문화 속에서 어떠한 상호 관련을 지니며 나타나고 있을까.

이는 글에서 다루고자 하는 일련의 대전제로서의 문제의식이다. 하지만 이미 언급한 것과 같이 여기서 이같이 다양한 여러 분야에 걸친 방대한 분량의 문제를 세부적이고도 종합적으로 다룰 수는 없다. 따라서 본 글은 우선 도교를 중심으로 한 죽음의 문제를 다루고자 하며, 이를 위해 문제의 초점을 최대한 축약하여 한국 도교 문화에 집중해 보고자 한다.

이는 – 일련의 죽음에 관한 의식이 그 삶의 성격, 즉 문화까지를 역으로 규정한다는 점에서 – 한국 도교를 이해하는 데 있어서도 대단히 의미 있는 작업이 되리라고 생각한다. 다만 이 같은 도교 문화와 한국인의 죽음관에 관한 본격적인 논의에 앞서 – 한국 문화의 자체 성격과 그 죽음관을 보다 명확히 하기 위해 – 약간의 선결적 이해를 필요로 한다.

그것은 대략 다음과 같은 갈래로 구분 지어 볼 수 있다.

첫째, 도가 철학과 도교 사상에 관한 상호 이해 및 그 죽음관,

둘째, 중국 도교의 죽음관과 한국 도교의 죽음관,

그리고, 한국에서의 도교가 민간 사상과 무속에 끼친 영향으로서의 죽음관, 즉 도교와 한국 문화의 상호 관계 등이 그것이다.

다시 말해, '도교 문화와 한국인의 죽음관'이라는 문제에 접근하기 위해서는 위에 제기된 일련의 문제에 대한 분석을 먼저 필요로 한다는 것이다. 왜냐하면 일반적으로 알려져 있는 것과 달리 도교란 도가 철학과 상당한 차별성을 내포하고 있고, 동시에 한국의 도교와 중국의 도교는 또한 다르기 때문이다. 더욱이 도교만을 문제 삼아 추적해 들어간다 하

더라도, 이것이 갖는 특성이 민간적이거나 무속적인 것과 대단히 유사한 상태로 습합·전승되어 왔다는 점을 또한 고려하지 않을 수 없다.

그러나 그 분량과 내용 또한 사실상 대단히 광범위한 영역을 포함하고 있고, 미묘한 대목에서 여러 가지 복잡한 문제 해결을 요구하고 있다. 따라서 위에 제기한 내용들마저도 그 모두를 세세하게 전면적으로 다루기는 어렵다고 생각된다. 하지만 이 글에서는 비록 간략하게나마 도교, 도가, 한국 문화 등의 세계를 조금씩이라도 비교·고찰해 보고자 한다. 그리고 무속의 죽음관은 한국 민간에 자생적으로 형성되고 전승되어 내려오면서 가장 본질적이고도 한국적인 죽음관으로 기능하고 있다. 이런 점에서 그 문화 철학적 중요성은 보다 크다고 사료된다. 또 한국 도교와 무속은 상호간에 있어 대단히 밀접한 관련성을 갖고 있기도 하다. 이는 마치 중국에서 도교가 민간 신앙으로 기능하고 있는 측면과도 유사하다 할 것이다. 따라서 죽음관에 관한 도교와 무속, 이 양자간의 상호 이해는 한국 생활 문화의 본질적 성격을 탐색하는 중요한 부분이 된다 하여도 과언이 아니다.

이에 전체적으로 글은 한국 문화 속의 도교와 그 의미를 먼저 이해하고, 다음으로 한국 도교와 무속의 죽음관은 어떻게 상호 영향을 주고받으며 형성되어 왔는가를 중심으로 하여 여러 해석학적 문제들을 한국 문화 이해의 측면에서 확인·정리해 보고자 한다.

2. 한국 도교의 이해

한국 도교는 근본적으로 자생적인 기초를 가지고 있다. 달리 말해 한국 도교는 반드시 중국의 영향 아래 형성된 것이 아니다. 그럼에도 불구하고 한자 문화권의 영향 아래 형성된 한국 문화와 그 역사라는 왜곡된 시각에 의해, 한국 도교마저도 중국에서 전래된 외래적인 중국 도교 또는 도가 철학의 영향하에 발생·성장해 온 것으로 오인되고 있는 경우를 흔히 본다.

이는 아마도 한국 도교 문화에 대한 지금까지의 이해와 분석이 느슨했던 데 더하여, 한국 도교가 갖는 여러 성격들이 학계에서 보다 명증적으로 드러나지 못한 데서 주로 기인하는 것 같다. 이에 여기서는 먼저 한국 도교 문화라는 개념이 갖는 함의含意, 즉 내포와 외연을 우선적으로 검토해 둔다. 이를 위해 우선적으로 도교와 도가의 각 세계를 확인해 두고, 다음으로 한국 문화 속에 자생한 한국 도교의 선적 세계를 밝혀 봄으로써, 그 각각의 개념을 우선 이해해 보고자 한다.

한국 문화사를 살펴보면, 이 땅에는 원래 도와 신명이 충만하였고 자체적인 문화의 창달과 전승이 번성했던 것이 여러 영역에서 확인된다. 그러나 중국과의 오랜 문화적 교류 아래 이루어진 접변을 통해, 자생적인 많은 부분들이 더 이상 자기적이지 못하고 외래적인 것으로 왜곡된 경우가 많다.

특히 문화 사상사적인 측면에서 그 대표적인 것이 바로 도교에 관한 문제일 것이다. 우선 도교의 전래 시기를 보면, 공식적으로는 고구려 영류왕 때 당나라에서 도사道士와 도교의 경전들이 들어온 것으로 기록되어 있다.[155] 하지만 그 이전에도 우리나라에는 이와 유사한 종류의 사상들이 있었다는 사실이 여러 측면에서 확인되고 있는데, 대표적으로 「난랑비서」의 풍류風流·현묘지도玄妙之道와 「광개토대왕비」의 기록 등이 이를 증명하고 있다.

따라서 한국 도교를 말하자면, 우선 이에 대한 명확한 이해가 먼저 있

---

155 『三國史記』 高句麗本紀 권8, 建武王條: 『三國遺事』 권3 寶藏奉老條: 『舊唐書』 東夷傳.

어야 한다. 더불어 도교를 말할 경우, 이것이 도가 철학과 다른 그 무엇이라는 사실 또한 빼놓을 수 없다. 즉 도교와 도가는 서로 다른 사상이며, 한국과 중국의 그것 또한 상이하다는 기본적인 이해는 한국 도교를 이해하는 데도 필수적인 사항이다.

특히 한국 도교는 자생적 기원과 더불어, 중국에서의 도교가 전래되고 난 이후 이와의 습합, 민간 사상으로서의 무속과의 관계 그리고 불교와의 만남 등을 통해 복잡하고도 독특한 양상을 띠면서 전개되어 왔다. 이같이 잡다하기까지 한 다양성의 측면에서, 한국 도교의 연구에 있어서도 많은 갈래와 이견이 생기고 있음을 볼 수 있다.[156]

하지만 도교의 중국적 경향과 한국적 경향성의 차이, 또 노자와 장자로 대표되는 중국 도가 철학과 도교 사상 그리고 전통적인 한국 신선 낭가, 즉 국선의 흐름 속에 내려온 한국 도교의 세계에는 각기 엄연한 차이가 존재한다는 사실은 분명하다. 그래서 한국 도교의 죽음관을 파악하기 이전에 먼저 밝혀 두어야 할 것은, 바로 이 중국과 한국의 사상적·문화적 차이에 대한 일반 이해이다.

1) 도교 사상과 도가 철학

근본적으로 도가와 도교는 다르다. 그 기원부터가 다르고 성격 또한 다르다는 말이다. 그래서 중국에서도 도가道家를 일련의 학문으로서의 철학이라 규정한다면, 도교道敎는 오히려 민간 생활에서의 종교로 기능하고 있는 측면이 강하다. 동시에 이러한 종교로서의 도교는 중국에서는 특히 크게 성행한 바 있다. 하지만 한국에서는 일부 궁중의 초례청사醮禮靑詞나 수경신守庚申 습속을 제외하고 나면, 민간에서는 크게 드러난 바가 없다.

---

156 윤찬원, 『도교철학의 이해』, 돌베개; 서울, 1998, 20쪽.

중국 도교사를 보면, 도교는 처음 민간의 자연 신앙적 생활 관념을 기초로 하여 출발하고 있다. 치병과 기복의 신앙이었던 것이다. 그러던 것이 점차 세계 이해의 관념을 확대하면서 교리적으로 도가의 철학들을 그 기초에 근거시키게 된다. 이로써 도가 철학적인 관념을 교리의 바탕에 깔면서 도를 최상위에 두고, 다시 도의 편재성遍在性에 의지하여 모든 인간사에 걸쳐 나타나는 신이神異한 신비 관념들을 제신諸神의 작용에 배당시키며, 이후 이에 대한 신앙을 끌어 모음으로써, 도와 신들에 의지한 종교 사상이라는 특징적인 형태로 자리잡은 것이다.

또 중국 도교는 처음 발생한 이후, 그 역사적 전개 과정을 통해 이론적으로는 유·불·도 및 제자백가의 합리적 사상들을 무차별적으로 수용하고, 음양오행과 귀신·혼백 등의 잡다한 이론들을 모두 받아들이면서 자기의 교리 기반으로 삼게 되었다. 이런 가운데 현실 실천의 측면에서는 주술적 행위를 토대로 한 의례적이고도 타력적인 종교 신앙의 형태를 주로 가지게 된다.

따라서 도교란 그야말로 잡다하고도 종합적이면서 다양한 성격을 지닌 중국의 종교 사상이라 할 것이고, 도교성이란 결국 사상적인 다양함과 잡유雜有적인 혼잡함의 특성을 의미하는 것으로 이해되고 있다.

중국에서의 도교란 그 사유의 정점에 대개 신선 불사의 관념을 상정하고 있다. 여기에 도가 철학으로부터 차용한 도의 근원성과 우주론적 이론을 제기하여, 현세의 복락을 제신께 빌고 이로부터 보답받는다는 일정한 주술적 이해와 종교 형식을 가지는 것이다. 곧 금단도金丹道라 하여 외단外丹을 중심으로 제 방술方術을 사용하여 신선이 되는 것이 그 첫째 가는 도교의 목적이자 내용이라 할 것이요, 다음으로 이를 관장하는 제신들을 봉위奉威하여 이로부터 자기의 허물을 빌고 죄를 사해 받아 좋은 과보를 얻고자 하는 사과신司過神적인 타력적 속신의 형식을 갖는 것이다.

이로부터 일단의 중국적 무교巫敎를 곧 도교라 하여도 과히 틀린 말은 아니다. 다만 도교는 다시금 도가의 철학적 원리를 저변에 자리잡게 함으로써, 그 철학적 요소를 통해 일반 신자들의 무욕無慾·무위無爲·청정 자연 사상을 강조하게 된다. 그리하여 나름대로 도에 대한 해명과 그 세계관적인 이해를 보이는 것이다.

따라서 도교 사상을 알기 위해서는 도가 철학의 세계를 먼저 이해해야 함은 물론이다. 다만 이런 중에도 도가가 철학적·이론적인 데 반해, 도교는 종교로 기능함으로써 후일 중국 민중의 신앙 세계를 담낭하였던 점을 기억할 필요가 있다.

도교에서의 기본정신은 『도장道藏』, 즉 『일체도경一切道經』으로도 불리는 도교의 전적典籍에서 우선 먼저 확인할 수 있다. 『도장』은 삼통三洞, '즉 통진洞眞·상청上淸, 통현洞玄·영보靈寶, 통신洞神·삼황三皇의 중심적인 내용'의 셋과 사보四輔, '즉 태현太玄·통진洞眞·도덕경道德經, 태평太平·통현洞玄·태평경太平經, 태청太淸·통신洞神·금단서金丹書, 정일부(正一部: 삼통과 삼태를 관통하고 삼승을 두루 편 것)'의 넷으로, 삼통 전체·오두미도五斗米道의 경전으로 구성된다.

『도장』의 구성은 기본적으로 신계神界의 위격적 질서와 구조를 표방하는 것으로 알려져 있다. 그러나 이 같은 신神의 위격位格도 시기가 지나면서 신들이 가감되기도 하고, 또 그 성격들이 복잡다단해지면서 정리하기조차 어려운 혼돈상을 보이게 된다. 이와 같이 신들마저도 혼동되면서, 도교적 잡다성이라는 또 다른 의미가 도교 문화 속에 덧붙여지게 되는 것이다.

일반적으로 중국에서 도교라고 할 때, 이는 양재기복禳災祈福을 위해 도사가 중심이 되어 의식을 집전執典하는 과의도교科儀道敎를 의미하며, 그 기원은 대개 오두미도로 보고 있다.[157] 여기에는 공과격功過格과 수경신守

庚申 등의 사상과 의례가 들어 있어, 이로써 개인의 수명이 가감된다고 하는 일련의 사과신적 사상이 전해져 온다. 이런 의미에서 중국의 과의도교는 신계의 의미와 그 위계를 질서 지우면서 등장한, 도가 취향의 중국 민간 신앙 체계라 달리 부를 만한 것이다.

여기에 더하여 중국 도교는 그 전개 과정에서 조직적으로 신도들의 재산을 통합·관리함으로써, 일정하게 교단의 부를 축적시켜 나간 것이기도 하다. 따라서 중국의 도교란 근본적으로 교단 중심의 과의도교를 지칭하며, 이는 다시 중국의 주요한 민간 신앙으로 자리잡은 것이기도 하다.

이런 중국 도교에 비해 한국 도교는 그 양상이 사뭇 다르다. 한국 도교 사상은 기본적으로 신화적인 고대 사유의 사상성, 즉 선仙의 의식을 파악하고 체계화하며 등장함으로써 그 기원부터가 다른 것이다. 이는 이후 중국 도교의 유입을 맞이하여 상호 동일시와 차별화의 혼란한 과정을 겪기도 했지만, 어떤 경우에도 엄연한 한국의 사상으로 이해되어야 한다.

2) 한국 도교의 발생과 그 성격

한국 도교의 세계는 원칙적으로 삼교 사상의 전래 이전에 갖추어진, 인간 심성의 정감적 이해라는 보다 본질적이고 한국적인 요소에서 찾아진다. 이미 고운이 '국유현묘지도國有玄妙之道 왈풍류曰風流'(「난랑비서」)라고 언급하였거니와, 〈광개토대왕비〉에 보면 고구려의 시조 동명왕이 승천할 때 그 아들에게 "세상을 도로써 다스리라以道與治"고 하였고, 〈진흥왕순수비〉에도 순종順從과 세도勢道를 말하여 "나라의 정치를 도로써 다스리라"고 하였으니,[158] 일찍부터 이 땅에는 도라 불렸던 어떤 사상적 내용이 있

---

157 최초의 도교 교단을 五斗米道가 아니라 太平道로 보는 시각도 있는데, 그 대표적인 사람은 일본의 窪德忠일 것이다. 그는 역사적 사실로 干吉를 내세우면서 태평도가 최초의 교단이라고 보고 있다.(窪德忠/최준식, 『道敎史』, 분도출판사, 왜관, 1990, 121-134쪽)

158 柳承國, 『韓國思想과 現代』, 동방학술연구; 서울, 1988, 313쪽.

었음이 분명하다.

이에 대해 유승국은 일찍이 이를 제천 의식과 조상 숭배 관념이라 하고 이것이 인간 존중 사상으로 연결된다 하였으며, 김형효는 일관되게 풍류 또는 풍월도風月道를 주장하여 이것이 낭가 사상으로서의 신바람 기질과 중정中正의 정신이라고 파악하고 있다.[159]

그런데 이 같은 한국 문화의 근원적이고 자생적인 도교 사상의 특성을 현재 학계에서는 대개 무신교巫神敎나 고선도古仙道라 부르고, 고대 신선도교神仙道敎의 세계로 파악·이해하려고 한다. 그리하여 이는 후대의 전개 방식을 따라 고려 초기까지는 국선 낭가의 세계를, 이후 민간의 경우에는 그 신앙형이 무신교적 종교로, 또 한편으로는 철학 사상적인 합리적 세계관으로 이행하여 선도 수행적인 민족 단학의 세계, 즉 내단적內丹的 수련 중심의 자생적인 사상 세계를 형성했던 것이다.[160]

따라서 한국에서의 도교는 도교라기보다는 차라리 자연발생적인 신교神敎나 선도仙道라고 함이 더욱 옳을지도 모른다. 그것은 비록 도교를 수입하기도 하였지만, 근원적으로 한국에서의 도교는 자체의 신화적 기원을 갖고 있으며, 그 작용 양상에 있어서도 독자적인 자기의 틀을 갖추고 있기 때문에 그러하다. 다만 이 경우, 한국의 도교는 「선」이라 부를 그 무엇으로 이해되어야 한다. 이것은 신화에 기반한 사상성을 분석할 때, 그 이해의 특성이 이로써 규정될 만하기 때문이다. 그리고 글쓴이는 이미 이를 한국인의 전형적인 인간관의 세계로 이해하고 천착해 본 바 있다.[161]

신화神話는 말한다.

---

159 金炯孝, 『韓國思想散考』, 일지사; 서울, 1985, 142-147쪽.
     한국철학회 편, 『韓國哲學史』上, 동명사; 서울, 1987, 13-21쪽.
160 拙著, 『仙과 혼』, 163-219쪽.
161 拙著, 『仙과 혼』, 세종출판사; 부산, 1998 참조.

하늘로서의 한웅 천왕은 땅의 웅녀와 만난다. 하지만 웅녀는 땅으로서의 곰이 그 동물성을 극복함으로써 하나의 인간으로 재탄생한 존재이다. 그러므로 실로 단군의 위격은 단순히 인간이 아니라 하늘과 인간, 즉 신과 인간의 결합으로 탄생한 신인이다. 그렇기에, 단군은 신인의 위격으로 한민족에게 선이라는 새로운 인간 새로운 세계를 가르쳐 주고 있다 하는 것이다.

이로부터 또 한국 정신의 중추는 신과 인간이 한데 어울린 것과 같은 조화와 종합의 사상이라는 특징을 지닌다고 말하게 되는데, 이 역시 신화에서 발견하는 화化의 세계를 이해함으로부터 출발하는 것이다. 이런 가운데 한국 신화에 나타난 의식을 통하여 죽음을 이해해 가다 보면, 필연적으로 선적이면서도 동시에 무신교적인 특성과 만나게 된다. 이는 단군의 어원적 특징, 즉 tengri 또는 당골이라는 의미와 '입산위산신入山爲山神'이라는 구절 등에서 그 함의를 유추할 수 있다.[162]

이와 같이 선은 자연발생적이고 민간 신앙적인 무속성을 일정하게 가짐으로써, 무신교적 관념을 따라 때로는 종교적으로 신앙되기도 하였다. 이에 한국 문화의 원형에는 선仙과 무적巫的인 특성이 동시에 들어 있다고 말하는 것이다. 여기서 '선'과 '무'적인 한국 정신이란, 신과 자연·인간에 대한 태도 그리고 종합성과 다양성이 어우러져 있는 사상 세계 속에서 만나게 되는 한국인의 원형적인 사유를 의미하는 것이다.

다만 선은 그 개념이 함의하는 것처럼 후일 유입된 삼교 사상 중 도교와 가장 유사한 까닭에 쉽사리 동화되는 과정을 겪게 된다. 다시 말해 한국 사상의 선적 특성은 중국 도교와의 만남에 있어 특히 동일시의 과정

---

162 "巫堂을 당굴 또는 단골이라 하는 것은 Tengri의 음역으로서 그 본 뜻이 하늘 또는 祭天者이다. 단군은 제천자로서의 Tengri 곧 당골로 보아도 좋을 것이다."(金勝東, 『韓國哲學史』, 부산대출판부, 1999, 23쪽)

을 겪었으며, 이로부터 도교적 사상 세계는 한국인의 문화 의식 속에서
그다지 이질적이지 않은 자연스런 관념으로 기능하기 시작하였던 것이
다. 여기서 도교의 주된 관념으로 등장하는 신선·산신·산악·상제 등의
관념을 살펴보면, 이는 한국의 신선 사상·산악 사상·하늘 사상 등과 거
의 동일한 형식과 내용을 갖추고 있음을 확인할 수 있다.[163]

　　그리고 일련의 실천 형태로 보이는 민간의 속신적 경향은 곧바로 도교
사상의 기복적 성격과도 상호 부합하는 것이다. 그리고 한국 고대의 사
유 체계를 '선교 사상'이라 명명한다면, 이와 중국의 도교 사상은 더욱
더 유사한 양상을 보여 줌을 알 수 있다. 잡유적이며 종합적인 사상의 특
성 그리고 수련적 실천 양상 등이 특히 그러하다. 또한 종합적 다양성과
존재 일원一元의 세계 인식이 갖는 근원성 및 민간 기층이라는 사유 기반
의 동질성 등에서 중국 도교와 한국 선의 유사성을 더 찾아볼 수도 있다.

　　그러나 이 같은 유사성에도 불구하고, 이들이 한국 도교와 중국 도교
가 동일 사상이리는 의미를 던져 주는 것은 아니다. 한국 도교는 자체적
인 선적 취향 속에서 - 다양성의 종합과 전일적 통일이라는 인간학적 특
징이 세계에로 확대되는 과정을 거치면서 - 철학 사상 및 그 문화적 기반
을 공고히 해 왔다.

　　그러나 중국 도교는 은둔과 현실 도피의 양상 속에서 철학 사상이라기
보다는 하나의 종교 사상 및 그 현상으로 자리잡은 것이다. 다만 양자 모
두 도를 중심으로 한 도가적 취향을 기저에 깔고 있다는 점, 또 후대에
이르러 문화적인 만남을 가지면서 상호간에 있어 명확히 분별하기 힘든
미분적인 사상 체계를 형성하게 된 점, 등은 그 유사성에 해당하는 것이

163　車柱環, 『韓國道敎思想硏究』, 서울대출판부, 1986, 32-33쪽: "檀君說話에는 우리 상고의 山
　　岳信仰과 神仙思想이 얽혀 있다", "단군설화 이외에도 우리 고대의 여러 小國들의 建國說話
　　에는 역시 창업주가 天帝와의 혈연을 가진 것으로 나타나 있는 예들이 있다."

다. 이런 중에도 한국 자생의 선도교仙道敎는 한국 전통의 일정한 양식 –
즉 무교적 현실성과 선도적 인본성이라는 일련의 이중적인 사상적 특
성 – 을 지니면서, 사상사적인 구분으로는 한국 도교라는 명칭과 이해를
가지게 된 것이다.[164]

다시 말해 많은 유사성에도 불구하고 한국 도교와 중국 도교의 차별은
엄연히 존재한다. 그러기에 또 '한국적'인 것과 '중국적'이란 것 사이의
구별과 사유 기반의 분명한 차이를 말할 수 있는 것이다.

즉 한국 도교가 그 자력성과 합리성을 결코 포기하지 않으면서 자기
실천적으로 이해되는 것이라 한다면, 중국 도교는 타력성과 신비적 주술
성에 보다 의지하여 신앙적·종교적·기복적인 계기로 나타난다. 다시 말
해 한국 사상이 보다 자력적·실천적·인본적인데 반하여, 중국 도교는 보
다 타력적·기복적·신본적神本的 관념으로 파악되는 것이다.

그러나 원칙적으로 이들이 희구하는 바는 사실상 동일하다. 이들이 바
라는 그것은 한결같이 현세 복락의 획득이요, 양재초복禳災招福이며, 무병
장수이기 때문이다. 따라서 어떤 의미로 이들의 핵심 사상은 대부분의
인간이 희구하는 그런 자연적 종교 심성과 정신 현상에 바탕을 둔 바람
이며, 그 충족을 위한 것이다. 또 이런 측면에서 이들은 공히 인간의 원
망願望과 염원이 일정한 이해 아래 인류사적으로 진행된 보편적인 사상

---

164 金正坤은 "新羅에는 원래적으로 風流니 風月道니 하는 道가 있었는데, 儒·佛·道 三敎의 훌
륭한 이념을 모두 포함하는 玄妙한 道며, 巫俗 信仰的인 면과 神道 思想的인 면, 그리고 仙道
思想的인 면을 그 基本 要素로 갖고 있는 바"라 하였고, 崔南善은 "처음에 단순한 태양 예찬
을 중심사실로 하는 天神奉齋였으나 旱天 禮日의 형식이 전하여 일종의 호흡 운동이 생하
고… 養生鍊形의 道로 전개… 山嶽道인 「仝」法이 支那로 유입하여… 禪禮로… 儒道로… 仙
神傳으로 차차 발전하였음"이라 하여, 神과 仙의 관념이 동일하게 한국 고대에 있다 하였다
(『六堂崔南善全集』 2, 128쪽). 그리고 柳南相은 "古朝鮮以來 固有神道… 外來 中國仙道…
神·仙 兩思想의 一體化"라 하여 神道와 仙道로 구분하고 있음을 본다. 이들을 종합해 보면 결
국 韓國上代의 사유형으로는 巫神敎的인 宗敎型으로서의 神敎와 道敎思想的 思想型으로서의
仙道가 있었던 것으로 파악된다.

발전의 결과라고도 말할 수 있을 것이다.

다만 중국 도교는 자기의 이론 체계와 신앙 체계 사이에서 오히려 속신적 신앙 체계를 더욱 강화함으로써 '교단도교敎壇道敎'의 체제로 유지·전승된다. 하지만 한국 도교는 - 이는 '조선 단학朝鮮丹學'에 이르면 특히 분명하게 드러나는 것으로 - 일정한 무속성을 지님에도 불구하고 그 종교성에 지나치게 치우치지 않는다. 한국 도교는 속신으로서의 무교와 합리성으로서의 자기 수련修練의 양생론養生論을 구분하여, 독자적인 사상 토대를 보다 강화·정립시키고 있기 때문이다.

따라서 가장 흡사하면서도 서로 다른 형식과 내용으로 각각의 민중들에게 하나의 종교와 철학적 정신세계로 사유의 특색을 형성해 온 것, 이것이 바로 중국 도교 사상과 한국 선의 모습이다.

또 '중국 도교'와 '한국 도교, 즉 선'은 그 전개형에 있어서도 각각 차별성을 내포하고 있다. 중국 도교는 하나의 종교 형식으로 민간에 전이됨으로써 완전히 민간 종교화한다. 이에 비하여 한국 도교는 민간의 무속과는 별도로 이후 단학과 민족 종교 사상이란 두 갈래로 전이되면서, 이론적이고 학문적인 재해석의 새로운 실마리를 갖게 되는 것이다.

그러므로 이제 여기서 분명히 해야 할 사실은 한국 사상의 도교성道敎性이란 외래적인 삼교, 그 중의 하나인 '중국 도교'에서 해명될 것이 결코 아니라는 점이다. 그러면 한국 도교의 자체적 특성을 더욱 명확히 하기 위해, 한국 선仙의 도교적 특성은 어떤 변천을 거쳐 지금에 이르고 있는가를 좀 더 살펴보기로 한다.

3) 선맥仙脈과 한국 도교의 변화 양상

한국 도교의 선적仙的인 성격에 대한 해명은, 한국인의 사유와 생활이라는 측면에서, 한국 문화의 형성 동인動因이라는 문제와도 상호 관련성을 가진다. 사실 여기서 지향하고 있는 죽음관이란, '이것이 한국 문화와 어떻게 연결되는가.' 하는 문제와 맞닿아 있다. 또 바로 이 점에서 신화의 중요성은 대두된다. 신화에는 삶과 죽음에 관한 한민족의 원초적인 관념들이 자리잡고 있기 때문이다.

여기서 신화의 원형 정신을 기점으로 한다면, 한국 사상사 전체를 통한 문화 의식의 이해와 해명은 수정되어야 할 것이다. 특히 죽음관을 토대로 할 경우, 그 이해는 지금까지의 통념과는 거리가 멀다. 먼저 일련의 민간적이고 시원적인, 즉 자연발생적인 죽음에의 이해가 한국인과 한국 문화 전체를 근원적으로 기초한다. 그리고 이러한 기초 위에서 새롭게 유입된 사상과 문화 양식들이 재해석되고 다시금 재생산되는 과정을 거침으로써, 한국 문화는 비로소 독특한 문화형들을 독자적으로 형성·유지시켜왔다.

다시 말해 오늘의 한국 문화는 원래 자기의 고유한 성격을 유지하는 속에서 다양성의 종합을 통하여 스스로의 문화 세계를 형성한 것이다. 한국 도교, 즉 「선」 또한 이 같은 한국 문화의 독자성 위에서 그 세계를 형성하고 있다.

한국 도교, 그것은 기본적으로 선과 무에 대한 관념을 토대로 한다. 다만 이들은 한민족의 초기적인 자기 정체성이자 근원적인 인간관으로 인하여 한국 문화의 기저에 자리잡고 있는 것이다. 이후 시대의 변천을 따라, 선仙은 정신 철학을 토대로 하는 사회적 조직체이자 수련적 공동체인 국선 낭가로 계승되고, 무는 기층 민중과 세계관을 공유하며 유입되는 외래 사상들과 종교적 접합점을 찾게 된다. 이로써 한국 도교는 선적인 것과 무적인 것을 함께 아우르면서, 표층보다는 기층에서 한민족의 살림살이와 그 세계를 같이해 온 정감적 사상 세계를 형성하였던 것이다.

원래 있었던 선풍仙風과 국선 낭가 그리고 무속의 세계 위에 중국 도교의 유입이 이루어지고, 일련의 문화 접변과 그 현상이 나타나게 된다. 처음부터 「선」으로 이해되었던 순수한 한민족의 사상 체계는, 도교와의 만남을 거치면서 점차 한국 도교라는 사상 세계로 파악·규정되고 점차 그 순수성을 상실하기 시작했던 것이다.

특히 통일 신라 이후에는 화랑이 쇠퇴하고 연등·팔관의 세계가 불교와 결합하며 등장하게 된다. 또한 고려조에는 선풍 진작의 여러 유시 속에서도 오히려 소격전昭格殿과 복원관福源館을 중심으로 하는 중국적인 과의도교가 성립되고 초례청사醮禮青詞의 집전執典 등이 성행하였던 것이다. 하지만 이때에도 이런 경향은 일부 궁중에서의 행사를 중심으로 하였을 뿐, 민간에서는 오히려 무신교적인 무속의 세계가 지배적이었다.

그리고 조선조 숭유억불의 사상 세계 속에서, 이제는 도교마저도 잡설·잡술이라 하여 제자리를 잡지 못하게 된다. 이때에는 유림들의 끊임없는 상소로 인하여, 고려조 때 궁중 중심으로 시행된 과의도교적인 행태마저도 금지되기에 이른다. 그러나 일부 의식 있는 지식인들을 중심으로, 조선 도교는 오히려 조선 단학朝鮮丹學이라는 특이한 유파를 새로 형성하게 된다. 그럼에도 불구하고 조선조에 이르면, 전통적인 국선·낭가의 선적인 세계가 사라진 것은 물론 교단도교적인 여러 경향성들마저도 거의 사라지고 만다. 따라서 이때부터 실질적으로 남게 된 것은 다만 민간 중심의 기층적인 무속과 속신의 세계였던 것이다.

하지만 문화적 깊이와 넓이라는 것은 결코 사라지거나 사멸되지 아니한다. 다만 그 모습을 바꿀 뿐이다. 「선」과 「무」로 대변되는 한국의 고유한 도교적인 사상 세계는, 19세기 중·후반 이후 민족 최대의 위란을 당하여, 새롭게 그 사유와 사상의 문화 세계를 정비하고 등장한다. 이것이 바로 19세기 말 민족 종교 사상이라 부르는 일군의 그룹들이다.

여기에는 동학을 기점으로 단군교·대종교·증산 계열·원불교·통일교 등등이 두루 포함된다. 다만 이 중에서도 특히 선도교仙道敎적 취향을 가진다고 생각되는 것은 동학과 남학 그리고 대종교와 증산이다. 이들의 공통적인 특징으로는, 전통적인 '한울님 또는 상제' 숭봉에 대한 이해를 지니고 있다는 점과 '국조 단군왕검'의 사상 세계를 전면적으로 인정하면서 등장한다는 사실 등을 들 수 있다. 이 중 동학은 한울님 신앙에서, 대종교는 단군 사상론에서 특히 강점을 지닌다.

그리고 현재 한국 사회 내에서, 한국 도교는 새로운 변화의 시점을 맞고 있는 것으로 생각된다. 그것은 수련 중심의 민족적인 국선이라는 하나의 사상 체계에 대해, 백가쟁명 식의 다양한 실천적 수련 단체들이 나타나 활동하고 있는 현 상황과 무관하지 않다. 이들은 제각기 독자성과 고유성을 주장하고 있으나, 서로 상충되는 바가 많다. 또 실천과 사회 현실에 걸맞은 철학적 이론이 결여된 경우가 허다하다. 실로 이 같은 사회 상황은 「선」의 본질적 이론 체계에 대한 이해를 필요로 하고 있다. 이론이 없는 현실은 맹목적이며 위험하기 때문이다.

이와 다른 측면에서 오늘 학계의 현실은 한국 「선」의 이론에 대해 지나치게 무심하다. 통념적인 동양 삼교와 서구의 합리적 실증주의가 「선」의 현실을 받아들이려고 하지 않기 때문이다. 그러나 통념을 넘어서지 않는다면, 새로움은 찾을 수 없다. 이런 의미에서라도 한국 「선」은 학문적 현실과의 치열한 만남을 계속해야 할 것이다. 현실이 없는 이론은 공허하기 때문이다. 그리고 「선」은 이를 위해서, 즉 하나의 이론적 틀을 갖추고 현실적 해결을 모색하기 위해, 철학과 사상·종교와 문화현실이라는 21세기적인 인문학적 조건들을 갖추어 나아가야만 한다. 이 같은 많은 노력들이 오늘 한국 사회 내에서 특히 젊은 층을 중심으로 진행되기를 기대해 본다.

결국 한국 도교란 민족의 초기적 사유 세계인 「선」과 「무」의 사상을 기저에 깔고, 이후 유입된 중국 도교와의 습합 과정을 통해 새로이 형성된 사상 세계를 의미한다. 이는 고대적인 선도와 신교의 종합으로부터 출발하여, 국선 낭도들의 수련적 공동체로 발전하고, 고려조의 과의도교적인 체제를 거쳐, 다시금 조선조 지식인 중심의 단학 체계로 변천해 온 것이다.

이런 가운데 무신교라는 기층 민중에서의 종교성은 무속이라는 민간 습속으로 변화하여 내면적이고도 단일한 흐름을 이루면서 민족 문화의 저변에 자리잡아 왔다. 그리하여 마침내 19세기 말 민족 최대의 난세를 당하여 종교와 사상의 결합형으로 민족 문화의 저력을 세상에 드러내게 된다. 이것이 바로 한국의 민족·민중 종교 사상으로 등장하는 것이다. 이 경우 민족 종교 사상의 대두는 유학 중심의 표층 사회 구조에서 근대적인 시민 사회로의 변천 속에 나타난, 계급 통합의 사회적 표출이라고 말할 수도 있다.

이상과 같이 한국 노교는 중국 도교의 아류라는 시각에서 바라볼 것이 아니다. 이는 근본적으로 한국 문화 사상의 전면적 통합형이라는 시각에서 출발해야만 그 올바른 파악이 가능하다. 그렇기에 한국 도교를 언급할 경우, 기본적으로 「선」과 한국 문화의 중추적 세계를 다시금 점검해야 한다고 말하는 것이다. 그러면 이제 한국 「선」과 도교의 이해를 기반으로 그 죽음관, 즉 삶과 죽음의 의미를 한국인의 문화 사상이라는 측면에서 살펴보기로 하자.

3. 한국 도교 문화의 생사관

죽음의 문화에 있어 기층의 사유 세계는 표층의 주류 세계보다 오히려 더욱 근원적이다. 누구에게나 다가오는 가장 보편적 사건으로서의 죽음이란 다른 그 무엇보다도 자연적인 것이며 원초적인 것이기 때문이다. 이는 한국인의 죽음관을 논할 때도 마찬가지다. 한국 전통 문화의 본질적 핵심 또한 권력이나 사회 상층부에 있는 것이 아니라, 사실상 민간과 무속의 문화 그리고 그 사상 세계 속에 담겨 있기 때문이다.

다만 한국 민간의 기층 정신은 그 문화사적 과정을 통해, 유·불·도와 민간 신앙 및 무속 등등의 상호 접맥이라는 복잡한 양상을 보이고 있다. 그러다 보니 사실상 오늘 이곳, 한국 사회의 장례 의식이 진행되고 있는 중요한 부분들에는 많은 외래 사상적 영향들이 동시적으로 개입되어 있는 것 또한 사실이다. 그러므로 현재 한국 사회의 죽음의 문화에서 정확히 도교적인 죽음관만을 따로 추출해 낸다는 것은 대단히 난해한 작업에 속한다.

또 한국인의 죽음관을 알기 위해서는 도교의 자체적 특성과 아울러, 이와 대비되는 다른 문화 속에서 죽음의 의미를 동시적으로 살펴보는 것이 비교학적으로 보다 명료한 결론을 얻을 수 있을 것이다. 곧 문화적 상호 영향하에서, 죽음에 관한 다른 문화 사상의 관점들을 일별해 볼 필요가 있는 것이다. 이에, 본격적인 접근에 앞서 여러 사상과 문화들의 죽음관을 간략히 정리하면서 한국 도교 문화가 지닌 죽음관의 핵심에 다가서기 위한 디딤돌로 삼기로 한다.

1) 도가와 도교의 죽음관

동양의 전통적 삼교 사상 중 도교와 대비되는 것으로 유·불이 있다는 것은 주지의 사실이다. 여기에도 죽음의 이해는 중요한 위치를 차지하고 있다. 우선 유교의 죽음관을 본다.

유인희는 유가의 영혼론은 곧 귀신론이라 하고, "유가는 삶과 죽음을 형이상적 이해의 문제로 돌렸다. 그러므로 그들은…거의 일회적인 인생 자체에 몰두…삶과 죽음을 시작과 마침의 개념으로 바꾸어 이해…죽음은 인생을 시작해서 엮어가다가 마치는 엄숙한 과정"[165]이라 하였다. 따라서 유교에서의 죽음이란 결국 실천적 인간학으로서의 윤리적인 의미를 갖는 것이라고 결론 내리고 있다.

다시 말해 유교 죽음관의 대략은, 일회적인 인생이라는 표현처럼, 이것이 생과 사라는 대대적 관계에서 하나의 단절을 의미한다고 보는 것이다. 공자 또한 죽음에 관한 질문에는 명확한 답변을 하지 않는다. 이런 의미에서 결국 유교 죽음관의 큰 틀은 '괴력난신怪力亂神과 경이원지敬而遠之'라는 말로 대변할 수 있을 것이다.

그러나 이러한 유가의 괴력난신적 죽음관, 즉 산 것이 죽은 것을 알 수 없다거나 사후의 일에 대해서는 말할 수 없다는 식의 사상은 근본적으로 도교적이거나 혹은 민간·무속의 죽음관과는 상당한 거리를 둔다. 이런 측면에서 한국의 제사 문화라고 하는 것 또한, 그것이 비록 유교적 형식을 빌리고는 있으나, 그 실질적 내용은 오히려 무속적이라 함이 더 옳을지도 모른다.

다음으로 불교의 죽음관은 대단히 복합적이다. 정승석은 불교의 죽음관을 논하는 문제에서 '죽음은 곧 삶이요, 열반'이라는 주제를 갖고 있다 하며, 이로부터 그 인식과 초극의 원리를 다룬다고 하였다. 그러면서 죽음에 대해서는, '체온과 의식이 육체로부터 사라질 때, 수명이 파괴된 것'이라는 분리와 이탈의 정의를 내세운다. 그리고 결론적으로는, "삶은 의식이 있는 죽음을 의미하고, 죽음은 의식이 없는 삶을 의미한다."하여, '사즉생 생즉사'의 논리를 말하고 있다.[166] 곧 삶과 죽음이 연기법적 속

---

165 한국종교학회 편, 『죽음이란 무엇인가』, 도서출판 窓: 서울, 1992, 160-161쪽: 또 "유가는 죽음 자체의 의미나 죽어서 시작하는 또 다른 세계에 대해서 거의 관심이 없었다."고 한다.
166 앞의 책, 98-104쪽.

성을 가지며 존재하고 있다는 것이다. 여기서 생략할 수 없는 불교 죽음
관의 또 다른 측면은 역시 윤회와 해탈의 개념일 것이다.

그러나 이 같은 죽음관과 도교의 죽음관은 역시 상이한 측면을 드러내
고 있는 것 같다. 다만 도교를 말하기 전에 먼저 검토해야 할 것은 도가
철학에서의 죽음의 의미에 관한 문제일 것이다. 그것은 도교가 그 전개
과정 가운데, 도가의 철학을 자신들의 이론적 기반에 원용하고 있기 때
문에 그러하다. 이 경우 즉 도가의 철학을 이해함에 있어, 『도덕경』과
『장자』는 원초적이며 기본적인 핵심 이론들을 다루고 있다고 여겨진다.

노자는 삶과 죽음을 다음과 같이 말한다.

그 스스로 살지 않음으로써 능히 오래 산다.(『도덕경』 7장)
사람은 살아 있을 때에는 부드럽고 연하지만 죽으면 굳고 강하다.(76장)

장자에 있어 삶과 죽음의 의미는 더욱 선명하게 부각된다.

삶을 기뻐하는 것이 미혹이 아닌지를 내 어찌 알겠소. 죽음을 싫어하는
것은 약상(弱喪:부모와 집을 잃은 미아, 고향을 떠난 자)으로서 돌아가는 것을 잊어
버린 자가 아닌 줄을 내 어찌 알겠소.(『장자』「제물론」)

또 말한다.

삶은 죽음의 무리요 죽음은 삶의 시작이다. 누가 그 실마리를 모르랴. 사
람의 삶은 기의 모임이기 때문이다. 모이면, 즉 삶이 되고 흩어지면, 즉 죽음
이 된다. 만약 사생死生의 무리를 미루면 나 또한 무엇을 근심하랴. 만물은
그런 고로 하나이다.(「지북유知北遊」)

삶과 죽음에 관한 도가의 생각을 어느 정도 이해하는 데는 이로써도 충분하리라 생각한다. 상기한 언급들의 가장 핵심적인 이야기는, 결국 기氣의 취산聚散과 생사生死의 상호 관련에 대한 것이다. 동시에 자기의 아내가 죽었을 때 보여 준 장자莊子의 일화는 널리 인구人口에 회자될 만큼 도가의 전형적인 생각을 보여 주는 것이라 아니할 수 없다.

> 아내가 죽은 당초에는 나라고 어찌 슬퍼하는 마음이 없었겠소. 그러나 그 근원을 살펴보면 본래 삶이란 없었던 거요. 그저 삶이 없었을 뿐만 아니라 본래 형체도 없었소. 비단 형체가 없었을 뿐만 아니라 본시 기氣도 없었소… 기가 생기고, 기가 변해서 형체가 생기며, 형체가 변해서 삶을 갖추게 된 거요. 이제 다시 변해서 죽어 가는 것인데, 이는 춘하추동이 서로 사계절을 되풀이하여 운행함과 같소.(「지락至樂」)

곧, 노자와 장자는 죽음을 그대로 삶에서, 그리고 삶은 그대로 죽음 속에서 보고 있다. 따라서 생과 사, 이것은 적어도 도가에서만큼은 서로 배척적인 것이 아니다. 이들은 다만 자연(自然: 스스로 그러한, 그냥 그런 것)의 한 형태일 따름이다. 그리고 이 같은 자연 속에서 삶도 죽음도 한결같이 이해되어야만 할 것임을 그들은 말하고 있다.

이것은 죽음에 관한 인식론적인 이해가 오히려 존재의 성격, 즉 죽음이라는 사건까지를 바꾸고 있음을 보여 주는 것이다. 그리고 노·장은 기의 취산에 따르는 존재의 생성과 사멸을 인간의 생사관에 연결시킴으로써, 천지에 충만한 기氣와 그 왕래의 문제를 생명 아니 인간 삶의 세계와 연결시키고 있는 특이성을 보여 준다.

이로부터 도가에서 지인至人과 진인眞人·신인神人 등이 말해지고 있는 점 등은 한국 「선」과의 관련 속에서도 매우 주목할 만한 것이라 하겠다.

왜냐하면 이들은 영원한 존재, 아니 장구한 존재들이기 때문이며, 이로
부터 도교의 신선관神仙觀이 파생되기 때문이다. 여기서 이 같은 생사의
관념은 이후 도가의 철학자들에게 있어 그대로 생활에서 실천적으로 이
해될 것을 요구받게 된다는 사실을 또한 잊어서는 안 된다.

하지만 하나의 철학으로서의 도가의 생사관은, 이를 각색하며 등장한
도교에 있어서는 그대로 승계되지 못하는 것 같다. 그것은 생사가 일체
평등과 동등성으로 교류되는 그리고 삶보다 더 나은 그 무엇으로서의 죽
음에 관한 도가 철학에서의 논의가, 도교에서는 더 이상 보이지 않기 때
문이다.

근본적으로 도교에서는 인간계와 유사한 신계神界의 위계로서 죽음 이
후의 세계에 있는 질서를 이해하고 있다. 곧 저승의 세계와 인간계의 세
계가 구별 없이 같은 양상으로 이해되고, 인간 세계에 위계가 있어 그 속
에서 차별과 질서가 주어지는 것처럼, 도교의 신계에서도 이 같은 유사
함을 보이고 있다. 나중에 살펴보겠지만, 바로 이 점에서 한국의 무속과
도교의 죽음관은 상호 동질적인 일련의 이해를 보인다고도 할 수 있다.

도교에 등장하는 근본 사상은 불로불사의 신선 숭배 사상이라고 할 생
명관이다. 곧 사람은 죽으면 저승에 가서 그 공과에 따라 다음의 삶이 결
정된다고 보지만, 근본적으로 도교에서의 관심은 '죽지 않음으로써 죽음
을 극복하는 것'에 집중되어 있다. 이로부터 양생법과 금단도 등의 숱한
방편들이 등장한다. 즉 죽음에 대한 도교의 목적은 죽지 않음이 되고, 삶
에 있어 그 방법은 양생과 성단成丹으로 결집되었던 것이다.

이를 보면 우선 『황제음부경黃帝陰符經』에서, "생生이란 죽음의 뿌리요,
죽음이란 생의 뿌리가 된다."[167]하였고, 『삼청황정내경경三淸黃庭內景經』에

---

167 黃帝 『陰符經』(『雲笈七籤』 15), "生者 死之根 死者 生之根"

서는 '내경 황정은 죽지 않는 이치'[168]라고 하였다. 그리고 도교를 연구한 많은 사람들에 의해 인정되는 바, 도교의 생명관은 결국 죽음으로부터의 탈출, 즉 죽지 않는 것이라고 말해지고 있다.

곧 "불가능한 죽음의 취소를 가능하게 만들어 보려는 방향으로…도교에서는 그 일을 거의 본업으로,…죽음을 취소하고 선진인仙眞人이 되어 천상 선계로 비승飛昇하여 장생불사하는 것"[169]이 도교의 죽음관, 즉 생명에 대한 기본적인 입장이라는 것이다. 또 최준식은 도교의 생명관을 '불사의 관념'이라 말하면서, "중국 도교에서의 불사관은 부단히 외면적인 추구에서 내면적인 추구로 변형되어 내려왔다."[170]고 설명하고 있다.

도교에서 선의 생명관과 연관하여 하나의 특징적인 이해를 보여 주는 다른 것은 시해尸解라고 부르는 관념이다. 시해의 형식은 '시해선파尸解仙派'라는 독특한 하나의 유파를 형성한 것에서도 알 수 있듯이, 특히 도교 장생 사상의 근거가 되는 것이기도 하다. 이러한 시해의 사상적인 특징은 인간이 죽어 혼백선령魂魄仙靈으로 돌아가는 것과 같이, 형태를 바꾸어 가면서 연년장수延年長壽한다는 관념을 담고 있다는 점에 있다. 다시 말해 도교에서는 일면 '형태를 바꿈으로써 영원하다'는 관념과 더불어, 다른 측면에서는 이를 위한 연년장수의 길, 즉 현실적 방법론으로서 금단金丹과 복기服氣·도인導引·행공行功 등의 양생 수련법들이 다양하게 말해지고 있는 것이다.

하기야 도가의 도라는 것은 그 자체로 영원한 것이요, 세계는 이 '도'로부터 만유가 나와 다시금 이 '도'로 돌아가는 과정에 불과하다. 그런만큼, 근본적으로 도가道家는 모든 것은 영원하다는 기본 관념을 가지지

168 『上淸黃庭內景經』, "形充魂精而曰欲死 不可得也 故曰 內景黃庭爲不死之道"
169 차주환, 「道敎에서의 죽음의 意味」, 『道敎와 生命思想』, 한국도교문화학회 편, 국학자료원: 서울, 1998, 25-26쪽.
170 최준식, 「신선설에 나타난 장생불사관」, 『죽음이란 무엇인가』, 앞의 책, 190쪽.

않을 수 없고, 이를 계승·개편한 도교에서는 그대로 영원한 길, 즉 장생의 길을 추구하게 되었던 것인지도 모른다.

다만 이제 이 같은 장생에 대한 이해를 확대 적용해 본다면, 현실의 모든 것 특히 생명마저도 도로부터 그리고 도와 더불어 영원할 수 있다는 해석을 스스로 지녔던 것이라 하겠다. 그리고 현실의 생을 늘리는 것 또한 장구한 것을 빌고 그 성질을 자기에게 적용시킴으로써 그와 같이 장구하게 된다는 소박한 믿음을 그대로 받아들인 때문인지도 모른다. 바로 이런 소박한 믿음과 종교적 신앙의 측면에서, 도교의 중국적 전개 내지는 과의도교의 성립이 가능했던 것이라고 생각해 볼 수도 있다.

그러나 한국 도교의 세계 속에서 이 같은 과의도교는 그다지 크게 기능한 것은 아니다. 또 한국 도교를 논하기 위해서는 먼저 신선 사상과 풍수·지리·도참 등의 민간 신앙적 제 요소를 살펴볼 필요가 있다. 그러나 이 모두를 전체적으로 다 다루기는 어려우므로, 여기서는 한국 도교 특히 조선 단학을 중심으로 한 일련의 생명관에 관하여 간략하게 이해해 보기로 한다.

2) 조선 단학의 생사관

단학丹學이란 한국 도교 내지 한국 「선」의 조선조적인 변형이다.[171] 한국 도교의 중흥 비조, 아니 조선 단학의 첫머리를 장식하고 있는 청한자淸寒子는 죽음에 관하여 다음과 같이 말한다.

내가 장생술을 보니, 대개 말을 삼가고, 음식을 절제하고, 탐욕을 덜고,

---

171 "丹學派란 용어는 이능화가 그의 『조선도교사』에서 처음 사용한 용어로, 導引 行功에 의해 얻어지는 內丹을 중시하는 도교의 일파—특히 조선왕조에 있어서—를 가리키는 말"(한국도교사상연구회 편, 『道敎와 韓國文化』, 아세아문화사; 서울, 1988, 210쪽).

수면을 가볍게 하고, 기쁨과 노여움을 조절하는 것이었다…이 다섯 가지가 절도를 잃으면 그 성명을 보존할 수 없으니, 진원眞元이 손상되어 장차 날로 사망으로 나아갈 것이다. 대개 사람의 수가 백 살인 것은 예로부터의 이치이나…하늘의 수를 보전하면 비록 대질大耋까지는 못 가더라도 넉넉히 수壽한다…어진 자는 수壽한다 하였고, 또 그 마음을 다하면 성性을 알고 그 성性을 알면 하늘을 안다 하였다. 만약 납과 수은을 단련하고 솔씨와 잣을 먹으며 하거河車를 돌리고 부적을 차고서 천지의 운행을 도적질하여 그것으로 구차히 살려고 하는 짓이라면 내가 알 바가 아니다.(《梅月堂集》,『雜著』「弭災」)

또 말한다. "사람이 죽으면 다 같이 귀신이 되고, 귀신이 화하면 다같이 사람이 되는 것이니…"(『雜著』「喪葬」). 그리고 정렴은 말한다. "능히 혈기를 써서 주류周流가 임독任督에 있으면, 임독이 모두 통한다. 그런 즉 수명이 길어지고 죽음을 물리칠 것이다(『丹學指南』中篇)." 또 도교적인 의서라 할,『동의보감』에는 다음과 같이 기록되어 있다.

요선曜仙 말하기를, '정精이란 신身의 근본이요, 기氣란 신神의 주인이며, 형形이란 신神의 안택安宅이라' 하였으니, 고로 신神을 크게 쓴즉 비며 정을 크게 쓴즉 마르며 기를 크게 피로한즉 죽는다. 그러므로 사람의 생명이란 신神이요, 형체의 움직임은 기이다. 만약 기가 쇠미한즉 형태가 소모되니, 그러면서 장생한다는 것은 들어보지 못하였다.(「內景經」卷一, 保養精氣神)

이상의 언급에서 알 수 있는 공통된 사실은, 조선 단학에서도 근본적으로 생명의 본질을 기氣로 보고 있다는 점이다. 그리고 이러한 기의 운용과 사생의 운행에 발 맞추어 그 생명을 연장한다고 하는, 일정한 장생불사의 신선술적인 관념을 가지고 죽음을 바라보고 있다는 사실이다. 이런 의미에서 한국 도교의 중추에 있는 조선 단학 역시 중국 도교와 유사한 경향성을 지니고 있다고 할 수 있다.

하지만 조선 단학에서 특기할 사실은, 그 수련적·내향적 성격에 관한 것이다. 특히 중흥 비조로서의 청한자가 '천지에서 수명을 도적질함은 내 알 바 아니다'라고 단언한 말은 그 시사하는 바가 크다. 다시 말해 수명 연장의 현실적 가능성은 인정하면서도, 죽지 않을 수도 있다는 중국 도교적인 신선 숭배의 의식은 그다지 크지 않다는 점이다.

곧 양생의 세계를 보건 위생의 측면에서 승인하고, 이로써 내면적 수련과 그 이해의 깊이를 크게 한 점은 실로 한국 도교의 자체적인 특징이라 할 만한 것이다. 이런 대목에서 조선 단학의 죽음관은 그 기층적 성격과 더불어 한국적 문화 내지 한국 문화의 본질적 성격을 규정해 나온 중요한 하나의 이해가 됨을 지적할 수 있다. 이와 더불어 과거 한국의 선파仙派와 선가仙家에서 전래되어 오고 있는 일련의 이야기들, 즉 중국 신선 사상의 원류가 사실은 한국에 있다고 하는 점은 다시금 한국 도교와 중국 도교 사이의 상호 관계에 대해서 생각하게 한다.

유병덕은 일찍이 "선仙은 인변人邊에 산山 자를 더하거나 선僊자로 쓰는 데…죽어서 땅에 파묻히는 것이 아닌 살아서 신선이 되는 것"이라 하고, 「선」의 연원은 한국이며 이것이 중국에 건너가 도교가 된 것이라 하였다.[172] 이 같은 「선」은 삼교를 포함하는 풍류 사상으로 고운에게 이해되었으며, 이는 또 한국 고유의 것으로 국선도의 세계로 이어져 지금까지도 그 원형을 한국 사회 내에 보존하고 있는 것이다.

그러나 이 문제에 대해 여기서는 일단 논의를 접어두고자 한다. 다만

---

172 유병덕, 『圓佛敎思想의 展開』上, 교문사: 서울, 1990, 83–85쪽: "神仙의 仙道는 조선에서 발생하였다. 그것이 중국으로 옮겨간 것이고 중국 고유의 것이 아니다. 그러므로 중국 고대문헌에는 神仙說이 없다. 十二經과 老子에게도 없다. 春秋시대에도 없고 莊子에 비로소 仙人·神人說이 있다. 전국 시대에 해당한다."

이제 한국의 도교를 「선」으로 규정하고 그 사상 세계를 검토해 보면, 이
와 중국 도교와의 상이점의 문제는 보다 선명하게 제기됨을 알 수 있다.
이는 대체로 '한국 선파仙派'의 형성과 그 계통에 따른 정체성 문제와 연
결되는 것이다.

대개 '한국 선파'라 함은 통일신라 말을 기점으로, 유입된 중국 도교
사상과의 연결 고리를 갖고 정치 사회 사상적인 제 시대 상황들을 반영
하면서, 이후의 사상사에 등장하게 된다. 이때 한국 선파의 인물들은 대
체로 자력으로 수도하여 대각을 얻었던 사람들로, 이들은 한결같이 '아
동방我東方 종조지원宗祖之源'으로 '한인'과 '단군'을 그 핵심에 두고 있다.

곧 『청학집靑鶴集』에서 파악하기는 "한인진인桓仁眞人이 동방 선파의 조
종祖宗이다."하였고, 『해동이적海東異蹟』에는 "우리 동방에 군장君長이 생긴
것은 단군 때부터였다."[173]하였으며, 또 이와 달리 『규원사화』는 "하늘에
마침 한 큰 주신主神이 있었는데, 그를 한인桓因이라 하였다."[174]하여, 한
민족이 하늘민족(天民)임을 강조하고 "공자가 우리를 높인 뜻을 우리 스스
로가 오해하고 있으니 슬픈 일이 아닐 수 없다."[175]라고도 하였다.

이에 이능화는 "해동의 땅은 원래가 신선神仙의 굴택屈宅이었고, 도참이
나 점성占星이 일찍부터 발달한 곳"[176]이라 한 바, 그는 『조선도교사』에서
한국 도교 사상의 기원과 전체적인 맥락을 대체적으로 총괄하여 결론짓
고 있는 것이다.

다만 그럼에도 불구하고 한국 사상사 속에서 '한국 선파'를 파악해 내
기는 대단히 어렵다. 이 같은 이유의 대부분은 그들의 근본적인 취향이
실천과 수행적 삶을 주로 하여, 말로써 그 삶과 세계의 이해를 남기기를

---

173 홍만종, 『海東異蹟』, 卷之前, 「檀君」; "東方之有君長 自檀君始"
174 北崖子, 『揆園史話』, 「肇判記」; "上界却有一大主神 曰桓因"
175 『揆園史話』, 「太始紀」; "余悲 世俗不察其變漫 以仲尼韜攘之意 自誤焉"
176 『朝鮮道敎史』 제5장; "盖我海東 非徒爲 神仙窟宅 亦於圖讖 及星占等說 發達極早"

즐겨하지 않았다는 점에 기인하는 것 같다. 즉 말 없는 가운데 가르침을 행하고, 이론적이기보다는 실천적 삶을 주로 한 인물들로, 그들에게서 어떤 학문적인 이론 내지 사상의 흔적을 찾을 수 있는 기록이나 전적들을 발견하기가 대단히 어려운 것이다.

이런 이유 말고 달리 추측해 보는 것은 그들의 철학적 이해가 외래적인 유·불과는 다소 달랐던 것은 아닐까 하는 측면에 관해서다. 즉 그들은 일종의 수련을 통한 선도와 무격적巫覡的 체험, 민간 전승의 사유형인 지성스러움 그리고 황홀 충만의 생활 세계를 통하여, 틀에 박힌 논리를 넘어 개별적으로 천지와의 합일을 추구했다. 이로써 그 기록을 남긴다는 자체가 그들에게는 군더더기 같은 일이 아니었겠는가 생각되는 것이다.

사실 조선 단학의 특징은 심성 수련을 강조하는 내단 수련으로 이루어져 있다는 점이다. 또한 조선 단학은 인간의 본연 심성이라 할 무적·원본적·속신적俗信的인 것과는 다소 상이하게 보다 사상적인 '천인합일天人合一의 의식'이 강화되어 나타나고 있다. 이는 중국에서처럼, 외단적인 금단도나 타력적 신앙의 양생지도로 무병장수를 희구한 것이 아니다. 한국의 선맥은 언제나 그 심성 수련의 내단으로 주를 삼아 왔던 것이다.

그러므로 단학에서는 중국 도교에서처럼 천단天丹·지단地丹·인단人丹 등의 외적인 섭생을 통하여 연년익수延年益壽한다는 장생의 죽음관에서 벗어나고 있다. 그들은 언제나 건강한 삶과 건강한 죽음을 향한 인간의 실천적 노력과 내적인 연마를 더욱 강조하는 일련의 죽음관을 지니고 있던 것이다.

그러나 이 같은 지식인층의 단학적인 죽음관과 민간 기층의 사유 사이에는 또 약간의 거리가 있다. 이에 한국 도교와 민간 신앙 즉 무속적 관념을 상호 비교해 보고자 한다.

3) 무속의 생사관

중국의 도교는 도가의 철학이 단순히 후기적으론 종교화한 것이 아니다. 이는 민간에서 자연 발생한 기복 체계를 토대로 삼고, 여기에 신을 배당하며, 다음에 이를 책임진 신들을 그대로 신앙함으로써 중국 민중 사이에서 종교화한 그 무엇들을 말한다. 다만 이들은 나중에 도가의 철학적 이론들을 그 교리체계 속에 편입시키게 된다. 그럼으로써 일정한 도가적 경향성을 가지게 된 것이 중국의 도교이다.

그러나 궁극적으로 도가 철학이 민간에서 도교화하는 과정에서 중국인의 죽음관을 일정 이상으로 형성하였다는 점을 고려하면, 도교의 죽음관은 중국 민간의 철학과 신앙이라는 의미와도 일정하게 상통하는 셈이다. 이로써 중국 민간 문화의 상당한 영역은 도교 사상의 영향하에서 형성된 것으로 이해할 수 있다. 하지만 도교가 민간에서 종교화함으로써 중국 문화의 중추를 형성하는 데 큰 영향을 끼친 것이라면, 한국에서의 도교는 다만 의례적인 것으로만 존재하였을 뿐이다.

한국의 민초들에게는 자생적 고유 사상인 무신교의 세계가 도교보다 더욱 영향력 있는 민간 신앙, 즉 무속으로 자리잡게 된다. 그러므로 한국 민간의 죽음관을 확인하는 데는 도교보다는 오히려 무속의 세계가 더욱 적합할지도 모른다. 도교가 지닌 민간성과 기층성·잡유성의 문화 양상은 상호간에 있어 상당한 정도의 유사점을 드러내고 있다. 다만 한국 민간에서의 주된 양상은 결국 도교적이라기보다는 보다 무속적이었을 뿐이다. 이런 점에서 민간을 중심으로 할 때, 한국 도교의 죽음관이란 오히려 한국 무속의 죽음관이라는 의미에 더 가까운 것인지도 모른다.

한국 무속에서의 죽음관은 독특한 양상으로 나타나고 있다.

그것은 이승과 저승의 존재 양상으로 특징되며, 혼의 상정을 통해 육신은 비록 이승에 두고 가더라도 그 영혼은 죽어 저승으로 간다고 생각하였던 것이다. 더불어 이 같은 사유 속에서 떠도는 혼령과 윤회적 삶에 대한 의식까지도 보여 준다. 그래서 초혼제招魂祭나 저승 시왕十王의 개념이 상정되고 있으며, 다시금 능구렁이나 우마·새·나비 등의 환생물이 말해졌던 것이다. 이러한 무속의 죽음관을 요약하면, 아마도 저승과 지옥 그리고 혼령과 윤회의 관념 등으로 축약할 수 있을 것이다.

이에 대해 이수자는, "무속 집단은 저승법을 〈능수능장법〉이라 하여 죽음의 세계를 맑고도 깨끗한 것으로 인식하고 있다."[177] 하였다. 그러면서 서천꽃밭과 시왕맞이제를 통해, 이것이 곧 무속 집단이 형상화해 낸 저승의 모습 그것이라 한다. 또 계속적으로 한국 무속의 시왕은 열네 명의 대왕과 한 명의 판관으로 구성되어 있음을 토대로 하여, 이것은 오히려 무속적인 본래의 것이 불교적인 외래의 것에 영향을 미친 결과임을 말하고 있다. 즉 '저승의 양상은 무속 고유의 것'이요, '저승 관념은 곧 우리 민족 고유의 신앙'이었음을 지적하는 것이다.

또 김태곤은, "존재의 순환 지속을 믿는 무속의 입체적 존재 사고는 카오스의 미분성에 기반을 둔 원본(arche-pattern) 사고"라 하고, 동일 근원성과 순환성을 말하여 '그래서 카오스의 미분성이 무속의 원본인 동시에 이 원본은 또 영원히 변치 않는 무속의 핵'[178]으로 작용한다 하였다.

이는 결국 무속에서의 죽음이란 다만 하나의 존재가 존재하면서 반드시 거쳐 지나가야 할 통과 의례라는 것이며, 이는 존재가 그 존재의 양상을 변경한 하나의 사건에 불과하다는 것이다. 따라서 이는 존재성의 단절이나 무화無化의 과정이 결코 아니다. 이는 다만 존재가 경험하는 하나의 관문이며, 저쪽에서의 삶은 여전히 이쪽에서의 삶의 연장쯤으로 이해되었던 것이다.

---

177 『죽음이란 무엇인가』, 앞의 책, 54쪽.
178 『韓國巫俗硏究』, 집문당; 서울, 1991, 192쪽.

그러나 이 대목에서 주의할 점은 존재의 양상이 변화됨과 동시에 죽음 전의 존재는 죽음 후의 존재로 변한다는 존재론적 사실, 즉 존재의 존재 성에 있어 현대 실존 철학이 말하는 것과 같은 '무화'라는 문제는 여기에 개입되지 않는다는 점이다. 더욱이 이 변화된 존재는 나와 무관한 것으 로 존재하는 것이 아니라, 이승에 있는 나와의 관계성과 인식론상의 연 결 속에서 오히려 실재한다고 할 그런 형태로 존재하고 있다.

그러므로 무속에서의 의례는 죽은 자에 대한 모심과 대함이 그대로 산 자와 다름없는 그런 특징적인 양상을 보이고 있는 것이다. 다시 말해 무 속에서의 죽음이란 더 이상 죽음이 아니다. 이는 다만 먼저 간 그리고 다 시금 새롭게 만나게 될 그 어떤 사건으로 이해되었을 따름이다.

이런 측면에서 한국인들이 지닌 신바람과 지성스러움 그리고 일련의 신명과 신들의 세계에 대한 관념은 대단히 특징적이다. 또 이는 다소간 도교적인 특색과도 상호 연결 고리를 가지는 것이기도 하다. 곧 도교의 신神들과 무속의 신, 즉 무신巫神들 사이의 연관성이 바로 그것이다. 다만 무신들을 중심으로 한 조상 숭배와 공동체를 중심으로 한 동제洞祭와 시 제時祭 등 여러 무속적 의례들은 지금도 한국의 전형적인 관계성의 의식 즉 연緣과 인연因緣의 원리에 대한 자체적인 이해를 그 죽음관을 통해 보 여 주는 것이다.

한국의 귀신관 또한 대단히 특이하다. 그리고 하나의 문화 형식으로서 한국의 제사는 이 점을 여실히 증명하고 있다. 한국인의 제사 의식은 인 간과 귀신을 구별하지 않는 미분적 사고의 전면적인 통합형 속에 형성되 고 있음이 확인된다. 이것은 아마도 중국이나 일본과는 다른, 물론 서양 의 여러 제사 형식과도 아주 상이한 형태를 지니는 것이다.

간단히 말해, 한국의 제삿날 그 시간에는 조상 선령先靈들께서 직접 그 자리에 참석하신다는 관념이 그것이다. 그것도 혼자 오시는 것이 아니다. 먼저 가신 분께서는 여러 친구 선령들과 더불어 함께 오신다. 그리하여 식사도 하고, 술도 한잔 마시며, 친구들에게 자손들 자랑도 하는 것이다. 다시 말해 한국의 귀신은 죽어 넘어진 귀신이 아니다.

'한국의 귀신님'들은 현실의 삶과 세계에 지속적인 영향을 끼치면서 더불어 존재하는, 살아 있는 귀신이 되는 셈이다. 그래서 필요로 하면 오기도 하고, 혹 삐치기라도 하면 성이 나서 훌쩍 가기도 한다. 이것은 혼백이 그 육체를 갖고 살아 있을 때의 모습 그대로의 것이다. 이것이 한국의 일반적인 제사 문화이다.

여기에는 한국인의 응대하는 마음이 살아 숨쉬고 있다. 이것을 최치원은 '접화군생接化群生'이라 하였는지도 모른다. 즉 살아 있음과 죽어 있음의 차이를 구분하지 않고, 그대로 있음에의 공경으로 모심과 살림의 과정을 지속해 가는 한국 민간의 마음, 이로써 생명은 다시 살아나는 것이다. 그리고 그 속에 한국 문화의 참된 정신이 깃들어 있다.

이제 마지막으로 검토해야 할 것은 한국 민족 종교 사상에서의 죽음관이다. 그러나 민족 종교 사상이란 방대한 분야를 전면적으로 다 다루기는 대단히 곤란하다. 그러므로 여기서는 무속적이면서도 선적인 한국 도교의 성격을 보다 많이 지니고 있다 여겨지는 증산의 사상[179]을 중심으로 살펴보기로 한다.

---

179 甑山 사상은 증산 사후 수많은 분파로 나뉘어진다. 그리고 그 사상의 요체를 현재 꼭 집어 이것이라 말하기는 어려운 점도 있다. 그러나 초기 교명을 〈仙道〉라 한 것이라든지, 무속과 민간 사상과의 상호 만남이라는 측면 그리고 지금까지의 연구 결과로 볼 때, 한국 도교의 전통적 맥락을 가장 충실히 이어받고 있는 것으로 판단된다. 증산의 행적을 기록한 것에는 많은 경전들이 있으나, 여기서는 특히 『大巡典經』과 증산도의 『道典』을 중심으로 그 이해의 실마리를 풀어보고자 한다.

4) 민족 종교와 증산의 생사관

증산 사상은 19세기 말의 선각자인 증산甑山 강일순姜一淳의 가르침을
토대로 하여 새롭게 일어난 민중 종교 사상인데, 그 사상적 특징은 신명
神明의 세계를 일차적으로 승인하면서 등장하고 있다는 점을 들 수 있다.

증산은, "사람의 죽음길이 먼 곳이 아니라 문턱 밖이 곧 저승이니, 나
는 죽고 사는 것을 뜻대로 하노라."[180] 하고, 또 "죽고 살기는 쉬우니 몸
에 있는 정기精氣를 흩으면 죽고 모으면 사느니라."[181]라고 한 말에서 짐
작할 수 있듯이, 그의 죽음관은 내단히 무신교적이며 또 도교적인 특징
을 지니고 있다.

이를 보면, 증산은 사후의 세계를 신명의 세계로 이해하고, 그곳에서
의 삶과 체험이 그대로 이승에 투사되는 것으로 파악한다. 이 경우 신명
의 세계는 저승이 되며 또한 현실과 교통하는 특징을 보여 준다. 이 점에
서, 증산은 민간의 무속적 관념과 대단히 유사한 형태의 이해를 가진다
고 한 것이다. 더욱이 증산 계열의 사상들에서는 죽음이란 말 대신에 화
천化天 또는 선화仙化라는 말을 사용함으로써, 인간 육체의 소멸을 넘어
존재하는 저편, 즉 저승의 세계를 신명계로 이해하고 있다. 그러면서 혈
통줄과 연관하여, 현 존재가 죽는다 하더라도 그 죽음 이후의 존재가 현
재의 인생과 별개의 것으로 분리되지 않음을 말하는데, 이 역시 민간적·

---

180 증산의 행적을 기록한 책으로는 『대순전경』, 『증산천사공사기』 등 여러 종류가 있다. 여기서
는 현재 사용되고 있는 문체로 기록된 점을 택하여 "『道典』, 증산도전편찬위원회, 1996 대
원출판, 대전본부"(10편 15절)를 주로 하고, 다른 자료들은 보조 자료로 활용한다. 『대순전
경』은 여기에 기록된 내용을 다음과 같이 적고 있다. "사람의 죽음길이 먼 것이 아니라 문턱
밧기 곳 저승이니 나는 죽고 살기를 뜻대로 하노라"(12장 8절). 사실 증산의 행적에 관한 모
든 기록들은 증산 자신이 스스로 남긴 것이 아니요, 후대에 그 문도들이 기억들을 되살려 편
집한 것이다. 이에 사실과는 상당한 문제점들을 야기할 가능성이 있으며, 다만 이 글에서는
대순전경과 도전에 같이 기록되어 있는 부분들만을 차용하기로 한다. 이후 3:6:9의 경우, 각
각 『증산도 도전』 3편 6장 9절을 나타낸다.
181 『대순전경』, 12:26.

무속적 관념과 상당한 상통점을 지니는 것이다.

증산은 우선 인간이 사회 내적 존재로서 가지는 일련의 관계성과 그 회복 그리고 이에 대한 인식론적 중요성을 말한다. 곧, "이때는 원시반본 原始返本하는 시대라. 혈통줄이 바로 잡히는 때니 환부역조換父易祖하는 자 와 환골換骨하는 자는 다 죽으리라…부모를 경애하지 않으면 천지를 섬기 기 어려우니라. 천지는 억조창생의 부모요 부모는 자녀의 천지니라. 자 손이 선영을 박대하면 선영도 자손을 박대하느니라…선영신을 박대하는 자들은 모두 살아 남기 어려우리라."[182]

이 말은 그대로 삶과 죽음의 관계가 존재의 지속과 인식으로 연결됨을 보여 준다. 곧 인간관계성의 시간적 지속과 공간적 존재의 자기 확인이 인식론적 고리로 이어지고 있는 것이다. 다시 말해 현 존재가 조상 선영 신先靈神들을 모시고 공경하는 한, 선영신은 여전히 현실에 작용하는 살아 있는 신神으로 존재하고 관계 맺게 됨을 말하고 있다.

이와 더불어 증산이 말하는 신명의 모심과 공경은 현 존재를 그 자체 로 존재 차원의 승화, 즉 원환적 회귀와 어울림의 세계로 이끌어 간다. 이를 통해 증산은 한국인의 전통적인 마음이라 할 정성, 즉 지성스러움 의 세계로 인간을 이끌고 후천의 새 세상을 보는 것이다.

모심과 살림의 정성스러움을 통하여, 삶과 죽음을 넘어서 신명과 현실 의 해원解寃을 끌어내고, 이로부터 인간들끼리의 상호 관계성을 상생相生 과 화합의 단계로 승화시키고자 한다. 또 죽음으로 끝나지 않는 존재의 법칙을 따라, 아니 이 같은 생사의 이념을 통하여, 단순히 이승의 인간 존재들만이 아니라 저승의 신명적 존재까지도 조화롭게 어울리며, 모든 존재의 존재성을 확보하게 하는 고차원적인 세계를 말하는 것이다.

---

182 『증산도도전』, 2:41.

이에 대해, "이생에 살고 죽은 사람은 신명이 되어 영원히 존재하거나 아니면 소멸되어 버린다." 하고, 다시 "선경仙境을 제시함으로써 죽음에 대한 차원 높은 종교적 승화를 시키고 있다." 하기도 한다.[183] 이 같은 의미에서 다음의 기록은 생각해 볼 많은 여지를 남긴다.

"김송환이 사후 일을 물은대 가라사대, 사람에게 혼과 넋이 있어 혼은 하늘에 올라가 신이 되어 제사를 받다가 4대가 지나면 영도 되고 혹 선도 되며 넋은 땅으로 돌아가 4대가 지나면 귀가 되나니라."[184]

여기서 이 같은 신명과 죽음 이후의 상황에 대한 이해는, 무속에서의 전통적인 푸닥거리나 풀이의 개념들에 있어 중요한 논리적 근거가 되기도 한다. 곧 신명에 대해 증산은, "천지간에 가득 찬 것이 신이니 신이 없는 곳이 없고 신이 하지 않는 일이 없느니라. 이제 신명으로 하여금 사람 몸 속에 출입하게 하여…"라 한 바,[185] 천지의 원원한 기운이 신이요, 이의 명령을 따르는 것이 신명임을 밝히고 있다.

그런데 이는 다른 의미로 천지 자연과 인간의 관계성에 관한 홀론 holon적 언급으로 이해할 수 있다. 즉 대자연과 나 자신, 이 모든 곳에 신이 들어 있음으로 하여, 이 모두 즉 전체를 위하는 인간 내지 개별적 존재들의 자발적인 실천성을 강조하고 있는 것이다. 이 같은 신명의 존재와 연관하여 볼 때, 과거 동학에서 해월 최시형이 행한 바 '향아설위向我設位'의 제사법은 잘못된 것이라는 논거가 성립되기도 한다. 즉 제사는 기본적으로 '향벽설위向壁設位' 하여 지성으로 모셔야만 하는 것이라는 민간의 전통적인 제사법이 더욱 타당한 것이라고 볼 수 있는 것이다.

그러나 해월의 사상은 인간 삶에 대한 현실적 이해가 더욱 강한 측면

---

183 『죽음이란 무엇인가』, 앞의 책, 41-42쪽.
184 『대순전경(大巡典經)』, 3:39.
185 『증산도도전』, 2:45.

을 가지고 있으므로, 신명의 존재를 토대로 이의 잘잘못을 논한다는 것
은 무의미한 일이다. 다만 증산의 죽음관은 신명관과 결부되어 있고, 이
경우 강조되는 하나의 철학은 "인간의 개별적이고 부분적인 존재 원리
또한 천지 자연의 전체성과 불가분의 관계에 있다."는 사실이다. 이런 측
면에서 증산은 일련의 홀로그램적인 전일성으로, 부분과 전체 심지어 삶
과 죽음까지도 상호 연결되어 있음을 말하고 있는 것이다.

　도가와 도교, 그리고 조선 단학 및 무속과 증산 사상의 각각에 나타난
죽음 이해를 지금까지 간략하게 살펴보았다. 그러면 이제 한국 도교 문
화의 죽음관 내지 기층의 관념이라고 할 만한 종합적인 특성은 과연 어
떤 것인가를 검토하면서, 논의를 정리해 보기로 하자.

4. 한국인의 생사관과 도교 문화

　철학적으로 볼 때, 죽음은 결국 삶을 이해하기 위한 하나의 수단이라
는 것이 정설로 여겨져 왔다. 죽는 자에게 있어 죽음이란 결코 경험되지
않는 사건이다. 죽음이 만일 무화無化라면 무화의 의미 그대로 이는 경험
되지 않을 것이며, 새로운 존재로의 재생이라면 거기에는 사멸이나 죽음
이란 의미보다는 오히려 탄생의 의미가 더욱 강할 것이기 때문이다.

　따라서 죽음이란 삶을 지속하고 있는 남겨진 자들에게 있어서만 하나
의 사건으로 존재할 뿐이다. 이 경우 남겨진 자들에게 있어 아니 사실상
죽음이란 사건을 눈앞에 둔 그리고 이를 인식하는 존재로서의 산 자들에
게 있어, 죽음관이란 인간이 자기에게 남겨진 생명을 이해하고 납득하기
위한 하나의 방편에 불과한지도 모른다. 하지만 죽음이란 그리고 그에
관한 관점이란, 산 자들에게 반드시 자신의 남은 삶과 생활에 가역적 반
응을 일으키게 하였던 그 무엇이다. 이로써 죽음은 하나의 문화가 되고,

오히려 삶이 되어 왔던 것이다.

죽음을 이해하기 위한 노력 가운데 한국인들 역시 나름의 방식으로 일련의 생명 문화를 형성시켜 온 바 있다. 이 가운데 한국 도교는 한국인 기층의 생활 문화와 밀접한 상호 관련을 가지면서, 삶과 죽음을 대하는 한민족의 문화사적 현실에 작용하여 왔다.

한국 도교 문화의 죽음관은 좁게는 한국 도교의 핵심, 즉 내단 수련적인 조선 단학에서의 죽음에 관한 이해를 주로 한다고 하겠고, 넓게는 무속과 민족 종교 사상을 포함하면서 다양한 민간 신앙의 세계와도 그 연결 고리를 갖는 기층 의식 전체의 죽음관과도 맞닿아 있다. 그리고 도교에서의 죽음관이란 결국 도가 철학적인 인간 존재의 해석학이 죽음을 바라보는 관점에까지 확대된 것으로 볼 수도 있다.

다만 이의 실천적 양상으로는 도교 문화와 민간 신앙의 상호 습합이라는 분명한 형태를 드러낸다. 이로부터 현실의 역사적 인간들, 즉 기층 민중에게 유교나 불교적 관점과는 다른 측면에서 자신의 삶을 스스로 돌아보게 한 것이 바로 도교라고 이해할 수 있는 것이다.

동학에서 '불연기연不然其然의 논리'를 전개하는 것과 같이, 도가 철학은 『장자』「제물론」의 논지를 따라 일찍이 만물제동萬物齊同이라는 삶과 죽음의 등가적 이해를 갖고 있었다. 다만 이후 민간 사고와의 연결 속에서 새롭게 대두한 도교의 죽음관은 인간의 최대 염원인 장생불사를 주창함으로써, 죽지 않음에 관한 전면적인 이해로 방향을 바꾸게 된다.

그러나 이런 중에도 도교에서 주장하는 죽음의 본질이란 늘 원기元氣, 즉 기의 관념과 그 취산의 문제로 집중되고 있다. 따라서 도교 문화에서 기를 제대로 이해한다는 것은 곧바로 죽음을 어떻게 극복하느냐 하는 문제와 연결되는 것이다. 이런 가운데 금단도라는 일련의 실행 방식이 신념적으로 각인되고, 이로써 장생불사의 관념이 형성된 것이 도교의 죽음관이라 하겠다.

이와 달리 도교적이면서도 무신교적인 민간 사고의 죽음관은 죽은 자를 그대로 산 자와 동일시하는 가운데 그 죽음에의 공포를 극복하려 한 것으로 이해된다. 곧 이승의 모순을 저승의 질서로 대치하고자 하는 강한 염원을 품어 온 것이다.

그렇다면 한국 도교 문화에서 말하는 죽음이란 어떤 것일까.

여기서는 죽음이란 결국 삶의 또 다른 형태일 뿐이라는 이해를 가지고 있다는 점에서, 그 죽음관을 유추할 수 있다. 현실에서의 이 삶 역시 죽음의 또 다른 형태이다. 드러난 것과 감추어진 것의 차이처럼, 삶과 죽음은 다만 존재의 양 측면일 뿐인 것이다. 그러면서도 죽음이란 사건은 인간 존재의 변화 가운데에서 엄존하고 있다. 매일 살아가는 가운데 매일같이 죽어간다. 동시에 죽어감 속에서 새로이 살아감의 의미를 또 다시 이해하는 것이다.

이 몸, 육신은 생기를 잃으면 죽는다. 이때의 생기生氣란 곧 원기元氣이며, 이는 또 활기活氣이다. 그리고 활기가 없다면, 이는 이미 죽은 목숨이다. 따라서 '진정한 삶이란 결국 활기 있는 생'을 의미하는 것이다.

숨이 끊어졌다는 사건과 그 사실, 즉 죽음에 있어 도교 죽음관의 특징 또한 이것이 단순히 소멸을 의미하는 것이 아니라는 사실에 있다. 다시 말해 육신의 사라짐이 곧 '나'라는 존재의 모든 소멸과 제거를 의미하는 것은 아니라는 말이다. 도교에서 말하는 선仙과 시해尸解의 의미는 여기에 더욱 많은 이해의 여지를 남긴다.

더욱이 한국 도교 문화에서 바라보는 죽음의 이해는 명확하다. 그것은 '돌아감의 의식', '근원에로의 회귀'이다. 따라서 죽음이란 단절이 아니다. 그것은 다만 변경일 따름이다. 그 변경은 다만 이곳에서 저곳으로의 돌아감이며, 저곳은 바로 이곳의 삶을 지탱하는 근원으로 이해되고 있다. 다시 말해 달이 차면 기울 듯이, 기운 달 또한 다시금 차오를 것이다.
자연의 운행이란 이와 같다. 자연은 여여如如하고 사시의 순환은 무궁하
다. 그리고 이 같은 자연을 따르고자 한 것이 한국 문화의 근본 내용이라
고 할 때, 자연의 운행과 생사의 세계 또한 달리 떨어져 있는 것이 아니
다. 이것이 한국 도교가 바라본 죽음의 진정한 이해일 것이다.

무위자연無爲自然하고 무위이화無爲以化함이란, 오직 천지 자연의 흐름에
순응하여 날로 생명을 길러 나가는 것일 따름이다. 그리하여 죽음 또한
삶 속에서 다만 자연스러울 뿐이다. 그렇기에 인간은 삶과 죽음 양자에
있어 어디에도 치우칠 필요가 없다. 오히려 인간이 필요로 하는 것은 다
만 자기 자신의 성실성일 따름이다. 이러한 성실함의 심적·정신적 상태
를 한국인의 일상 속에서 '정성, 즉 지성의 마음'과 '비손(손비빔, 비나이다 비
나이다!)의 문화'로 이해해도 크게 틀리지는 않을 것이다.

정성精誠은 결국 지성至誠이다. 아니 정성스러움은 지성으로 현실화하
는 것이다. 이러한 지성은 결국 형식상에 있어서는 치성이라는 독특한
한국적 문화의 한 형태를 낳고 있다. 지성과 치성 드림, 이는 결국 존재
의 영원성을 희구하는 존재 본연의 속성 그리고 이를 희망하는 민간의
마음과 동일한 것이다. 그러나 현실적인 천지 우주의 3차원적 상황은 이
같은 영원적 존재상을 불가능한 것으로 인식시킨다. 그러므로 여기 희망
과 현실의 불협화음 가운데, 한국인의 마음 깊은 곳에서 한恨의 자기 생
성이 나타나는 것이다.

한恨과 한韓! 이것은 한국 문화에 있어 죽음이라는 사건을 통한 삶과
죽음의 통합이며 승화이다. 그래서 죽음은 고단한 삶의 세계를 넘어 영
속하는 존재의 본령이 되는 것이다. 그렇기에 비록 이 몸은 다할지라도
한국인의 마음들은 죽지 않는다.

죽음, 그것은 돌아가심의 사건일 따름이다. 비록 떠나 있음과 그 별리

의 시간이 지속된다 하더라도, 그리고 이러한 시간의 작용이 비록 비가역적인 것이라 할지라도, 그래서 이러한 비가역적인 조건에서 내 마음속에 그 깊은 한恨의 세계가 다시금 형성된다 할지라도, 어쩌면 나 자신의 참된 죽음을 통해 이 같은 비가역적 시간의 작용은 가역적인 것으로 환원될지도 모른다.

그래서 모든 한국인들은 관계성의 고리를 놓지 않으며, 영원 속에서 함께 존재하게 될 생명의 원리를 지니고 있었던 것이다. 함께 있음의 존재 세계를 보며, 한국인들은 죽음에 대한 슬픔과 고통을 극복해 왔는지도 모른다. 그리고 이 같은 함께 있음의 세계는 결국 하나됨의 마음으로부터 출발하는 것이기도 하다. 이로써 하나됨의 세계를 가능케 하는 '한·혼·韓'의 원리를 한국인들은 집단의 무의식 가운데 지닌 채 내려왔다 하는 것이다.

한국인의 죽음 이해는 '한 오백년'과 같은 마음으로 한스런 세상살이를 바라보게 하였고, 이것은 또 다시 문화가 되어 생사의 구분마저도 넘어선 하나됨의 한으로 승화되고 있다. 그리고 이 같은 죽음 이해를 통해 한국인들은 지나간 것과 다가올 것, 떠나간 것과 돌아올 것들에 대한 모심과 살림의 마음을 키워 왔던 것이다.

제 2 부

우리 나라, 우리 문화

선랑仙郎들의 마음으로

제5장 유교와 도교 윤리 사상의 특성과 양상
- 유의 표층성 : 도의 기층성

1. 동양의 두 사상

동양의 삼대 사조 중 유가 사상은 특히 인간 행위의 준칙과 규범을 중심으로 위位와 예악禮樂을 규정함으로써, 삼천 년 동양 사상사의 흐름에 있어 가장 큰 물결을 이루어 왔음은 주지의 사실이다.

그 중에도 부자·부부·노소와 군신 및 벗들과의 상호 관계를 규정하고 있는 오륜五倫의 가르침은 유가 윤리 사상의 백미라 아니할 수 없다. 이러한 윤리 학설의 성립과 더불어 봉건 왕조 시대의 상하 윤리를 종속적 수직적으로 이해시킨 삼강三綱의 등장[1]으로 말미암아, 유가 사상은 이천 년

이상, 동양 각국의 제 왕조들에 있어 주요한 정치사상 및 정통 관학官學으로 채용되고 이후로도 부동의 위치를 점하여 왔다.

그러나 이러한 유학의 위치와 흐름에 대비해 볼 때, 비슷한 시기에 마찬가지로 인간 행위와 삶의 제 양상들을 규정하면서 등장한 도가 내지 도교 사상은 - 일면 수많은 사람들의 관심 속에 실제적인 생활 철학으로서의 자기 역할을 담당하면서도 - 과거 동양 사상사의 전체적인 흐름 속에서 제대로의 평가와 대접을 받았다고 보기 어려운 점이 있다.[2]

더욱이 여기서 도가와 도교를 엄격히 구별해 본다면, 그 연구 결과와 차이는 더욱 심해질 것이다. 그렇다면 상호간에 있어 이러한 차별들을 유발시킨 원인은 어디에 있으며, 그 이유는 무엇일까.

오늘 자유와 평등 그리고 자본과 정보의 흐름 위에 인간 개개인의 관계와 이해가 새로운 양상을 띄고 있는 상황 속에서, 전통 사상과 접목된 현재적인 의문은 새로운 윤리의 모색과 출현을 위해서라도 한 번쯤 제기해야 할 문제가 아닐 수 없다. 동시에 오리엔탈리즘으로 부르면서 동양의 제 사조들을 조금은 편협하게 그리고 구분 없이 이해하고 있는 서구 지성계를 위해서도, 이에 관해 다시 한번 생각해 보지 않을 수 없게 만든다. 곧 동양의 인문학에 관해 새로이 눈뜨고 있는 그들에게 올바른 이해를 제시해 줄 사명감이 중첩되는 과제로 다가오는 것이다.

다만 그럼에도 불구하고 이 글이 무슨 대단한 비교철학적인 주제 의식 속에서 출발하는 것은 아님을 먼저 밝혀 둔다. 이는 오히려 현대 사회의 현재적인 윤리 상황과 제반의 문제점들을 해명하고 그 시급한 대책을 모

---

2 최근 도교에 관한 관심이 대두되면서 그 연구가 활발히 이루어지고는 있으나, 관학으로 성장하지 못한 道家 및 道教에 관한 지금까지의 연구는 상대적으로 미미한 것이라고 할 수밖에 없다. 이 점에 대해 吉岡義豊은 "도교는 저속한 민간 신앙이며 미신이고 음사 사교라고 잘못 인식되어 중국인의 종교 가운데 오랫동안 소외된 종교 혹은 귀찮은 존재로 취급되어 왔다"(吉岡義豊/최준식 역, 『중국의 도교』, 민족사: 서울, 1991, 4쪽 머리말)라고 보고하고 있다.

색하는 가운데, 중국과 한국 사상사의 주요한 윤리 의식들을 검토·분류·분석해 볼 필요가 있다는 점에서 출발한 것이다.

이런 와중에 한편으로, 동양의 의식 가운데서 차지하였던 불교의 생활 윤리는 어떤 의미로 이들 유·도의 양자보다 더욱 그 영향력이 컸던 것은 아니었겠는가 하는 점도 있다. 하지만 중국에서도 불교 윤리 사상의 영향은 그 종교적 심성을 떠나 생활상의 문제에 이른다면 일정한 한계를 지니는 것이라 생각된다.[3]

다시 말해 불교 사상이 지닌 윤리설이 비록 상당한 정도로 영향력을 지니는 것이기는 하지만, 현실 생활의 문제 속에서 이를 적용하는 데는 일정한 한계를 가질 수밖에 없다는 것이다. 이에 여기서는 한자 문화권 내에서 성장한 유·도의 두 사상을 중심으로 그 윤리 실천 사상의 대강을 파악해 보고자 한다.

그런데 이후 본문의 진행에서 도가와 도교를 엄격히 구분하지 않고 한데 묶어 도교 윤리 사상으로 이해한 것은 상당한 문제점을 지니는 것이기도 하다. 하지만 이 글에서 이 같은 이해의 틀과 방식을 택한 데에는, 이것이 도가 철학의 근본 원리로부터 출발하여 도교라는 신앙 사상으로 변용된 중국 특유의 사상사적인 상황을 실천적 방면에서 파악함으로부터 나타난 부득이한 선택이었음을 우선 밝히면서 양해를 구하고 싶다.

2. 윤리란 무엇인가.

인간에게 있어 윤리란 어떤 의미를 지니는 것일까. 또한 동양에서의

---

3 이와 같은 입장은 馮友蘭이 '중국의 불교'를 언급한 부분(馮友蘭/정인재 역, 『中國哲學史』, 형설출판사; 서울, 1984, 314쪽 참조)에서 대표적으로 확인할 수 있다. 곧 깨달음의 철학으로서의 소승적 불교와 韓·中 중심으로 일어난 대승적 불교와의 사이에 존재하는 하나의 거리감 같은 것을 여기서는 염두에 두었다.

윤리학이란 어떤 의미로 우리에게 다가와 있는가. 삶과 세계의 해명을 시도하고자 하는 모든 철학과 그 실천에 있어, 윤리란 어떤 의미로 최종적 완성과 결론적 가치로 이끄는 황금의 열쇠로 규정된다. 곧 순수 철학으로 불리는 일련의 이론들은 인간 삶의 새로운 질적 변환과 그 양적 팽창에는 실상 별다른 보탬이 되지 않는 것이다. 이런 측면에서 현대 철학의 실천적 담론 체계는 그 시사하는 바가 크다고 하겠다.

사실 전통적 동양학은 이 같은 이론의 영역에는 별로 관심이 없었다고도 할 수 있다. 이는 다른 말로 이론만으로 구성된 철학, 즉 순수 이론적 철학은 전통적인 동양 철학이 지향했던 바의 본질적 세계가 아님을 의미한다. 더하여 동양에 있어 이론 철학이 차지하는 위치와 그 지평이란, 그 실천 철학적 방면에서 진행된 윤리 세계의 선도적 역량에 비한다면 실로 비현실적 측면에 불과하였던 것임을 지적하지 않을 수 없다.

즉 동양학 일반의 학문적인 근본 태도는, 어떠한 철학이든 그것은 분명한 정도로 인간 삶의 실천적 판단과 선택에 있어 올바른 길(道)을 제시해 줄 수 있는 것이어야 한다는 데 있었던 것이다.

동양에서는 어떤 철학이든 간에 - 그것이 인간의 사유 본능과 삶에 대한 문제의식으로부터 출발하는 한 - 인간 자신의 실천적인 문제 해결을 가능케할 경우에, 비로소 가치를 보장받을 수 있는 것으로 간주해 왔다. 역으로 어떠한 기반을 지닌 사유와 사상이든지 간에 그것이 인간 삶과의 이해 연관 속에서 논의되고 실천될 수 있는 것이라면, 이는 언제나 철학이라는 범주에 포함되어 왔던 것이다. 이것이 바로 동양학 일반의 입장이라고 할 것이다.

인간은 끊임없는 행위와 사유를 통하여 자신의 난문難問들을 해결한다. 공·맹이 강조해 마지 않았던 예禮·악樂 또한 인간 사회 속의 문제 해결이란 의미를 지닌다는 점에서 이 같은 범주로부터 벗어나지 않음은 재론할 필요가 없다. 그리고 노·장에서 언급되고 있는 무위 역시 자연과의 만남과 삶이란 의미를 지니고 인간 행위의 극치로서 제시된 것임을 또한 기억하지 않을 수 없다.

　인류 문화사의 장구한 세월을 거쳐 오늘에 알려지고 있는 중요한 철학적 유산들이 대부분 신앙으로서의 종교로 승화됨과 동시에, 이들이 엄격한 실천 윤리를 제공하고 있다는 사실은, 스스로 행위하는 동물로서의 인간이 그 사유의 목표를 어디에 두고 있었는가를 알려 주는 하나의 자체적인 반증이 된다 하겠다.

　인간 사유의 체계적 구현으로서의 철학은 결국 그 자체로 인간의 정신 활동, 즉 하나의 인간 행위로 규정된다. 그런데 철학은 하나의 인간 행위이면서 동시에 인간 행위의 방향을 규정하는 기준으로 작용한다. 그러므로 모든 철학은 결국 행위의 철학, 즉 실천 철학으로 진행하지 않을 수 없고, 이러한 실천 철학으로서 최종의 자리에 놓여있는 것이 바로 인간 자신이 스스로의 행위 준칙을 규정한 윤리이다.

　따라서 윤리란 곧바로 철학의 시작이자, 동시에 그 끝이라고까지 말할 수 있는 것이다. 다만 이제 윤리를 서구에서 말하는 '윤리학, 곧 ethics' 란 체계 내에서의 개념과 그 이해로 한정한다면, 이는 동양학의 세계 속에서는 또 다른 문제점을 내포하게 된다. 다시 말해 전통적 동양 윤리의 세계에서 본다면, ethics란 개념의 서구적인 이해는 일련의 협의적인 개념으로 빠져들고 만다는 것이다.

　곧 서구적 의미의 윤리란 인간의 사회적 특성과 필연적인 상관 관계를 가지는 것이다. 이때의 윤리는 moral이란 의미에서의 행위 규범이란 의미와 곧잘 동일시되며, 이는 사회적 규범과 개인의 자발적인 의지에 근거를 둔 행위 내지는 그 이법理法이라는 의미로 주로 이해된다. 다시 말해 광의의 의미에서 윤리가 모든 인간 행위와 실천 도덕의 문제를 염두에 두는 데 반해, 협의의 윤리는 개인이 속한 사회 그리고 그 속에서의 행위와 가치를 고려하는 이론적 작업이 되는 것이다.

여기서 인간이 환경적 존재임을 고려하면, 윤리가 비록 사회 보편의 객관적인 행위 법칙을 도출하는 것을 목표로 한다 하여도 윤리학적 의미에서의 윤리는 자연히 협의로서의 윤리라는 개념에 집중하지 않을 수 없다. 이 경우 윤리 이론은 당연히 그 사회·역사적 관념을 반영하지 않을 수 없고, 이를 따라 가치 기준에 대한 판단 역시 수시로 바뀔 수밖에 없는 것이다. 이로부터 서구적 의미의 윤리는 하나의 가치 상대론 내지 상대주의의 입장에 서기 쉽고, 이는 지금까지의 윤리학사를 통해서도 어느 정도 확인할 수 있는 일이기도 하다.[4]

그런데 이는 어쩌면 인간이 살아가고 있는 세계의 근본 구조가 상대론 내지 대대적待對的인 세계의 원리 속에 구축되어 있기 때문인지도 모른다. 이를 따른다면, 인간의 윤리관 또한 별개의 세계로서 형성되는 것이 아니라, 존재론적 인식론과의 불가분적인 상호 관계 속에서 이루어지는 것이라 하겠다.

하지만 인간은 이러한 상대적 세계 속에 살아가고 있으면서도 언제나 또 다른 절대적 세계, 그리고 절대적 진리를 찾아가는 일에 그 마음을 빼앗기고 있는 존재다. 즉 끊임없이 변화해 가는 세계 속에서도 영원히 변치 않을 그 무엇을 찾고자 염원하는 정신, 그것이 인간 정신이다.

이런 측면에서 인간의 삶, 아니 인간이란 본질적으로 그 자신의 윤리적 승리와는 무관하게 언제나 자기의 불행을 스스로 잉태하며 살아가는

---

4 이것이 보편 윤리의 가능성을 부정하는 것은 아니다. 이는 다만 많은 사회학적 윤리 학설과 궤를 같이한다는 의미에서, 그리고 여기서는 사실상 "도덕 자체와 마찬가지로 윤리 학설도 시대와 함께 변천하고 각각의 시대의 도덕의식을 반영하고 시대나 계급의 특성을 수반하여 나타내고…"(윤명로 감수, 『哲學辭典』, 일신사: 서울, 1988, 윤리학 項) 있다는 일반적인 지적에서, 그 상대주의의 근거를 따본 것이다.

눈물의 존재, 서글픈 기억인지도 모른다. 그러나 이러한 인간의 비극 속
에서 비로소 인간이 지닌 위대함이 드러나는 것이 아닐까. 숨어 있는 인
간 정신과 더불어 인간으로서 해야 할 일이 많으면 많을수록, 그 윤리 세
계의 높이와 깊이는 더욱 확장되는 것이라 생각되기 때문이다.

그러면 인간 사유의 완성 내지 실천적 완결로서의 윤리란 과연 어떤
의미를 지니는 것일까. 개인에게 있어 윤리란 결국 자기 자신에 대한 존
재와 인식 그리고 그 실천으로 요약할 수 있다. 눈앞에 보이는 불행을 스
스로 짊어진 채로도 피하지 아니하고 용감하게 맞서 있는 것에서 하나의
용기, 즉 기개를 가지며, 그 비극의 시작과 끝을 통찰하고 이해하는 데서
앎, 즉 지혜를 가지며, 이를 참고 견디며 극복하는 과정을 통해서 쉽게
얻을 수 없는 인내와 자비, 즉 어짊을 가지는 것이다.

지知·인仁·용勇의 삼자를 통해, 그는 스스로의 인격적 완성과 더불어
하나의 인간으로서의 인생을 갈무리해 간다. 느낌으로서의 감각만이 아
니라 스스로의 이성적 판단과 사유를 더하고, 마침내 삶과 실천을 통해
새롭게 자기의 세계를 창조해 가는 정신, 그것이 인간 정신이다.

이 같은 과정을 거쳐 인간은 비로소 스스로의 삶과 윤리적 세계를 논
할 수 있을 것이다. 그러면 인간으로서의 윤리적 삶을 위해 우리는 무엇
을 할 것인가. 아니 스스로의 삶을 창조해 가는 당위적 존재로서 인간이
필요로 하는 것과 갖추어야 하는 것은 과연 무엇인가.

이에 대한 첫 번째 해답은 먼저 알아야 한다는 것이다. 즉 무엇이 옳고
무엇이 그르며 무엇을 해야 하고 무엇을 하지 않아야 하는가에 대해, 인
간은 스스로 인식해야만 한다. 이러한 앎이 있은 다음에야 비로소 그 실
천이 생겨날 수 있기 때문이다. 다시 말해 이러한 앎 자체를 갖고 있지
못한 상태에서는 기본적으로 행위로서의 행동을 하기 힘들다.

혹 말하기를, 모르고 한 것에 대해 죄과를 물을 수는 없다고 한다. 그

러나 모르고 행하였다 하여도 죄과를 물어야 하는 것이 인간 존재이다. 왜냐하면 그는 근원적으로 인간으로서의 삶을 살고 있는 것이며, 그 상태로서 이미 그는 윤리적·당위적 존재이기 때문이다.

달리 말해 모른다는 것은 인간으로서 근본적으로 행해야만 할 앎에 대한 준비와 그 태도가 부족하였다는 것에 다름 아니다. 이는 단순히 '알려지지 않은 것'에 대한 책임 없음이라는 사태 판단으로 끝나는 것이 아니다. 이는 스스로가 알려고 하지 않았다는 측면에서, 그 인식에 대한 윤리적·도의적인 책임을 오히려 묻게 되는 것이다.

이와 달리 신념과 세계관과 같이 정신의 일반 차이, 즉 인식 판단에 의한 일부 구성 요건상의 윤리적 문제가 있다. 양심수라든가 사상범이 이에 해당하는데, 이들에 대한 판단 또한 윤리 개념이 어떻게 형성되었는가를 거슬러 올라가 생각해 보면 쉽게 이해할 수 있으리라 여겨진다.

대개 사상범이란 관습과 법률 그리고 전통적인 인륜과 사회 이념의 제 관계를 일정한 개인적 신념과 사상에 의해서 부정하는 경우를 의미한다. 이때 개인에 적용되는 사회 윤리가 그 사회의 보편적 관계 법칙을 따라 성립하는 한, 개인의 개별적 신념을 무조건적으로 옹호할 수는 없다. 따라서 개인과 사회, 즉 특수와 보편의 갈등에 있어, 개인은 결국 보편이 지닌 사회의 윤리적 이념을 우선적으로 일정하게 따를 수밖에 없다. 물론 이것이 보편적인 것은 항상 옳다는 것을 의미하는 것은 아니다.

이는 다만 사회적 관점에서의 윤리란 보편, 즉 다수의 합의를 따를 수밖에 없음을 의미하는 것이며, 이 경우에도 개별자로서의 개인적 진실과 진리 그리고 그 도덕적 가치는 여전히 살아 있음을 분명히 인식해야 한다. 그래서 개인의 도덕과 사회의 윤리는 반드시 동일한 것이 아니다. 어쩌면 개별적 인간들은 이같이 상호 양립할 수 없는 근본적인 가치 인식의 갈등 구조 아래서 선택적 결단이란 짐을 여기에 또 한번 안게 되는 것인지도 모른다.

그러나 이러한 어려움에도 불구하고 개별적 도덕을 사회적 윤리 속에서 구현하고자 하며 동시에 구현해 내는 것, 여기에 인간 불굴의 정신이 다시 한번 깃드는 것이며, 바로 이것이 스스로를 참된 인간으로 이끌어가는 또 하나의 지침이 될 것이라 생각된다.

3. 유가 사상과 도가 철학의 근본 이념

전통적인 동양의 윤리 의식을 책임져 온 것으로, 한자 문화권의 강력한 영향 아래 성장한 유가의 윤리 사상을 언급하지 않을 수 없다. 그런데 유가 윤리는 오늘날 현대화·산업화·정보화 되어 가는 사회 현실 속에서 새롭고도 강력한 도전에 직면하고 있다.

그러나 이를 대신할 새로운 실천 윤리의 세계는 아직도 그 분명한 모습을 드러내지 않고 있다. 이에 동양 전통의 윤리 사상을 개략적이나마 살펴보고, 새로운 시대 윤리가 필수적으로 요청된다면 그것은 어떤 것이어야 하며, 전통 윤리의 개선으로 가능할지, 아니면 다른 무엇이 새로운 대안으로 제기될 수 있을지에 대해 탐색하고자 하는 것이다.

유가 사상은 인간과 인간 그리고 사회와 나의 제반 상호 관계를 해명함으로써, 혼란한 사회 상황을 바로잡고자 하는 정치사상적인 측면을 일차적인 핵심으로 삼는다. 즉 유가의 철학은 기본적으로 예악禮樂과 형정刑政으로 대변되는 사회 문화적인 윤리 철학의 성격을 짙게 갖고 있는 것이다. 이 같은 유가 사상의 중심에는 언제나 하늘, 곧 천天으로 대변되는 천인 상응의 천도天道 개념과 그 문화 의식이 자리잡고 있다.[5]

---

5 勞思光/정인재 역, 『中國哲學史』, 탐구당: 서울, 1987, 420쪽. "유학에선 언제나 天의 관념을 언급한다. 선진 문헌이 이와 같으며, 宋明 理論 역시 이와 같다."

이에 반해 도가 내지 도교 사상은 인간과 인간의 사회적 관계보다는 인간과 자연의 상호 관계에 오히려 초점을 둔다. 그러므로 사회와 나의 문제보다는 참된 나와 참되지 않은 나, 곧 존재와 비존재 내지 유와 무라는 다소 형이상학적인 주제의식 속에서, 진정한 인간 삶과 자연 세계의 의미를 이해해 보고자 하는 일련의 출발점을 지니고 있다.

따라서 이 양자가 기울이는 관심의 영역 또한 상당한 정도로 차이를 지니지 않을 수 없다. 하지만 이런 가운데도 유와 도는 각자 나름의 이해를 통하여 상당한 정도로 그 윤리 의식을 공유하고 있음을 확인할 수 있다. 이에 양 사상이 지향하고 있는 관심들을 차례차례 검토해 보면서, 그 실천 철학적인 동양 윤리 세계의 제 양상을 살펴보기로 한다.

1) 유가 윤리 사상 개괄

유가 철학은 근본적으로 천天의 주재성主宰性과 이법성理法性으로부터 출발한다. 하늘은 높고 땅은 아래리는 천지 정위天地定位를 기준으로, 명실名實의 논리성을 따른 정명론正名論을 제출하여 이에 따른 질서와 그 실천적 예禮로써 세계와 인생을 우선적으로 파악하고 있다. 그리하여 천지 자연에 고유한 원리를 올바로 지킴으로써 이 혼란하고 탁한 세상을 치유하려는 일련의 실천 철학적 성격을 지니는 것이다.

'군군신신부부자자君君臣臣父父子子'[6]로 대변되는 인인人人과 정명正名의 원칙 그리고 인간이라면 누구나 마땅히 따라야 할 규범이 있다는 당위의 철학에서, 공자는 인성의 핵심으로 인仁을 내세움으로써 그 논리를 전개하고 있다. 이로부터 우선적으로 파생된 것은 인간과 인간 사이의 관계성의 철학이다. 즉 예악을 준칙으로 하는 행위 의식의 실천이라는 문명

---

6 『論語』, 「顏淵」.

론적 이해와, 인간과 인간 사이의 맺음이란 의미에서 사회 윤리의 불가
피성을 강조하는 철학적 현실의 이해가 그 주축을 이루는 것이다.

　이런 점에서 유가 철학이란 실로 윤리 의식 그 자체로 하나의 철학을
구성하고 있다. 특히 선진先秦 내지 한당漢唐 유학에 이르기까지 그 주된
관심사는, 인간으로 태어나 인간으로 죽어 가는 인생의 과정, 즉 삶에 있
어 '가치 있는 삶이란 무엇인가?'하는 당위론적 의문에 전념한다. 따라
서 유학에서 죽음과 그에 따른 이해, 즉 현생 이전이나 죽음의 저편에 대
한 관심은 대단히 희박한 편이다. 공자 자신도 괴력난신怪力亂神을 말하면
서 이는 비이성적·반문명적인 것으로 기피해야 할 것이라 하였고, 스스
로의 관심사는 오직 생生에 있음을 누차 밝힌 바 있다.[7]

　이러한 사실들은 현실의 철학으로서의 유학이 갖는 성격과 자기 세계
를 명백히 밝힌 것이며, 적어도 송대宋代 성리학이 발현되기 이전까지 이
원칙은 지속적으로 준수되어 왔다.

　달리 말해, 유학의 기본 원칙은 자연적 존재로서가 아니라 사회적 존
재로서 살아가는 인간이 금수와 달리 인간이 되는 이유를 해명하고, 이
를 위한 인간의 실천적 삶과 그 행위가 어떠해야 하는가를 규명하는 데
에 있었던 것이다. 이런 측면에서 유가 철학은 그 전체로서 이미 하나의
윤리 사상이라고 하는 자기 특질을 가지는 셈이다. 또 유학은 예악을 중
심으로 하는 행위 준칙을 권력 중심에 제공함으로써 이후 사상사적 변경
을 거치는 동안에도 관학으로서의 자기 위치를 확보하고 정치와 문화의
주류사상으로서의 특징적인 자기 모습을 형성하게 된다.

　유가의 철학과 윤리는 이론과 실천이 온전히 하나되어 있음으로 하여
전통적인 동양 철학의 특성을 대표하게 되며, 실로 동양의 철학을 이론

---

7 『論語』, 「雍也」 '敬鬼神而遠之'; 「先進」 "未能事人 焉能事鬼…未知生 焉知死"

과 실천의 양자로 분리해서 이해할 수 없는 것으로 만드는 데 가장 큰 역할을 한 사상이라 할 수 있다. 이론과 실천의 이러한 일치성은 여타의 동양 철학 전반에 대해서도 그 심대한 영향을 끼치게 된다. 현실의 철학, 즉 실학으로서의 자기 모습을 갖추게 된 유학은, 공空과 허虛를 위주로 삶의 보다 본질적인 형이상적 세계를 다루는 불가와 도가에 대해 주저 없이 그 황탄荒誕함을 논박하기도 한다.[8]

하지만 여기서 불가와 도가가 단순히 공과 허를 논한 것만이 아니라는 사실은 분명히 해 둘 필요가 있다. 다시 말해 하나의 논점으로써 논박을 위한 논박의 과정 속에서 파생된 것이 불가와 도가는 공허하다는 불공佛空·도허道虛의 인식인 것이다. 이 같은 판단은 상당한 정도로 왜곡된 것이요, 또한 평가절하된 규정이다. 불가와 도가는 오히려 '삶과 세계의 본질이 무엇인가?'라는 문제를 추구함으로써, 인간 인식의 새로운 변경을 개척하려고 한 것이었음을 간과해서는 아니 될 것이다. 즉 불과 도는 형이상적 세계까지를 포함하는 우주의 온전한 이해를 통하여, 다른 의미에서 진정한 인간 행위, 즉 삶의 완성을 추구했던 것이다.

다만 이런 사상들 사이의 상호 관계를 통해 동양의 전통 철학들, 즉 유·불:도 전체는 하나의 공통적인 특성을 지니게 된다. 그것은 인간의 인식과 실천의 관계에서, 이들은 단순히 이론으로서의 학문 또는 철학만이기를 거부하였던 것이다. 지행합일이라는 말과 같이, 동양학은 언제나 하나의 인간 행위를 예비하는 실천 윤리로서의 철학, 곧 이론과 실천이 온전히 합해져 삶의 궁극적 완성이 이루어질 수 있는 새로운 인문학적 문화 현실의 실현과 도래를 염원하였던 것이다.

---

8 이 점은 오히려 중국보다 한국 사상사를 통하여 더욱 확연히 이해할 수 있는데, 특히 鄭道傳·權近·涵虛로 이어진 조선 초기의 사상 논쟁에서 이를 확인할 수 있다.(윤사순/고익진 편, 『한국의 사상』, 열음사: 서울, 1990, 145-163쪽 참조)

사실 유·불·도 즉 동양의 삼교三教 사상이 각기 서로의 사상 세계를 비난한 것은 다만 자신의 사유 체계를 옹호하기 위한 것만이 아니라, 다른 의미에서 자신의 생활 방식을 고수하기 위한 한 방편이었다고 할 수 있다. 그러나 동양의 철학들이 지행합일과 같은 사상적 특질을 가지게 된 데에는 유학의 실천 윤리적 성격이 그 중요한 역할을 담당하였던 것임을 부인할 수는 없다.

하지만 19세기 서학의 전래와 근대적 시민 평등 사회의 등장과 더불어, 정위定位의 철학과 실천 윤리로서의 분명한 성격을 지닌 유가 철학은 왕조 시대의 봉건 계급적 사회의식을 반영한다는 이유에서 보수 반동적 철학 사상으로 규정되기에 이르러, 이제 더 이상 전통적 위상을 갖추기는 어렵게 되었다. 그 결과 급속한 서구화와 산업화의 과정에서 유가 철학은 과거의 영화를 전면적으로 상실하기에 이른 것이다.

그러나 정통 유학에서 추구하였던 인도人道와 천도天道의 구별 및 인간 삶의 심성적 분석을 통한 실천적 세계 이해는 언제나 새로운 해석을 가능케 하는 덕목들이다. 또한 인간이 인간으로서 행해야 할 규준과 도덕적 지침을 인간학적 견지에서 제공했던 것이 유학이었음을 망각해서는 안 될 것이다. 이런 의미에서 오늘 비인간화·몰인격화하는 기술·과학 중심의 세계 속에서, 유가의 윤리 철학과 그 실천 덕목들은 중요한 인문학적 지침으로 작용할 가능성을 여전히 지니는 것이라 아니할 수 없다.

2) 유가 윤리와 천지 정위天地定位

유가의 철학은 자연에 대한 기본 관점을 그대로 사회에 적용시키면서 출발한다. 즉 고대적인 천天의 관념을 기점으로, 자연의 모든 사물이 제자리를 잡은 것처럼 인간 사회 또한 정위定位를 지닌다 하여, 사회 역시 천자·공·경·대부·사·서인에 이르는 하나의 엄격한 위계질서를 지닌 것으로 이해하였다. 이 같은 천지 정위의 질서를 토대로 하여 유학은 만물에 대한 인식과 세계관 역시 역으로 체계지우고 있기도 하다.

그런데 대개 이러한 종류의 윤리관은 근본적으로 존재론적 인식론의 세계 이해와 연관된다 하거니와, 실로 유가 윤리 사상을 본격적으로 이해하기 위해서는 그 존재론의 핵심에 자리잡고 있는 천天에 관한 이해가 선결되어야 한다.

그러면 유가에서 말하는 천이란 어떤 것일까.

유학에서 천을 이해할 때, 이는 보편적으로 자연천自然天·주재천主宰天·의리천義理天이라는 세 가지의 의미를 지니는 것으로 파악한다.[9] 특히 풍우란馮友蘭은 맹자 이후 유가에서 하늘을 뜻할 때는 반드시 도덕적 천天의 의미를 가진다 하였다.[10] 또한 모종삼牟宗三은 유가의 천天을 만물을 생하고 책임지는 존재라 하여, 이를 도덕적 형이상학의 근저가 된다고 한다.[11] 이러한 도덕적 천天의 개념과 사상은 본질적으로 천인 감응天人感應의 근거로서 작용하게 된다.

이를 따르면, 결국 유가 윤리 사상의 근저에 자리잡은 천天이란 그 자체로 하나의 도덕적 불문율과 같은 것이며, 동시에 천은 인간의 내재적·자율적 통제와 당위의 근거로서 자리잡는 것이다.

곧 유가 윤리의 핵심에 작용하고 있는 천은 의리천으로서의 도덕적 천이라 할 것인데, 이와 주재천과는 어떤 관계에 있는가. 또 공자는 성性과 천에 대해서 거의 말하지 않았다고 하는데,[12] 그럼에도 불구하고 유가 사

---

9 『논쟁으로 보는 중국철학』, 앞의 책, 18-23쪽.
10 馮友蘭, 『중국철학사』, 앞의 책, 114쪽. "孟子와 그 제자들에 의하면 天은 본질적으로 道德的인 天이다."
11 牟宗三/정인재, 정병석 공역, 『中國哲學特講』, 형설출판사; 서울, 1985, 87쪽.
12 『論語』「公冶長」, "夫子之言性與天道 不可得而聞也." 그럼에도 불구하고 후대로 오면서 인성人性과 천도天道의 문제는 유가 윤리의 핵심에 자리하게 되는데, 이는 그만큼 철학적 사유의 단계가 심화된 것을 의미하는 것인지 참으로 궁금하지 않을 수 없다.

상의 핵심에 성과 천이 자리하고 있는 이유는 무엇인가.

이에 대해 김충렬은, 은대殷代에 있어 최고의 '상제'라는 개념으로 등장한 종교적 주재천의 개념에 일련의 도덕적 자각과 반성이 가해지면서, 천 개념의 부작용을 해소한 것이 의리천의 개념이라고 한다. 그리고 이의 근거로 『시경』의 "천명미상天命靡常 제명불시帝命不時, 즉 천명은 일정하지 않고 상제의 명령은 때가 없다.",[13] 『서경』의 "천역애우사방민天亦哀于四方民, 즉 하늘 또한 사방의 백성에 의지한다."[14]라든지, "민지소욕民之所欲 천필종지天必從之, 즉 백성이 욕구하는 것에 하늘은 반드시 따른다."[15] 등을 들고 있다.

또 "천총명天聰明 자아민총명自我民聰明, 즉 하늘이 총명하니 백성 또한 총명하고, 천명외天明畏 자아민명외自我民明畏, 즉 하늘이 밝고 외경하니 백성 또한 밝고 외경한다."[16]라고 하여, 천天이 민본 의식을 지니는 도덕적인 의리천의 개념으로 발달하는데 이것이 유가에 수용된 천 개념의 전형적인 형태라고 보고 있다.

삼대三代, 즉 하夏·은殷·주周 이래로 중국 사상의 중심에 등장하여 자리잡아 온 천의 개념은 역사적이고 문화적인 변천을 따라 이후 제자백가의 제 학파에 골고루 수용되게 된다. 이 경우, 특히 유가에서는 도덕적·의리적 개념을 주로 취하여 그들 세계관의 중추를 삼게 되었다는 것이다. 그리고 동중서董仲舒의 천인상감론天人相感論 이후로, 유가에서 천의 개념은 인간의 행동을 반영하는 도덕적이면서도 주재적인 천의 의미를 지니게 된다. 이는 이후 지속적으로 유가 사상의 윤리 학설과 정치사상설에 지대한 영향을 끼친 것이기도 하다.[17]

---

13 『詩經』「大雅」, 文王.
14 『尙書』「周書」, 召誥.
15 『尙書』「周書」, 泰書.
16 『尙書』「虞書」, 皐陶謨.

그러나 잘 알려지다시피 공자 자신이 천天에 관해 명확한 언급을 별로
하지 않았다는 점은 사실상 '천 개념'의 유가학파 수용상의 과정에 대해
또 다른 시각을 가능케 하는 것이라 하지 않을 수 없다. 다시 말해 공자
나 맹자로 이어졌던 선진 유학 속에서는 사실상 그렇게 의리천적인 의미
를 강조하지 않았던 데 반해, 동중서 이후 왕권 강화와 관학으로서의 채
용에 따른 유학의 일반 입장을 옹호하기 위한 일련의 의도가 여기에 숨
어 있다는 사실이다. 이러한 권력적인 관학화의 작업 결과로, 이후 중국
의 전 역사를 통하여 천天의 의미와 그 개념은 인간의 일반 행동을 도덕
적이고도 의리적으로 파악·분석하게 하는 효과를 가져왔던 셈이다.

곧, 이법천으로서의 송명이학宋明理學의 분석이 대두하기까지, 관학으
로서의 유가 사상에서 천天은 음양론陰陽論과 맞물리면서 왕권의 당위성을
설명하는 유력한 수단으로 사용되었던 것이다. 이 점은 천인상감론에 반
발한 왕충王充의 천인분이론天人分二論을 통해서도 일부 이해될 수 있는 점
이 있다.

곧 왕충은 "자신의 경험적 인식 방법을 통하여 천체와 그 운행에 대한
지식을 획득하고 이를 기반으로 천天의 무위, 즉 무의지성을 증명하고자
했던 것"[18]이다. 이 점은 그의 주장에서도 확인할 수 있는데, 곧 그는 "당
시역무재이當時亦無災異 여유재이如有災異 불명왈견고不名曰譴告…부금지천夫今
之天 고지천야古之天也, 당시에도 재앙과 이변이 없다가 일어나는 때가 있
었다. 그러나 이를 하늘이 견고, 즉 꾸짖어 알린다고 하지는 않았다. 대
저 지금의 하늘이나 옛날의 하늘이나 다 같은 것이다."라고 하였다.

또 그는, "비고지천후非古之天厚 이금지천박야而今之天薄也, 즉 옛날의 하

---

17 "동중서의 경우 전제정치를 공고화함으로써 한대의 통치 이념으로 발전…"(『논쟁으로 보는 중
국철학』, 앞의 책, 142쪽)
18 앞의 책, 130쪽.

늘은 후하고 지금의 하늘은 박한 것이 아니다. 견고지언讉告之言 생어금자
生於今者, 즉 지금에 이르러 경계함이 있는 것은, 인이심준황지야人以心准況
之也, 즉 사람들이 마음으로 이렇게 견주고자 하는 때문이다."[19]라 하여,
천天의 무의지성을 말하는 것이다.

그렇다면 동중서가 나오기 전까지 유가 사상에 있어서 천 또한 이때까
지는 도덕적 천으로서의 자기 지위가 그다지 확고하지 못했다는 것을 알
수 있다. 그리고 관학으로 대두되기 전까지 유가에서의 천 개념은 다른
사상에서와 마찬가지로, 일반적인 자연적 천 개념과 주재적 천 개념으로
한대漢代에 까지 내려온 것임을 짐작할 수 있다.

그러나 동중서의 등장과 관학으로서의 유가 사상의 지위 확보와 함께,
천天은 종교적 주재성의 의미에 더하여 도덕적 당위성의 기반으로까지
확대된다. 요컨대 유가에서의 천 개념의 대두와 그 필요성은 초기 선진
유학의 관념에서부터 출발하고 있다기보다는, 후대에 이르러 관학으로
서의 입지 강화와 더불어 왕권 강화 및 정당성 옹호의 필요성으로부터
본격적으로 유학 내에 등장했던 것으로 이해할 수 있는 것이다.

사실 춘추와 전국 시대를 지낸 초기 유학에서부터 천의 의미가 대두되
었다고 하면, 여기에는 실로 해석하기 곤란한 몇 가지 문제들이 제기될
수밖에 없다. 곧 무도하고 포악하며 전쟁을 즐김으로써 백성의 생활을
곤란하게 만든 여러 제후들의 왕권욕과 이에 대한 천 개념의 결부가 쉽
지 않은 것이며, 혼란한 사회 현실과 제반 상황에 대한 이해 또한 문제가
되는 것이다.

다시 말해 유가의 천에 도덕적 천으로서의 개념이 미리부터 있었다고
하면, 패도覇道를 즐겨 행해 왔던 여러 제후들의 권력의 정당성을 설명하

---

19 『論衡』, 「自然」.

기가 쉽지 않다는 사실이다. 따라서 천 개념의 등장과 그 변천에 따라 설명할 수 있는 것은, 우선 기본적으로 원시 유학으로서의 공·맹의 경우에는 오직 마땅함, 즉 당위만을 추구하는 것으로서의 도덕적 천의 존재는 아직 상정되지 않았을 것이라는 점이다.

또한 천에 대해서도 도덕적 규준으로 생각하기보다는 모순적인 세계를 주재하는 신령스러움으로 이해하는 편이 더욱 좋았을 것이다. 다시 말해 천天을 빌어 형이상적 당위의 개념을 말하기보다는, 오히려 근본 정명正名의 사상으로부터 삶과 사람에 내한 일반적인 실천 기준을 빌어 제시하는 것이 더욱 타당했으리라는 점이다. 이로써 공자가 천과 성性 등의 형이상적 이해에 관하여 별반 말하지 않았다는 점 또한, 말할 수 없는 것에 대해서는 말하지 않는다고 한 공자의 기본 입장을 통해서도 충분히 수긍되는 것이다.

그렇다면 유가 윤리 사상의 핵심에 있는 것으로 이해되는 '도덕적 천'의 개념은, 그 자체로 순수 유학적인 것이라기보다는 관학으로서의 자리매김과 함께 제기된 정치사상적인 관념의 산물로 볼 수밖에 없다. 그럼에도 불구하고, '도덕적 천'이 이후 유가 사상의 중심에 자리하게 된 것은 결국 유학이 지닌 관학으로서의 성격적 필요에 의하여 지속적으로 요구된 때문이라 하겠다. 곧 현실적 필요로부터 요구된 도덕적 천의 개념은 백호관白虎觀 회의 이후, 줄곧 수직적·봉건적인 계급 사회의 당위성을 설명하기 위한 정치적 수단으로 왕권 강화에 복무하게 되었던 것이다.[20]

따라서 계급적 질서를 설명하기 위한 형이상적 기반으로서의 '도덕적 천'은 실로 유학 본령의 것이 아님에도 불구하고, 한자 문화권 전반에서는 이를 그대로 유학 본령의 것으로 결정하여 이후 정치·사회 사상사적

---

20 註 1) 참조.

인 변동 때마다 주요한 문제 내지 기준으로 제기하였던 것이다. 결국 오늘에 있어 유학을 어떻게 파악하든지 간에, 천지 정위天地定位에 맞춘 이러한 도덕적 천의 대두는 항상 관학적 유학의 정치 권력적인 요소와 맞물려 있었음을 지적하지 않을 수 없다.

그러므로 왕조의 정치적 변동과 무관한 일반 서민들에 있어서의 천天 개념은, 사실상 관료적 학자들에 의하여 규정된 도덕적 천의 의미를 따르기보다는 오히려 종교적 천[21]의 입장에 더욱 가까이 있을 수밖에 없었을 것이다. 이때, 종교적 천天으로서의 개념은 보다 앞선 시기에 나타나고 있는 '상제라는 주재천'의 의미에서 그 인격성을 배제하면서도 하나의 원리적 가치를 보유한 상태로 등장하고 있다.

이러한 개념적 함의를 고려해 본다면, 종교적 천이란 사실상 유가 전통의 '천 개념'보다 오히려 도가의 '도 개념'에 훨씬 더 가까이 가 있었던 것임을 짐작할 수 있을 것이다.[22] 그러면 동양 윤리 사상의 또 다른 축을 형성하고 있는 도가에서는 그 세계관의 존재 인식과 윤리 의식을 어떻게

---

21 여기서의 종교적 天이란 현실의 직접적인 개입을 불러오는 그 무엇이라기보다는 힘들고 고달플 때, 결국 무력한 인간이 취할 수밖에 없는 최후의 대안으로서의 그 어떤 존재라고 해야 할 것이다. 즉 형이상적이면서도 이 세계의 궁극적 상황을 주재하는 그 어떤 존재, 따라서 이는 엄밀히 말하자면 主宰天의 개념을 지니면서도 비인격적인 존재로서의 天이라 할 것이다. 그런데 주재천의 의미로서 이해된 천의 관념은 이미 殷나라 이전부터 上帝라는 개념으로 파악되어 온 바 있다. 그렇다면 이를 그대로 종교적 천으로서의 신앙 대상으로 이해할 수도 있을 것이다. 하지만 여기서 문제가 되는 것은 주재천의 인격성에 관한 것인데 어떤 의미로 인격적 天의 의미를 어떻게 설명할 것인가의 문제에서, 도덕적 천이란 이미 인격적 개념이 결합된 것이라 할 수 있다. 그리고 종교적 天이란 개념은 그 인격적 의미가 결합되지 않은 형태의 하늘, 즉 주재하면서도 비인격적인 어떤 원리라는 개념을 함의하고 있다. 그리하여 천 개념의 변천 및 이의 진행 과정상에 나타난 시간적 선후 문제를 고려해 본다면 인격적 주재천 → 비인격적 주재천 → 인격적 도덕천으로 변화했던 것으로 보여진다(勞思光, 앞의 책, 420~422쪽). 따라서 도덕적 天이란 그 개념 형성의 시기로 볼 때, 사실상 보다 후기적인 것이요 동시에 그 요청된 필요성에서 보다 관학적이며 자의적인 의미가 강한 것이요, 여기서 종교적 天이란 보다 초기적인 개념을 지닌다.

22 김경탁은 道와 天을 상호 대비시킴으로써 그의 개념을 설명하는데, 그는 道를 自然으로 파악한다(金敬琢, 『老子』, 현암사: 서울, 1990, 23~31쪽). 결국 주재하면서도 인격성이 배제된 형태의 형이상적 존재개념으로서는 사실상 天 보다 道가 훨씬 이에 가깝다는 의미이다.

도道와 관련시켜 이해했는지 살펴보기로 하자.

3) 도가 철학의 세계 이해

도가의 세계관을 형성하는 가장 주된 사상 내지 개념은 '도道'라고 부르는 '그 무엇'이다. 그러나 수없이 많은 논문과 해석 그리고 해설이 있어 왔음에도 불구하고, '도'에 관해서 분명히 '이것이다'라고 증명한 자료는 지금까지도 없다. 이는 아마도 노자 『도덕경』 제1장의 "도가도道可道 비상도非常道 명가명名可名 비상명非常名, 즉 도가 가히 도가 되고 나면 항상한 도 아니다, 이름이 가히 이름으로 지어지면 영원한 이름이 아니다."란 근본적인 비규정성의 이해에 기인하기 때문일 것이다.

그렇지만 『노자』와 『장자』의 두 책과 이후 수많은 도가 학자들에 의하여, 이 도는 쉼 없이 설파되어 왔고 또한 해명되어 온 바 있다. 그러나 '도란 무엇인가'를 다루는 작업은 이 글이 추구하고자 하는 주 내용이 아니다. 그러므로 여기서는 다만 도가의 도덕 및 윤리의 근간으로 작용한 '도'의 성격을 탐색하는 데 그치기로 한다.

도가에 나타나고 있는 도의 성격은, 유학에서 '종교적 천'으로 거론한 바 있는 비인격적 주재천의 의미를 강하게 띠고 있다.

도가는 체용론적인 입장에서 도를 달리 충기沖氣, 자연自然, 무위無爲 등으로 설명하기도 한다. 하지만 어떤 경우에도 '도'는 규정성을 갖지 않는 자체적 특성으로 말미암아 사실상 대단히 정의 내리기 어려운 특성을 지니고 있다. 그럼에도 불구하고 천지 자연의 근원으로 또 그 운행의 핵심적 주재로, 일체의 근원이며 일체가 돌아갈 그 무엇으로, '도'가 표상되고 있는 것은 분명하다.[23]

---

23 이와 같은 道의 성격에 대해 김항배는 절대성과 영원성·초월성과 보편성·무차별성 등을 들면서 '自本自根으로서의 道'라는 개념을 제시하고 있다(김항배, 『莊子哲學精解』, 불광출판부; 서

그러면 윤리 사상상에 있어, 이 같은 도가 지닌 주요한 핵심 이론은 무엇인가. 그것은 우선 자연성과 인문성의 두 문제로 귀결될 수 있다.

인간은 기본적으로 자연적 존재로 규정된다. 이로부터 희노애락의 제감정을 지닌 감성적 동물이면서, 동시에 무병장수·부귀영화를 누리고 싶어하는 욕망의 존재인 것이다. 이에 도가 철학은 먼저 이러한 인간의 개별적 감성적 욕망을 어떻게 채울 것인가 하는 문제에 대해 답하고 있다. 그것은 일차적으로 양생을 제기함으로써, 영원히 존재하고자 하는 인간의 존재 욕망을 그대로 반영하면서, '도'와 더불어 장생하고자 하는 염원을 성취시키고자 하는 것이다.

유가의 '천'은 이미 인간 존재의 외적 규정으로 등장하고 있다. 따라서 인간이 그와 더불어 영원할 수는 없다. 하지만 도가의 '도'는 인간 존재의 내적 규정으로도 작용함으로써, 인간이 그와 더불어 영원성을 함께 할 수 있는 존재로 이해되기도 하는 것이다.[24]

그러나 여기서도 그 영원성이라는 것이, 지금의 인간 모습 그대로를 영원히 유지한다는 식의 발상은 찾아보기 힘들다. 물론 진인이나 지인至人 등등의 의미를 사용하여 인간적 가능성의 최대치를 도가에서 제공하고 있기는 하다. 그렇지만 이것이 단순히 지금 그대로의 모습으로 영원해지는 것이 아님은 오히려 분명하다. 실질적으로 도가의 '지인' 또한 그 인식과 세계 이해의 과정을 거치고, '도'와의 합일을 통하여, 새롭게 재생한 신인간의 개념으로 이해되는 것이다.[25]

그러나 이의 변천 및 계승이라 할 도교 사상에는 이를 왜곡하여 그대

울, 1992, 341쪽, 「老·莊 天道觀의 意義 및 그 特色」 참조).

24 『道德經』, 2장, "萬物作而不辭 生而不有 爲而不恃"; 42장, "萬物負陰而抱陽 沖氣以爲和." 김경탁은 이러한 道를 "만물을 포섭하고 만물은 도를 내포하고… 도는 만물을 넘어서 또 만물 안에 있는 자이다."(김경탁, 앞의 책, 62쪽)라 파악하고 있다.

25 『道德經』 제15장. "古之善爲士者 微妙玄通 深不可識…保此道者…"

로 지금의 모습, 곧 인간적 형해를 그대로 둔 상태에서의 장수長壽와 시해
尸解를 언급하기도 한다. 하지만 이는 도가 철학의 '도'에 대한 합리적 이
해를 넘어, 정감적 이해의 결과로서 나타낸 것일 뿐이다. 결국 도가에서
말하는 도란 마치 물이 아래로 흐르는 것과 같이 순리적인 것이요, '무위
無爲하면서도 무불위無不爲'한 자연적 속성 그대로일 뿐이다.[26]

그런데 여기에 교단적 요청과 일반 대중의 순진한 감성적 인식을 충족
시키고자 한 후대 도교에서는, 이를 초자연적이고 비인간적인 신선 사상
에 너무 치우쳐 해석함으로써 비합리적인 도의 세계와 그 이해라는 결과
를 가져온 것이다. 그러나 도교 사상의 등장과 더불어 중국의 민간 신앙
이 그대로 중국 도교 사상으로 등식화한 점을 고려하면, 인간의 자연적
심성이 과연 무엇을 원하고 바라는 것인가에 대해 어느 정도 짐작할 수
있기도 한다.

곧, 규정적이고 의례적인 유가의 윤리 사상보다는 비의례적이고 탈형
식적인 도가의 사상을, 가지지 못한 수많은 민중들은 더욱 더 그 마음의
의지처로 삼았던 것인지도 모른다. 사실 도가의 파격과 그 형이상의 세
계들은 참으로 민중의 가슴을 사로잡은 바 있다.

도의 관점에서 본다면 - 도의 보편적 유행을 따라 운행하는 천지 안에
서 - 임금이나 신하나 또 만백성이나 할 것 없이, 이들은 모두가 동일한
인간일 뿐이다. 심지어 일체의 미물이나 영장이나 할 것 없이 '도'가 유
행하는 측면에서 보면, 이들 또한 모두가 동일한 존재이다. 만물제동의
입장에서 설파된 도가의 기본적 사상은 만물 평등과 자유의 사상이기 때
문이다.

그러하기에 이는 위계적 질서와 수직적 사고를 지닌 관료적 봉건제 및

---

26 『道德經』, 제8장 "上善若水"; 37장 "無爲而無不爲."

권력적 사고 속에서는 오히려 환영받을 수 없는 근원적인 사상적 약점을 지니고 있었던 것이라 하겠다.

도가에서 말하는 도란 결국 하나의 전일성全—性과 보편적 편재성遍在性을 동시에 지니는 것이다. 따라서 이는 불교 화엄학華嚴學에서의 '일즉다—卽多 다즉일多卽—'과 같은 존재의 존재 논리와 궤를 같이 한다. 즉 전체 존재 그 자체이면서도 개별자에 포섭되어 있으며, 동시에 개별적 존재를 감싸안으면서도 전체인 그 무엇이 '도'라는 존재이다. 그리하여 도는 천지 자연 속에서의 분별과, 또 이를 떠난 무분별의 상반된 특성을 동시에 지니는 것이다.

이 같은 존재의 양대 계기를 동시에 융섭하는 도의 이법을 따라, 도가 철학에서는 하나의 의미 있는 윤리 사상, 즉 실천 철학적 통찰을 제시하고 있다. 그것이 바로 생사일여生死—如, 만물제동, 일체자연—切自然, 무위 이무불위 등으로 나타나고 있는 일련의 철학들이다.

4) 도가 윤리 사상의 민중적 특징

도가 윤리의 핵심을 한마디로 정의하기는 어렵다.

하지만 가치론적 입장에서 주목할 것은 우선 유일무이한 존재 일원으로서의 도와, 그로부터 파생한 만물이 다 같다는 제동齊同의 원리이다. 사실 도가에서 말하는 인간의 길, 즉 인생의 여로는 그다지 어려운 것이 아니다. 인간은 자연적 존재로서 다만 자기 자신의 감성과 욕구에 충실하기만 하면 되는 것이다. 다만 여기서 자신의 감성이라고 하는 것은 인위적 욕망과는 구별되는 것으로 나타나는데, 사실상 도가 윤리의 가장 어려운 부분도 바로 이 점에 있다.

도가에서 말하는 인간의 자연적 감성이라고 하는 것은, 단순히 이성에 대비되는 것으로서 일반적으로 논의되는 동물적 본능과 욕구만을 의미하는 것은 아니다. 도가의 감성이란 기본적으로 문명성이나 문화성을 벗어난 형태에서 이루어지는, 오히려 '그냥 그대로의 마음'이란 의미를 지닌다. 따라서 이는 어쩌면 일체의 꾸밈과 문식文飾을 버리고 주어진 자연법칙을 그대로 따르고자 하는 순종과 순응의 마음을 가리키는 것이라 할 수 있다.

꾸밈을 버린다는 데서 노자는 통나무〔박樸〕의 질박함을 들고, 순응의 이치를 '상선약수上善若水'라 하여 물이 아래로 흐르는 것에 비유하고 있다. 곧 『도덕경』 8장에서 "물의 선함은 민물을 이롭게 해주지만 다투지 아니하며, 뭇 사람이 싫어하는 낮은 위치에 처한다."[27]고 한 것이다. 그럼에도 불구하고 물은 만물 중에서 가장 크고 귀한 자리에 있으니, 이것이 바로 도의 성질이라는 것이다.

그런데 인간은 누구나 남들보다 더 나은 위치에 있고자 하지, 그 밑에 있으면서 즐거울 수는 없다. 그렇다면 이것은 인간의 본성이 아니지 않은가?

이 점에서 장자는 한 발 더 나아가 설명한다. 길다는 것은 짧은 것이 있기에 그러하다. 높다는 것 크다는 것 역시 낮은 것, 작은 것이 있기에 그러한 것이다. 다시금 이것에 대비해 저것이 있을 뿐, 만일 아무런 것도 없다면 도대체 무엇으로 우리는 크다·작다·높다·예쁘다 등등을 알 수 있을 것인가. 곧 아무리 긴 것도 그보다 더 긴 것 앞에서는 짧을 수밖에 없다. 그렇다면 만물은 상대적인 현상세계 속에서만 그 차별성을 나타낼 뿐이다.

만일 이를 도라 부를 절대계의 경지에서 본다면, 이들은 결국 그 자체로 '도'와 하나되어 있는 것일 따름이다. 그리하여 선善도 악惡도, 미美와

---

27 『道德經』. "上善若水 水善利萬物而不爭 處衆人之所惡 故機於道"

추醜도, 고저장단高低長短이 한결같이 다만 하나에 이를 뿐이라고 장자는 설파하는 것이다. 이 같은 장자의 설명은 - 노자의 반문화적 처세론을 이으면서 오히려 그마저도 초월하여 - 오직 하나된 자연성 속에서 유유자적할 것을 권하는 실천의 지침이다.[28]

그 결과로서 나타나는 일단의 도가 윤리 사상의 결론은 다음과 같이 이어진다.

노자는 사물에 당하여 무엇인가를 부득이하여 해야 할 때만 하라는 것이지만, 장자는 더 나아가 '부득이하여 해야 할 때도 하지 않는다.'고 한다. 이로부터 생生에 있어서의 도가적 결론은, 본질로서의 도에 이르는 길 이외의 다른 인생의 길은 없다는 데 이르게 된다. 그리하여 도에 이르고 난 이후에는, '도'가 지닌 덕德에 의지하여 그냥 그대로의 존재함에 머무는 것이다.

이로써 모든 것은 자연 그대로에 남겨질 것이고, 심지어 인간과 그 삶조차도 자연 속에 머물 것이다. 그래서 또 도는 자연으로 귀결된다. 배고프면 먹고, 마려우면 싼다. 잠 오면 자고, 그렇지 않으면 일어나는 것이다. 그리고 오직 할 일은 빈둥거리며 유유자적하는 것일 따름이다. 그리하여 최종적으로는 인간의 자연적 본성에 최대한 다가가는 길밖에 남지 않는다.

그런데 이것은 문화와 문명 속에서 삶을 영위해 가는 일반인들에게는 분명히 비현실적인 하나의 신비주의일 뿐이다. 그러나 이것은 그냥 비현실적인 신비주의가 아니라, 지극한 현실주의 위에 서 있는 냉소적 신비주의이다. 따라서 이 즈음에 이르면 도가의 철학과 윤리는 더 이상 문명 사회의 속인들이 취할 수 있는 그런 종류의 윤리가 되기 어렵다.

---

28 "《노자》는 주로 강인한 처세의 지혜를 설명하고 있는데 비해서, 《장자》가 설파하고 있는 것은 오히려 초월(超越)의 사상이다."(김성원, 『老莊의 哲學思想』, 명문당; 서울, 1988, 7쪽)

이로부터 도가의 윤리 사상은 기본적으로 일반인들이 따르기 어려운 저 먼 세계를 논하고 있다는 비판을 불러일으켜 왔고, 또 후대에 이르러 청담淸談과 허언虛言으로 치부된 중요한 이유를 자체에 담고 있는 것이기 도 하다. 바로 여기서 노·장 또한 지인至人과 진인眞人을 논하게 되었는지 도 모른다.

그러나 이 같은 비현실적인 '청담'과 다른 방향에서 하나의 윤리 사상 으로서 그리고 생활 지침으로 자리잡아간 것이 있으니, 이후 새롭게 등 장하는 도교 사상이 바로 그것이다.

도교 사상은 신앙적인 공과격功過格의 기본 사상으로부터, 부귀·장수를 꿈꾸는, 그야말로 민간의 자연적 심성과 기타 민간에 떠돌던 무수한 속 신들을 최대한 도의 체계 및 그 형이상적 존재성과 연관하여 설명함으로 써 출발한다. 더불어 잡다한 학설과 윤리론 등을 그들의 교리 속에 흡수 함으로써, 자체의 이론적인 신앙 세계를 확장시켜 간 것이다.

따라서 이 같은 도교 윤리의 세계는 너무나 광범위하고 다양하여 한마 디로 설명하기 어렵다. 다만 굳이 그 성격을 언급해 둔다면, 하나의 기복 성과 잡유성雜有性·초월성 등이 혼재되어 있는 비빔밥 같은 사상이라고나 할 것이다.

그러면 천天과 도道에 대한 지금까지의 이해를 바탕으로, 유가와 도가 윤리 상호간의 흐름과 이들의 전개 양상에 대해 검토해 보기로 하자.

4. 유가와 도교의 사상사적 양상

중국에서는 진秦이라는 통일 제국이 형성됨으로써, 오백 년 이상 융성 해 왔던 선진 제자백가의 사상 시대가 끝나고 법가의 이념을 중심으로 한 새로운 정치 현실이 전개된다. 그러나 철권 통치에 의한 진의 어이없는 멸망과 함께, 최초의 한족 통일 왕조인 한漢나라의 성립을 따라 사상 사상의 급변하는 상황이 다시금 열리게 된다.

새로운 흐름, 그것은 한의 성립과 맞물린 것으로, 이는 사실상 정치적 목적과 연관된 다양한 사회 환경적 요인을 포함하는 것이었다. 이런 사 상적 흐름 가운데 동중서董仲舒의 건의에 따른 관학의 등장이 있게 된다. 여기에서 최종적 승리를 얻은 것은 결국 경학을 중심으로 한 공자 유파 의 유학이었다.

물론 이 과정에서 '경금고문經今古文 논쟁'이 이루어지고, 중국 유학 사 상 특기할 만한 논변이 있었음을 간과할 수는 없다. 하지만 그것이 결국 정치적 목적과 연관되어 있었다는 사실은 '선진 제자백가'의 학술적 특 성과 더불어, 이후 중국 학술의 일반 성격을 알려 주는 중요한 시사점을 던져 주고 있다. 또 이러한 정치적 과정과 목적은 유학과 도가의 성쇠에 있어서도 많은 변수를 드러내게 된다.

한 왕조의 초기 단계에서는 도가 철학과 사상이 왕실을 중심으로 상당 한 정치적 지반을 가지고 있었음은 역사적으로 확인되는 바이다. 곧 조 참曹參의 황로 정치黃老政治 이래 혜제惠帝, 여후呂后, 문제文帝를 거쳐 경제景 帝에 이르기까지, 도가 철학은 황로 사상黃老思想이란 이름 아래 그 전성기 를 구가하기도 하였던 것이다. 여기서의 황로 사상이란 "치도治道는 청정 淸淨을 존중하면 백성은 저절로 안정된다."[29]라는 말로 요약되는데, 이를 노자의 핵심적인 정치사상으로 보는 사람도 있다.[30] 그리고 이 같은 무위 청정無爲淸淨의 사상은 『노자』 57장에 보인다.[31]

그러나 경제의 어머니인 두태후竇太后의 지나친 비호로 말미암은 부작

---

29 황병국 편저, 『老莊思想과 中國의 宗敎』, 문조사; 서울, 1991, 83-84쪽.
30 황병국 편저, 앞의 책, 88쪽.
31 『도덕경』, 57장, "我無爲而民自化 我好靜而民自正 我無事而民自富 我無慾而民自樸"

용의 결과로 도가 철학, 즉 황로 사상은 서서히 그 쇠락기를 맞이하게 된다. 그것은 회남왕淮南王 유장劉長, 유안劉安의 모반과 오초칠국吳楚七國의 난亂에 이은 도가 사상의 쇠퇴, 그리고 중앙집권제로의 강화 단계에서 자연스럽게 진행된 것이었다. 이와 동시에 초기의 도가 정치 철학을 대신할 새로운 국가 이념이 필요하게 되는 때가 닥쳐왔다. 바로 이 단계가 시기적으로는 한의 중앙집권적 권력 강화의 시기요, 이때의 황제가 한무제漢武帝이며 그 재상은 동중서였던 것이다.

곧 지방 호족의 권력을 제한하고 중앙 정부에 충성할 것을 보징하는 정치사상으로 — 인간의 자연성과 개별성을 담보하는 도가의 정치 철학이 아닌 — 새로운 질서를 구축하는 데 유용한 사상을 필요로 하게 된다. 여기에 왕도 정치와 위계질서의 필연성을 말하고 예약의 중요성을 역설하는 공·맹의 유학이 가장 합당한 것으로 받아들여졌던 것이다. 이 같은 정치 현실 속에서 유가와 도가는 각자 자기의 길을 예비·담당하게 된다.

결국 중앙 정부와 관료제적 봉건 왕조의 정치 사회를 옹호하는 유가의 제반 실천 철학적 요소들은 새로이 통일 왕국을 세우는 각 왕조에서 끊임없이 하나의 정치 이상으로 받아들여져, '관학이 곧 유학, 유학이 곧 관학'이라는 중국적인 양상의 전형을 드러내게 되었다.

하지만 이러한 왕조 권력을 위한 정치 현실이 아니더라도, 기본적으로 소국과민小國寡民의 정치 철학에 충실한 도가의 철학과 거대한 국가로서의 한나라의 상황은 이미 서로 간에 상당한 거리가 벌어져 있었다. 거대한 지역을 포괄하였던 한 조정의 입장에서는 중국 내지 중원이라는 대륙의 지리적이고도 환경적인 요인에 충실해야 할 필요가 있었으니, 사실상 관학으로서의 유학의 대두에는 이미 그 이유가 충분히 있었던 셈이다.

하지만 인간은 기본적으로 실존적 개인에 불과하다. 또 그가 속해 있는 집단 내지 세계라는 것 역시 개인, 즉 자기의 관심이 머무는 영역에 다름 아니다. 이러할 때 집단적·전체적·보편적 의식으로 주도된 관학으로서의 유학 그리고 그것이 지니는 의례적·형식적 내용은, 그에 의하여 유지되어야 할 조직이나 집단 내에서나 일정한 의의를 가지는 것일 뿐이다. 다시 말해 이를 원치 않는 수많은 대중이나 다중으로서의 민중적 개인에 있어 예악을 중심으로 한 유학의 실천 철학적 세계와 그 가르침은 다만 번거로운 제약에 불과한 것이 아니었을까 한다.

곧 관학으로서의 유학의 등장은 - 그로써 지탱해야 할 조직과 권력에 관계한 왕조나 관료 사회의 기득권 수호라는 차원에서 - 다시 없는 훌륭한 사상으로 승인되고, 또 자신의 정당한 자리매김에 성공한 것임을 의미한다. 하지만 조직이나 집단으로부터 자신의 권리를 일정 지분 이상 유보당한 민초나 민중 그리고 개인에게 있어, 이 같은 체제 유지의 관학은 결코 매력적인 사상이 될 수는 없었다. 그 결과, 소외된 사람들을 위한 철학과 윤리 사상의 새로운 대두의 필요성이 함께 제기되었던 것이다.

이제 도가 사상은 자신의 새로운 지위를 얻어 나가게 된다. 그것은 민간의 사상과 신앙으로서의 도교 사상이라는 세계다.

사실 일반 민중이나 민간에 있어, 특히 고대적 상황에서 학문이나 책, 공부와 같은 것은 다만 사치일 뿐이다. 그들에게 중요한 것이라고는 오히려 건강과 생존 등등의 실질적인 문제일 것이다. 이러할 때, 학문적 원리로서의 구태의연한 지침과 예악 등은 일반 민중에게는 사치일 뿐이요, 무의미한 것이다. 백성들이 필요로 하는 것은, 분석하고 사유하며 추推하고 측測하는 종류의 사변적 지식이나 학문이 아니라, 그대로 믿고 따르고 행동함으로써 현실적인 복락과 과보果報가 있다는 식의 하나의 생활 신앙이며 종교일 따름이다.

곧 다중으로서의 민간에서 필요로 하는 것은 거룩하고도 엄숙한 종류의 이론적 지식이 아니라, 보다 실제적이고 그대로 받아들임으로써 현실적 효과를 볼 수 있는 그런 종류의 지식인 것이다. 다시 말해 추측·사유의 결과로서의 지식이 아니라, 보다 감각적이고 막연한 기대만으로 의지할 수 있는 일련의 믿음이자 신앙이 민중에는 필요한 것이라 하겠다.

아마도 이는 어떤 의미로 표층으로서의 지식 세계와 기층으로서의 정신세계가 갖는 차별성 때문일 것이다. 그러면 이러한 표층과 기층의 지식 내용에 있어 차이가 나는 것은 무엇 때문일까.

일반적으로 볼 때, 대중적·민간적 지식이 기반하고 있는 지평이란 결국 일반 백성이 가지는 교육과 교양의 수준에 의존한다. 이때, 일반 백성에 대한 전면적인 교육과 계몽은 전통 관료 사회에서는 백성의 지적 수준을 결정하는 한 요인이 된다. 그런데 문제는 이러한 교육과 계몽이 봉건에서는 표층의 특권 계급을 제외한 곳에서는 언제나 결여되어 있었다는 사실이다.

이성적 존재로서 인간이 지니는 합리적 사유라는 것은 그냥 무조건적으로 계발·발전되는 것이 아니다. 그리고 이와 같이 합리적 사유가 일정한 정도 내지 수준의 훈련과 계몽에 의하여 발현되는 것이라면, 왕조 시대가 열린 이후 일반 백성에 대한 전체적인 교육의 수준은 그렇게 훌륭한 것이 못 되었으며, 그 수준 또한 미미했을 것임을 말해 준다. 다시 말해 일반 백성에 대한 교육과 계몽이란 하나의 국가적 과업은 봉건 왕조를 위해서는 그다지 훌륭한 정책이 될 수 없었다. 아니 오히려 지속적인 봉건 왕조의 기틀을 위해서는 일정한 정도의 '우중愚衆과 우민愚民의 정치'가 더욱 적합했을 것이다.[32]

---

32 이러한 사상은 실지로 『도덕경』에서 그 근거를 가지는 것이기도 한데, 제65장에 "古之善爲道者 非以明民 將以愚之 民之難治 以其多知"라 하고 있다. 이에 대해 김경탁은 "노자는 愚民政治家라는 비난을 받기도 하였고, 사실 그의 학설을 따랐던 韓非들이 秦漢같은 독재정치의 이론적 배경이 되기는 했으나, 그것은 노자의 주장을 역이용, 심하게 말하면 악용한 데 지나지 않는다."(김경탁, 앞의 책, 34쪽)라고 분명히 밝히고 있다.

이 같은 상황에서 관학으로 채용된 유학은 그 관학화의 지속적인 과정을 통하여 기득권을 유지하고, 자신들의 입지를 강화하여 백성들의 맹목적인 충성도를 기르기 위해서라도, 일정한 정도 이상으로 그 무지몽매함을 유지함으로써 체제 유지의 방안을 길들일 필요가 있었다. 그 결과 유학의 의례화와 형식화는 – 유교 자체의 정체성 확립이라는 명분과 함께 그 인간적 자연성 아니 자연적 인간성에서 점점 더 멀어져 가는 양상으로 발전하게 되며, 이러한 작업의 과정에서 – 인문주의라기보다는 오히려 문화주의 및 권력주의를 표방하는 나름의 형태를 지니게 된 것이다.

유학은 봉건 왕조의 지속과 더불어 관료적 지배층의 집단적 실천 형태를 규정하는 데 전념한다. 이로부터 그 이념적 기반으로 선진 유학에서 이미 제기되었던 '군자론君子論'을 중심에 되살리면서, 다양한 권력적 정치 이데올로기의 형성에 깊이 관여하게 되는 것이다. 곧 군자와 소인小人이라는 본질적인 구별을 토대로 선과 악을 결정하는 방식을 통하여, 소위 관료 및 지배 계층은 군자요, 여타의 피지배민 중 곧 민초들은 소인이라는 일련의 이분법적 등식을 앞세우게 되었던 것이다.

하지만 여기에도 사실상 그 개념의 변용이나 약간의 오해가 있다고 여겨지는 점은 있다. 곧 선진 유학에서의 군자란 자기 판단의 기준 위에서 공동체적 이념과 의리천적인 천天에 대한 존재 이해의 깊은 자각을 통하여 인仁과 의義와 이理를 실천함으로써 얻어지는 인간적 경계이다. 따라서 이는 유가 실천 수양의 한 갈래에서 우선적으로 해석되는 것이다.

이에 비하여, 후대의 군자론은 계급적 위상과 관료적 의례화에 의한 정치 이데올로기의 도구적 수준, 즉 현상적인 양반 관료라는 계급 이론의 성격을 더 강하게 가지게 된다.[33] 또 이 같은 실천 수양론修養論의 왜곡

---

33 김충렬은 이를 선비와 관료로 구분하면서, 선진 유학에서 강조되어 온 **修身** 위주의 **君子** 개념을 이후 선비들이 이어받았다고 보고 있다(김충렬, 『유가윤리강의』, 예문서원; 서울, 1994,

과 더불어 후기 봉건 왕조의 관학적 유학은 더욱 더 그 관료적 집단의 이해관계에 맞춘 이데올로기를 양산함으로써, 사실상 민중과 자신들을 구별·분리하였던 것이다.

이러한 구분의 심화는 다종 다양한 형태로 변형된다. 후기적으로는 관료들 자신 속에서도 서로가 서로를 구분하고 구별하며, 동시에 지도층의 행태와 양상을 따르는 민초들에 있어서도 소집단적 그룹을 형성하면서, 서로를 분리시켜 가는 정치적 파벌 형태로 나타나게 되었다. 한편으로 이들의 구별 의식은 소집단적 인과 및 인간관계를 중시하는 여러 방향으로 진행되어 또 다종 다양한 연緣과 친소親疎의 세계를 형성하게 된다. 이것은 지금도 한자 문화권 내의 여러 나라에서 보는 바와 같이, 인간관계의 친연성에 의한 조직 사회의 일면을 구성하는 것이다.

관학적 유학이 가져온 또 하나의 병폐는 말없는 다수, 힘없는 개인으로서의 백성들이 갖는 시민적 권익을 무시하는 결과를 가져왔다는 점이다. 이로부터 필연적으로 힘 있는 다수 아니 자각된 민중에 의한 집단적 저항을 불러일으키는 결과, 즉 민란을 낳고 있음도 간과할 수 없다. 곧 무지하고 몽매한 개인으로 치부된 백성들이라 할지라도, 그들에게 부여된 자연권적 인격과 인권은 인류가 탄생한 이래로 근원적인 것이다. 그런데, 관학으로 등장한 유학은 이에 관한 기본권 자체를 무시함으로써 민중의 봉기를 부추기는 결과를 초래하였던 것이다.

또 유학의 기본적인 사회 질서의 이념은 인간과 금수, 하늘과 땅 등의 차별적 계층 구조를 근간으로 한다. 그런데 유학의 교육적 입장은 백성을 인격적 존재 그대로의 인간 자체로 이해하기보다는 지속적으로 계몽

120-135쪽). 그러나 官學으로서의 유학의 등장과 함께 권력과 같이 성장한 유가 사상과 그 문화는, 이후 그 사상사와 정치사를 통하여 줄곧 官僚的 大人과 君子를 혼동하고 그 貴賤을 논하면서 자기의 세계를 지속시켜 온 것임을 부인할 수는 없다.

하고 계도해야 할 '대상'으로 이해하였다. 더욱이 계몽을 주창하면서도, 관학적 유학은 이러한 계몽의 준거로서 지배층의 예·악을 강조하는 인문학적 논법을 사용하였던 것이다.

그러나 이미 언급했듯이 기본적으로 이러한 예악에 의한 교육과 계몽은 모든 민중에게 고른 혜택을 보장할 수 없는 한정적인 것이다. 즉 문화와 문명으로서의 인문주의란 언제나 지배와 피지배를 가르는 귀족적 취향을 드러낼 수밖에 없다. 따라서 피지배층의 권익은 언제나 지배층에 후행하는 것이요, 그들 기층의 문화는 언제나 저급하고 저열한 것으로 인식되는 것이다. 이 같은 인식의 문제는 오늘날 최고의 문화국가·문명국을 표방하는 나라에서도, 더욱 발달된 형태의 편가르기로 진행되고 있음을 확인할 수 있다.

하지만 인간의 인간에 대한 근본적인 철학적 이념으로 볼 때, 과연 이러한 저급과 고급의 구별이 타당한 것일 수 있는가. 여기서 그 답은 자명할 수도 있다.

그러나 의외로 이에 관한 결론은 간단치 않다. 필자는 이것이 결코 타당하지 않다고 본다. 그러나 문화와 문명의 건설을 위해 남보다 더 많이 그리고 더 열심히 힘과 정열을 쏟아 부은 개인이나 집단이 더 우수한 성적을 받는 것은 또한 당연하지 않은가. 따라서 이 문제는 단순히 흑백논리로 재단할 성질의 것이 아님도 자명하다.

바로 이 점에서, 도가의 근본 철학은 다양한 판단 준거와 더불어 상당히 의미 있는 시사를 하고 있다. 도가의 만물제동론은 다음과 같이 출발한다.

"사물에는 저것 아닌 것이 없고 이것 아닌 것이 없다.… 생이 있자 죽음이 있고 죽음이 있자 생이 있는 것이며,… 이것이 저것이고 저것이 이것인 것이다…"[34] 우리가 선善이라고 아는 것은 진정한 선일 수 있는가?

도가의 물음은 간단하다.

그러나 이 물음에 대해 유학은 전혀 다른 방식에서의 답변을 준비하게 될 것이다. 그리고 바로 이것이 유학의 흐름과 다르게 그리고 다른 방식으로, 도가가 그 나름의 세계를 구축하면서 일반 민중들에 의해 지지되고 그들의 삶을 지탱해 왔던 이유의 하나가 아닐까 하고 생각해 본다.

다시 말해 도가의 철학은 기본적으로 집단적 힘에 의한 기득권적 우열의 원리를 철저하게 배격하고 있다. 그러면서 존재 근원인 도와 개별자인 자신을 보며, 오직 스스로의 실존적 의문에 사로잡힌 개인적 인간에 의해 사유되고 이해하며 실천되는 경향성을 보이는 것이다. 그 결과 사회적 그리고 집단적 힘에 의한 실천 철학적인 사회 윤리의 선악 판단을 일체 보류하고, 오로지 인간 개개인이 갖는 판단의 다양성과 존재의 자연성을 추구해 왔던 것이다.

도가는 자연적 인간 개인의 가치를 그대로 인정하는 과정에서, 사회적 일체감이나 전체성의 요청에 의한 일체의 허례와 가식을 배제하고, 자신만의 특수한 세계에 대한 침잠의 가치를 높이게 된다. 비록 그 정치 철학은 소국과민을 주장했다고 자주 논의되고 있으나, 사실상 도가의 정치사상은 아나키즘(anarchism)적인 요소를 더욱 강하게 풍기고 있는 것이다.[35] 이 경우 일반 민중에게 어떠한 사상이 더 설득력이 있었겠는가.

하지만 도가에서 나타나는 양생 수련의 독특한 방법이나 그 개인주의적인 경향을 고려할 때, 이것을 그대로 일반 민중이 받아들이기는 사실상 어려웠을 것임을 지적하지 않을 수 없다.

---

34 『莊子』,「齊物論」"物無非彼 物無非是…方生方死 方死方生…是亦彼也 彼亦是也"
35 엠마 골드만은 아나키즘에 대해 다음과 같이 정의하고 있다. "인간이 만든 법에 의해 구속되지 않는 자유에 기초한 새로운 사회질서를 창출하려는 철학. 모든 형태의 정부는 폭력에 의존하고 있고, 따라서 그런 정부는 불필요할 뿐만 아니라 잘못된 것이고 해로운 것"(Emma Goldman/ 김시완, 『저주받은 아나키즘』, 우물이 있는 집; 서울, 2001, 40쪽)

왜냐하면 이는 그야말로 자연에 있는 모든 먹이를 생식生食으로 할 수 있는 존재들을 제외한다면, 기본적으로 사회적 동물인 인간에게 있어 도가의 원리는 오히려 유학보다도 더욱 실천하기 어려운 가르침으로 작용할 수도 있었기 때문이다. 따라서 도가 철학은 민간에 받아들여지는 과정을 통하여, 자연스럽게 비계몽적인 형태의 민간 신앙적인 요소와 어울려 일련의 통과 의례적인 형식을 빌리면서 새로운 사상으로 등장할 필요가 생겨났다. 이것이 바로 중국에 있어서의 '민간 도교'이다.

이는 이후 자연스럽게 중국의 민간 신앙으로 자리잡게 된다. 즉 계통적으로 도가 철학임을 강조하면, 이는 도가를 승계한 도교 사상이 될 것이다. 그러나 이것이 지닌 일정한 도가 철학적 요소에도 불구하고, 이는 자연발생적이고 또 민간에 고유한 사상이라는 점에서 민중적 관념이 지녀왔던 일련의 보편성과 기층성에 근거한 신앙으로 이해되는 것이다. 이런 측면에서 도교 사상은 한국의 민간 신앙이나 사상과도 유사한 것으로, 도교는 달리 중국의 민간 사상이 된다 하겠다.[36]

결국 유교와 도교는 하나는 관학의 길을 또 다른 하나는 민간 사상에로의 길을 걸으면서, 중국을 포함한 한자 문화권 내의 기층과 표층의 사상이라는 두 가지 축을 형성하게 된다. 이는 마치 서양에 있어 그리스 철학과 헤브라이즘 종교의 양대 축과 같다. 그리고 이들은 한자 문화권 속에서 성장한 여러 민족과 사회에 나름의 영향력을 행사해 온 것이다.

기층의 민중에게 나타나는 실천 철학적 흐름과 표층의 세력, 즉 권력 집단에 등장하는 실천 사상의 성격은 서로 다를 수밖에 없다. 이 같은 차이는 기본적으로 인간에 대한 이해의 상이점을 유발시키는데, 역으로 인간에 대한 근본 이해의 차이로부터 그 실천 사상의 성격도 달라지는 것

---

36 拙著, 『仙과 혼』, 세종출판사; 부산, 1994, 75-79쪽 참조.

이라 하겠다. 이로부터 파생되는 표층과 기층의 관점과 견해의 차이는, 동양에서는 적어도 유교와 도교의 세계 이해의 내용과 형식의 다름과도 그 궤를 같이하는 것이라고 할 수 있다. 이러한 이해의 차이를 한마디로 정의한다면 어떤 것일까.

'반드시 이것이다'라고 말할 수는 없겠지만, 유교의 경우는 대개 음과 양의 대대待對 이론에 따른 차별과 구별을 전제로 하고, 도교는 "부음이포양負陰而包陽 충기이화沖氣以化"[37]로 대변되는 존재합일의 통합적 무분별을 기조로 한다. 곧 도가의 전통적 가치 인식론인 만물제동을 따라 기층의 사유는 정형화되어 갔다 하겠고, 유가의 기본적인 존재 인식론인 천지 정위의 계층적 사고는 표층의 인간 이해와 관료적 지배 이념으로 받아들여졌던 것이다.

이로부터 동양의 기층 사고는 그대로 민간 사상으로 전이하면서, 그 속에서는 언제나 귀천과 빈부가 따로 없는 통합적 세계의 이상향을 강조하는 방식으로 그 사유를 꿈꾸게 된다. 이에 비해 동양 표층의 사고 유형은 그대로 귀족적·관료적 행태를 반영하면서, 그 일반 인식에 있어서도 선택된 자의 차별적 세계 이해를 보다 강화시키는 보수의 길을 걷는 것이다. 결국 이들 양대 사상은 본질적인 세계 이해의 차이로부터 '인간의 인간 됨'에 대한 문화 이론을 각각의 입장에서 서로 다르게 발달시켜 왔던 것이라고 말할 수 있다.

5. 민중 속으로

유가와 도가는 동양 특히 중국에서 문화와 철학을 형성해 온 두 가지

---

37 『道德經』, 42장.

큰 뼈대이다. 그러나 이 양자는 사실상 각기 표층과 기층의 계급적·집단적 이해를 대변해 온 사상으로, 중국 역사에 있어서 궁극적인 상호 통합을 이룩하는 데에는 실패하였다고도 할 수 있다. 그 결과 오늘 중국 철학사 내지 문화사를 통하여 확인할 수 있는 하나의 사실이 있다.

그것은 중국 사회주의의 등장과 더불어 나타난 양상이다. 20세기 들어 이룩된 마오이즘의 공산 혁명은 중국 민중의 역사를 새로이 쓰게 하였다. 그러나 이어지는 정치사 속에서 중국 인민은 '문화 혁명', 줄여서 문혁文革이라 부르는 현대사의 일대 사건을 통해 공·맹의 문화 유산을 거부하는 엄청난 몸부림을 보인 바 있다. 그러나 이는 얼마 못 가 스스로의 한계를 드러내고 만다. 중국 기층의 힘이란 민중 속에서 그다지 성장하지 못한 역사를 갖고 있었던 것이다. 따라서 이들의 사상이 정치적인 힘에까지 연결되기에는 상당한 한계가 있었던 사실 또한 간과할 수 없다.

다시 말해 실패한 혁명으로서의 문혁은, 도교가 비록 중국 인민의 기층사상이라 하더라도 그 자체의 성격상, 이는 결코 표층의 지배 이념이 될 수 없는 비정치적 신앙 사상이라는 한계를 가지는 것임을 역으로 말하고 있다. 사회주의 권력의 확대로 귀결된 문혁은 또 다시 민중의 열망을 잠재우고 만다. 중국의 북경 정부는 강력한 정치사상으로 출발했던 마르크시즘의 새로운 중국적 수용과 – 이는 결국 도교의 이념과 유교의 지배 논리를 절충한 변형된 중국 마르크시즘의 양상으로 나타난다 – 가장 권력적 이데올로기에 부합하는 현대 자본주의와의 만남을 통해 자신들의 새로운 돌파구를 찾을 수밖에 없었던 것이다.

그리고 그들은 지금 새로이 유교를 중심으로 하는 중국 전통 문화의 복원을 꾀하고 있다. 하지만 그들이 지금 과거의 공·맹을 새로이 볼 수 있는 실천적인 힘은 실로 민중 속에 오랫동안 잠재되어 온 도교 사상의 기층적 저력과 유학의 전통성에 기반하고 있기 때문인지도 모른다. 이는 한 사회 속에서 같이 성장한 사상과 문화들이 있을 경우, 어느 한쪽이 무너질 때 다른 쪽 역시 온전할 수 없음을 일깨워 주는 좋은 본보기가 될 것이다.

그러나 중국적 전통의 유교 복귀는 도교의 기층성으로 하여금 다시금 민중 속으로 잠복할 수밖에 없도록 만들었다. 파룬궁法輪宮과 같은 사건은 앞으로도 여전히 일어날 수밖에 없는 성질의 것이다. 이는 정치적이고도 인위적인 힘을 통하여 하나의 문화를 말살한다는 것이 결코 수월한 것이 아님을 보여 주는 현실적인 사례 중의 하나이다. 결국 중국의 역사적 사회 상황 속에서 성장한 도교 사상은, 그것이 공간적으로 일정하게 중국 민간 사회의 보편적 사상이었다 하더라도, 시간적으로는 결코 그 표층의 기득권을 확보할 수 없었던 비 주도적인 사상으로 남겨져 왔다.

달리 말해, 도교 사상의 윤리성이란 언제나 소외된 개인의 실천적 활동영역을 해석하는 데만 작용하는 나름의 특징을 가지고 있다. 은둔과 소요의 사상적 특성이란 원래 그런 것인지도 모른다. 따라서 이것이 사회 전체로 확대되어 나아감에 있어서도, 이는 언제나 소외 계층, 곧 피지배 계급 자신의 관념적 세계관으로만 머무는 경향을 보여 왔던 것이다.

이에 반해 유교는 그 현실적 정치 상황과의 민감한 결탁에 성공함으로써 예를 중심으로 한 실질적인 지배 계급의 정형화에 결정적인 작용력을 가질 수 있었다. 이런 가운데 "의식이 풍족해야 예의를 안다."는 말과 같이, 유가의 예학은 기본적으로 먹고 사는 것이 일정한 수준을 유지하고 있는 사람들을 대상으로 한 학문의 특징을 지니게 된다. 다만 전통 유학은 여기에서도 그러한 지배 계층에 대하여 스스로의 자의식을 강화함으로써 인순仁順·온후溫厚함으로 이끌고자 한 천하 사상의 배경을 가진다.

곧, 참된 유교는 기본적으로 가진 자들에 대한 교육을 통하여 못 가진 자들에 대한 시혜의 폭을 확대시키고자 한 근본 성격을 지니는 것이다.

그런데 이것이 정치 권력과 결탁함으로써, 다만 가진 자들의 못 가진 자들에 대한 차별 의식만 강화시켰을 뿐, 오히려 그 시혜의 폭은 줄고 육체노동의 부담만 가중시켜 왔던 것이다. 이것이 선진 수사학洙泗學에 대한 훈고학訓詁學적 변용이 되고, 급기야 부유腐儒·허유虛儒라는 관료 양산 체제의 수단으로 변모한 사실은 후대의 유학 사상사가 거짓 없이 알려 주고 있는 역사적 현실 중의 하나이다.

이러한 사실에도 불구하고, 유학 자체가 지닌 전통 사상으로서의 가치와 사회적 윤리성은 소홀히 할 수 없다. 그것은 선진 유학이 추구했던 바 표층, 즉 가진 자들에 대한 지속적인 평생 교육과 근본 이념의 문제이다. 곧 인문학으로써 사람이 해야 할 바의 마땅함을 추구했던 유학은, 그 본질상 이를 수용한 개인에 대해서도 스스로의 자각과 더불어 자기 계발의 지속적인 동기 부여를 채찍질하는 수양의 사상이었기 때문이다.

이에 비해 도교 사상의 양생과 신선술에 따른 개인적 기조는, 사실상 사회의 일정한 규율과 자연 법칙에 대한 심리적 반발을 근간으로 함으로써, 자칫 사회적 존재로서의 인간의 자기 인식을 그르치는 결과를 낳기도 하였다. 그 결과 건전한 삶이나 현실적인 인간 인식과는 다른 방향으로 사람들을 몰아가는 경향성을 지니고 있었다. 따라서 이러한 사상적 흐름 속에서 – 어떤 한 개인이 비록 도교 사상을 선호한다 하더라도 – 그가 사회에 몸담고 있는 한, 도교의 세계관만으로는 부족하고 필연적으로 유교의 제반 이론을 동시에 습득할 것을 요구받았던 것이다.

이 경우에도 그러한 습득의 정도가 관료나 유산자들의 그것과는 결코 동일할 수 없었음은 물론이다. 하지만 이러한 사회 사상적인 흐름이나 상황의 이중적 구조는 민간에 있어 백성들의 삶을 더욱 고달프게 만들었을 것임은 의심할 여지가 없다. 교육과 배움이란 그냥 말로만 되는 것이 아니고, 반드시 그 비용을 부담해야 하기 때문이다.

　욕망의 존재인 인간 그리고 사회 내적 구조가 지니는 수요·공급의 과정과 그 성격상, 출세한 사람들보다 출세하지 못한 사람들이 더 많이 나오는 것은 기본적인 일이다. 결국 개인이 취할 수 있는 사회 내적 행위는 둘 중의 하나이다. 그것은 '현실적 출세의 길'을 택할 것인가 아니면 '비현실적 출세간出世間의 길'을 선택할 것인가. 어쩌면 그래서 유와 도는 이 같은 선택의 한 부분들을 각각 담당·예비하게 되었는지도 모른다.

　그런데 여기서 다수의 지지라는 측면에서 본다면 – 사실상 표층의 사상과 지배 이데올로기로서 그 소임을 다해 온 유학임에도 불구하고 – 사상사적으로나 현실적인 견지에서 그리고 민간에 끼친 흐름과 영향력에서 볼 때, 오히려 사상과 문화의 주류를 형성해 온 것은 도교 내지 도가 철학이었다는 반론도 가능하다 하겠다.

　이상에서 유와 도가 지닌 근본적인 사상사의 양상들을 각각의 이론적 성격이 갖는 측면에서 천착해 보았다. 물론 그럼에도 불구하고 유교의 현실성에 비교할 때, 도교의 사상적 내용이 과연 현실의 학문일 수 있는가 하는 의문은 여전히 남는다.

　곧 합리성의 결여와 현실 적용의 어려움이라는 도교 자체의 한계를 여기서 어떻게 이해할 수 있을 것인가의 문제이다. 그런데 이 대목에서, 우리는 전통적으로 용인되어 온 '학문이란 무엇인가'에 대한 전혀 이질적인 개념 이해의 문제를 제기해 볼 수 있다. 소위 과학적·도구적 이성의 판단에 따른 비현실성과 비합리성이란 규정을 따라, 대다수 민중의 마음을 사로잡아 온 일련의 민간 신앙적인 도교 사상을 과연 전적으로 무시할 수 있는가, 아니 무시해도 되는가 하는 문제가 생긴다는 것이다.

　현대 문명은 가상현실 곧 사이버 스페이스의 virtual reality와 만나면서, 인류 정신사의 또 하나의 획을 긋는다는 야릇한 기대감에 사로잡혀 있다. 그리고 이를 주도하는 전자과학의 기본 입장은 가장 과학적인 현실성과 합리성에 그 기초를 두고 있다고 주장한다. 그러면 사이버 월드라는 세계는 과연 실제인가 아니면 가상인가.

가상 현실, hyper reality나 사이버로 대표되는 현대과학의 합리성이란 이미 현실과의 일정한 간격을 두고 자신의 독특한 세계를 구성해 가고 있는 중이다. 그렇다면 과거 도가의 사상이 지닌 관념 세계 역시 이 같은 비현실성 속에서도 여전히 자신의 논리와 이해를 가지고 스스로의 합리성에 의하여 주도되었던 것은 아닐까 한다.

사실 인류 정신사 전체를 통하여 인문 사회 과학 분야에서 진행되어 온 어떤 작업도 완전한 합리성·온전한 현실성이라는 명제와는 상당한 거리를 지니고 있다. 어쩌면 과학적 명증明證성이나 합리성과 사실 그 자체 사이에는 또한 상당한 거리가 있는지도 모른다.

이런 의미에서 본다면, 도가 철학이 비학문적이란 비난은 그 자체로 비난의 명증성을 가지지 못하는 것이기도 하다. 오히려 지금 이해할 수 있는 사실은 – 그것이 학문적이든 비학문적이든 간에 – 현실적인 인간의 삶과 이에 대한 실천 철학적 가치의 문제이다. 결국 사상과 문화란 유적有的 존재로서의 인간이 가질 존재와 인식의 해석학적 의의 속에서 판단되어야 할 것이다. 그로써 이 힘든 삶에 있어 하나의 의미와 희망으로 남아 있어야 하지 않겠는가 한다.

역사적으로 볼 때, 도가 내지 도교로서의 철학과 사상이 지치고 피로한 수많은 인민들에게 다시 없는 희망과 돌파구로서 정신 학문의 역할을 충실히 수행해 온 사실을 부인할 수는 없다. 따라서 이제 민중 사상으로서의 도교에 새로이 남겨진 하나의 과제는, 이의 학문성을 검증하는 문제가 아니라 오히려 이의 감추어진 진실을 규명하는 것에 그 초점이 맞추어져야만 할 것이라 생각되는 것이다.

제6장 한민족사와 역사 철학
- 고유 사상과 연관한 서지 분석 및 위작론에 대한 재고를 요청하며

　몇 년 전 우연한 기회에, 민족 사학으로 부르는 재야 학문 그룹에서 중요 사서로 취급하고 있는 『환단고기』와 『규원사화』에 대해, 위작설을 주장한 약간의 논문을 읽게 되었다. 그런데 이들 논문의 논자 대부분이 한국 사학계의 강단 교육을 짊어지고 있다는 것과, 그 논지의 대체적인 것이 이들 사서史書의 성립 연대가 조선후기 내지 20세기 초엽의 것으로 사료적 가치가 없음을 입증하는 데 주력하고 있음을 확인할 수 있었다. 이중 특히 한 분은 이들을 '대종교 관련 문헌'이라 하고 일련의 논의를 통하여, 이 사서들이 기존에 알려진 바와 달리 '친일 민족주의적 성격'을 지닌 믿을 수 없는 사서라는 점을 주장하고 있었다.[38]

---

38 박광용, 「대종교 관련문헌에 위작 많다」 - 『규원사화(揆園史話)』와 『환단고기』의 성격에 대한 재검토 -, 계간 『역사비평』 10호, 역사비평사, 1990 가을, 205-222쪽. 이와 관련하여 최근 한국 사학계에서 보여 주는 관련 연구 논문들은 대략 다음과 같은 것들이 있다 : 趙仁成, 「現傳 '揆園史話'의 史料的 性格에 대한 一檢討」, 『斗溪李丙燾博士九 旬紀念韓國史學

그런데 이들 주장의 논거와 논지 자체의 성격 및 의도, 그리고 여기에 사용된 서지학적 분석과 주장들의 미흡성 및 역사 철학적 입장에서 결코 이해되지 않는 일련의 문제들에 대해, 새삼 의문을 제기하지 않을 수 없었다. 왜냐하면 글쓴이는 한국 철학을 전공하고 연구하면서 이들 사서에 대하여 지대한 관심을 갖고 있기 때문이다. 동시에 이들이 비록 사료로 서의 기능을 수행하는 데는 미흡하다 하더라도, 인문 해석학적 관점으로 볼 때, 그 내용들은 상당한 의미를 지니는 것이라 생각하고 있다.

하지만 이를 지나게 폄하하는 글들과 또 그 논지를 그대로 기사화하면 서-마치 이들 사서가 왜곡된 민족주의의 한 형태가 분명한 것처럼 알리고 있는-신문의 기고 내용[39]을 접했을 때, 놀라움과 당혹감 그리고 그우려는 심각한 것이었다. 왜냐하면 저널리즘의 속성상 그 영향력은 결코 단순하지 않기 때문이다. 새로운 사실이 발견되었을 때, 이를 알리는 것은 신문의 본분에 합당할 것이다. 하지만 반론의 여지가 있는 학술적 논쟁을 다루는 데는 저널들 역시 좀 더 신중할 필요가 있다. 사실 민족의 문제와 관련해서 90년대 당시 젊은 청년층에 가장 많이 읽혀지던 신문에, 그것도 기사 제목 자체가 '친일 민족주의'로 활자화되어 실려 있다는 사실에서, 그 충격은 더욱 컸던 것이다. 물론 기사가 이미 제출된 학술 논문의 논지를 그대로 베껴 요약 정리했을 뿐이라는 데 대해, 별로 이의를 달 생각은 없다.

그러나 원래 제출된 논문의 요지는 사실상 위 두 사서史書의 위작론에

論叢』, 1988.
조인성, 「『揆園史話』와 『桓檀古記』」, 『한국사시민강좌』 제2집, 1988.
李純根, 「古朝鮮 位置에 대한 諸說의 검토」, 『성심여학보』 190호, 1987; 수정판, 「고조선은 과연 만주에 있었는가」, 『역사비평』, 1988년 겨울호.
李道學, 「桓檀古記」, 『民族와性』, 1986년 11월호.
39 한겨레신문, 709호; 「규원사화·환단고기, 친일 민족주의 성격 강하다」.

있는 것이고, 논문 후절의 친일 민족주의라는 논조는 논문 전체에서 행해
진 서지학적 작업 가운데서도 가장 소설적이고 수필적인 부분에 해당하
는 것이다. 그런데 상기 논문 가운데 별로 학술적이지 못하고 다만 개인
적 감상에 불과하다고 여겨지는 부분을 골라 특히 '자극적인 제목'으로
눈길을 끌려 했는지에 대해서는 심히 유감이라 하지 않을 수 없다. 동시
에 '신문'이 이러한 기사를 통해 다른 어떤 것을 노리고 있었다면, 이는
적어도 황색 저널리즘의 한 행태로밖에는 달리 이해하기 어려운 것이다.

그리고 앞서 말한 우려란 것의 정체를 밝혀 둔다면, 학술적으로 잘못
된 이해가 보편화될 때 그 피해가 상상하기 어렵다는 사실이다. 실로 한
국 고대사에 대한 객관적 실체가 밝혀지지 않은 현 상황에서, 그 연구를
위한 젊은층의 관심과 노력은 아무리 강조해도 지나치지 않다. 이런 상
황에서 잘못된 서지학적 분석과 역사적 해석 그리고 이에 동조한 저널리
즘의 오류는 한국학 전반에 걸친 다양한 연구에 있어 결코 바람직한 결
과를 가져올 수 없다. 그렇다면 어디가 잘못되었는가.

근본적으로 「대종교 관련 문헌에 위작 많다」라는 논문은 그 자체가 상
당한 정도로 한국 철학과 사상사의 핵심 사안, 즉 중심 문제를 잘못 이해
하고 있다. 또 이러한 잘못된 이해를 바탕으로 두 사서에 대한 서지학적
검증에 나섬으로써, 그릇된 논거에 의존한 추론이라는 심각한 오류를 범
하고 있다. 더불어 두 사서의 출현 시기를 지나치게 문제시함으로써, 한
민족 사상의 근본 핵심을 후기적인 일본의 대동아 공영 정책과 마치 동
일한 것이라는 식의 어처구니없는 결론에 끼워 맞추고 있다는 점 등이
다. 그리고 전체적인 서술 구조상의 문제로서, 이보다 앞서 조인성과 이
순근이 범하고 있는 동일한 잘못[40]을 지적할 수 있겠다.

---

[40] 이 문제에 관해서는 일찍이 여러 경로를 통하여 일단의 논쟁과 심지어 법정 투쟁까지 비화된
적이 있었음은 잘 알려진 사실이다. 그러나 이에 있어 분명한 학문적 결론은 아직 이루어지지

그런데 이것은 일종의 선입관일 뿐이다. 즉, 위 사서들이 위작이라는 논지에 주관적으로 기울면서 이들이 위작일 가능성이 높다는 점만을 밝혔을 뿐, 그 반대의 경우는 전혀 고려조차 하지 않음으로써 사실상 서지 분석의 완성도를 떨어뜨리고 있다. 이로써 오로지 시기적인 것만을 들어 이들의 사료적 가치를 무시하는 입장을 밝히고 있을 뿐, 이들이 지닌 민족 사학 내지 한국학의 가능성과 그 내용에 대해서는 검토 자체가 제대로 이루어지지 않았다는 점 등을 대단히 아쉽게 생각한다.

그러므로 이제 이러한 측면에서, 현재 유통되고 있는 위 사서들에 대한 한국 사학계의 일반적인 시각과 이해들의 문제점을 살펴보고, 한편으로 바람직한 방향에 대해 비록 시론적이나마 이 글을 통하여 검토해 보고자 한다. 그리고 먼저 밝혀 둘 것은, 위 논문이 제출된 이후 상당한 시간이 지난 지금에야 이 같은 제안을 하게 된 것을 안타깝게 생각한다는 점이다. 이 글은 대종교를 위한 어떠한 변호나 기여를 할 의도를 갖지 않고 있음을 분명히 하고, 다만 한국 민족 사상의 형태와 그 존재 측면 그리고 사상사적 전개에 지대한 관심을 품고 있는 한 학도로서 한국학과 관련하여 잘못된 서지학적 분석을 보고 결코 그냥 지나칠 수 없었다는 사실을 밝혀 둔다.

사실 글쓴이의 일반 의도는 위 사서들이 어떤 의미로든 중요한 철학 사상적인 가치를 가진다는 데 기울어져 있다. 하지만 그렇다고 해서, 이 글이 두 사서에 대하여 서지학적으로 진서眞書임을 밝히고자 하는 것은 아니다. 따라서 이 문제, 즉 진서·위서僞書의 문제는 앞으로도 보다 심도 있는 연구와 검토가 반드시 있어야만 할 것임을 미리 언급해 둔다.

아니한 상태이며, 글쓴이는 파거 이런 상황에 대해 나름의 생각을 정리해 본 적이 있다. : 拙著, 『仙과 혼』, 세종출판사; 부산, 1994, 29쪽.

1. 위작설과 서평

1) 민족주의와 한국 사학

앞의 논문[41]은 『규원사화』와 『환단고기』에 대해, 이를 친일 민족주의를 표방한 것이라 하고, 따라서 그 사료적 진위 여부는 물론 그 서지학적 가치에 있어서도 상당한 문제를 지니는 것이라고 한다.

그러면서 민족주의를 표방한 두 사서를 민족 사서로 무조건 받아들이기 이전에, 민족주의란 무엇인가에 대한 개념적 정의가 명확하게 있어야 할 것이라고 주장하고 있다. 그런데 이를 보면서 느끼는 바는, 우선 위 논문은 민족주의라는 용어를 쓰면서도 그 개념 자체에 상당한 혼란이 있다는 점이다. 이에 본격적인 분석에 들어가기 앞서 우선 민족주의란 무엇인가, 그리고 현재 이해되고 있는 이 말의 대체적인 의미는 어떠한가를 알아보기로 하자.

민족주의란 영어로 대개 'nationalism'으로 표현하고 있다. 이 용어는 지금까지 학계에서 일반적으로 사용하고 있는 것이기도 하다. 하지만, 실상 그 적용의 측면에서 볼 때, 이는 오늘날 전 세계적으로 확산되고 있는 일련의 민족주의적인 제 경향에 그대로 적용시키기는 상당한 어려움이 있다. 그런 의미에서 오늘 민족주의란 말은, 이것이 사실상 무엇을 의미하는가에 대한 새로운 개념 정의를 필요로 하는 것이기도 하다.

서구의 경우, 역사적으로 볼 때 대개 내셔널리즘이란 일반적으로 근대 국민 국가의 성립과 더불어 나타나서 이를 떠받친 이데올로기의 역할을

---

41 이하 글의 용어 중 '위 논문' 또는 '논문'은 박교수의 「대종교 관련 문헌 위작 많다」는 논문을 지칭하며, '위 史書' 내지 '두 서목' 그리고 '두 사서', '두 책' 등은 각각 『揆園史話』와 『桓檀古記』를 지칭하는 것으로 사용한다.

한 것으로 이해되고 있다. 동시에 이는 근대 자본주의 사회의 고유한 운동이기는 하나, 교황주의의 영향을 받아 국민 또는 민족의 이름에 의한 집권적 권력 지배를 그 특징으로 하는 일단의 정치학적 개념에 가깝다. 따라서 이것은 Cosmopolitanism이나 개인주의·무정부주의 등과는 일종의 반대 개념으로 등장하는 것이다.[42]

또한 과거의 예로 비추어 볼 때, 즉 여러 민족주의가 실현된 현실적 방향과 그 내용에 있어, 이는 국수적 Chauvinism과 명확한 구분을 하기 어려운 것으로 이해되기도 하였다. 물론 내셔널리즘은 쇼비니즘과 그 적용 범위에 있어 약간의 차이를 드러내기도 한다. 다시 말해 진보적 측면에서의 민주 내지 국제주의와 결합하는 면을 보임과 동시에, 전체 내지 배타주의로 전화하여 공격적이고 침략적인 특성을 지니는 두 가지를 다 포함하는 것이다. 하지만, 결론적으로 이는 보다 광범위한 의미에서의 민족적 특수성을 옹호하고자 하는 일단의 사상으로 설명되고 있다.[43]

또 지금까지 내셔널리즘은 주로 서구에서의 발전 이론과 연관되어 그 개념이 파악됨으로써, 대다수의 경우 후자로만 이해되고 있는 것이 현실이다. 다시 말해 전통적으로 이해된, 집권적 권력 지배의 형태로 나타나는 국가주의國家主義적 경향을 지닌 민족주의民族主義란 결국 국가 대 국가, 민족 대 민족이라는 일련의 대결 국면을 필연적으로 산출하고, 이 과정에서 어쩔 수 없이 민족적 우월감이란 일종의 배타적 민족의식을 고취시키게 된다는 것이다. 그러므로 민족주의라는 개념 자체에서 얻을 수 있는 긍정적 의미에서의 참된 민족의 개념과 의식은 사라지고, 정치학적으로 오로지 쇼비니즘적인 민족론만이 강화된 상태로 설명되고 있는 것이 오늘 민족주의라고 하는 말의 주된 용법이며 그 의미이다.

---

42 『世界哲學大事典』, 교육출판공사; 서울, 1985.
43 『브리태니커백과사전』, 「민족주의」 항.

사실 국가주의와 결부된 민족주의라는 개념으로부터 파생된 부정적인 결과로, 몇 가지 중요한 역사적 현실적 문제가 있다. 이는 전 세계적으로 하나의 단일 민족에 의해 구성된 민족 국가가 그리 많지 않다는 점, 그리고 주로 다민족 연방 국가 내에서 벌어지고 있는 민족 분규라는 일련의 현실 사태로 설명된다. 다시 말해 이것은 최근 연방 내지 민족 연합의 체제를 지닌 국가들 내에서 주로 자행된 살육과 파괴라는 인류 최악의 재난이라는 말로 설명할 수 있는 것이다. 따라서 서구적인 민족주의란 개념은 긍정적 의미에서의 이해를 가지기 어려운 것이 현실이다. 그러므로 이 같은 의미를 토대로 민족주의라는 개념을 사용한 것이라면, 사실상 위 논문의 기본적인 의도는 자명한 것이라고도 할 수 있다.

더불어 위 논문에서 사용된 민족주의란 개념이 친일적이란 용어와 혼용되는 데서 알 수 있는 바와 같이, 이는 순수 혈통적 개념으로 사용된 것이 아니다. 대개 민족 사서들에 나타난 바의 한민족이란 – 우랄 알타이계 전체를 아우르는 몽골족 전체를 한민족으로 보는 – 광의의 개념으로 사용되고 있다. 그러므로 이는 국가주의적 요소를 지니지 않는 것을 특징으로 한다 할 수 있다. 그런데 위 논문은 '민족民族'과 'nation, 즉 국가'를 동일시하는 오류를 범하고 있는 것이다.

따라서 위 논문에서의 민족주의란 용어는 사실상 그 개념적 정합성을 분명히 하지 않은 채, 단순한 관념적 상태에서의 민족이란 개념에 의지하여 사용되고 있음을 지적할 수 있다. 그러다 보니 자연히 논문은, 전체적으로 민족주의라는 개념 자체에 대한 분명한 인식이 결여된 상태에서, 소위 민족 사서에 대한 정치 사회학적 함의의 반민족적 서평을 감행하고 있는 것이다.

그리고 이제 민족 사서들과 연관하여, 오늘 '민족주의'라는 이름 아래 '한민족의 정신'을 찾고 있는 일련의 작업들이 과연 앞서의 서구적 민족주의와 같은 그러한 부정적 측면에서 진행되고 있는 것인가. 이는 결코 그렇지 않다.

삼민주의三民主義[44]라는 일련의 시대 정신이 20세기 초엽 동양권 전체를 물들인 바 있다. 그러고 난 이후, 오늘 한국의 민족주의라는 것은 기본적으로 내셔널리즘, 즉 서구적 민족주의란 개념을 넘어서 보다 긍정적인 의미의 세계화를 위한 주체적 사유 내지 자기 정체성의 확보라는 중요한 철학적 주제와 맞물려 나타난 것이다. 그러므로 한국의 민족주의 내지 민족 사서에 나타난 민족주의란, 다른 의미로 참된 민족의식民族意識의 확인과 고양이라는 철학 사상적 의미로 우선 이해되어야만 한다.[45]

다른 말로 한국의 민족주의는 결코 국가주의와 결합하지 않으며, 오히려 국가보다 더 앞서는 것으로서의 민족을 말하고 있다. 다만 여기서 먼저 언급하고 싶은 사실은, 한국 민족정신의 제 양상을 찾아가는 작업이 결코 수월하지 않다는 점일 뿐이다.

그러므로 선결 과제로서의 서지학적 분석을 필요로 하는 자료들에 대해, 기본적인 학적 작업이 채 이루어지지 아니한 상태에서, 이들을 곧바로 역사歷史 내지 정사正史로 이해하려는 일부 민족 사학을 표방하는 그룹

---

44 孫文이 중국의 혁명적 실천 과정에서 확립한 이론으로, '民族, 民權, 民生'으로 대표된다. 이는 이후 유럽 민주주의 사상과는 다소 상이하게, 독자적인 민족적 혁명이론으로 자리잡게 된다. ; 위의 책.

45 같은 의미에서 오늘날 전세계적으로 확산되고 있는 民族主義란 어떤 의미로 동일한 민족의식을 갖는 인민들의 자각적 결단을 그 주체로 내세우고 있는 것인지도 모른다. 그러므로 이는 일련의 민족의식의 확보와 자기 정체성 확립이란 의미에서 신민족주의의 한 형태로 이해되어야 하며, 그런 의미에서 이는 과거의 민족주의에서 보이는 바와 같이 국가주의적 개념에 얽매여 있는 하나의 이데올로기적인 것이 아니라, 오히려 이를 뛰어넘은 새로운 주체적 자각의 한 형태로서의 보다 철학적인 이해의 문제로 보아야 할 것이다. 따라서 서구의 지성들이 최근 보이고 있는 바와 같은 해체주의나 포스트모더니즘 등과 같은 주체성의 이해에 관한 문제는 (Madan Sarup 외/임헌규 편역, 『데리다와 푸꼬, 그리고 포스트모더니즘』, 인간사랑: 서울, 1991, 15-17쪽 참조), 어쩌면 필연적으로 새로운 민족의식의 확산을 자극하고 있는 것이기도 하다. 그러므로 이는 새로운 세계 이해의 방법으로서, 단순한 과거 이해의 수준을 넘어 보다 확장된 의미에서의 미래학적 결단을 필요로 하는 그 무엇인지도 모른다.

들에도 분명히 문제는 있다. 그리고 이 경우에 진행된 한국사의 이해는 상당한 문제와 더불어 충분한 논쟁적 요소를 지니는 것임도 부인하기 어렵다. 그러나 이러한 논쟁적 요소를 지님에도 불구하고, 한국사의 실체 그리고 한 걸음 더 나아가 한국 민족정신 내지 참된 민족의식의 세계를 찾아가는 작업이 결코 거부되어서는 안 될 것이다.

그렇다면 현재의 학문적 상황 속에서 '한민족정신'을 찾기 위해 시도해 볼 수 있는 작업과 올바른 방향은 과연 무엇이며, 또 어떤 것이 될 것인가. 이에 대해, 한국 철학 사상의 흐름과 그 정신사적 맥락에 있어 의문시되는 한국사의 문제 그리고 그 이해의 실마리로서, 다음과 같은 몇 가지 점을 제시해 두고자 한다.

지금까지 한국 역사학계는 나름대로 한국학의 방향과 그 세계 정립이라는 과제를 가지고 상당한 정도로 자부할 만한 수준의 연구 업적을 이루어 내고 있음을 알고 있고, 이는 마땅히 인정되어야 할 점이라고 생각하고 있다. 그러나 향후 한국 사학의 과제는 과연 어떤 것이 되어야 할 것인가.

이 문제를 다룸에 있어 먼저 생각해 보아야 할 점은, '역사는 단순히 과거의 기록으로서의 사실史實로서만 기능하는 것이 아니라, 언제나 오늘에 살아 있는 역사'[46]라는 사실이다. 이는 역사에 약간의 관심과 지식을 갖고 있는 사람이라면 누구나 이해하는 점이라고 생각한다. 이제 이러한 점을 염두에 두고, 지금까지 알려져 있는 한국사의 제 양상과 한국 역사학의 방향들을 살펴보면, 약간의 비합리적 요소와 미심쩍은 문제들을 쉽게 발견하게 된다.

간단한 상식으로 지금까지 정설로 알려져 있는 역사적 기록과 그 사실

46 E.H.Carr/황문수 역, 『역사란 무엇인가』, 범우사; 서울, 1989, 「제5장, 진보로서의 역사」, 고려대학교 사학과 교수실, 『역사란 무엇인가』, 고려대학교 출판부; 서울, 1987, 28-36쪽.

史實적 이해를 토대로 할 경우, 한국사의 출발과 고대사로 이해할 수 있는 상한선은 삼국 시대이다. 그리고 혹 다른 측면들을 고려하여 검토한다 하더라도, 결국은 기원 전후를 중심으로 한 삼한 시대 이상을 넘어가지는 않는다. 따라서 이러한 정설에 위배되는 일련의 학설과 기록들은 대부분 부인·배척되어 온 것이 사실이며, 이것이 한국 고대 사학古代史學 내지 한 민족사의 현주소이다.

물론 여기에 윤내현 교수 등 극히 일부의 역사학자들에 의해 고조선의 존재와 그 성격들에 관하여 상당한 정도의 연구 및 저작이 나와 있고,[47] 이를 따라 현재 국사 교과서에 대해 약간의 개정이 추진 중임을 알고 있다. 그러나 글쓴이가 과문한 탓인지는 모르겠지만 이에 대한 사학계의 신념과 태도는 그리 분명한 일관성을 지니고 있지 않은 것으로 안다.

한국 사학계에서 진실로 한국 역사를 반만년 역사로 이해하고 있는가. 그리고 역사가 진실로 그러하다면, 왜 분명한 어조로 한국 역사를 이천여 년이라고 떳떳이 밝히지 못하는가에 대해 의아스러움을 금할 수 없는 것이다. 더불어 이제 한국 역사 기록 이천 년에 나타난 제 양상 중에서, 한 민족의 대내외적 자긍심을 이야기할 만한 시대는 과연 얼마인가. 이에 관해 오늘 한국 사학에 또한 그 답을 묻고 싶은 것이 솔직한 심정이다.[48]

---

47 윤내현, 『한국고대사신론』, 일지사: 서울, 1991.
　　千寛宇, 『古朝鮮史·三韓史研究』, 일조각: 서울, 1991.
48 이 문제를 검토해 본 바, 한국 사상사의 측면에서 바라볼 때, 한국 역사학계와 철학계는 하나의 분명한 시각 차이를 노정시키는 바, 그것은 한국 전통 사상의 원류 내지 고유 사상의 이해라는 부분일 것이다. 곧 기존의 역사학적 상식을 따를 때, 우리는 하나의 민족이란 측면에서의 민족 사상 내지 고유 사상에의 접근 자체가 힘들게 될 것인데 반해, 이와 달리 한국 철학적 입장에서 본다면 그 실체적 이해가 오히려 분명한 것이라고도 할 수 있는 것이다. 이 경우 그러면 왜 이 러한 문제가 발생하는가. 그것은 접근 방법에 있어, 아마도 실증사학과 논리철학과의 학문 방 법의 차이 때문에 파생되고 있는 것이 아닌가 한다(拙著, 『仙과 혼』, 앞의 책, 14-25쪽 참조). 물론 필자 자신이 전문 사학자가 아닌 관계로, 역사적 사실에 관한 구체적 접근이나 역사학적 증거 수집 등의 작업을 진행하기는 어렵다. 그러므로 이 글 역시, '역사는 인간 정신의 흐름을 반영한다'는 철학적 관점에서 문제시되는 일부 사안에 대해서만 집중하고자 한다.

역사란 미래를 위하여 과거의 사실을 현재의 관점에서 해석해 보는 것이라는 실용적 입장을 가지고 이해해 본다. 현재 알려지고 이해되어 있는 한민족사 가운데 조상들의 삶은 오늘 우리에게 과연 어떤 자긍심을 줄 수 있는가. 혹자는 과거가 잘못되었으니까 이제부터라도 새롭게 출발하자는 것이 아니겠는가고 반문할 수도 있을 것이다. 그런데 과연 그러할까. 옛말에 이르기를 '못 되면 조상 탓, 잘 되면 제 덕'이란 말이 있고, '내 덕, 네 탓'이란 말도 있거니와, 그러면 대한민국과 한민족의 세계사적 중흥이 있게 될 때, 그 공은 전부 오늘 우리 그리고 이후의 후손들에 돌려질 것인가. 아마도 그렇지는 아니할 것이다.

저 먼 과거로부터 역사는 출발하여 오늘에 이르고, 다시금 오늘을 거쳐 장구한 미래로 흘러간다. 수없이 많은 과거사가 그 속에 있고, 이를 따라 오늘의 사건이 발생하는가 하면, 미래의 사태 역시 이를 따라 잉태되는 것이다. 역사는 결코 단절이 아니라 하나의 계승이며, 그런 의미에서 끊어지지 않는 하나의 흐름과 전통으로 우리에게 남겨지는 것이다. 따라서 역사에는 'if'란 없으며, 단절된 왕조, 사라져 버린 국가는 결국 그가 사라질 수밖에 없는 흐름에 올라탔다는 점을 분명히 인식해야 한다.

잃어버린 국가에 대한 향수 또한 하나의 가치를 지닌다고 할 수 있겠지만, 그로써 오늘 현대사의 줄기를 다른 방향으로 몰고 가 왜곡해서는 안 될 것임은 분명한 일이다. 우리 역사, 즉 한민족사에 있어 그러한 국가, 곧 잃어버린 왕조의 대표로 고구려·가야·발해 등을 우선적으로 들 수 있을 것이다. 이들에 대한 오늘 한국인들의 향수는 과연 무엇을 의미하는 것일까.

그것은 결국 찬란했던 과거의 역사, 곧 강력한 국가의 인민으로 행세하였을 민족의 자긍심과 그 실마리를 예서 찾아보고자 하는 것은 아닐까 한다. 그래서 동북아의 패자覇者·철기문화의 왕자王者·해동성국海東盛國과 같은 과거의 민족적 우월성을 통하여 오늘 한국인들의 자기 동질성을 회복하고자 하는 것일 게다. 그러나 불행히도 이들 중의 어느 누구도 우리의 역사로 곧바로 계승되지 못했다는 엄연한 사실史實을 우리는 망각하고 있다.

또 다른 하나의 문제를 검토해 보자. 왜 잃어버린 왕조들은 누구나 강력하고도 주도적인 한 시대를 풍미하였음에도 불구하고, 정작 그들을 물리치고 통일 국가를 형성한 제 국가와 왕조들은 한결같이 힘도 없고 어려운 시절들만 지내다 사라져 갔던 것일까. 여기에는 참으로 이해하기 힘든 일련의 해석학적解釋學的인 역사학의 함정이 있는 것이 아닐까.

즉 실질적인 전통의 계승자로 이끌어져 오늘에 이른 한민족에 대해 무언가 알지 못할 심리적 위축감과 피로감을 오히려 상승시키기 위해서 말이다. 고도의 지능적 수단에 의해서가 아니라면, 알 수 없는 역사의 보이지 않는 손에 의해서, 그리고 이도 저도 아니라면 우리 자신의 잘못된 해석학적 관점에 의해서 등등의 이유로….

하지만 지금 여기서 이 문제에 대한 답을 본격적으로 탐색해 보고 싶지는 않다. 왜냐하면 이는 달리, 전혀 새로운 한국사의 이해 내지 글쓴이의 능력 이상을 요구하는 어려운 문제가 될 수 있기 때문이다.[49] 하지만 이것이 어렵다 해서 포기해도 된다는 의미는 분명 아니다. 이는 사실상 지속적인 연구와 명쾌한 해명이 이루어져야만 할 것이다.

그러면 이상과 같은 점들을 염두에 두고, 두 민족 사서史書에 대하여 위의 논문이 위서僞書라고 주장하며 제기한 일련의 의문들에 대해 그 문

---

49 이 문제에 대해 논자가 기대해 보는 것은, 한국학 전반에 걸쳐 이것이 보다 이성적이고 합리적으로 전면적인 논의를 거치고 합의를 이루기 바라는 것이다. 이 경우 역사와 철학은 말할 것도 없고, 무속 및 종교 그리고 국어국문학 및 예술계 등 사실상 한국 문화 전반에 걸친 참여와 학문적 합의를 도출하는 것이 필요하게 될 것이라고 생각한다. (서울대동아문화연구소 편, 『韓國學』, 현암사: 서울, 1972 체제 참조)

제점들을 검토해 보기로 하자.

2) 위작설 및 서평에 대한 검토

우선 논문이 지적하는 일련의 의문들 중 철학 사상적인 부분, 곧『규원
사화』나『환단고기』가 다같이 기독교의 삼위 일체三位─體 사상을 받아들
이고, 이에 따른 체계를 갖추어 한인·한웅·한검을 논하였다는 부분에 관
해 살펴보자.

이 주장의 핵심은 결국, 삼위 일체적 사유가『환단고기』나『규원사화』
에 보이는 것으로 보아, 실질적으로 이러한 사상적 영향이 가능하였던 시
기, 곧 북학北學의 전파와 서양 기독교학의 도입이 있었던 18세기 이후에
야 두 서책의 성립이 가능하였다고 보는 것이다. 이로써 위 두 사서의 성
립 연대를 추정해야만 한다는 것이다. 이에 근거하여 민족 비전秘傳의 역
사서로 간주되는 두 책은 사실상 18세기 이후 기독교의 사상적 영향 속
에 성립한 날조된 위서僞書요, 기서奇書라는 것이 주장의 핵심이다. 그런데
이 대목에서 우선 논문은 '삼위 일체의 논리'라고 하는 것이 기독교적 사
유, 즉 기독교만의 교리 체계가 아님을 무시하고 있다.

철학적으로 볼 때, 예로부터 동양의 여러 종교 및 그 사유 체계들은 -
유교의 삼재론三才論, 불교의 삼보론三寶論, 도교의 삼통론三洞論 등에서 보
이는 바와 같이 - 전통적으로 삼위 일체적 이해를 저변에 깔고 있다는 것
은 상식에 속하는 일이다.[50] 이와 더불어 한국 사상사의 장구한 흐름 속
에서 독특하게 나타나고 있는 존재론적 사유가 있다. 그것은 여러 가지

---

[50] 이를 알아볼 수 있는 자료로서는 儒·佛·道에 관련된 여러 서적들이 있으므로 일일이 이를 열
거하기는 어려우나, 참고로 특히 한국 사상과 관련하여 다음의 책들만을 간략하게 일러두고자
한다.
조명기 외,『韓國思想의 深層硏究』, 우석; 서울, 1990.
황준연,『한국사상의 이해』, 박영사; 서울, 1992.

가 되겠지만, 특히 그 대표적인 것은 바로 삼일신앙三—信仰 내지 삼일 사
상三—思想이다.[51]

그리고 여기 삼일로 대변되는 독특한 한국 사상적 요소는, 이미 삼국
유사에 기록된 그대로 단군신화의 구조학적 이해에서 충분히 도출되는
것이다. 고운 최치원이 「난랑비서」에서 밝힌 바, 풍류도의 사상 또한 이
와 같은 삼일 사상의 기조 위에 서 있음은 새삼 재론할 필요가 없다.

이와 함께 밝혀 둘 것은 한국 민족 종교 사상 속에 나타나고 있는 삼교
동원론三敎同源論이나 한국 불교에 특유한 삼교회통三敎會通의 사유와 같은
삼위 일체적 사유는, 넓게는 동양 철학 전반에 걸친 세계관으로 자연적
사유 방식의 하나이며, 좁게는 한국 사상의 그야말로 독특하고도 고유한
철학적 전통이라 할 것이다. 그런데도 이를 빌미로 이것이 기독교적 영
향을 나타내는 것이라고 단정한다면, 사실상 인도의 베다나 우파니샤드
에 나타나고 있는 삼신三神 및 그 현화現化로서의 삼위 일체적인 사상 역
시 기독교의 영향 아래 형성된 것이라고 주장하는 것과 동일한 것이라
아니할 수 없다.

역사는 단순히 과거 사실의 기록만이 아니요, 일정하게 사실의 배후에
깔린 정신까지도 반영하는 것이다. 이 경우 만일 위의 논문이 지적하고
있는 바와 같이, 진정으로 이를 기독교적 삼위 일체 사상의 영향이라고
이해하고 있다면, 문제는 더욱 심각하다고 할 수 있다. 이는 한국사를 관
통하고 있는 주된 사상과 정신적 원류를 순전히 외래적인 사유 체계로만
이해함으로써 빚어진 오해라 할 수 있고, 더하여 이는 역사 사상 내지 한
국의 철학 사상을 바라보는 시각에 있어 근본적인 오해와 문제를 야기할

---

51 한국 철학회 편, 『韓國哲學史』, 동명사: 서울, 1987, 148–156쪽.
하기락, 『朝鮮哲學史』, 형설출판사: 서울, 1992, 74–109쪽.
拙著, 『仙과 혼』, 앞의 책, 264–307쪽.

수 있기 때문이다.[52]

다음으로 논문은 두 사서의 서술 구조와 시대정신 사이에서 나타나고 있는 모순된 측면과 기록상의 논리적인 문제를 제기하고 있다. 곧 두 책이 보여 주고 있는, 대對 중국 관계에서의 태도와 서술상에 나타난 신념의 불일치를 지적하는 측면이다.

이를 요약하면, 첫째 두 책의 내용 그 중에서도 특히 『규원사화』를 중심으로 보면, 중화족中華族과 여타 구이九夷를 중심으로 한 제諸 민족간의 상호 대결로써 동아시아사를 서술하고 있는데 이 점이 근대 동아시아사에 함축된 일련의 의도상의 문제, 즉 일본의 대동아 공영권의 논리와 비슷하다는 주장이다. 둘째, 이를 기술하는 동안에 나타나고 있는 일련의 지역적 불일치 그리고 여기에 사용된 언어 내지 용어로 볼 때, 시기적으로 상당한 문제가 있다는 지적으로 대별된다.[53]

이 부분에서의 논증은 우선 전반적으로 오늘의 역사학에서 바라보는 시각, 즉 역사 발전의 단계를 통하여 시대적으로 후기에 등장하고 있는

---

52 固有 思想 내지 傳統 思想의 존재에 관한 문제에 있어, 실증성과 현실성을 앞세우는 학문 세계 내에서 일단의 회의적인 분위기가 지배적이라는 것은 이미 잘 알려진 사실이다. 그리고 사학계와 철학계 사이에 약간의 시각 차이가 있다는 점에 대해서는 앞서 이미 일부나마 밝혀 둔 바 있다.(註 12 참조) 그러나 비록 일단의 존재 양상이라는 측면이라면 모르거니와 고유한 철학 사상으로서 이의 실체적 존재에 관해서는 사실상 異論의 여지가 없는 것이라 생각된다.

53 한겨레신문에서 이 부분에 관한 요약으로 기사화하고 있는 점을 보면 다음과 같다.
 - '국가'와 '동족'의 개념이 '민족(nation)'의 의미로 사용.
 - 기독교의 기본 교리가 깊이 배어 있음.
 - 1904년 현채(玄采)의 〈동국사략〉에서 처음 시도된 해석 방식인 '상견례'라는 용어 사용.
 - 우리나라를 '본조(본조)', '아국(아국)' 대신 '고려'로 호칭.
 - 1670년대 또는 고대의 기록으로 볼 수 없는 모순되는 연대 기록과 국제 관계 기술.
 이 중 앞의 둘은 이미 논의한 바, 다만 처음의 것은 우선 그 요약 자체가 잘못된 것이 이는 "국가와 동족 그리고 민족의 개념이 혼용되고 있다."고 해야 할 것이다. 그리고 만일 위의 요약을 인정한다 하더라도, 앞서 최근의 경향과 동양적 의미로 볼 때는 민족주의와 국가주의가 서로 일치하는 것이 아님을 이미 살펴본 바 있다. 동시에 동양 특히 단일 민족 국가로서의 한국에서 민족주의 내지 韓民族이란 개념은 서구의 경우와 달리 상당한 정도로 국가 내지 동족과 같은 의미로 사용된다는 점을 이는 간과하고 있는 셈이다. 그리고 뒤의 셋에 대해서는 이후의 본문에서 다루고자 한다.

용어와 당시 기록상의 용어가 혼용되고 있다는 점, 그리고 현재 이해·통용되고 있는 역사학의 방법론과 제 경향을 통하여 당시 추세나 정세를 유추해 볼 때 일반적인 역사 상식상 그때의 이데올로기로 보기 어렵다는 사상사의 모순점 등을 또한 지적하고 있다. 이 부분은 전체적으로 상당한 전문적 역사 지식에 의해 기술되고 있다. 그러므로 역사학에는 문외한인 필자가 일일이 그 지적들에 대해 확인하기는 사실상 불가능하다. 따라서 일단은 그 지적들의 대부분을 우선 그대로 수용해 두고자 한다.

하지만 그럼에도 여기서 몇 가지 의문점을 지적해 두지 않을 수 없는 것은 다음과 같다. 그것은 위의 논문이 역사는 그대로 진보한다는 진보주의적 관점을 무비판적으로 수용하고 있다는 점이다. 이로부터 후대에서나 가능한 관점이 두 책에 끼여 있다는 점을 지적함으로써, 위서론의 기본적인 논거를 마련한다. 그리고 서술 언어 내지 용어상의 문제로 곧바로 연대를 추정하여, 그 불일치를 지적하고 있는 것이다.[54] 동시에 이를 역사 사상적 관점에서 곧바로 일본에의 경도, 즉 친일과 연계시키고

---

54 이 점은 이후 계속적으로 검토될 것이지만 우선 여기서 밝혀 둘 것은, 역사를 이해하는 시각 즉 史觀이란 결코 하나의 것으로 모든 역사를 정당하게 이해할 수 있는 근거가 되는 것은 아니라는 점이다. 그런 의미에서 하나의 사관으로 양대 사서의 전반적인 측면을 검증하고 이를 통해 위작을 단정지은 위 논문의 시도는 뭔가 잘못되었다는 느낌을 받게 된다(前註의 셋째, 넷째 언명). 그리고 용어상의 문제는 그것이 사용된 시점에서의 언어학적·철학적 이해를 선결조건으로 하는 것임에도 불구하고 단순한 오늘의 역사 상식으로 이를 평가하는 것은 자칫 오늘의 역사 상식을 그대로 진실이라고 주장하는 것과 동일한 방식의 논증이 되는 것이다(前註의 세 번째, 다섯 번째 언명 참조). 따라서 이러한 논증이라면 굳이 잘못된 서지학적 검토를 할 필요 없이 그대로 다음과 같이 언명해 두는 것이 오히려 나을 것이다:
"『揆園史話』와 『桓檀古記』는 오늘 우리의 일반적인 역사 상식과 크게 어긋나고 있다. 그러므로 이들은 僞書인 것이다." 그런데 이와 같은 언명이 별로 학문적이지 못하리라는 것은 쉽게 알 수 있다. 따라서 이와 관련하여 지금까지 기 제출된 위 사서들에 대한 眞書論的 주장이 있게 되고, 이들은 곧바로 지금까지의 역사 상식 전체를 수정할 것을 요구하고 있는 것이다. 그리고 이 문제에 관한 해결에 있어 기존의 사학계에 잠재되어 있는 하나의 인식 오류를 지적한다면, 올바른 한국사를 이해하는 데 그 기반이 될 주된 사상으로서 한결같이 조선 유교 내지 유가적 사관을 요구하고 있다는 사실이다. 그런데 이 경우 발생되는 문제는 『揆園史話』나 『桓檀古記』가 다같이 도가적 사유의 기반, 곧 한국 도교 내지 仙家의 역사 인식 위에서 기록되어 있다는 점을 완전히 무시하게 된다는 점이다.

있다.[55]

그런데 이 같은 방식은 상당한 논리적 오류를 내포한다. 그러므로 위의 논문에 제시·예증된 세세한 역사적 사실과 기록상의 문제는 그대로 인정하더라도, 그 문제 제기의 관점과 방식에 있어 잘못이라고 여겨지는 부분에 대해서만 검토해 둔다.

위의 논문이 주장하는 핵심 사항은 결국 『규원사화』나 『환단고기』가 다같이 위서라는 데 있을 것이다. 그런데 이들을 친일 민족주의로 규정하고자 하는 데서, 일련의 역사적 시각과 관점의 문제가 제기되었다. 그리고 논문 후반부에서, 두 서책書冊에 보이고 있는 독특한 주장들을 일본의 침략 논리에 동조한 신일본주의라고 하는 데서 문제는 더욱 심각해진다. 아무래도 무리라는 대목이 나타나는 것이다.

이를 보면, 논문은 대 중국 관계를 적대적으로 해석하고 있는 두 책의 관점이 근본적으로 일본의 대동아경영권과 같은 맥락에 서 있는 것으로 본다. 그런데 이런 파악은 사실상 지금까지 학계에서 진행해 오고 있는 한국 역사 이해 방식에 관한 방법론적인 과제와 맞물리는 중요한 문제점들을 내포하고 있다. 동시에 이는 대 중국 관계에 관한 지금까지의 역사 시각 내지, 오늘의 입장에서 중국을 어떻게 이해할 것인가 하는 전반적인 문제에 이르기까지, 상당한 철학적 재고를 요하는 부분이기도 하다.

논문은 두 사서에서 표방하는 '자결권적 민족주의의 이념'[56]을 '신일

---

55 이 점은 사실상 상기 논문의 핵심적인 주장에 해당하는 부분이며, 한겨레신문 역시 이 점에 주안점을 두고 있다. 그러나 이 점에 관한 한 결코 용납할 수 없는 부분은 '친일 민족주의'란 용어의 사용에 있으며, 당시의 정세상 친일과 매국이 같은 의미로 사용된 것을 감안하면 그 의미론적 분석과 언어학적 이해를 따르더라도, 사실상 친일이면 친일, 민족주의면 민족주의지 친일 민족주의라는 용어는 결코 통용될 수 없다는 사실에 있다. 다시 말해 이는 '친일 반민족주의'라고 하든지 아니면 '친일주의' 등으로 사용해야 한다는 것이다. 그리고 만일 이러한 종류의 어법을 그대로 용인한다면, 이후에는 반한민족주의(反韓民族主義) 내지 반한한국주의(反韓韓國主義) 등과 같은 조어를 가능하게 할지도 모른다.

56 여기서의 자결권적 민족주의란, 앞서 밝힌 바와 같이 일반적인 배타적 민족주의의 속성을 넘

본주의의 침략 노선에 나타난 대동아 공영권 등의 이념형'과 동일한 것
으로 간주하고 있다. 그런데 이는 다른 의미로 조선 왕조 5백년을 거치면
서 거의 고착화되다시피 한 사대事大와 소중화小中華의 아류에 불과하다.
또 이러한 소중화의 의식이 지극히 당연한 한국인의 세계관으로 용인되
어야 하며, 동시에 역사관으로 받아들여져야 한다는 주장을 표방한 것에
다름 아니다. 다시 말해 논문은 지금까지 한국 사회와 문화의 거의 모든
영역에서 이해하고 있는 방식 그대로, – 한국 문화의 뿌리와 그 원형을
언제나 중국으로부터 유입되어 온 그 무엇으로 비정하는 데서 나타나
는 – 일단의 선입관적 오류를 보여 주고 있는 것이다.

　이로부터 두 사서에서 표방하는 대 중국 관계에서의 한민족의 독자적
인 세계 이해와 민족의식 내지 사유의 자존적 경향을 그대로 임진왜란
때의 정명론征明論과 유사한 것, 그리고 일본의 제국주의 침략 노선에 등
장한 이념형과 동일한 것으로 간주한다. 이러한 관점을 토대로 하여 위
의 두 서목書目이 마치 1930 – 40년대를 전후하여 일부 친일적 사가들에
의하여 민족주의적 서적으로 둔갑하면서 유포되기 시작한 것으로 결론
짓는다. 그렇다면 어디에서 이러한 논리의 비약이 일어나는 것인가.

　그것은 우선 근본적으로 역사를 보는 관점과 시각 그리고 역사의 사상
성을 도외시하는 데서 나타나는 필연적 오류라고 할 수 있다. 또한 역사
를 일정한 이성적 현실 내지 현실적 이성에 의하여 냉정하고도 객관적으
로 바라보는 것이 아니라, 나름대로의 결론을 내려 놓은 상태에서 그 논
지를 전개함으로써 잘못을 보이고 있다. 곧 선결 문제 미해결의 오류를
무시한 데서부터, 결론을 향한 느슨한 논증의 잘못된 결과를 드러내 보이
고 있는 것이다.

어 일찍이 삼민주의로 표방된 바와 같은 동양적 의미에서의 순수한 민족의식의 고양과 그 자
기 정체성 확보라는 자각적 의식을 의미한다. (註 45 참조)

부연해서 설명하자면, 위의 논문을 포함하여 이와 유사한 종류의 소위 민족주의 사서들에 대한 서지학적 분석에 있어, 지금까지 등장한 대부분의 위서 증명들이 심각한 문제를 안고 있다. 즉 언제나 논리적 정합성正合性을 위주로 하기보다는, 유포 시점을 토대로 추정치의 극대화를 통한 추론의 정합성을 꾀하는 경향에 서 있음을 확인할 수 있는 것이다.

동시에 내용의 신빙성 여부보다 본론에 사용된 용어들의 현재적 분석, 즉 이미 성립된 한국 사학의 일반 이론을 주된 분석 도구로 이용하면서 역사학의 보수적 패러다임을 고수하려는 경향을 지닌다. 따라서 사실상 위 사서들의 내용적 허구성을 지적해 내기보다는 기존 통념들과의 불일치 그리고 그 형식적 미흡함에 대한 지적들을 통하여, 실질적인 고증학적 분석이 완결되지 않은 상태에서 성급한 기형적 결론으로 이끌어 간다.[57]

위 논문 또한 이와 동일한 잘못을 똑같이 저지르고 있다. 그러면 우리는 이를 어떻게 이해해야 할 것인가. 이에 대해 이제 위 논문에 나타난 학적 태도상의 문제와 주 논거를 보다 본격적으로 검토해 보고, 그 현실적 해결 방향에 대해 논구해 보기로 하자.

3) 서지 분석과 역사학

위 논문은 하나의 사료 분석을 목적으로 한 학술논문이다. 따라서 이

---

57 송찬식, 「僞書辨」,《月刊中央》, 1977, 9월호
  이도학, 「在野史書 解題『桓檀古記』」, 『민족지성』, 1986, 11월호
  조인성, 「『揆園史話』論添補」, 『慶大史論』3, 1987, 경남대학교
  _____, 「現傳『揆園史話』의 史料的 性格에 대한 一檢討」, 『李丙燾 九旬紀念 韓國史學論叢』, 1987.
  _____, 「『揆園史話』와 『桓檀古記』」, 『韓國史市民講座』2輯, 1988.
  이순근, 「고조선위치에 대한 제설의 검토」, 『성심여자대학교』, 1987.5.15
  이들에서 나타나는 주장의 공통된 논점은, 첫째, 용어 사용의 부적절. 둘째, 인용 서적의 불분명. 셋째, 저술 연대와 저자의 문제 등이다. (2001.2.9.사운더) 〔출처〕유목민 마을 (http://www.eurasiad.com/nomad.html)

것이 갖추어야 할 성격은 상당한 정도의 제약을 지니는 것이기도 하다. 곧 단순한 수필이나 감상문 이상의 그 무엇을 필요로 한다. 그러나 진행된 사료 분석의 방법과 진행상의 의도 및 목적 등을 살펴보면, 여기에는 적지 않은 문제가 나타나고 있다.

곧 논문이 서지 분석에 국한하여 진행하며, 이로써 잘못된 부분 내지 의심스러운 부분을 밝히는 데 그치고, 사료 분석의 작업이 다른 목적과 의도를 보이지 않았다면, 이는 일정한 가치를 가질 수도 있었을 것이다. 하지만 논문은 우선 일정한 서지학적 논거의 명쾌한 확인조차 실패하면서도, 다시금 이를 역사학적 비평에 연결시키면서 최종적인 심리적 오류를 결론에서 드러내고 있다.

이는 어쩌면 위의 논문에서 발견되는 복합적인 이중 질문의 오류라고도 할 것이다. 곧 논문은 단순히 서지학적 작업의 경우였다면 피할 수 있었을 잘못을, 지나치게 역사학적 내지 철학적 가치 평가의 세계로까지 몰고 가면서 실질적인 사료 비평의 실패로 이어지게 한다. 따라서 논문의 의도가 단순히 두 사서의 서지 분석에 그치는 것이요 더 이상의 역사적 진실성에 관한 논쟁으로까지 확대할 의도가 없는 것이라면, 이 글 또한 이에 대한 서지학적 작업을 동일하게 병행시키지 못하는 한 더 이상의 장황한 논설은 사실상 무의미할지도 모른다.

그러나 위 논문 후반부의 주장은 결코 그것이 단순한 서지 분석만이 아니라는 점을 명확히 하고 있다. 따라서 위의 논문이 사료들의 서지 분석을 통해 검증하고자 하는 것은 과연 무엇이며, 그 의도가 어디에 있는가를 분명히 해 두어야만 할 것이다.

그리고 이에 대한 검토를 통하여 확인할 수 있는 사실은, 위의 논문은 그 자체로 일정한 서지 분석을 넘어 의도한 바로 인하여, 사실상 서지학적 분석과 역사 이해의 관점 사이에서 방향을 상실하고 있다. 이로부터 양자 중의 어느 한쪽에 대해서도 올바른 분석과 추론의 정당한 결론을 얻지 못하고 있는 것이다. 즉 논문은 심리적 오류의 논증을 진행함으로써, 우선 서지학적 측면에서 객관적 사실의 유무·가부를 결론지을 수 없는 상태에 이르게 하고, 다음으로 잘못된 역사학적 의도를 드러냄으로써 근본적으로는 논문 전체를 오류의 함정에 빠뜨리고 있다. 이로써 논문은 잘못된 의도에 따른 부정확한 논증으로 인하여 전체적인 가치를 상당 부분 상실하고 있는 것이다.

서지학이란 근본적으로 역사학과는 그 성격을 달리한다. 기록의 시점과 저자를 확인하는 것이 보다 핵심 사항이 된다. 하지만 역사학은 다르다. 그런데 위 논문은 역사학자로서의 사료 분석과 자신의 사관에 따른 입장을 맞물리게 하면서, 그 전체적인 결론이 흐트러져 버린 것이다. 물론 이에 대해 이해할 수 있는 점도 있다. 그것은 적어도 "역사가라면 단순한 서지학의 수준을 넘어 일정한 역사적 관점 내지 소신을 가져야 한다."는 일련의 역사 철학적 요청에 답해야 할 때도 있기 때문이다.

모름지기 역사에는 정신이 있어야 하고, 그것이 있을 때 비로소 역사는 역사로서의 제 기능을 발할 수 있다. 역사는 그 역사를 이해하고 기록하는 사람의 주관성과 역사 의식에 깊이 관계한다. 따라서 모든 기록을 그대로 수용한다 하더라도, 어떠한 역사적 사건과 사실도 완전히 객관적 사실로는 존재하지 않는다. 그러므로 이의 이해에 있어 취해야 할 역사가의 관점을 주어진 사료의 올바른 해석을 위한 필수불가결한 요청이 된다.[58]

이런 의미에서 올바른 사관이란 오늘 역사를 이해하고자 하는 사람들에게 있어 필연적으로 요구되는 덕목이기도 하다. 그러므로 주어진 사료

---

58 『역사란 무엇인가』, 앞의 책, 21-83쪽.

들에 대해 단순한 서지학자로서가 아니라 하나의 역사가로서 취해야 할 진정한 태도는, 그 사실적 상호 연관에 있어서의 역사적 진실성을 문제 삼는 것이 되어야 할 것이다. 이로부터 기록 속에 숨겨진 사실의 탐구와 검토 그리고 올바른 이해를 드러내는 것이야말로 역사학의 주된 작업이 되어야 한다.

만일 주어진 사료들에 대해 단순한 서지학적 진위 판별 – 기록의 시점 과 이를 기록한 개인에 대한 사람에의 논증 등을 통하여 – 만으로 작업이 끝난다고 생각한다면, 이는 진정한 역사학자로서 취할 태도는 분명 아닐 것이다. 그러므로 위의 논문에서 시도한 바의 분석은, 어떤 의미에서는 논자 스스로 역사가로서의 자기 입장을 분명히 드러낸 것으로 이해할 수 있다. 그러나 여기에도 일정한 타당성이 있어야 함은 말할 것도 없다.

하지만 위의 논문이 보여 준 검증 방식에는 상당한 문제점이 있음은 이미 언급한 것과 같다. 논문은 사실상 두 사서와 연관된 핵심이라 할 민 족사적 정신의 흐름과 세계 이해의 방식에 대해서는 전혀 그 철학적 해 석학의 이해[59]를 가지지 않고 있다.

논문의 결론은 다만 이미 성립된 역사 이해로써 오히려 두 서책의 일 반 이념을 왜곡된 방향으로 호도하고 있음에 불과하다. 급기야 이를 신 일본주의의 한 형태라고 규정하는 대목은 심각한 해석학적 오류라 아니 할 수 없다. 심지어 이와 관련된 일련의 사회적 움직임을 불순한 의도에 따른 반민족적 행위 내지 비민주적 발상으로 몰아가는 대목에 이르러서

---

59 여기서의 해석학이란 딜타이에 의한 비합리적 주관적 요소만을 의미하는 것이 아니며(강대석, 『현대철학의 이해』, 한길사; 서울, 1991, 59–66쪽), 오히려 가다머에 의한 주관과 객관의 통합 및 끊임없는 대화로서의 지평적 융합을 말한다. 이에 의하면 우리는 역사 이해에서 일어날 수 있는 자신의 편견을 극복하기 위하여, 끊임없이 역사와 대화할 것을 요구받게 된다. 동시에 이 제 새로이 일어나는 편견에 대한 대응으로서 또 다시 새로운 대화를 역사와 더불어 지속해 나 가야 하는 것이다.(윤명로 감수, 『철학사전』, 일신사; 서울, 1988)

는, 참으로 우려를 금할 수 없는 것이다.

오늘 한국 사학계의 통념을 기반으로 하는 한, 어쩌면 두 사서에 대해서는 형식적인 서지 분석만 가능할 뿐 내용적 사실성에 관한 단 하나의 해석학적 언급도 기대하기 어려울지 모른다. 위의 논문 역시, 다만 제국주의 침략 정책을 취한 일본의 대 중국적 시각과 그 경향성에 있어 유사하다는 이유로, 두 사서의 사적 사실성 및 철학적 정신성까지 완전히 무시하고 있을 뿐이다.

근본적으로 검증은 『규원사화』나 『환단고기』가 이유립을 중심으로 한 일부의 가필이 있었을 혐의가 짙다 하고, 동시에 이를 두 책의 유포에 따른 시대적 상황과 결부시킨다. 이로써 두 책이 위서가 분명하다는 서지학적 추론을 내리고, 다음으로 그 추정치의 극대화를 통한 역사학적 결론을 유도하는 것이다. 또한 여기서 지적해 두지 않을 수 없는 것은, 이 같은 경향성이 반드시 위의 논문에만 국한되는 것이 아니라는 사실이다. 지금까지 제기된 이와 유사한 종류의 서지학 내지 역사학적 사료 검증의 대부분이 두 책이 한국 고유 사상 내지 한국 철학 정신의 역사적 반영이란 측면을 아예 무시하는 잘못을 저지르고 있다.

역사 정신, 이는 역사학에 있어 보편적이고도 상식에 속하는 것으로서, 일정한 역사적 사건의 발생은 결코 우연의 것이 아니다. 역사에는 일정한 시대 정신이라는 것이 반드시 반영되어 있다. 동시에 역사적 사실은 스스로 자기의 모습을 간직하는 것이 아니라 반드시 어떤 누군가에 의해서 기록되는 것이다. 그렇다면, 기록자의 세계 이해의 방식이란 사실상 기록사의 신빙성에 관한 주요한 점검 대목이 될 수밖에 없다.[60]

이 경우 한국 사학계의 일반 입장은 분명한 하나의 경향성을 지니고

---

60 윌리암 드레이/황문수 역, 『歷史哲學』, 문예출판사: 서울, 1986, 15-87쪽.

있음을 부인할 수 없을 것이다. 지금까지 한국 사학의 대부분은 집권층, 특히 조선조의 경우 전통적 유자儒者 집단을 중심으로 한 정치사의 세계만을 역사의 주된 부분으로 인식하고, 이와 유리된 생활사 내지 정신사의 경우에는 지극히 냉담하였다. 또한 근대적 학문 방법론이 도입된 이후에 나타난 실증사학을 보면, 이들은 일본을 거쳐 수입된 방법론을 따르면서 다만 기록사와 물품사物品史를 주로 하여 기술하였다. 이로써 상대적으로 정신사의 흐름은 왜곡시키는 방식으로 진행시켰던 것이다. 이 점, 한국학의 자기 기반을 가장 많이 구축하였다는 한국 사학계가 아직도 자체적인 학적 방법론의 산출에는 이르지 못한 것이 아닌가 하는 우려를 갖게 하는 부분이다.

이런 한국사 아니 한민족사와 한국학의 문제는 어떤 의미로든 이제 전면적인 재검토를 필요로 하는 시기에 와 있는 것이다.

2. 선가 사서仙家史書와 한국학

1) 한국사의 쟁점과 그 이해

『삼국사기』와 『삼국유사』를 토대로 하고, 조선사편수회에 의해 주도적으로 형성된 기존의 한국사 이해를 그 역사적 기점으로부터 파악해 보자. 기록을 따르면, 『일본서기』에 의한 천황가의 역사보다 한국사의 역사는 시기적으로 더 짧다.

또 역사 유물의 분석과 해석이라고 하는 관점에서 보면, 조선사편수회는 왜곡된 유물 검증과 결론을 그 바탕에 깔고 있다. 여기에 일본과 중국 사학에 의해 주도된 동아시아관을 지금도 그대로 채용하고 있는 것이 한국 사학의 현실이다. 따라서 혹 새로운 유물이 출토된다 해도 근본적인 해석학적 패러다임을 변형시키지 못한 채, 오직 주어진 테두리 안에서 해

답을 구하는 것이 한국사였던 것은 아닐까. 그렇다면 이러한 이해 위에
서 한국사에 대한 올바른 해석과 결론을 기대할 수 있는가.

역사는 어떤 의미로도, 이성적인 것이며 동시에 현실적인 것이다.[61]

그런데 지금까지의 연구 결과를 토대로 한민족사를 살펴본다면, 그 중
제대로 이해되고 있는 것이 과연 그 얼마일 것인가. 고조선을 중심으로
한 민족의 고대사는 중화의 기치 아래 진행된 춘추필법春秋筆法의 서슬 퍼
런 원칙하에서, 괴력난신怪力亂神이니 사문난적斯文亂賊이니 하는 오명을 뒤
집어 쓴 채, 지금도 그 실상을 제대로 알지 못하는 형국에 있다. 그리고
기록사를 중심으로 한, 한민족의 중세사는 한때의 실수로 주권을 상실하
면서, 역사 이해와 인문학에 있어 초보적이라 할 수 있는 해석학적 주인
의식도 갖지 못한 채 진행되고 있다. 그리하여 아직도 제자리를 찾지 못
하고 여전히 잘못된 해석의 기반 위에 서 있는 것이다.

이성적이고도 현실적인 것이라 할 정신사는 없고, 다만 기록사를 중심
으로 한 지엽 말단의 논설과 자기 폄하의 역사 해석을 학문으로 치부하
고 있었던 것이 한국 사학이 아닐까 한다. 지금도 이해되는 바, 한국사와
동양사 전체를 관통하고 있는 것은 중화의 영향 아래 이루어진 한자 문
화요, 그 영향력의 세계일 뿐이다. 이에 따라 동아시아의 전체 기록사는
다시 『중국 25사史』를 역대의 법전으로 삼고 있다.

이러니 과연 역사의 새로운 해석을 시도할 가능성이라도 있을 수 있는
일이겠는가. 만일 삼국시대에 형성되어 있었다 하는 『국사國史』와 『유기留
記』 등이 발굴되어 지금까지의 이해와 다른 역사를 요구하게 된다면, 그때
도 지금처럼 매양 믿을 수 없다는 말만 되뇌일 것인가.

이제 정신사 내지 사상사적 맥락에서 앞의 논문을 다시 살펴보자.

---

61 『歷史哲學』, 앞의 책, 138–142쪽.

논문은 동양학의 형성과 전개에 있어 중요한 역할을 담당했던 기존의 철학 내지 사상들의 사유 세계와 그 사관적 역할을 지나치게 경시하고 있다. 그러다 보니 충분한 연구 검토가 없는 상태에서 도가 사상과 신교 神教를 무조건적으로 연결시키는 잘못을 범하고 있다. 동시에 이들과 일본 신도日本神道와의 단순한 유사성을 통해, 이를 일본에 의해 주장된 조일 문화 동원론朝日文化同源論, 즉 내선 일체 사상內鮮━體思想에 동조한 것이라는 등의 논조를 보이고 있다.[62]

그런데 이는 그야말로 잘못된 이해이며, 한국 고유 사상에 관한 오해의 결과로밖에 생각할 수 없다. 물론 이 같은 사상 세계는 철학 전공자들에게도 잘 알려져 있지 않은 사실이기는 하다. 하지만 비록 그렇다 하더라도, 위의 논문은 한민족사에 관하여 너무나도 잘못된 인식 기반 위에서 출발하고 있음을 지적하지 않을 수 없는 것이다.

이를 보면 우선 중국에서도 도가 사상과 도교 사상은 그 형식과 내용에 있어 전혀 다르다는 사실을 망각하고 있다. 동시에 한국에서 자연 발생한 민간 신앙의 한 흐름인 국선도로서의 신교(神教: '이신설교以神散教'의 고신교古神教), 즉 한국 선도韓國仙道는 중국의 도가나 도교와는 또 다르다. 따라서 도가적 성격의 철학 사상 내지 종교는 사실상 세 갈래의 흐름이 있다. 그것은 곧 중국의 도가와 도교 그리고 한국 선도로 나타나는 것이다.[63] 다만 오늘 현재 학계에서 쟁점 사항으로 등장하는 것은, 이러한 도가적 성격의 철학 사상 중 그 핵심은 결국 신선 사상으로 귀결된다는 점이고,

---

62 박교수는 이 부분을 다음과 같이 기록하고 있다: "『환단고기』에는 또한 일본 문화의 전통이나 신화와 세심하게 연결성을 설정한 부분도 나타난다. 우선 「태백일사」에는 도가(道家)사상을 단군시대 이래의 신교(神教)와 그 맥을 연결시키고 있었다.…서불이…일본인의 조상…서불을 일본의 민족 종교인 신도(神宮)와 연결…일본 신도도 단군 신교의 맥이 흐르고 있다는 주장이 된다."(註 1의 논문집, 218쪽)
63 차주환, 『韓國의 道教思想』, 동화출판공사; 서울, 1986, 95-127쪽.
拙著, 『仙과 혼』, 앞의 책, 198-200쪽.

이 경우 그 원류는 사실상 산악을 중심으로 배태되고 탄생한 한국 사상이 주가 되지 않겠는가 하는 대목이다.[64]

그러므로 『환단고기』에 보이는 도가와 신교의 사상적 결합은 무巫와 더불어 사실상 한국 사상의 형성과 민간 신앙의 원류에 관해 중요한 암시를 던져 주는 부분이기도 하다. 그런데도 논문은 이를 무슨 한일 문화 동원론 운운하며 친일 민족주의로 치부해 버리고 있으니, 도대체 문제의 핵심이 어디에 있는가를 알고 있는지 의심스러운 것이다.

그리고 위 논문의 지적에서, 특히 일본 신도는 주술적 자연 발생의 일본 민족 종교로서의 특징을 지니는 것으로, 『일본신대日本神代』에 기록된 천조대신天照大神의 신칙神勅의 내용에서 천부인天符印 셋과 유사한 삼종신기三種神器라는 일종의 경향성을 제외하고는 그 동질성을 발견하기가 쉽지 않다. 동시에 이들에서 도가와 신교 그리고 더 나아가 일본 신도까지를 동일한 맥으로 보는 것은 너무나 무책임한 비약이며 잘못된 것이다.

물론 그 문화 전파의 단계로서 일본 신도가 어떤 경로와 과정을 통하여 성립된 것인가를 고려해 본다면, 이는 다른 의미로 한국 선도의 세계관과 인생관으로부터 일정한 영향하에 성립된 것임을 추론해 볼 수 있다. 하지만 이런 경우에도, 여기에는 문화 창달과 전승의 선후 관계가 엄연히 존재하는 것이다. 그런데 이를 대동아 공영론에 입각한 사상이라 함은, 누가 누구에게 영향을 주고 누가 누구로부터 영향을 받았다고 주장하는 것인지, 도무지 그 전후 사정을 알지 못하게 하는 위험천만한 발상이라 아니할 수 없다.

또한 후반부에 특히 1930년대의 대일본 투쟁 방략을 중심으로 한 친일적 인사 운운의 내용과 두 서책의 일반 시각을 접목시키면서 보여 주

---

64 한국도교사상연구회 편, 『道敎와 韓國思想』, 범양사: 서울, 1987, 172쪽.

는 태도는 냉정한 역사학자의 입장이 아니라 마치 성난 투사와도 같은 느낌을 던져 준다. 이것은 위의 논문이, 결국 고도로 의도된 자의적 주장에 불과한 것임을 시인하고, 또 평가절하하게 만드는 태도이다.

곧, 두 책의 서지학적 분석을 통해 이들이 위서僞書임을 검증한다 하고는, 논문은 이러한 종류의 사상적 경향성을 가진 일련의 사람들을 싸잡아 사람에 대한 논증을 행하고 있다. 물론 이러한 사람에의 논증은 거의 전적으로 잘못된 것이다. 다시 말해 논문은 두 책이 보여 주고 있는 사실적 사료의 가치 내지 비사실적 사료의 분석과 검증에는 아예 관심이 없다고 할 수 있다. 논문은 다만 새로운 한국사의 이해를 가능케 할지도 모르는 이런 종류의 책을 읽거나 관심을 가지는 사람들에게 관심이 있는 것이다. 이것은 '이러한 사상적 경향성을 지닌 사람들은 전체적으로 일종의 반민족적 친일파와 같다.'라는 결론을 가지고, 두 서책이 위서임을 자백하라고 강요하는 유도심문에 불과한지도 모른다.

그런데 더더욱 슬픈 것은 이 같은 논설이 가능한 오늘 한국 사학의 현실에 관한 것이다. 이는 오늘 한국학 내지 한국사에 대한 일반 이해가 고착화되어 있음을 반영하는 것으로 보여지기 때문이다. 사실 일부의 한국 사학자들에게서 보이는 태도는 실망스럽기 짝이 없다. 주관성에 의한 신념적 해석과 그 기록으로서의 경향성을 가지는 것이 역사이기는 하다.[65] 또 역사학자 개인이 지닌 신념의 정당성은 그리 쉽게 확인할 수 있는 성질의 것은 아니다. 하지만 단순한 신념을 확고부동한 진리로 착각해서는 안 된다.

더욱이 성급한 일반화의 오류를 범하면서까지 굳이 위서임을 증명해 보려는 것은 앞뒤가 잘 맞지 않는 것이다. 그런데도 이러한 태도와 경향

65 『역사철학』, 앞의 책, 83쪽.

들이 나타나는 이유는 뭔가. 그것은 이들 책의 내용 자체가 지금까지 그들을 지탱해 온 사고를 파괴하는 그 무엇이기 때문이거나 그들이 지향하는 어떤 의도와 이들 서책들이 주장하는 내용이 상호 배치되기 때문에 그런 것이라 생각된다. 그래서 별로 정당해 보이지 않는 논증의 잘못된 결론에 집착하는 것이 아닐까 생각한다.

위의 논문은 일정하게 유물론적 역사학의 과학적 사관 내지 변증법적 유물론의 진보적 사관을 택하고 있는 것 같다.[66] 그리하여 이것이 갖는 일정한 정치사적 경향성을 상당수 반영하고 있다. 그리하여 스스로는 진보의 편에 서 있음을 말하고 있다. 물론 이러한 역사 이해는 나름대로 비원을 간직한 민중을 역사의 주 세력으로 편입시켜 나간다는 데 있어 중요하고도 의미 있는 시각이 될 수는 있다. 하지만 그렇다고 해서 이를 역사 발전의 불변하는 원칙으로 이해함에 있어서는 좀 더 신중을 기해야 할 것이다.

더욱이 결론에서 군·관의 주도로 일정하게 민족 사상적 정신 교육이 진행되고 있는 것을 지적하면서, 이를 민족주의자를 표방하는 세력들에 의해 이루어지고 있는 불순한 기도 내지 극우적인 움직임으로 보고 있는 점 등은 그 의도와 역사 인식 내지 학적 관점까지를 문제 삼게 한다. 다시 말해 국가 시책 내지 사회 운동의 한 흐름을 다만 정치적 색깔로 평가하는 것은 근본적으로 운동(movement)의 현실적 영향력에 대해 지나치게 민감한 반응을 보인 것이라고밖에 달리 설명할 길이 없다.

물론 논문의 지적대로 이러한 서적을 중심으로 하여, 극우적 민족주의의 탄생을 희구하는 일정한 정치 세력의 등장과 같은 것을 충분히 예견

---

[66] 이러한 지적을 감행하는 논자 또한 여기서 일종의 사람에 대한 논증을 자행하고 있다는 점을 우선 시인해 두고자 한다. 그러나 여기서 이 같은 지적을 하지 않을 수 없는 이유로, 역사 철학적인 의미에서 하나의 역사가에 대한 올바른 탐색을 위한 어쩔 수 없는 지적이자 선택이었음을 동시에 밝혀 두는 바이다.

할 수는 있다. 그러나 이것이 잘못된 흐름이라고 한다면, 그것은 마땅히
동시대의 합의와 동의에 의해 용도폐기되어야 할 것이며 또 자연적으로
도태될 수밖에 없을 것이다.

그럼에도 불구하고 무관한 사회·정치적 환경을 빌미로 보다 객관적이
고 합리적이어야 할 학문적 논증을 섣부른 추론으로 결론지으려 한 점에
대해서는 결코 동의할 수 없다. 그리고 이로써 위의 두 사서에 대한 검증
을 강요하고자 한다면, 이는 학문을 통한 폭력 내지는 권위에의 논증을
통한 해석학적 오류로밖에는 이해되지 않는다. 따라서 이러한 방식의 사
료 분석과 검토에 따른 최종 논지에는 보다 더 신중을 기했어야 할 것이
다. 또한 논문이 두 사서에 대해 감행한 친일 민족주의란 분석은, 그 이
해의 근거가 불충분한 것이며 두 사서가 근본적으로 선가류仙家流의 역사
서라는 점을 경시하고 있다.[67]

그러다 보니 사실상 한국 도교 사상에 대해서는 분석함이 없이, 잘 이
해되지 않는 친일 민족주의란 분석으로만 지나치게 이끌려진 셈이 되고
만 것이다. 이는 결국 부분을 가지고 전체를 결론지은 것이며, 더불어 전
체는 부분의 총합보다도 더 크다는 일반 상식까지도 무시한 처사에 불과
하다 하겠다. 이와 더불어 논문은 신일본주의라는 용어를 쓰면서 두 책
의 민족적 경향을 비판하고 있는데, 도대체 어떤 부분에서 친일적 요소를
발견하였는지는 대단히 의심스럽다. 이제 두 사서에 나타나고 있는 내용
들을 검토해 보자.

---

67 이 점, 두 사서가 기존의 유학계에서는 원래 이단시된 것임을 의미하며, 아울러 불교계에서도
쉽게 받아들일 수 없는 일정한 시각과 사관을 가지고 있는 것임을 충분히 인정할 수 있게 한다.
하지만 그렇다고 해서, 이것이 잘못된 것 곧 위서라고 얘기하는 것은 아니다. 그리고 이에 대해
한영우 교수는 다음과 같이 해제하고 있다. "『揆園史話』는 유교의 이단사상인 道家의 사서이므
로 세상에 公刊된 일도 없으며, 또 보수적인 性理論學者들에게는 받아들여질 이치도 없었다.…
그러나 조선 후기의 이른바 實學 系列 學者의 고대사 인식은 『규원사화』가 저술된 이후 눈에
띄게 달라지고 있다…"(韓永愚, 「揆園史話 解題」, 아세아문화사: 서울, **1976**)

2) 선가류 사서의 민족주의

『규원사화』와 『환단고기』, 이 두 사서에서 발견되는 공통된 특징이 있다면, 그것은 전체적으로 중국 한족漢族, 곧 화하족華夏族과 기타의 제 변방 민족, 즉 이적夷狄을 양대 축으로 한 중원의 화이華夷 교체론을 내세운다는 점이다. 이로써 중국 대륙의 쟁패를 중심으로 일련의 동아시아사, 즉 중원의 역사가 형성된 것으로 기술하고 있다. 또 보론補論에서는 시간의 경과와 역사의 진행을 따라 또 국가의 성립과 영토의 분할에 맞추어 한민족은 약해지고 한족은 나날이 강해져 왔음을 기술하고 있다.

그러면 이제 한민족韓民族이 제대로 바로 서거나 중국과 대등한 나라가 되기 위해서는 어찌해야 할 것인가. 두 책은 단순한 국가 권력의 물리적 상태나 강병强兵으로서가 아니라, 민족의 정신적 자각과 올바른 역사 인식이 시급하게 필요하다는 것을 여러 군데서 설파하고 있다. 이 경우 우리는 무엇을 알아야 하며, 무엇을 해야 할 것인가. 두 사서는 그것은 다름 아닌 바로 자기 자신에 대한 이해라고 말한다.

그리고 기존의 유학적 화이사관華夷史觀에 의해서가 아니라, 동등하거나 오히려 우월한 인식으로서의 선가仙家적 주체 사관으로 역사를 이해해야 한다고 주장하는 것이다. 곧 조선은 조선민족 자신을 바로 알고, 자기 자신을 중심으로 하여 힘을 합하고 길러야만 한다는 것을 두 사서는 일관되게 주장한다. 다만 『규원사화』에는 북방만주 제족諸族을 한민족과의 친연성, 곧 구이九夷의 일족으로 설정하고 이들이 합심하여 중화中華에 맞설 것을 주장하는 대목이 있다.[68]

그러나 이 부분이 주장하는 핵심은 왕조 중심의 국가 주권적 사유를 벗어나, 이들 제족이 합심·협력함으로써 자민족의 주권과 자결권을 사실

---

68 『揆園史話』, 「漫說」: 全篇 참조.

상 확보하자는 것이다. 따라서 이는 사실상 민족 자결의 가치를 주장한
다는 의미로 이해함이 마땅할 것이다. 동시에 이러한 관점은 종래의 유
교나 불교 속에서는 찾기 힘든 종류의 이해이기도 하다. 이는 사실상 전
통적 한국 도교 내지 선가류의 근본 사유 방식이기 때문이다.[69]

곧, 두 책이 민족의 주권을 찾자고 하는 주장은 민족정신과 올바른 역
사의 정립이라는 문제와 연결되어 있을 뿐, 어떤 정치적 구호로 나타난
것이 아니다. 혹 주장이 있다 하더라도, 그것은 이해와 협력을 통한 자결
권적 생존권의 확보라는 순전한 방어적 개념으로만 구성되어 있을 뿐이
다. 그러므로 이들은 일본이 과거 주장한 바와 같은 공격적이고 침략적
인 대동아 공영의 논리와는 엄청난 거리를 두고 있다. 이와 더불어 두 사
서에서 특히 일본을 언급하여, 같은 민족이니 합심하자거나 생사를 같이
하자는 그런 대목은 찾기가 힘들다.[70]

두 사서가 지향하는 주장과 그 논지의 대부분은 지금까지 무비판적으
로 이해된 대국으로서의 중국, 그리고 형의 나라로 모셔 왔던 중국에 대
하여, 이제 굴종적 태도를 버리자는 일련의 논설일 뿐이다. 이를 위하여
우리 역시 강력한 국가이자 강인한 민족이었음을 자각하고, 이로써 어느
누구와 대하더라도 대등한 태도와 당당한 자세를 견지할 것을 요청하고
있다. 물론 이를 위해 자강불식을 요구함은 어쩔 수 없는 것이기도 하다.

그런데 이를 신일본주의니 친일적 민족주의니 하는 표현을 써 가면서
까지 곡해함은 무엇이며, 과연 그 근거는 어디에 있는가. 논문은 그 근거
로 두 사서가 일인학자 카시마(鹿島 昇)에 의하여 어용된 것을 들고 있다.[71]

---

69 『揆園史話』, 「漫說」; 全篇 참조.
70 오히려 『揆園史話』, 漫說 편에는 다음과 같은 언급이 있는데, 이는 어떻게 이해하는 것이 좋겠
   는가. "我常强而無衰則 可抑漢士而郡其地 斥倭寇而鎭其海 可號令天下"
71 "실제로 환단고기를 일역하여 퍼뜨린 일본인 카시마(鹿島昇)는 일본의 극우적 사학자의 한 사
   람으로서 녹도사학이라는 칭호까지 받고 있는데, 그의 환단고기 해제도 일본과 조선 고대사의

하지만 이 또한 사료적 진위에 있어 충분한 증거가 될 수 없다는 사실은 약간의 역사 철학적 상식만 갖고 있어도 쉽게 알 수 있는 일이다.[72]

그리고 이 점을 논거로 삼는다면, 오히려 반문하고 싶은 것은 다음과 같은 것이다. 기록된 역사가 과연 한치 오해의 여지도 없이 기록될 수 있는 것으로 단순히 믿는 것인가. 더불어 역사란 그것을 이용하고 해석하는 자들에 의하여 얼마든지 훼손 가능한 것임을 실로 인지하고 있는 것인가. 달리 말해 일본의 어용학자가 두 서책을 정치적으로 이용하였다는 것은, 그들이 책의 진위와 관련한 학문적 문제에는 별 관심이 없었음을 보여 준다. 그리고 만일 그러한 사태가 있었다면 그 책임이 과연 누구에게 있는 것이겠는가.

일본에 의한 한국 역사의 왜곡 실태는 어제 오늘의 일이 아니며, 그들의 학문적 태도가 어떠한지는 알 만한 사람은 다 아는 사실이다. 그런데도 불구하고 한국 사학계의 일부에서 보여 주고 있는, '검토 이전의 무시와 논의 이전의 결론'이라고 하는 일련의 태도는 무엇을 의미하는가. 이에 대해 명확한 답변을 구하고 싶은 것이 솔직한 심정이다.

그런데 이러한 검토와 논의의 무시는 달리 한국 사학의 영역에서만 발견되는 것은 아니요, 일반적인 한국 문화와 학문 세계라고 하는 영역 전반에 걸쳐 보편적으로 발견되는 경향이기도 하다. 한국학이 형성된 지이미 반세기가 지난 지금에 있어서도 오늘 우리의 교육 내용을 살펴보면 그야말로 외래 학문 일색이요, 그 학술 이론이라는 것들도 거의 전부 서양학 아니면 중국학 내지 일본학의 테두리에서 벗어나지 못하고 있는 것이 현실이다.[73]

연관성 부분에 집중적인 관심을 보이고 있다.": 상기 논문, 『역사비평』, 앞의 책, 219쪽.
72 『歷史哲學』, 앞의 책, 60-70쪽; "「선택의 문제」, 「說明的 역사와 記述的 역사」"
73 拙著, 『仙과 혼』, 앞의 책, 12-17쪽; 이 문제에 관해 알 수 있는 사실 하나, 스스로 반문해 보라. 지금까지 한국 학교 교육의 장에서 과연 우리의 학문이라고 부를 만한 그 어떤 것이 교육되

그러면 오늘 우리의 학문적 노력 위에서, 과연 한국학의 재구성을 위해서는 어떤 대안이 있을 수 있겠는가. 이에 대해 위 두 사서의 학적 가치와 이해 등을 고려하면서, 한국학의 새로운 지평에 관해 생각해 보자.

3) 사료의 진위와 한국학의 과제

한국 사학 아니 한국학에 있어, 학문이란 개념이 정확히 어떤 식으로 정의·구성되고 있는지는 아직도 잘 알 수 없다. 어쩌면 학계의 일반 태도는 학문이란 개념을 무슨 여의봉처럼 휘두르려고 하는 것은 아닐까 한다.

무언가 새로운 것이 나오거나 통념의 세계를 넘어서려고만 하면, 나오는 반응이 '도대체가 믿을 수 없다거나 또는 비학문적이다.'라는 도식적인 틀을 보인다. 그러다 보니 도대체가 기존의 틀을 벗어난 것이라 하면, 아예 일고의 가치도 없다는 식의 학문적 고착화에 빠져 있다. 이러한 학적 태도로 열 수 있는 한국학의 새로운 지평은 결코 밝다고 할 수 없다.

오늘 한국학 전체를 통해 살펴볼 때, 학문적 매너리즘을 제외하고 나면 과연 무엇이 남아 있는가. 아마도 거기에는 기득권과 밥그릇 유지 차원에서 진행되는 제도권 학문의 영역 싸움 외에는 다른 것이 없을지도 모른다. 그러다 보니 진리에 이르는 가장 확실한 방법으로서의 학문이 시류에 흔들리고 패거리의 담합에만 편승하는 것이다. 그리하여 이를 지키고 따르는 학자들의 손에 의하여 오히려 정형화·고착화·집단화됨으로써, 학문과 진리 자신의 고유한 개념과 가치마저도 유지하기 힘든 상황이 되고 있다.

이로부터 학문은 불신되고 더 나아가 현실과 유리된 자기만의 영역을 고집하는 상황, 즉 실천 없는 죽은 학문에 이르고 있는 것이다.[74]

고 있으며, 동시에 본인 스스로 그 어떤 가르침을 받아 왔는가.
74 위의 책, 14-18쪽.

그래서 민족의 자존심과 자긍심을 일깨워 줄 학문적 방도는 달리 없으면서도 구호만 남발한다. 민족과 국가를 그리고 이 사회를 위해서라고…. 그러면서 보편적 규준도 없이, 기존의 학문 틀을 고수하는 것만이 이 땅의 학문, 곧 한국학의 세계를 지키는 유일한 선택으로 남아 있음을 선언하고 있다.

굳이 말하자면, 이 땅에서 이루어지는 이 민족에 의한 학문 치고 한국학 아닌 것이 어디 있는가. 하지만 껍질을 깨지 않는다면 새로운 그 무엇도 나올 것이 없고, 깨지지 않는 틀을 고집하는 경우라면 진보란 결코 있을 수 없다.

그렇다면 기존의 한국학에서 이해된 한국인은 어떠하며, 동시에 기존의 틀에서 이해된 한국이란 도대체 어떤 모습인가.

중화의 영역 아래 한자 문화권 내에서 겨우 숨 붙이고 살아온 민족, 대국을 섬기며 그로써 동생의 나라라는 것을 그나마 자존심으로 안고 내려온 소국, 그로써 사상도 역사도 문화도 한갓되이 남을 빌려 존속해 온 초라한 나라와 민족, 바로 그 대한민국이다. 혹 이것 이외의 다른 어떤 방법으로 스스로를 이해하고 있는가, 아니 이해할 수 있는 것인가라고 반문하고 싶다.

혹자는 900여 회의 외침을 이겨낸 강인한 민족임을 말하고 싶을지도 모른다. 또 달리 온갖 문물을 최초로 만들어 낸 슬기로운 민족임을 말하고 싶을지도 모른다. 그러나 오늘 한국학의 수준에서 이렇게 말한다는 것은 전혀 학문적이지 않다. 이는 다만 단순한 보상심리적인 자기 결론에 불과하기 때문이다. 아니 한국의 역사학은 오히려 자신 있는 표정으로 이렇게 말할지도 모른다. "그렇게 선조들의 역사가 잘못되어 있으니 이제부터라도 잘 되도록 해야 한다. 그리고 그것이 오늘을 살아가는 우리의 현재적 역사가 될 것이다."라고 말이다. 그런데 이러한 방식의 이해

라면, 이는 결국, '못 되면 조상 탓, 잘 되면 제 덕'이라는 간단한 속담이
주는 교훈조차도 돌아보지 않았다는 얘기가 된다.

또 설혹 그렇다 하더라도 본격적인 21세기를 향해 진입해가고 있는 현
재, 오늘 한국학은 자기의 소임을 충분히 다한 것으로 자위할 수 있는가.
그렇지는 않을 것이다. 그런데도 한국 학계는 도무지 그 새로운 돌파구
를 찾지 못하는 것 같다. 이 같은 상황에서 지금까지의 통념을 깨고 새로
운 역사 이해를 요구하는 책들, 그것이 바로『규원사화』와『환단고기』라
생각된다. 그리고 이들은 단순히 한국 사학에서의 역사 이해뿐만이 아니
라, 한국 문화 전반의 시각을 교정할 것을 요구하는 놀라운 내용들을 수
록하고 있다.[75]

그러다 보니 자연 이들에 대한 태도와 입장이 또한 등장할 수밖에 없
다. 여기에 결국 제도권을 중심으로 한 일단의 학자군 내지 학문적 그룹
들은 강한 비판적 입장에 서게 되고, 아울러 이의 폐기 처분과 같은 극약
처방을 주문하고 있음을 이제 확인한다. 그러나 이와 반대로 열렬한 환
영과 함께 비로소 민족의 자존심과 자긍심을 찾을 수 있게 되었다고 보
는 경우도 있다. 후자의 경우는 아마도 소위 재야 사학자들이나 일단의
민족주의 사상가들을 들 수 있을 것이다. 이들은 논문의 지적대로라면 친
일 민족주의자일 것이다.

그런데 지금의 재야 사학이란 학문적이라기보다는 일단의 흐름과 운
동으로 나타나고 있다. 그러면서 기존의 고착적인 학문 틀보다는 다소
느슨한 정신적 자유의 세계와 미확인 고대사에 대한 새로운 시각을 요구
하면서 등장하는 것이다.[76]

---

75 이 문제에 관한 한 논자 개인의 어떤 새로운 평가를 필요로 하지 않으리라고 본다. 따라서 다음
의 인용으로 대하고자 한다. "『한단고기』의 이런 기술 태도는 삼국사기 이래의 사대 사서 때문
에 생겨난 천고의 한을 풀어 주는 한가닥 청량제 구실을 하는 것이다."(임승국,『한단고기』, 정
신세계사: 서울, 1986, 360쪽.

따라서 이 방면의 연구와 이해는 비로소 일 라운드에 접어든 셈이라 하겠는데, 이의 올바른 판정을 위해서는 사실상 보다 본격적인 접근이 이루어져야 할 것이다. 즉 선입견을 배제하고 두 책에 포함된 사관의 성격을 규명하면서, 그 내용의 사실성, 즉 한민족의 문화 세계 전반을 검증하는 수순을 밟아가야만 할 것이라 생각되는 것이다.

3. 다시 찾는 한민족사

지금까지 「대종교 관련 문헌에 위작 많다」라는 논문에 대하여 두서없이 논평해 보았다. 그리고 그 글에 실린 『규원사화』와 『환단고기』의 성격으로서의 위서 내지 위작설이란 주장에 대해, 약간은 반대의 입장에서 그러나 최대한 객관성을 유지하고자 노력하면서 상기 논문의 문제점들을 지적해 보았다.

다만 위의 논문이 이미 시론이라는 자체의 성격을 분명히 밝힌 바, 논문에서 보여 준 한국 사학의 근본 시각을 꼭 집어 잘못된 것이라고 결론짓고 싶은 의도는 이 글에 포함되어 있지 않다. 그럼에도 불구하고 이 글은 그러한 시론적 시도 속에 이루어진 비논리적인 부분과 동시에 시론 자체의 시각에 대해 일단의 의문들이 있어, 약간의 문제 제기를 새로이 던져 놓은 것이다. 하지만 이런 중에도 이 글의 성격 내지 개인적인 입론의 의도상, 위의 시론에 대하여 일련의 재고를 요청하는 것은 불가피한

---

76 왜인지는 잘 몰라도 지금까지 한국학의 세계에서 이 문제는 사실상 본격적인 거론이나 논쟁을 진행하고 있지 않다. 강단학을 중심한 기존의 학계는 이를 비학문적이라는 이유로, 소위 재야 학계는 기존 강단학계의 입장을 다만 보수적일 뿐이라고 혐오·멸시하면서…. 그러나 논자의 생각은 다르다. 이제부터라도 이 문제에 관해서 우리는 머리를 싸매고 어깨를 부닥치는 한이 있더라도 토의하고 논쟁해야만 하리라고 본다. 그 이유는 올바른 한국학의 미래를 위해서이다. 이러한 개인적 심정을 누가 이해해 주랴만은, 진정 이 땅의 학문을 사랑하는 사계의 권위자 여러분들께서 다만 심사숙고해 주시기를 진정 충심으로 부탁드리는 것이다.

일이 될 것이다.

덧붙여 위의 시론을 토대로 기사화한 신문의 글은, 매스 미디어의 성격상 위의 두 사서에 대하여 일련의 오도된 시각과 함께 일반적인 오해를 충분히 불러일으킬 위험이 다대함을 지적하고, 이에 대한 심각한 우려를 다시 한번 표명해 둔다. 이런 의미에서 신문은 일 방향의 시각과 제안에 대하여 한쪽 손을 들어주는 듯한 인상의 기사를 싣기보다는, 그와 함께 제기될 수 있는 반대의 시각 또한 충분히 고려하여 일단의 기사화를 진행해야만 했을 것이라는 생각을 지울 수 없다.

대체로 서지학적 논증의 경우, 또 다른 가능성의 검토라는 것이 이루어지지 않는다면 그 논증의 완성도는 상당한 정도로 떨어질 것임을 염두에 두어야 한다. 따라서 위 논문의 서지학적 분석과 그 가치에 대해, 이를 잘된 논증이라고 말할 수 있는지에 대해서는 지금도 회의적이다. 더군다나 민족의 양심을 대변한다는 신문은 무슨 의도로 이러한 논조의 주장을 대서특필한 것인지에 대해 잘 이해할 수가 없다. 만일 그들이 생각하기에 이것이 썩 잘된 종류의 분석이라고 판단되었다면, 그들은 논증 내지 검증이 어떠한 형식과 내용을 갖추어야 할 것인지에 대해 조금은 무심했던 것이라 하겠다. 따라서 조금만 더 신중을 기했더라면 하는 생각에는 변함이 없다.

이 글에서 '두 사서의 위작설에 대한 반대론 역시 충분히 취합해야만 했을 것'이라는 주장이, 그렇다고 해서 '두 책이 위서가 아님'을 증명하는 것으로 오해해서는 곤란하다. 글쓴이는 사실상 심정적으로는 이들이 진서眞書임을 확인하고자 하는 바람을 가지고 있으나, 오히려 잘못된 논증에 의한 오류와 그 결론에 이르는 것은 결코 바라지 않기 때문이다.

다만 이들 사서에 대한 소견을 밝혀 둔다면, 두 책은 지금까지의 역사 상식과 전혀 다르다는 점에서 일부 충격적인 것이 사실이며, 그 신빙성조차도 과연 의심스럽기까지 하다. 그러나 의심스럽다는 것이 곧 거짓임을 의미하지는 않는다. 그런 만큼 이는 충분한 시간을 두고 검토되어야 할 대상이라고 생각하고 있다.

그리고 다양한 학적 작업의 결과를 토대로 할 때, 우리는 비로소 두 책의 서지학적 진위와 역사학적 가치의 결론을 어느 정도 내릴 수 있을 것이다. 동시에 이에 따른 한국 역사와 문화의 이해라는 것은 사실상 두 책의 진위 판정과는 무관하게 끊임없는 연구와 검토를 필요로 하는 것임을 지적해 두고 싶다.

오늘, 세계화라는 현실 앞에서 각 민족에 의해 주도되고 있는 민족자결의 제 양상은 사실상 정치 사회학적 개념 이해로서의 민족주의와는 그 성격을 판이하게 달리 하고 있다. 현재의 민족의식이란 개념은 단순한 이데올로기 강화라는 측면보다, 오히려 혈연과 지연 그리고 역사와 지역의 상호 이해라는 물리적 측면까지를 상당히 포함한다. 따라서 사실상 다양한 여러 민족 각각에 대한 관용이라는 일련의 총체적 인류 문화 운동 그리고 다극화의 용인 및 주체적 자결 선언이라는 성격을 나타내고 있는 것이다. 그리하여 이는 오늘 단일한 세계 정세와 획일적인 세계화를 지향하는 신자유와 자본주의적 경제 논리에 대항하여, 일련의 개별화와 다양화를 요구하는 또 다른 흐름으로 기록되고 있다.

그렇다면 민족의 자결권을 위한 우리의 대응은 어떠해야 하며, 그 단초는 어디에서 찾을 것인가. 앞의 논문은 민족주의의 개념 정의가 필요하지 않겠는가 하는 문제 제기에 머무르면서, 민족주의에 대한 회의적인 반응을 보여 주고 있는 것으로 보인다. 하지만 이에 있어 필자의 의견은 다르다.

두 사서의 내용 중에 나타나고 있는 일련의 민족관과 세계관은 사료적 가치와 무관하게 일정한 사상적 가치를 충분히 지니는 것이라 생각되기 때문이다. 다만 여기에 역사적 가치로서의 사료적 신빙성의 문제가 제기됨으로써, 상당한 학적 논란의 여지를 지니는 것은 현재로서는 어쩔 수 없는 일이다. 그러나 다른 의미로 이의 사료 가치를 고증·검토하는 작업은 실로 이제부터의 작업 곧 한국사의 남은 과제가 되어야 할 것으로 생각한다.

편견과 잘못된 분석으로 이들의 진위나 사료 가치를 미리부터 단정지어서는 결코 안 된다. 사계의 권위자들과 관심 있는 제현諸賢들의 기탄 없는 의견이 어우러지고, 동시에 실증적 검토가 거듭되어 상기 두 사서의 한국학적 가치가 공정하고도 객관적으로 백일하에 드러날 것을 바라며, 그때를 기약하고자 한다.

제7장 위기 극복과 한국 문화

1. 위기를 기회로

얼마 전 한국 사회는 건국 이래, 한국 전쟁 다음의 최대 위기라는 IMF 사태를 겪은 바 있다. 그리고 어느 정도 이를 벗어났는가 하자, 또 다른 문제들과 맞닥뜨리고 있다. 아니 지속적인 경제 위기와 이에 편승한 수많은 사회적 갈등은 오히려 더욱 증폭된 감이 없지 않다.

위기를 넘기 위한 지난 시간의 판단과 실천 속에서 이루어진 여러 선택들이, 현 상황에서 보자면, 역으로 사회적 분열 및 가정 파괴 등의 문제로 확대 재생산된 느낌이 있다. 더욱이 전체 사회의 계층화와 이질화는 보다 더 심각한 상태에 이르고 있으며, 이 과정에서 나타난 병든 국민의 마음과 자신감의 상실은 또 다른 어려움을 예고하고 있는 것이다.

따라서 지금 사회 위기에 대한 올바른 대응 방식의 탐색과 민족적 자신감의 확보를 위한 끊임없는 제안 등은 오늘을 사는 지식인들의 책무가 아닐 수 없다고 생각된다. 위기의 대응 방식에 대한 관官과 민民의 합의 그리고 사회 현실적 실천만이 다가올 새로운 어려움을 극복할 수 있도록 해 줄 것이다. 그러나 위기에 대처하는 일반 방식, 즉 그 대응 방법에 있어 정부와 학계·재계·종교계 등 한국 사회 각 부문은 아직도 의견의 접근을 보지 못하고 있다.

이는 위기의 개념 이해와 문제의식의 불일치 그리고 그 실체적 본질에 대한 이해 부족 등에서 숱한 문제들이 새롭게 나타나고 있기 때문이다. 다시 말해 사회와 국가의 위기를 다만 경제적 측면 또는 개인적이거나 집단적인 이해 관계 등에서 파악함으로써, 또 다른 위기나 전체적인 위기의 측면을 간과하고 있는 것으로 보인다.

사실상 오늘 한국 사회가 겪고 있는 위기의 표면적인 성격은 불확실성의 지속 그리고 경제적 파탄과 문화 위기·근대성의 담론에 대한 이해의 실패, 또 선진 자본들의 개방화 요구 및 전 지구적 위기의 실재 등등으로 요약할 수 있다.[77]

그러나 이러한 외부적 제 요인들보다도 더욱 어렵고 힘든 것은, 위기에 대처하는 한국 사회의 문제 인식과 그 대응 방식에 관한 문제점이다. 너무나 결과 위주의 단기 발전에 익숙해서인지는 모르겠으나, 위기를 해소해야 할 한국 사회는 현재 위기의 본질에 대한 정확한 이해 그리고 이후에 파생될 여러 문제에 대한 대응 등에 관하여 올바른 인식을 갖고 있는지조차 의심스러운 실정이다. 동시에 이 같은 위기에 대처하는 방식마저도 지나치게 단기적이고 근시안적이며 일방적이라는 사실을 또한 지적해 두고 싶다.

물론 장구한 한민족사를 통해 본다면 현재의 잘못과 그 위기는 사실상

---

77 최장집은 현재의 위기의 외적 요인으로 경제적 상황, 즉 외자 유치와 방만한 기업 경영, 무역수지 적자, 경쟁력 약화 등을 들고, 내적 요인으로 개혁의 실패에 따른 한국 사회 전체의 총체적 실패로 보고 있다.(부산대 국제지역문제연구소, 제1회 강연, 「한국정치경제의 위기와 대안모색」, 98년 6월, 1-2쪽)

역대 왕조와 정권들에 의해 누적된 오랜 결과로서의 부산물일지도 모른다. 따라서 이를 한번에 다 처리해 나가자면 더 큰 어려움을 만나게 될 수도 있다. 하지만 지금은 어떤 어려움을 만난다 하더라도 불굴의 정신으로 또 보다 진지하고 겸허하게, 민족과 국가 그리고 사회 전반을 되돌아보면서 위기에 대한 대응과 그 해법을 구해야만 할 때라고 생각된다. 지금 한국 사회와 그 구성원으로서의 한국인들은 현 '위기의 본질'에 관한 명확한 이해를 필요로 하며, 이에 따른 올바르고도 새로운 대응 방식을 찾아야만 할 것이다.

현재 한국 사회의 위기라는 문제는 성장과 안정의 과정에서 맞닥뜨린 새롭고도 특이한 문제다. 따라서 이에 대해 단순히 다른 나라의 경우를 쫓아가고 모방하는 방식으로는 진정한 위기 극복의 다음 단계를 기대하기는 어렵다고 생각된다. 다시 말해 한국은 이제 스스로 앞서갈 수 있는 위기 극복의 능력을 보여 주어야만 한다. 이것은 어쩌면 한국 사회와 이 민족에 내려진 세계사적 과업이자, 민족 역량의 중요한 시험 무대인지도 모른다.

만일 이를 무난히 해결해 낸다면, 한국과 한민족은 다시금 세계사의 주역으로서 역사의 전면에 등장할 수 있을 것이다. 반면 이의 해결에 실패한다면, 국가의 미래·민족의 앞날은 말하기 힘든 고통스런 상태에 빠지고 말 것이다. 그러므로 지금은 너·나를 구분하지 말고, 최선을 다해 우리로서의 지혜와 역량을 한데 모아야만 할 때이다.

인류사를 통해 보면, 인간은 위기에 처했을 때마다 그 지적·정신적 능력으로 자신들의 난문을 해결해 왔음을 확인할 수 있다. 이로부터 위기는 오히려 일련의 철학과 문화라는 하나의 사고 틀 내지 사유 방식을 낳게 한 산파가 된 것이라는 점을 알 수 있다. 결국 철학과 문화는 인간이

자신들의 어려움, 즉 한계 상황에 봉착하여 숙고하고 선택한 대처 방식의 하나였던 것이다.[78]

이에 이 글에서는 오늘 한국 사회 위기에 대하여, 한국의 철학과 문화 및 그 사상사적인 시각에서, 하나의 해법을 제안해 보고자 한다. 이는 달리, 현 사회 위기에 대한 대처 방식들이 지나치게 경제적 측면에 편중되고 또 단편적이고 일방적인 것은 아닌가라는 하나의 의문에 대하여 시험적 대안으로 제시하는 것이기도 하다.

즉, 현 사회 위기의 핵심이 경제라 하여 지나치게 경제 논리로만 모든 문제를 풀어나갈 때, 혹 또 다른 위기를 불러올 수도 있다는 우려감에서 우선 그 해법으로 일련의 문화적 대안을 제기해 보고자 하는 것이다. 따라서 글은 사회 위기의 상황과 그 극복의 해답을 인문·사회학적 입장에서 확인하려는 생각을 갖고 있다. 따라서 이 글이 현재의 사회·경제적 위기에 대한 직접적이고도 적절한 대안으로서의 성격을 갖지 못할지도 모른다.

하지만 필자는 나름대로 인간과 사회의 위기에 대해 생각해 온 소회를 밝혀 보려 한다. 그것은 현실 사회의 위기 해결이야말로 무엇보다도 중요한 하나의 철학적 작업이라고 늘 생각하기 때문이다. 아마도 경제적 어려움과 돈, 즉 자본의 무소유는 자본주의 사회에서는 어차피 말할 수 없는 고통이 될 수밖에 없을 것이다. 그러나 인간 사회에 있어 돈이 없다는 것이 그렇게 고통이 되는 사회, 그 같은 사회를 지향하는 것이 한민족의 미래 또 인류의 내일을 위해 진정으로 옳을 것인가에 대해서는 진지하게 검토해 보아야만 한다.

---

78 철학의 발생과 기원을 다루거나 그 사명을 논할 때 항상 제일의적인 이해로 등장하는 것은, 인간이 그 삶과 세계를 살아가는 가운데서 만나는 '難問의 해결'이다.(철학교재연구회, 『철학개론』, 이문출판사; 대구, 1990, 19쪽)

2. 위기의 이해와 자본주의 비판

1) 위기의 본질

군부의 집권과 개발 독재가 마무리되고 새로운 문민정부와 국민의 정부, 참여정부로 이어지며 민주 정치의 시대가 진전하는 현대사 속에서, 지금 한국은 개방과 세계화의 과정으로 눈을 돌리게 되었다. 아니 돌리는 것이 아니라 오히려 내몰리고 있다. 한국의 경제 성장과 맞물린 정치·사회 성장 및 서구화의 성공적 진전은 필연적으로 선진국에로의 진입을 가능한 목표로 눈앞에 두게 된다. 그러나 급작스럽게 찾아온 경제 불안과 아시아 역내城內의 총체적 위기는 한국을 예외로 두지 않았다. 아시아적 가치의 상실과 투기 자본의 횡포, 선진국의 견제와 음모라는 무성한 설을 낳으면서 현재도 위기는 진행 중에 있다.[79]

급격한 환율 상승과 주가의 하락은 실물 경제의 건전성을 부르짖던 정부의 능력을 의심케 하였다. 동시에 이어진 심리적 공황 상태와 개선되지 않는 경제 상황 그리고 조급한 국민 의식 등등은 민족 사회의 현재적이면서도 미래적인 심각한 위기의 실재로 연결된 바 있다. 그러나 이 같은 상황에 대처하는 정부의 안이한 대응 방식 및 미래를 내다보지 않는 단편적 사고와 발상 등은 위기에 대한 해결의 확신과 전망을 어둡게 한다. 이는 다른 의미에서 정권의 획득과 유지라는 정치 상황과 맞물리며, 민족 사회 내의 지역 분열과 계층 및 세대 갈등이라는 보다 어렵고 심각한 문제를 야기하고 있는 것으로 여겨지기도 한다.

---

79 하버드 大의 펠드스테인 교수는 98년 6월 2일, WSJ 紙에, "IMF의 처방들이 오히려 한국 경제에 타격을 주고 있다."고 하였다.(중앙일보 98년 6월 4일, 23면) 즉 오늘의 위기와 그 극복에 관한 논의는 아직도 진행 중에 있다.

곧 서로가 서로의 눈치를 보면서 각자 책임을 회피하며, 결코 있어서는 안 될 자중지란自中之亂의 상태로 들어가고 있는 것이다. 이는 성장을 위해 발빠르게 움직이던 과거의 모습과 명확히 대비되고 있으며, 성장의 한계라는 일련의 단어를 자꾸 떠올리게 한다. 만일 그렇다면, 즉 오늘의 상황이 성장의 한계라 한다면, 이제 조정과 개선, 즉 개혁을 통한 위기 탈출의 해법은 단순한 경제적 해법이 아니라 의식과 문화의 변경과 적응이라는 새로운 틀 속에서 찾아야만 할 것이라 생각된다.

다시 말해 사회 위기의 보다 근원적인 문제 해결을 위해, 이제는 위기라는 과제의 본질과 그 핵심을 제대로 알아야만 할 때라는 것이다.

위기의 현주소! 우선적으로 한국 사회의 위기는, 위기라는 것의 본질을 명확하게 알지 못하는 데서 더욱 증폭되는 것으로 보인다. 숱하게 논의된 것처럼, 개념적으로 말해 위기란 위험과 기회의 합성어이다. 따라서 이 말, 즉 위기란 이를 슬기롭게 잘 극복하기만 한다면, 오히려 한국 민족 사회의 문제 해결과 아울러 미래를 위한 중요한 기회가 될 수도 있음을 의미한다. 그럼에도 불구하고 우리는 이 같은 위기의 근본적인 의미를 잘 이해하지 못하는 것 같다.

위험에 처하지도 않은 분들이 위험이란 의미를 지나치게 과장하면서, 위험에 처한 사람들을 오히려 더 곤경에 빠뜨리는 것이다. 그리고 위험을 넘어 기회로 이끌어야 할 지도층과 학계에서는 오늘 한국 사회의 위험이 어떤 종류의 위험인가 하는 데 있어서 허다한 의견들만 분분한 실정이다.[80]

이로부터 위기에 대하여 실제적이고 미래 지향적인 대응 방식과 자체

---

[80] 현 상황에서 보면 한국 사회 내의 모든 여론 조사 기관들이 그 견해를 나름대로 밝히고 있다. 그러나 아직도 위기의 본질에 대한 이해에 있어 그 분명한 철학적 접근은 이루어지지 않고 있는 것 같다. 이 글을 쓰는 이유 역시 이런 상황에 대한 나름의 반성적 작업에 기초한 것이다.

적인 힘을 기르지 못하고, 바깥만 쳐다본다든지 논쟁만 하는 이것이야말로 실로 진정한 어려움이다. 위기라고 하는 것은 단순히 경제적 어려움 속에 존재하는 것만은 아니다. 세계 아니 국제 사회 속의 냉엄한 약육강식의 원리로 볼 때, 위험이란 언제나 존재하는 것이다. 다만 때때로 그것은 양상을 달리할 뿐이다.

직접적이고도 현실적인 어려움을 동반하면서 등장하는 경우가 있는가 하면, 다르게는 그것이 비록 현재적·직접적인 것이 아니라 간접적인 것이라 할지라도 다가올 장래에 보다 파괴적인 영향력을 동반하면서 지속적으로 그 위험도를 높여 가는 것일 수도 있다. 이 외에 직접적인 어려움과 간접적인 위험도를 동시적으로 수반하는 경우, 그리고 이러한 위험도의 수위가 아주 낮아 위기 자체를 감지하지 못할 정도이면서도 서서히 조여들어 와 결국에는 대책 마련조차도 못하게 하는 경우들도 있을 수 있다. 참으로 유비무환이란 옛 말이 생각나는 것이다.

위기의 본질을 생각해 본다. 위기라고 할 때, ‒그것이 국가적인 것이든 또는 개인적인 것이든‒그것은 결국 언제나 인간 존재에 대한 위험이다. 이것은 마치 죽음이나 멸절滅絶과도 같아서 항상 상존하는 것임을 분명히 인식할 필요가 있다.[81]

최근의 국가 위기란 결국 누적되어 온 위험이 직접적이고도 충격적인 힘으로 그 모습을 드러낸 데 불과하다. 동시에 이는 어쩌면 경제적 위기에 국한된 것일 수도 있다. 그리고 한국 사회는 서서히 이를 넘어서 가고 있다. 그럼에도 불구하고 위기감이 사라지지 않고 있는 것은 왜일까? 이는 불확실한 미래의 성격 때문인가. 아니 여기에는 분명히 이유가 있다.

---

81 Traub은 "위기라는 단어, krisis와 Gegenwart, 이는 시험과 관망·예견과 기대의 뜻을 가지고 있다. 동시에 이는 다가올 것에 대한 관망과 해석까지를 의미한다."고 하였다. (정해창 편, 『인간성 상실과 위기극복』, 철학과 현실사: 서울, 1995, 94쪽)

그것은─실로 지금까지의 경제 위기와는 다르게 직접적인 것은 아니지만─보다 본질적이면서도 오히려 고도의 파괴력을 지닌 일련의 사회 위기와 문화 위기가 지금도 현재 진행형 상태에 있기 때문이라고 생각된다.

현대 사회 내의 경제 위기는 어쩌면 자본주의 내부의 위기일 수도 있다. 그리고 그 성격은 다음과 같다. 인간 생존을 위협하는 것들은 다양하게 존재한다. 이 가운데서 직접적인 것은 전쟁이나 테러, 폭력과 같은 구체적이고도 현실적인 물리력에 의한 방식들이 있다. 그러나 현재의 위기는 대개 금융과 경제라는 자본주의적 방식에 의한 추상적 상태의 위협이다. 자본, 즉 돈이 돌지 않는 것이다. 자본주의 사회의 혈액이라 할 자본이 혈관을 따라 움직이지 않는다.

가진 자는 뜻이 없고, 없는 자는 뜻만 있다 하던가. 운동하지 않는 존재, 활동 없는 자본주의 사회의 붕괴가 예측되고 있다.

하지만 이러한 경제적 위협의 보다 큰 특징은 인간을 순간적으로 멸절시키는 위험이 아니라는 사실에 있다. 이는 서서히 그리고 심층적이면서 대규모적으로, 즉 개인의 심층을 파괴하고 사회의 구성 요소를 훼손시키며 급기야 국가적인 어려움과 주변국들에 대한 파괴력을 동시에 지니면서 나타난다. 이를 영어로 말하자면, 'the risk of deep, soft and mass in the society'라고나 할까. 이러한 어려움은 모든 것을 한꺼번에 무차별적으로 멸절시키는 것이 아니다. 이는 그 내부적 성질을 따라 서서히 그리고 선별적으로, 마치 무엇인가에 의해 조정되는 것처럼, 인식하지 못하는 가운데, 위험에 처한 대상들을 순차적으로 파멸시켜 가는 특징을 가지고 있다.[82]

---

82 마르크스는 『자본론』 1권에서 "부르조아적 생산양식을 사회적 생산의 영원한 자연 형태로 잘못 본다면 필연적으로 가치 형태와 이에 따른 상품 형태, 나아가서는 화폐 형태나 자본 형태 따위의 특수성을 간파하게 된다."하였다. 곧 이는 자본주의사회 안에서의 가치관 혼동의 계기를 언급하는 것이며, 결과적으로 추상의 자본에 대한 오해가 인간에 대한 오해 즉 인간 상실로 이

또 이것은 한 사회 내의 구성원 전체를 위험 대상에 포함한다. 그러나 여기에는 어느 정도의 시간이 주어지게 된다. 따라서 이러한 어려움에 처하게 될 때, 대처하는 방식은 대상들마다 대단히 다양해질 수 있다.

그 하나의 양상은 이 같은 위기가 모든 대상들을 동시적으로 포함하지 않는다는 점에서, 초기적인 어려움을 벗어난 사람들에게는 낙관적 인식을 심어주는 것이다. 심지어 이는 타인의 어려움을 통한 자신의 이득확대로 나타날 수도 있다. 이로부터 초기적 어려움을 벗어난 사람들은 위기의 위험도를 제대로 인식하지 못한다.

하지만 이러한 부드러운 위기는, 인간이 이를 의식하지 못하는 가운데 인간을 죽음으로 내몬다. 즉 이러한 위험의 파괴력은 - 지금 순간적으로는 비록 그 일부를 남겨둔다 하더라도 - 결국은 모든 것 특히 모든 대상 인간들을 파멸시킴으로써 최종적인 상황을 마감하게 된다. 이런 의미에서 최근 한국의 경제 위기는 깊고 부드러운 위험이 던져 준 경고이자, 현대 자본주의의 한국적 위기에 해당한다.

다른 의미에서 현대 자본주의는 인간이 만들어 낸 자본에 의해 결국 인간이 파멸당하는 아이러니컬한 구조를 지닌다고 할 수 있다. 그것은 인간성 상실로 나타난다. 따라서 지금의 어려움은 인간에 의한 그리고 인간에 대한, 직접적이고도 인간적인 어려움은 아니다. 왜냐하면 이는 너무나 비인간적인, 아니 인간이 아닌 그 무엇에 의해 인간이 조종되는 과정에서, 실체 없는 어려움이 등장하고 이후 사회 속에서 지속적으로 수반되기 때문이다.

만일 인간에 의한 어려움이라면, 이것은 최종적으로는 어떤 인간적 한계를 기대할 수 있다. 다른 말로 위기를 초래하는 것이 인간이라면, 하다

어진다는 점을 지적하고 있다.(한국철학사상연구회, 『현대사회와 마르크스주의 철학』, 동녘: 서울, 1996)

못해 그 인간의 인간성에라도 호소해 볼 수 있기 때문이다. 그러나 지금의 경제, 즉 자본주의의 위기는 그렇지가 않다. 현재의 위기는 인간에 의한 것이 아니라, 비인간적인 자본의 구조 내지 '비실체적인 실체'에 의한 인간 사회에의 충격이기 때문이다. 그것은 다름 아닌 자본이다.

그리고 이는 현재의 후기 산업적 자본이 정보·기술적 자본으로 변질되어 가면서 보여 주는 하나의 이상 현상이다. 어떤 경우에도 목적으로 대우 받아야 할 인간이 목적으로서가 아니라 수단으로 변질되고 있다. 그리고 이러한 변질의 주도적 위치에 자본은 자리한다. 그럼에도 불구하고 인간은 그 내용을 정확히 인지하지 못한다.

이제 다시 한번 인간에 있어서의 위기 내지 위험과 어려움에 대해 생각해 보자.

결국 어려움이란 어떤 경우에도 인간 존재의 어려움이다. 위험 또한 역시 인간 존재의 위험이다. 그런 인간에게 있어 위험과 어려움이 던져 주는 가장 근본적 속성은 결국 '존재의 무화無化', 즉 죽음과 멸절로 귀결된다.[83]

정상적인 인간 삶의 수행과 평안이란 의미는 바로 인간 생명의 유지와 존속이다. 그런데 우리의 생명 활동과 생활 활동 가운데는 이러한 유지·존속을 위협하는 수많은 요소들이 있다. 그리고 그러한 요인들에 맞닥뜨렸을 때, 우리는 위험을 인식하고 그 위험으로부터 벗어나고자 하는 생명 유지 활동을 취하게 된다. 그러나 다른 의미로 인간은 누구나 죽는다. 결국 최종적 위협으로서의 죽음은 남겨진 어떤 존재를 막론하고, 모든 인간에게 어김없이, 분명히 그리고 반드시 찾아든다.

이러한 인생 구조의 기본 형태로부터 인간은 사유하고 스스로의 존재

---

[83] "죽음은 현존재가 존재하자마자 현존재가 떠맡는 하나의 존재양식인 것"(M Heidegger/전양범 역, 『존재와 시간』, 시간과 공간사; 서울, 1989, 326쪽)

가치를 파악하게 되는 것이다. 즉 어쩔 수 없이 만나게 될 죽음 앞에서, 인간은 스스로의 한계와 동시에 스스로의 가능성을 파악하게 된다. 이러한 최종적 상태를 실존 철학에서는 한계 상황이라 한다.[84]

원하지 않는데도 어김없이 찾아오는 것, 그러면서도 어찌할 수 없는 그 무엇, 이것이 결국 인간이 갖는 가장 큰 최종적 어려움이자 풀기 힘든 위험이라고 해야 할 것이다. 그러나 인간은 자신들의 역사를 통하여 이 같은 어려움을 이겨내는 수많은 슬기로운 방법들을 개척·개발해 왔다. 이 속에서 인간은 철학과 문화, 그리고 나름의 생활 양식을 발견해 온 것이다. 다시 말해 오늘의 위기가 경제 위기든 사회 위기든 또는 정치 위기든 간에, 그것은 결국 생존과 결부된다. 이러한 생존에의 불확실성이 인간의 의식을 잠식하며 더불어 두려움의 확대로 나타나는 것이다. 이러한 두려움의 의식과 확대는 다양한 형태로 현실 속에 드러난다. 최근의 위기 속에서 그 모습은 극명한 상태를 보여 준 바 있다.

실물 경제의 기반에도 불구하고, 금융과 외환의 수급 불균형은 자본의 흐름과 그 유통을 차단하였다. 다른 말로 기업은 기업대로 금융은 금융대로 살아 남기 위한 몸부림을 벌인 것이다. 그러다 보니 돌아야 돈이라는 말처럼, 유통과 흐름이 그 핵심이라 할 자본과 돈의 생명성이 사라지고 말았다. 흐름의 차단, 그리고 자본, 이것이 실로 경제적 어려움의 본질이다. 그러면 이 같은 현상은 어째서 나타나는가.

이것은 경제 위기와 인간 심리의 상관 관계로 설명할 수 있을 것이다. 적어도 "나만은 살아 남아야 한다."는 인식이 거시적 안목으로서의 정상적인 경제 활동을 가로막는다. 다시 말해 잘못된 의식이 위기를 증폭시

84 "오성으로 파악될 수 없는 어떤 것이 '한계 상황'(Grenzsituation)의 체험과 더불어 나타난다. 인간의 힘으로 더 이상 어찌할 수 없는 상황이 한계 상황이다. 한계 상황에 직면하여 현존적인 삶은 난파한다."(강대석, 『현대철학의 이해』, 한길사; 서울, 1991, 145쪽). 이 같은 인간 상황에 대한 모색으로써, Jaspers는 교제를 말하고 있다.

키는 것이다. 몸이 죽으면 이를 구성하는 세포 역시 죽을 수밖에 없다는 사실을 모른다. 따라서 이는 다른 의미로 생존과 존속에 대한 철학의 부재로 연결된다.

달리 말해 철학의 부재와 문화적 동질성을 확보하는 데 실패한 현실적 상황에서, 아시아와 한국은 바로 자본주의적 생존에의 위기를 겪고 있는 것이다. 인간은 생존의 어려움과 멸절에의 두려움을 자신들의 고유한 철학과 문화로 이겨내 왔다. 지금 한국 또한 그 같은 노력이 절실히 필요할 때이다. 한때 아시아적 가치의 문제를 외국의 여러 석학과 학술 기관들에서 다루었던 줄로 안다.[85] 결국 경제 위기에 대한 비평에서 아시아적 가치가 거론되는 점은 바로 이 같은 맥락에서 이해되어야 한다.

외국의 학자들이 말하는 것처럼 아시아의 경제 위기는 아시아적 가치의 잘못이 아니라, 정상적인 아시아적 가치가 서구 자본주의와의 결합에서 비정상적으로 왜곡된 결과로서의 실패에 불과하다. 다시 말해 아시아적 가치 그 자체가 잘못된 것이 아니라, 자본주의와 결합하면서 변질된 아시아적 가치에 문제가 생겼다는 말이다. 성급하지만 여기서 부언하자면, 서구 자본주의가 그 한계로 인간 위기와 사회 위기라는 문제에 부딪힐 때 어쩌면 아시아적 가치는 새로운 대안으로 강력한 힘을 발휘할 날이 언젠가는 도래할 것임을 말해 두고 싶다.

2) 자본주의와 인간의 위기

오늘 자본주의 상황하에서의 자본이란 과연 어떤 의미를 지니는가.

---

85 계간 『현대사상』(민음사)에서는 호외로 『1998 지식인 리포트』를 내고, 그 주제를 '지식사회의 혁신을 위하여'로 잡고 있다. 또 '경제 위기와 문화 정책의 방향'이라는 주제 아래 '한·독 문화 정책 세미나'가 98년 6월 3일에 열리기도 하였다. 동시에 워싱턴 포스트나 NYT 등 국내외의 신문들에는 끊임없이 아시아적 가치에 관한 논의가 진행되고 있음을 알려 오고 있다. 다만 이런 중에도 Korean Value의 언급이 보이지 않는다는 점에서 한국학자들의 분발을 독려하고 싶다.

　세계 최대의 채권국이자 최고의 외환 보유고를 자랑하는 일본이 세계 최대의 채무국인 미국의 자본·금융 시스템을 이겨내지 못한다. 미국의 자본 시장은 그야말로 아무 것도 생산해 내는 것이 없으면서도, 최고의 자본재를 산출해 내는 공장으로 자리잡고 있다. 자본주의 최대의 가치인 자본을 만들어 내는 그 한 가지 이유로 최고의 대접과 지위를 누리고 있는 이 아이러니컬한 상황, 이것이 현대 자본주의이다. 이런 의미에서 자본이란 그야말로 괴물이다.

　그러나 모든 것을 황금으로 바꾸어 내는 마이더스는 결국 황금 때문에 굶어죽는 상태에 이르고 만다. 오늘 자본주의의 현실 또한 수많은 죽음을 불러오고 있다. 먹지도 못하고 마실 수도 없는 자본, 즉 돈 종이와 동전 나부랭이가 인간의 현실을 지배하는 것이다.

　하지만 이들은 인간적인 것과는 거리가 멀다.

　비인간적인 자본의 현실적 선택은 모든 존재하는 것들에 대한 자본화의 길에 있다. 자본은 자본화를 위해 매진한다. 인간 사회, 여기에 존재해야 할 인간의 윤리와 도덕, 사랑과 정의, 이념과 순수, 그런 것들은 부차적인 문제에 불과하다. 현대 자본주의 사회 속에서 자본은 – 마치 생명이나 목숨처럼 – 인간이 윤리와 도덕을 논하기 이전에 먼저 우선적으로 확보해야만 할 그 무엇이 되고 있는 것이다. 이러한 경향을 따르는 인문학적 사례가 전형적인 개발 논리로 등장한다.

　천만년을 넘게 지켜 내려가야 할 자연과 환경, 이들은 개발 논리 속에서 더 이상 어머니 대지로 이해되지 않는다. 자연이란 단순히 인간 생존을 보장하기 위한 수단으로 존재하는 것이 아님에도 불구하고, 자본화의 과정 속에서 자연은 수단과 도구로 인식되어 약탈당하고 파괴되고 있다. 자연과 환경, 이들은 지금 인간에게 그 자신의 살과 피를 떼어내 주고 사라져야만 할 늙은 어미사마귀에 불과하다.

천부지모天父地母, 아버지 하늘과 어머니 대지는 그렇게 자식들에게 배신당하고 있는 것이다. 하지만 이러한 세계 속에서 그렇게 성장한 인간들, 그 누구도 영원히 살아 있을 수 없을 뿐만 아니라 존재할 수조차 없게 될 그런 날이 올 것을 예감하고 있다.

오늘 서구 자본주의는 인류의 미래를 담보로 한 채, 지극히 위험한, 아니 완전히 파멸할 수밖에 없는 무모한 도박을 감행하고 있다. 아마 인간이 죽어 사라진다 하여도 자본과 기술은 영원할지도 모른다. 자본은 더 이상 인간에게 복무하기를 거부할 것이고, 기술 또한 더 이상 인간의 시녀가 되기를 거부할 것이다. 그들은 그들만의 추상의 제국을 세우고, 유기적으로 움직이고 있다.[86]

인간의 통제를 벗어난 채로 그들은 움직인다. 자본은 기술과 야합하고, 비인간적 기술들은 자본과 결탁한다. 지금, 인간 삶과 생명이란 이러한 기술과 자본 앞에 내던져진 파리 목숨과도 같다. 기술의 진보를 따라가지 못하는 인간은 살아갈 방도를 찾지 못한 채 죽을 수밖에 없는 시대가 오고 있다. 이미 자본의 보호를 받지 못하는 인간은 더 이상 인간일 수 없는 세상이 된 지 오래다. 인간은 다만 자본의 노리개요, 기술의 노예에 불과하다.

이것은 더 이상 먹이를 위해 싸우던 고대적 전쟁이나 전투의 결과가 아니다. 인간 자신의 난문 해결을 위해 존재했던 학문(scholar-ship)은 사라지고 기술(skill-ship)만이 의미 있는 것으로 간주되고 있다. 인문학의 몰락이란 이런 자본화의 당연한 결과일 뿐이다. 이미 인간과 자본 사이에 사

---

86 "화폐는 상품 속에 내재하던 가치가 모순의 전개에 힘입어 외적으로 자립화된 형태이며, 나아가 이 자립화된 화폐가치가 '과정을 계속 진행시키며 자기 스스로 운동하는 실체'로 발전한 것이 바로 자본이다."(한국철학사상연구회, 앞의 책, 37쪽)

활을 건 싸움이 시작된 것이다.[87]

　어쩌면 아직도 인간은 비인간적인 자본에 대해 싸워 이길 수 있고, 통제할 수 있을 것이라는 망상에 사로잡혀 있을지도 모른다. 그러나 자본이 인간들의 따뜻한 감성과 합리적 이성을 더 이상 따르지 않는다는 사실은 현대 자본주의 생활의 곳곳에서 감지된다. 자본은 결코 따뜻한 감정을 지닌 존재가 아니다. 또 자본화에는 차갑고도 냉철한 주고받음의 의식만이 존재하고 있을 뿐이다. 냉혈하면서도 가장 확실한 방법, 계산과 이해만이 자본주의와 동거한다. 이로부터 인간의 모든 가치 또한 자본화하는 것이다.

　인간의 절대적 가치와 본질적 존엄성은 이미 흔들려 버린 지 오래다. 자본의 유무가 인간의 인격을 좌우한다. 인간의 문제는 곧 자본의 문제로 환원된다. 돈 없는 자에게는 인격이 있을 리가 없다. 가지지 못한 자에게는 숭고함도 사랑도 기쁨도 심지어 분노와 미움마저도 생기지 않는다. 아니 생겨나지 않는다기보다 근본적으로 그곳에 존재하는 것이란 없다. 인간 자체가 없다는 말이다. 어디에, 바로 자본이 없는 곳에….

　현대 자본주의의 성립과 자본주의의 가치관, 그것은 인간적인 것이 아니라 다만 자본적인 것일 뿐이다. 이에 기반한 미국식 가치관(American standard)은 세계의 현실이자 표준이 되고 있다. 하지만 이는 더 이상 인류 사회의 미래를 위한 정의요 진실일 수 없다. 거기에는 고결함과 순수와 사랑과 선함 대신에 다만 성공의 신화가, 자본의 과시로 자리잡고 있을 뿐이기 때문이다. 말할 수 없는 천박함, 그 곳으로 현대 자본주의는 인간의 미래를 내몰고 있다.[88]

---

87 "인간의 의식이 그들의 존재를 결정하는 것이 아니라, 인간의 사회적 존재가 그들의 의식을 결정한다."(K. Marx, Zur Kritik der PolitischenÖkonomie, Berlin, 1958, Vorwort). 신일철은 이를 "이는 모든 사회 현상이 집중적으로 경제에 의존한다는 양식을 가진다는 경제결정론"이라고 지적하고 있다.(신일철, 『현대사회철학과 한국사상』, 문예출판사; 서울, 1997, 93쪽)

그러면서 인간이 지녀야 할 최소한의 가치관, 또 그 가치관의 본질적이고도 근원적인 요소가 사라진 삭막한 현실을 인간에게 던져 주는 것이다. 이 같은 현대 사회의 진정한 문제는 인간 상실이다.

결국 자본을 자본으로 만든 것은 다름 아닌 인간이며, 인간의 의식이다. 그럼에도 불구하고 가치관과 문화의 가장 근본적인 부분에 자리잡고 있어야 할 인간 존엄성에의 믿음과 인간 가치에 대한 보편적 판단이 사라진 것, 이것이 더 문제이다. 20세기 전반에 걸친 현대라는 세계 속에서 인류가 단 한 번의 진지한 반성도 없이 진행해 온 개발 신화, 발전과 성장의 현실, 그것은 자본의 계량화·수량화의 증대로 특징지어진다. 즉 삶의 질이 양화하는 것이다.

그리고 지금 이것은 자본 시장이라는 장 안에서 이루어지고 있다. 하지만 이러한 시장이라는 상태, 즉 자본주의의 꽃일 수도 있는 시장은 그 속에 들어가 있는 사람들과 시장 밖의 삶들을 경계짓는다.

자유 경쟁이란 경쟁력이 있는 자들로부터 설파된다. 경쟁력이 없는 인간들이 경쟁하겠다고 나설 수는 없기 때문이다. 여기서부터 또 다른 문제점들이 도출된다. 실업이라는 문제가 바로 그런 문제 중의 하나이다. 실업자들은 자본주의 시장 경제의 일정한 장으로부터 소외되고 내몰려 있다. 이러한 경우 그들에게 있어 어려움과 위험이란 상상을 초월하는 것이다. 이들은 도대체 어찌해야 할 바를 모르게 된다.

결국 자본주의는 자본을 소지하지 못한 '회원', 즉 실업자들에게는 지독하면서도 비극적으로 또 비인간적인 원리로 작용할 뿐이다. 이제 자본은 그들을 위험에서 멸절로 빠뜨리고 만다. 하지만 이로부터 파생하는

---

88 "정확히 말한다면 경제적인 종류의 최종 목적은 존재하지 않는다."(F.A.v Hayek/민경국 편역, 『자본주의냐, 사회주의냐』, 문예출판사: 서울, 1990, 32쪽). "우리의 현재의 사회 질서는 일차적인 인간 계획의 산물이 아니라, 다만 보다 효과적인 제도들(Einlichtungen)이 실시되는 경쟁 과정의 산물"(앞의 책, 10쪽)

위험은 더더욱 심각한 것이 될 수밖에 없다. 소외된 자들의 최종적 선택이 무엇이 될 것인가. 바로 이 대목에서 우리는 마르크스를 기억한다. 비록 20세기적인 실험에서 실패했다고 말할 수 있을지는 모르겠으나, 이념적으로 볼 때 사회주의는 아직도 유효하다. 사회가 인간을 소외시키는 한, 사회는 언제나 소외된 존재들로부터의 공격을 감내해야만 한다. 과연 인간을 소외시키지 않고 자본은 성립할 수 있는가.

이는 다른 의미로 자본주의적 사회 이념이 인간·인류의 궁극적 사회 모델로 채택되기에는 무수한 난점을 갖고 있음을 말하는 것이기도 하다. 자본주의 사회에서 자본을 갖지 못한 인간에게 과연 그 어떤 인격이 부여되며, 또 그들이 어떤 인격적 대우를 요청할 수 있는가. 자본주의는 자본의 편중과 독점에 대해 어떠한 인간적 대응 장치도 갖고 있지 못하다. 그럼에도 자본의 편중은 자본주의 사회 내지 시장에서는 불가피하다. 하지만 이 또한 언제나 비정상적인 방법에 의해 수행된다는 사실을 여기서 지적하지 않을 수 없다.[89]

자본주의적 사회 원리는 우리에게 계급적·계층적 차별의 기준 원리로 작용하는 자본의 역할에 대해 반문하게 만든다. 임금 노동자의 인격은 임금에 의해 좌우될 수밖에 없다.[90] 그의 평소의 삶과 생활 이념, 진실과 정직에 대한 성실성, 이러한 것들은 본질적인 문제로 대두되지 않는다. 이것은 언제나 부차적인 것이다. 그리고 자본주의는 현재 자본이 없다는

---

[89] 이 같은 현상은 아마도 독점 자본주의로 설명될 수 있을 것이다. 박현채는 "자본주의는 독점 자본주의 단계에 있어서 생산의 가장 철저한 사회화의 길에 들어선다."하고, "독점과 자유 경쟁은 모순 관계에 있고,…이는 불균등 발전을 강화한다."라고 하며, 이 같은 자본주의의 독점에로의 전이는 "독점 자본의 형성과 그 지배력의 강화로 되면서 자기 구체성을 지니고 전개된다."고 하였다.(조용범 외, 『한국자본주의 성격논쟁』, 대왕사; 서울, 1989, 242-247쪽)

[90] "임금을 받는 노동은 자본에 의해 통제되는 노동이다.…임금 노동에서 우리는 돈을 번다는 것 외에 일의 보람이나 기쁨을 느끼기 힘들다."(한국철학사상연구회, 『삶과 철학』, 동녘; 서울, 1996, 100쪽)

사실, 이것을 어쩔 수 없다고 생각하지 않는다. 그 불가피성을 인정하지 않는 것이다. 그러한 불가피함 또한 자본에 의존할 뿐, 결코 사람에 의존하고 있지 않기 때문이다.

그러므로 현금화할 수 없는, 즉 계량화할 수 없는 인간 삶의 가치에 대해 이들은 침묵한다. 그러나 이러한 침묵은 더 이상 수긍의 침묵이 아니다. 이것은 곧바로 응대하지 않음, 즉 냉소이자, 무시의 침묵이다. 그리고 그들은 자본의 영웅을 창조한다. 정직과 순수와 용기 등등의 덕목들은 다만 자본주의적 영웅을 위한 전장의 공허한 펄럭임일 뿐이다. 게으른 베짱이들이 개미의 나라를 침범하는 것이다. 특유의 그 몸짓과 덩치로 밀어 부치면서, 자본은 스스로의 승리와 자본주의의 영광을 외치고 있는 것이다.

인간 곧 자본주의 사회를 살아가는 인간들은 심각하고도 엄청난 어려움을 겪을 각오를 해야만 한다. 이러한 자본은 얼마나 비인간적이고, 몰가치적인 것인가. 그리고 그 가운데 한국은 발가벗고 서 있다. 이미 한국 사회 곳곳에서, 자본의 노예가 되어버린 현대인들의 그 슬픔을 본다. 지금 여기 인간 사회에 남겨진 것은 무엇인가. 아니 현대 문명의 그 편의성과 편리함에도 불구하고 인간의 불행함이 점점 더 그 깊이를 더해 가는 것은 또 왜인가.

자본의 가치가 너무나 귀중한 나머지 그보다 훨씬 더 상상할 수 없을 만큼 귀하고 귀한 인간의 가치를, 우리는 너무 쉽게 망각해 버린 채 오늘을 살아가고 있는 것은 아닌가 한 번쯤 반성해 보아야만 한다.

'스크루지 영감'은 자본주의 사회를 살아가는 인간들에게 언제나 무엇인가를 생각할 것을 요구하고 있다. 그러나 현대 자본주의 시장은 전혀 그것에 대해 무심하다. 아니 크리스마스를 맞이하기 전의 스크루지로부터 한 발짝도 물러서지 않을 뿐 아니라, 오히려 거기에 더더욱 다가가고 있다.

하지만 이제, 가치 있는 모든 것들이 파괴되기 전에 인류는 나서야만 한다. 지금의 자본화가 근대화와 수반된 산업자본으로서 결국 환경의 파괴까지를 가져온 것이라면, 그러한 파괴된 환경 속에서 살아갈 것은 다름 아닌 인간이다. 이런 의미에서 결국 오늘의 위기는 자본주의 문화 속의 인간위기요, 달리 전통적인 철학과 문화가 상실된 인간 삶의 위기다. 그리고 이는 인류가 그 인간다움을 상실하고, 인류 공동체의 의식을 실종시키면서까지 일으켜 세운 자본주의의 편식증이 초래한 하나의 필연적인 결론이다.[91]

3. 위기 극복과 현황

위기의 본질은, 그것이 인간의 의식과 심리 상태를 지배하면서 진행한다는 점에서, 언제나 인간 생존의 위기로 연결되고 있다. 끊임없이 발생하는 사회의 위기는 자본주의적 경제 위기라는 하나의 특징적인 성격을 갖는다. 이 같은 상황 속에서 이미 우리는 말할 수 없는 고통과 괴로움을 경험한 바 있다. 따라서 지금의 과제는 이 같은 경제 위기를 사회 위기로까지 연결시키지 않으면서 스스로의 행복권과 생존권을 한국 사회가 지켜낼 수 있느냐 하는 것으로 귀착된다.

다시 말해 단순한 경제적 어려움을 삶과 생존 그리고 문화적 위험에까지 연결시키는 잘못을 더 이상 범하지 말아야 한다는 말이다. 그러나 지

---

91 이것은 자본주의 진행 방식으로서의 산업자본으로의 이행이라는 과정에서 나타난 필연적인 결과이다. 이에 대해 박현채는 "자본주의의 근본적 특징의 하나는 공업의 급격한 발전이고 보다 큰 기업에의 생산의 집중이다."(『한국자본주의 성격논쟁』, 242쪽)라고 하였다.

금 현대 사회는 단일한 경제 위기를 문화의 위기 또는 심리·정신적 한계의 복합적 위기로 내몰고 있는 것은 아닌지 우려되고 있다.

최근 행해진 위기의 해법들을 살펴보자. 경제 위기의 발생과 더불어 정부가 취한 일련의 정책과 그로 인해 야기된 일단의 사태들이 있다. 그러나 이들은 위기에 관한 이해 방식과 해법에 있어 오히려 심각한 의문과 우려를 던져 준다. 동시에 현 위기를 단순히 경제 논리로만 풀어 가는 것이 얼마나 어려우며 또 근시안적이고 위태로운 것인지를 잘 보여 주고 있다.

우선적으로, 위기가 발생하자 시도된 일련의 조치들 그리고 정부가 서둘러 시행한 내용들을 보자. 먼저 경제 구조 조정이다. 정부는 아침마다 저녁마다 외화 조달에 매진하였다. 이로부터 재벌과 은행의 매각이 최대 현안으로 떠오르게 된다. 그것도 안 팔리는 것뿐만 아니라, 국가 기간산업인 통신·철강·전력 등등 모두를 대상으로 전방위적인 사냥에 나섰다. 그런데 이러한 기업들은 국가 기간산업 중에서도 기초적인 산업 분야를 담당하고 있는 것들이다. 그렇다면 마땅히 이 같은 결정이 가져올 파장과 영향에 대해 충분한 검토가 있어야만 한다.

그럼에도 불구하고 이들은 너무나 쉽게 결정되었고, 지금 그 파장과 잘못에 대한 책임과 짐을 정부나 국민 모두 너무나 힘들게 떠안고 있다. 여기서 지적하고 싶은 것은 결국 너무 서두른다는 사실이다.

정부에서 매각하겠다고 서두르다 보니 정작 외국의 투기 자본들은 느긋하게 팔짱을 끼고 계산기만 두드린다. 스스로 준다는 데 바쁠 이유가 없는 것이다. 그러니 외국 자본들은 하던 협상도 중지하고 헐값이 되기만 기다린다. 사정이 이러하니 그 같은 기업체에 근무하는 노동자들은 불안과 두려움을 감출 수 없다. 즉 심리적 동요와 무거운 짐만이 사회 내적으로 가중되는 상황인 것이다. 이는 백성의 심리적 불안과 동요를 잠재워야 할 정부가 오히려 역으로 조장하는 상황을 연출하는 것과 같다. 그러면서 매일같이 고통 분담의 원칙만을 강조한 바 있다.

하지만 어찌 사람이 고통만 나눌 수 있는가. 마땅히 즐거움도 나누어야만 할 것이다. 그러나 즐거움은 상부의 정치 권력과 그에 연계된 기득권층에만 있다. 도무지 하부의 국민들에게는 내려올 생각을 하지 않는다.[92] '부익부 빈익빈'이라는 말처럼 분열의 극한을 가져올 자본주의 최대의 공격이 시작되었는데, 그 대상은 하필이면 없는 하층민들을 먹이로, 제물로 삼는 상황이 연출된 것이다. 정부 재정의 확보를 위한 간접세의 확충, 금융실명제 유보와 폐지, 종합 과세의 연기 및 폐지, 기타 일체의 지하자금의 양성화를 위한 일련의 조치들, 이와 같은 조치들은 당장 현금과 자본이 부족한 판에 정부로서는 불가피한 것이었다고도 할 수 있다. 그러나 문제는 정부의 기본 입장과 원칙이다.

유동성 위기로 불린 당시 정부의 일관된 기본 입장은 자본주의 시장 경제 원칙을 따라 자본의 확보에 의한 재정 위기의 대응이라는 방식을 주류로 삼았다. 따라서 한국 사회 내의 일체의 반자본주의적 요소들을 우선적으로 제거함으로써 이를 탈피하고자 하였다. 그런데 이 과정에서 새로운 자본의 창출보다는 기존에 있는 사회·경제의 기반을 훑어 내는 방식을 택했다는 데 문제의 심각성이 느껴지는 것이다.

그리하여 구조 조정이라는 대전제 아래, 위기 극복의 일차적 수순과 정책을 시행한다. 여기서 감원과 실업은 불가피한 것이었다. 그런데 이 같은 상황에서 진행된 노·사·정 합의와 연이은 고용 조정 및 해고 정리는 오히려 민족 사회 내의 분열과 갈등을 먼저 조장하였다. 이것은 자본

---

92 동아일보 23902호, 21면. "정부는 국민 세금으로 부실은행들의 증자를 지원했다. 은행들은 부실 기업에는 협조 융자를 하면서도 일시적 자금난에 빠진 흑자기업들에 대한 대출은 기피하고…정치권은 국회의원수 줄이기와 긴축의 솔선수범 등 정치개혁에 진지하게 나서지 않고 있다.…정부와 공공부문은 아직도 허리띠를 덜 졸라매고 있는 것으로 지적된다."

주의적 경제 위기를 문화적·사회적 위기로 연결시킨 것이다. 또 외국, 특히 미국 중심의 금융 자본주들의 판단을 근거로, 혹시 초래될지도 모를 위기의 경제 상황에 대한 일련의 책임을 노조나 국민에 전가시키고자 하는 발상의 전모를 드러내었다.

그러면서도 위기의 진정한 책임자라 할 정부와 정치권은 책임 전가의 줄다리기를 계속하면서 국민의 눈과 귀를 현혹시킨 바 있다. 금융과 재벌 및 법인들은 각자 살아 남기에 급급하고, 후속 조치로 어떤 대책을 시행해야 할지를 모른 채 허둥대었다. 이런 와중에 가진 자와 없는 자의 격차는 점점 고착화되어 가고 있다.

물론 구조 조정이 하루아침에 이루어지지는 않을 것이다. 그러나 금융과 재벌 및 국가 기간 산업에 관한 문제는 획기적이면서도 최단 기간 내에 이루어져야만 했다. 천문학적인 공적 자금을 투입하면서도 금융과 재벌에 대해 변죽만 울리는가 하면, 시민 사회 내의 분열과 갈등을 조장할 가능성이 있는 작업들을 굳이 최우선적으로 해야만 했는가에 대해, 의문을 품지 않을 수 없는 것이다. 또 정부는 숨소리 하나 내지 않고 외국 자본들의 동향에 주의하면서, 비위를 맞추는 데 급급하였다. 국민의 고혈이라 할 세금을 뽑아내는 데는 몰두하면서도 그것이 어떻게 쓰여지는가에 대해서는 어찌 그리도 무심할 수 있었는가. 그 와중에 조성되어 뿌려진 정치 비자금들은 또 얼마이겠는가.

아무리 사태가 급박하더라도, 정부 당국자들의 말 한마디에 기업들이 수천 억원씩 날리는 우는 범하지 말았어야 할 것이다. 그럼에도 불구하고 그 같은 사태는 계속되었다. 반자본주의적 요인의 축출을 통한 일련의 정책과 조치의 궁극적인 결말은, 부익부·빈익빈의 사회 내적인 계층적 분할만을 가속시키는 방향으로 진행되었을 뿐이다. 인간 개인의 자유를 향한 열망과는 무관하게, 정부나 다국적 기업·금융 기관과 같은 거대 조직군들은 힘없는 개인의 경제 활동을 원천적으로 가로막으면서 그들의 자유를 박탈하고 있다. 새로운 힘의 논리가 지식·정보라는 포장술을 토대로 밀레니엄의 세계 위에 그 장막을 드리우려는 것이다.

자본이란, 어쩌면 거대한 흡인력을 가진 불가사리와도 같다. 그는 주위의 모든 것을 자본화하여 자신의 발 밑에 거느리려 한다. 이는 권력의 속성과도 동일하다.[93] 현재 상황을 지키기 위해 더 크고 더 많은 권력을 필요로 하는 것처럼, 자본 또한 그러하다. 현 상황을 지키기 위해 자본은 더 많은 자본을 필요로 하는 것이다.

이 같은 상황에서 재벌들은 자기들이 과거 한국 경제의 성장을 담당해 왔다고 자부하기도 하지만, 이는 천만의 말씀이다. 실로 한국 경제의 견인차는 길가에 즐비하게 늘어선 구멍가게들과 개인들의 활발한 경제 활동에 힘입은 것이다. 곧 개미군단의 자생적 약진에 의해 근·현대의 한국 경제는 성장해 왔다. 이 같은 경제 구조를 토대로 한국 사회는 성장과 발전을 거듭했던 것이다.

하지만 그럼에도 불구하고, 현 정부는 순간의 필요에 의해 거대 자본의 존재에만 관심을 기울였을 뿐이다. 하지만 '금 모으기'라는 상징적인 사건은 한국사 전체에 걸친 위기의 해법에 관하여 한민족의 도도한 문화적 흐름을 말없이 웅변하고 있다.

여기서 잠시, 위기의 해법에 관한 또 다른 조치들을 살펴보자. 알려진

---

93 철학사의 전개로 볼 때, 니체와 마르크스는 같은 시대를 살면서 서구적 이념의 동일 속성을 다른 방면으로 파악하고 있다. 그것은 일면 정신적인 것이며, 다른 하나는 물질적인 것이다. 곧 니체가 파악한 세계의 본질로서의 권력은 "권력의지론…그것은 폭력을 자연적이고 영원하고 우주적인 것으로 옹호하면서 부르조아지의 지배를 변호"하는 것이다. 곧 권력은 그 속성상 자기존재적이며, 이를 위해 그는 끊임없이 스스로를 확장시키고자 한다.(강대석, 『현대철학의 이해』, 한길사; 서울, 1991, 41쪽)

일련의 행태들은 위기의 상황에 있어 도대체 정부 내에 일정한 기준이 있는지 어떤지에 대해 알 수 없게 만든다.[94] 대표적으로 민족 사회의 백년 대계를 준비해야 할 교육부는 어떠한가.[95] 새로이 임명된 장관을 따라 종삼이사從三移四를 되풀이하는 한국 교육은 도대체 언제쯤이나 백성들에게 희망을 가져다 줄 수 있을 것인가.

우선 과거 교육부가 보여 준 여러 방침들은 지나치게 정치적이며, 비교육적이었음을 지적하지 않을 수 없다. 동시에 경제적으로도 아무런 도움이 되지 않는 정책들을 남발한 바 있다. 대표적으로 교원을 노동자화하여 정부는 압도적인 고용주로서 이들을 대하겠다는 일련의 발상이 그것이다. 또 정치적 요구와 맞물린 일련의 교육 정책 그리고 노총과의 관계 등이 있다. 문민정부의 세계화 이후, 영어와 정보·기술 및 과학 교육, 이와 결부된 인문사회 과학의 부재 등등, 한국 사회는 그 얼마나 많은 시행착오를 거쳤는가. 그럼에도 불구하고 한국 사회 내에서는 또 다시 영어 교육과 필수 과목의 문제가 대두되고 있다.

그 결과 지금 한국 사회 내의 지식인 지도나 한국 지식인 사회의 현실은 어떠한가. 도대체 언제까지 밖만 내다보고 살려는지 알 수가 없다. 지금까지 외국에 갖다 바친 돈으로도 부족해서, 다시 또 갖다 바칠 수밖에 없는 미래를 논의하고 있는 것이다. 이와 더불어 교육부가 보여 준 또 하

---

94 정윤형은 국민의 협조와 자발적 참여를 강조하면서, "국가적 위기 등의 명분을 내걸고 대다수 국민, 특히 노동자·농민 등 민중에게 근면과 자유와 권리를 유보하도록 하고 책임만을 강요하는 것은…장기적 효율성을 지속할 수 없다."(조용범 외, 앞의 책, 411-412쪽)는 것을 분명히 하였다. 동시에 3공화국과 유신시대의 경제 성장은 기본적으로 그것이 정책적 성공, 즉 상부구조의 승리가 아니라 민족적 승리, 즉 하부의 협조에 힘입은 것임을 명확히 인식할 필요가 있다.
95 교육은 문화와 결부된다는 의미에서 민족 사회의 존립에 있어서는 최초적이며 최종적인 것이다(브리태니커 백과사전, 1996). 동시에 현 위기를 사회 위기나 민족 생존과 별개의 것으로 떼어놓고 생각할 수는 없다. 따라서 교육은 대단히 장기적인 위기 극복의 계획에 속하는 것이다. 동아일보 23908호 7면에는 "교육개혁 과제들은 그리 쉽게 단칼에 해결될 수 없다."하고, 현재의 교육부가 과욕과 의욕만을 앞세우고 있는 현실을 지적하고 있다.

나의 행태, 그것은 인문·사회 학과 연관한 것이다. 현 상황에서 인문학이
란 더 이상 자본 형성에 도움이 되지 않는 애물단지로 간주된다. 이로부
터 그나마 남아 있는 인문학마저도 없애고자 하는데, 그 이유는 바로 돈
이 안 된다는 것이다.

그러면서도 입만 열면 기초 학문 육성이라는 구호요 선전이다. 눈 가
리고 아웅하자는 소리다.

그런데 더 웃기는 것은 그렇게도 자존심 강한 학자들이 보여 주는 현
실이다. 얼마 안 되는 지원금에 혹해서 이리저리 귀동냥에 이합집산을
거듭하고 있다. 하지만 이 같은 사태를 접하면서 느끼는 우려는 심각하
다. 자존과 자긍이 무너진 곳에 제대로 된 학문이 존재할 수 있을 것인가
하는 염려 때문이다. "일체의 권력으로부터 자유로워야 한다."는 학문의
이념이 도대체 자본 앞에서는 맥을 못 추고 있다.

인문·사회 과학의 전반적인 안정과 발전을 가로막는 교육부의 대학
학부제 전면 실시, 영어 교육 강화를 위한 외국인 초빙 문제, 그리고 방
문 과외와 교습 단체들과 연관한 일련의 유권 해석에 따른 불법화, 그리
고 노동자로서의 교직자에 관한 이해와 정치적 관계에 대한 일련의 정책
들. 도대체 이와 같은 것들이 오늘의 위기 속에서 어떤 해법의 이념을 가
지고 있는지를 물어보고 싶다. 과연 이 같은 조치들이 "경제 위기를 교육
과 문화의 위기로 연결시키지 않겠다."는 의지의 표현인지를 확인하고
싶은 것이다.

만일 학교와 대학에서 학문을 가르치지 아니하고 기술만을 가르치겠
다고 한다면, 도대체 한국 교육은 어디에서 그 학문을 신장시키며, 어떻
게 그 문화를 전승시킬 것인가. 실로 이를 반문하지 않을 수 없다. 학술
이란 언제나 학문이 기술보다 앞서는 것이기 때문이다.

역사적으로나 사회적으로나, 위기에 있어 인간 교육의 책임과 그 중요

성은 참으로 크다. 젊은이와 자라나는 청소년들이 제대로 생각하고 반성하며 문제를 해결할 수 있는 능력이 있을 때라야만 비로소 국가 위기·민족 위기·사회 위기는 정리될 수 있다.

덕과 학문을 가르쳐야 할 교육의 전당에서 기술과 정보의 skill만을 강조하면서, 기술자 양성에만 힘을 쏟아서는 안 될 것이다. 혹 지금의 경제 전쟁에서 살아 남는다 하여도 인간은 사라지고 돈과 기술만이 남아, 더 이상의 인간적인 삶과 만남이 존재하지 않는 사회 속에서 단순히 안락하게 산다는 것이 과연 어떤 의미를 지닐 것인가.

예로부터 경제란 경세제민經世濟民, 곧 세상을 다스려 백성을 구제함을 그 일차적 목표로 삼는다. 이로써 나라가 할 경제 행위는 누구라 할 것 없이 구석구석에서 개개 백성들 모두가 제각기 나름대로 벌어먹고 살 수 있도록 하는 것이다. 따라서 그 살아갈 여지와 환경을 조성해 주는 것이 경제의 일차적인 행위에 해당된다. 옛 사람도, "의식이 풍족해야 예를 안다."하고, "먹을 것이 있어야 그 마음을 곧게 한다."라고 하지 않던가.[96]

배우기는 배웠으되 가장 배고픈 그룹에 속하는 소위 '사士' 자 달린 직업의 대학강사들, 이 수많은 강사들의 원망 섞인 교육의 제공은 다만 다음 세대의 부담으로 남겨질 뿐이다. 더군다나 인문·사회학에 대한 홀대는 민족 사회 전반을 위해서도 결코 바람직하지 않다. 그럼에도 문제의 개선은 그 기미가 보이질 않고 있다. 하지만 결국은 '깨어 있는 지성의 위기 극복 능력'에 인간 사회는 그 미래를 의지하는 것 아니겠는가 한다.

구조 조정을 위한 뼈를 깎는 고통 그리고 고통 분담, 해고와 실직, 정치민주화를 향한 복수 노조의 허용, 이에 대한 통제와 지배력 강화, 소득 격차에 따른 사회 불안과 책임 전가의 시대, 의무 망각의 경향, 도대체

---

96 『管子』,「牧民」, 國頌, "倉廩實則知禮節 衣食足則知榮辱"
　　『孟子』,「梁惠王章句」上, "若民則無恒産因無恒心 苟無恒心放辟邪侈 無不爲已"

한국 사회는 이 위기의 다음 시대를 어떻게 풀어갈 것인지에 대해 의문스럽기만 하다. 차라리 이 모든 것들이 위기 해법이라기보다는 정치 권력의 확보와 남용 그리고 기득권 수호를 위한 일련의 조치들에 불과한 것은 아닌가, 물어보고 싶다.[97]

사회 지도층은 과연 국가 위기와 민족 사회의 위기를 극복하고자 하는 순수한 의지를 갖고 있는가. 아니면 자신의 기득권을 지키기 위해서 다만 위기 해결의 행동이라는 일련의 양식만을 답습하면서 마냥 시늉만 내고 있는 것인가. 여당·야당이 갈려 '내가 잘했니, 네가 잘했니' 하고 있는 작금의 정치 현실에서, 과연 그들을 어찌 모리배·정상배라고 말하지 않을 수 있겠는가. 국민을 알기를 자신의 기득권에 돈과 시간을 보태 주는 그런 봉(?)쯤으로 알고 있는 한국 지도층 인사들에게 과연 국가 위기는 존재하는가. 과연 경제 위기는 있기나 했던 것일까.

크고 강하고 남는 부분을 덜어서, 취약하고 힘든 모자라는 부분을 도와주는 것이 겸兼이요, 균均이요, 평平의 원리이다.[98] 이 같은 균평의 이념을 이룩해야 할 것은 다른 어느 것이 아니라 바로 전 국민의 일정한 권리 이양에 의해 구성된 정부가 할 일이다. 민족에 의해 형성된 국가 사회 내에서 가장 강력하고 큰 힘을 결집시킬 수 있는 것은 결국 정부이기 때문이다. 그리고 민족 사회의 통합과 조화를 모색하는 길, 이것이야말로 정부의 몫이 아니겠는가 한다.

---

97 이한구는 "…관료집단의 저항을 깨지 않고는 개혁이 불가능하다."(註 92의 신문 같은 면)라고 분명히 지적하고 있다.

98 均平의 원리와 그 이념은 동양의 전통적 정치·경제의 핵심에 있으며, 이는 대표적인 爲民思想과 사회 윤리의 반영이다.(金勝東, 『周易大辭典』, 부산대출판부: 부산, 1998 항목 참조)

4. 위기 극복을 위한 철학적 접근

1) 민족 사회의 결집

국가적 환란患亂과 환란換亂 문제가 발생하였다. 그러자 방송·언론 및 시민 단체를 가리지 않고 캠페인을 해 대면서, 문제의 해법을 외치기 시작하였다. 그 중의 백미는 역시 "과소비를 추방하자"일 것이다. 그리고 시민 의식의 문제와 잘못된 습관 및 관습의 폐해를 거론하면서, "일소하자, 일신하자!"라고 외쳤다.

그러나 최근의 위기는 결코 구호로 해결될 성질의 것이 아니다. 간단히 말해 환란換亂으로부터 시작된 위기는, 결국 금융과 자본의 속성을 제대로 읽지 못한 정부 및 금융 기관과 대기업 재벌 그룹들의 일차적 잘못에 기인하고 있다. 동시에 적합한 감독과 적절한 대응책을 내놓지 못한 사회의 무관심과 공공의 관리 능력에도 그 책임을 물을 수밖에 없다.

다음으로 약간의 성공 위에 덧붙여 수입 소비재를 물쓰듯이 한 일부 가진 자들의 몰지각한 과시적 소비 형태와 그 계층들에 의한 위기의 증폭이 있다. 그리고 혹 과소비의 범주에 들지 않고 그러한 수입 소비재를 함부로 쓰지는 않았다 하더라도 - 이 같은 소비 행태를 부러워하고 이에 편승한 - 대다수 시민들, 곧 절반의 성공을 과신하면서 궂은 날을 대비하지 못한 사회 구성원들 모두의 감시 소홀에도 문제가 있을 것이다.

소비재 수입업자들은 이렇게 말할지도 모른다. 쓰니까 수입했지 안 쓰면 수입했겠는가. 옳은 이야기다. 수요가 있는 곳에 공급이 있는 법이니까. 공무원들의 무사안일과 국가 공권력의 올바르고도 적절한 집행이 사라진 상태에서, 이를 감시해야 할 모든 구성원들의 직무유기, 이들의 합작이 빚어낸 최악의 상황, 그것이 나라의 경제 위기로 연결된 것이다. 마치 얼빠진 사람처럼 모두가 정신없이 지내온 세월이 낳은 어쩔 수 없는 결과였던 것이다.

그럼에도 불구하고 정치권에서는 환란의 책임에 관한 공방, 그리고 검찰은 사법적 대응으로 이 모든 문제를 해결하고자 하였다. 그러나 책임자 처벌이나 책임 소재의 규명과 관계하여 – 이 경우 비록 대소·경중의 차이는 있다 하겠지만, 위기를 초래한 책임에 있어 – 면죄부를 받을 수 있는 한국인은 아무도 없다 할 것이다. 곧 누구도 삶의 책임으로부터 자유로울 수는 없다.

그리고 이제 위기의 해결이라는 의무와 과제는 한국인, 우리 모두에게 주어져 있다. 다만 이 경우에도 사회의 지도적 위치에서 국가 경영을 진행해 온 책임 있는 당국자들과 사회 지도자들의 의무가 더욱 막중할 것임에는 틀림없다. 그러나 위기에 대한 책임 규명에 있어, 이것이 곧 '내 잘못이요, 나의 책임'이라고 말한 사람이 없다. 개인이나 집단 그리고 어떠한 조직이건 간에 이에 대한 책임을 지겠다는 누군가가 없는 것이다. 이 같은 한심한 경우는 정치권을 보면 더욱 심각하다. 여당은 여당대로, 야당은 야당대로 아무도 책임지지 않는다. 그러면서도 목청을 돋구는 사안은 '내가 아니라, 다른 그 누구라는 사실'이다.[99]

이 같은 책임 회피의 상황, 이것이 더 문제가 아닐까. 아무도 책임질 이유가 없는데, 어찌 그들에게서 책임 있는 해결책을 기대할 수 있겠는가. 누가 그들에게 책임을 물었는가. 아니 그렇게 책임을 묻는 것으로 위기를 해소할 수 있는가. 사실상 위기의 순간에는 누가 책임을 질 것인가가 중요한 것이 아니다. 오히려 필요한 것은 누가 책임 있게 현재의 위기를 주도적으로 해결해 나갈 것인가의 문제이다. 책임의 규명은 위기를

---

99 중앙일보 98년 6월 8일(10378호) 23면에는 다음과 같은 기사가 실려 있다. "한국 구조 조정 왜 더디나 '너부터' 고통 비켜가기 골몰"과 같은 기사를 보면서 느끼는 답답함은 심각하다.

수습한 뒤에도 늦지 않다.

산행을 하면서 길을 잘못 들었다 하자. 하지만 이를 끊임없이 떠든다고 될 일인가. 시시비비를 가리는 것은 산행을 마친 뒤의 일이다. 지금은 모두가 합심해서 어두운 산길을 무사히 지나 낙오하지 않고 살아 남는 것이 더욱 시급한 일이다.

채 위기를 수습하기도 전에, 먼저 책임자 처벌의 문제를 꺼낸다는 것은 본말이 전도된 지극히 잘못된 일이다. 누군가의 책임으로 사안事案을 축소시켜서 어쩌자는 말인가. 만일 그렇다면 그 책임자 외의 나머지는 모두 면죄부를 받겠다는 것인가. 이미 말했듯이 한국민 모두, 바로 우리 모두는 아무도 책임으로부터 자유로울 수 없다. 동시에 위기의 현실 속에서 이 같은 논의로 시간을 보낼 겨를 또한 없다. 그리고 이 같은 책임 추궁이 계속해서 한국 사회 내에 지속된다면, 이것은 결국 자중지란으로 연결될 더욱 심각한 사안이 될 수밖에 없다.

역사를 통해 이해할 수 있는 하나의 사실이 있다.

그것은 거대한 제국들의 붕괴에 관한 것이다. 곧 멸망은 언제나 내우內憂와 외환外患이라는 두 요소의 적절한 합성에 의해 초래되었음을 역사는 보여 주고 있다. 한국 사회는 반드시 이것을 기억해야만 한다. 이 같은 교훈을 한시도 잊어서는 안 된다. 국가와 같은 거대 조직 그리고 민족과 같은 오래된 집단은 결단코 외부적 위협만으로 또는 내부적 근심만으로, 즉 둘 중의 어느 하나에 의해서만 무너지는 경우는 거의 없다. 아니 이것은 가정의 경우에도 마찬가지다.

어느 것이든 무너지는 경우는 항상, 내우와 외환의 합작에 의해 이루어진다. 내우 하나, 외환 하나만으로 그 무엇이 쉽게 무너지는 경우는 없는 것이다.

개인의 경우에도 이는 마찬가지다. 아무리 사회적으로 어렵고 고통스럽다 하더라도 스스로의 내면에서 이를 극복하고 살아 남고자 한다면, 즉 포기하지 않는 이상, 그러한 개인 역시 쉽게 무너지진 않는다. 반대로 내부적 갈등이 깊다 하여도 외부적인 제 조건들이 순조롭다면, 그 또한 쉽게 무너지지 않는다. 그러나 외부적 조건이 내부적 분열을 초래하고 그로써 스스로의 갈등을 이겨내지 못한다면, 이것은 알 수가 없다. 이 같은 상황에서는 앞날을 점칠 수 없으며, 대부분의 모든 존재했던 것들은 그로써 멸망하였다는 사실을 본다. 이 같은 존재와 사멸의 원칙은 어떤 의미로 영원한 것인지도 모른다.[100]

그러면 한국은 어디로 가야 하는가. 외부적 우환이 덮쳐온 지금, 한국 사회는 새로이 내부적 결속을 다져야 할 것이 아닌가 한다. 그럼에도 불구하고 현재 한국 사회는 미증유의 분열 속에 서 있다. 지역과 지역, 계층과 계층, 세대와 세대, 정치권과 비정치권, 사회 내적인 대·소규모의 모든 갈등들은 이미 처한 어려움보다도 더한 어려움을 예고하고 있다. 한국민, 우리 모두는 위기와 그 책임으로부터 결코 자유로울 수 없다. 그러기에, 우리는 위기에 대해 주의 깊게 대처하고 땀과 노력으로 그 어려움을 극복해야만 한다. 이런 이유로 한국 사회 내부에서 누군가의 잘잘못을 먼저 규명해야만 한다는 논의와 주장들은 결국 외환을 내우에 연결시키는 대단히 위험한 일임을 지적하지 않을 수 없다.

그리고 이 같은 사실은 위기의 해결과 그 방식에 있어 존재하는 중요한 문제점을 보여 준다. 그것은 위기의 본질에 관한 분명한 인식의 결여를 드러낸다고 하는 사실, 그것이다. 대개의 위기 아니 현재의 위기를 외

---

100 이를 내부적 존재인 我와 외부적 요인인 非我로 구분하여 보고나면, 다음과 같은 말은 의미심장한 것이다. "비아를 정복하여 아를 드러내면 투쟁의 승리자가 되어 미래 역사의 생명을 잇고, 아를 없애어 비아에 공헌하는 자는 투쟁의 패망자가 되어 과거 역사의 묵은 자취만 끼친다. 이는 고금 역사에 불변하는 원칙이라."(신채호, 『조선상고사』, 문공사; 서울, 1982, 11쪽, 총론 제1장)

환으로 볼 때, 한국 사회는 우선 이를 내우에 연결시키지 않겠다고 하는 하나의 분명한 각오를 선행시킬 필요가 있다.

하지만 그동안 한국 사회가 보여 주었던 해결 방식은 대단히 심각한 문제를 안고 있는 것이다. 그것은 외환으로 그칠 수 있는 사안들을 내우에 연결시키는 정책과 해결책을 제시했을 뿐만 아니라, 실제로 그런 방식으로 위기에 대응하였다는 사실 때문이다.

진실로 우려되고 위험스럽게 여기는 것은 바로 이 점이다. '외환 위기'라는 하나의 사태 때문에 외국 자본에 대한 구걸성 원조를 요청하는 방식에서부터, 민족 사회 내부의 결속을 가져야 할 시점에서, 이 같은 결속을 해치는 다양한 방식으로 경제 위기에 대처하는 여러 행태들이 다 그러하다. 간단히 말해 정부는 지나치게 외세 의존적 방식으로 문제를 해결하고자 한다. 그리고 내부적 결속을 다져야 할 문제에 있어서는 둔감할 뿐만 아니라, 오히려 적대적·분열적 요인들을 더욱 더 조장하고 있는 것이다. 감싸안아야 할 것을 감싸안지 못하고는 결코 위기를 해결할 수 없다.

위기 대응 방식에 있어 문제점은 결국 이런 것이다. 외환을 피하기 위해 내우를 조장하는 것은 아닌가, 한국의 선진화는 그대로 기득권자들의 자본주의적 논리를 따라 중산층의 몰락을 가져올 것은 아닌가, 또 달리 경제 위기를 통해 정치 권력의 확대를 기도하는 것은 아닌가 하는 점들이다. 그리고 정상적 투자 자본이 아닌 외국의 투기 자본들이 한국 경제를 주무르게 될 때의 상황을 염두에 두지 않을 수 없다.[101]

그러면 이 같은 갈등을 극복하고 새로운 미래를 위해서, 그 해결책은

---

101 註 92)의 신문, 같은 면 - "국제 사기꾼 한국을 노린다." 달리 "한국 기업 유일한 희망은 주식 절반 외국인에 넘기는 것"(동아일보 23899호), "서러운 바겐세일"(중앙일보 98년 6월 2일 6면) 등등의 기사를 볼 수 있다 . 다시 말해 한국은 이제 외국자본들의 사냥감으로 이해되고 있는 중이다.

어떤 것이 되어야 할 것인가. 당시 말레이시아가 취한 대응 형태는 많은 시사점을 던져 준다. 물론 말레이시아의 위기 대응과 한국의 대응이 반드시 동일할 수는 없다.

그러나 국민적 합의와 동의 그리고 민족적 자존심의 회복은 혹 어떤 경제적 어려움보다도 선결적으로 해결해야 될 것이 아닐까 한다. 자립 경제의 필요성이 여기에 있다. 만일 선진 제국과의 바람직한 관계가 어렵다면, 제3세계나 후진 개발도상국들과의 교역을 통해서라도 자립할 수 있어야 한다. 그리고 내부적으로 돈을 돌려야 한다. 심리적 위축이 자본의 원활한 유통을 가로막고 있다. 국지적인 규모든 좀 더 확장된 규모에서의 사회적 유통이든 간에, 기본적으로 돈이 돌기만 한다면 실물 경제는 되살아나게 될 것이다.[102]

그럼에도 불구하고 위기 대응이 시작되고 난 후, 한국 사회에는 자기만 살아 남겠다고 하는 지극히 어리석고 단편적이며 근시안적인 시각과 행태들만이 이미 판친 바 있다. 위기의 최고 책임을 질 수밖에 없는 은행들의 행동 양식은 더욱 그러하였다. 집단 이기주의, 님비 현상의 극단화라고나 할까. 실로 책임져야 할 부문들이 책임보다는 기득권 수호 내지 자기 보신에 더욱 급급했던 것이다.

지금이라도 가진 자들이 풀어야 하고 내놓아야 한다고 생각된다. 그리하여 모두가 돌려야 하고 회복해야 한다. 이 같은 신뢰 회복의 첫 단추를 끼울 책임은 우선적으로 정부에 있다. 가진 자 중에서도 가장 많은 것을 가진 것은 바로 정부이기 때문이다. 따라서 현 정책의 잘못에 대한 책임은 현 정부가 질 수밖에 없다는 사실을 직시해야만 할 것이다.[103]

---

102 이것은 이 글이 제시할 수 있는 경제적 측면의 한 대처 방안이며, 결국 내부적 신뢰의 확보야말로 그 무엇보다 시급한 일이 아닐까 한다. 이 같은 측면에서 최장집은 사회적 협력주의의 제도화와 정치개혁에 따른 정치적 재정렬을 제안하고 있다.(최장집, 앞의 논문, 11-13쪽)
103 한국이 아닌 외국, 즉 영국의 파이낸셜 타임스는 다음과 같이 지적했다. "한국은 말만 무성하

원활한 유통은 일정한 부가 가치를 창출한다. 창출된 부가 가치는 새로운 도약의 근원으로 작용할 것이다. 하지만 궁극적으로 이러한 부가 가치의 창출은 결국 사회 구성원 개개인들의 경제 활동에 의지할 수밖에 없다. 따라서 해고 정리, 실업의 증가와 같은 양분 현상은 지금의 위기를 해결하는 데 아무런 도움이 되지 않는다. 어떠한 희생을 감수하고서라도 함께 가겠다는 각오와 그 실천이 있을 때, 비로소 장기적인 의미에서의 위기 극복과 회생을 기약할 수 있는 것이다.

돈을 빌렸다. 그리고 그것은 너무나 많은 액수가 되고 말았다. 그 결과 순간적으로 채무 불이행 상태에 빠지고 말았다. 이로 인하여 한국 정부의 경제 운영 능력에 대해 문제 삼은 것이 경제 위기의 성격이며, 긴급하게 국제통화기금의 자본을 다시 빌린 것이다. 하지만 채권·채무의 경우-이를 알았든 몰랐든 간에-이의 차관을 허용한 채권자들에게도 일정한 책임이 있음은 분명하다. 어차피 빌린 돈을 갚아야 할 것은 한국·한국인이다.

그런데, 이제 돈을 갚으면서도 멍청하다는 소리를 들을 필요는 없는 것이다. 그리고 한국은 이미 국제 사회에 돈을 갚을 의지와 능력이 함께 있음을 보여 준 바 있다. 그런데도 불구하고 지속적으로 고통과 어려움을 당하는 이유는 어디에 있는가. 여기에는 무언가 잘못된 판단들이 문제를 일으키고 있음에 틀림없다.

그것은 아마도 낭비라고 부를 만한, 전체를 보지 않는 개별과 집단의 자기 중심적 행동 양식에 기인하는 것이라 생각된다. 그럼으로써 민족 공동체의 원칙이 무너지고 있는 것이다. 한국 사회와 그 구성원들은 이 같은 문제점들을 분명히 인식할 필요가 있다.

고 실행이 없다.…예상보다 더 나쁜 상황을 개선하기 위해서는 한국 정부가 과감한 개혁정책과 함께 내부 문제를 바로 잡아야만 한다"(중앙일보 **98.5.29.** 24면)

동시에 한국인에겐 이제 자신감의 회복과 활력이 필요하다. 어려움 속에서도 함께 갈 수 있다는 조국, 아니 민족 공동체에 대한 믿음과 확신이 필요한 것이다.

사소한 어려움들을 확대 해석해서는 안 된다. 또한 이 같은 확대 해석의 의도 속에 감추어진 악의적인 책동들, 즉 반공동체적인 이익 집단들[104]의 자기 중심적 행동을 막아야만 한다. 그로써 총화 단결의 의지로 새로이 나라와 공동체를 세우겠다는 '멸사봉공'의 기본 자세를 갖추어야만 할 것이다. 이러한 사회 분위기의 수립이야말로, 국제 사회에서 새롭게 신뢰를 회복하고 오히려 새 시대를 앞서 나갈 수 있는 첫걸음이 될 것이라 믿기 때문이다.

개인도 마찬가지지만 사회 전체를 통해서 볼 때, 책임과 의무감의 상실은 실로 위태롭기 짝이 없다. 또 우리는 문제가 없는데, 저기 한 부분만 문제라는 식의 접근법으로서는 오히려 전체를 그르칠 위험이 있다.[105]

각개 격파된 부분들이 다시금 전체에 재편입되기 위해서 치러야 할 비용 또한 사회 전체의 몫임을 결코 잊어서는 안 될 것이다. 그러면 이 같은 총화와 만남의 기틀을 어디에서 찾을 것인가. 결국 그것은 한민족의 문화 의식과 공동체의 이념 속에서 찾을 수밖에 없는 것이 아닌가 생각한다.

2) 공동체 문화와 인간 회복

모든 존재는 반드시 사라지게 마련이다. 국가와 민족 그리고 인류마저

---

104 여기서 공동체란 보다 넓은 의미에서의 민족 공동체 전체를 의미하고, 반민족 공동체란 민족 공동체 내의 부분적 집단 사회를 말한다.

105 한국 사회 전체의 공동 대응은 외부의 압력에 대한 하나의 중요한 대응 수단이 될 수 있다. 적어도 전체는 부분의 합보다 크다. 따라서 내부의 일치된 목소리와 韓國民의 단합된 힘의 과시는 국가 신인도 향상에도 큰 보탬이 될 것이다. 이에 곽신환은 동양 사회에 있어 온 여러 공동체의 원리를 들면서, 이것이 "현대인이 당면한 위기 앞에서 반드시 재음미할 가치가 있는 것들"(정해창 편, 앞의 책, 245쪽)이라 하였다.

도 그 같은 진리에서 자유롭지는 않다. 인간과 인류 또한 언젠가는 사멸
한다. 그러나 이 같은 두려운 진실을 이겨내고자, 인간의 의지는 삶과 죽
음에 대한 새로운 이해와 그 투사投射로서의 실천을 통해 자신의 문제를
해결해 왔다. 마찬가지로 한국의 사회 위기 또한 그 같은 이해의 확장을
통해 해소할 수 있을 것이라 생각한다.

오늘의 인류 모두는 위기의 현실을 살고 있다. 이 같은 위기는 반드시
특정한 지역과 시간대에만 국한하지 않는다. 한국 사회 위기의 해소, 어
쩌면 이것은 21세기로의 진입 속에서 인류 사회의 미래적 불확실성에 대
한 한국적 해법이 될 수도 있을 것이다. 이 같은 측면에서 한민족의 역사
가 말해주는 위기 해법의 사회적·문화적 전통이 있음을 확인한다.[106]

그것은 결국 공동체를 통한 사람다움의 회복이다. 여기에 사회 윤리·
민족 갱생의 길이 있는 것이다. 하지만 근·현대에 이룬 약간의 경제적 성
공이 혹 이 문화적 가치 모두를 망각시켜 버린 것은 아닌지 참으로 우려
되고 있다. 곧 권력의·권력에 의한 사회, 자본의·자본에 의한 사회가 진
행되는 동안 – 한국인 모두는 그 같은 권력의 시녀·자본의 시녀가 되
어 –, 참으로 지켜야 할 사람다운 마음과 사람되는 길을 놓쳐 버린 것 같
다. 어렵고 힘든 시절을 지나면서 우선적으로 먹고 사는 것이 힘들다 보
니, 다만 먹고 사는 동물적 생존의 수준에만 관심을 쓰고 참으로 지녀야
할 사람다운 삶 인간적 실존의 계기를 잃어버린 것은 아닌가 한다.

사회 위기는 다만 어려운 경제의 위기만이 아니다. 진정한 위기는 이
렇게 잃어버린 자기 의식의 위기이다. 그것은 문화요, 인간 삶의 의식의
위기이다.

---

106 金勝東, 『한국철학사상』, 정문인쇄사; 부산, 1984, 서문.
　　拙著, 『仙과 혼』, 세종출판사; 부산, 1998, 38-42쪽.

한민족이 그 옛날부터 지켜 내려온 하나의 철학이며 한국적 삶의 정수로서의, 자기 자신 스스로의 주인된 정신의 위기인 것이다. 대한민국은 혈연과 지연에 의해 그리고 동일한 삶과 문화에 의해 지탱되고 이어져 내려온 '운명 공동체로서의 민족 사회'이다. 그래서 한국은 미국이 아니며, 단순한 사회 계약체나 이념체로서의 나라가 아니다. 이런 의미에서 미국식 자본주의나 시장 경제 원칙이 그대로 한국 사회 원리의 근본 이념으로 통용되어야 할지에 대해 심각하게 검토해 보아야 한다.[107]

한국 사회 운명 공동체적 원칙의 자랑은 어렵고 힘들어도 인간과 그 구성원을 포기하지 않는다는 데 있다. '나와 너'가 합일하여 '우리'가 된 한국 사회에서 나와 남을 가르고, 자본을 위해 인간을 포기한다는 따위의 발상은 있을 수 없는 일이며 있어서도 안 될 일이다.[108] 따라서 공동체 원리와 문화 이념을 따르는 한, 한국 자본주의와 시장 경제의 위기 극복의 해법은 언제나 'Human Capitalism'을 지향하는 것이어야 한다.

자본을 위해 인간을 포기하는 것이 아니라, 인간을 위해 자본이 사용될 수 있어야 하지 않겠는가. 그러므로 단순히 자본의 확대를 통한 위기 탈출의 양적 계량화보다는, 인간의 삶의 질 향상을 통한 위기 의식의 해소와 그 실천을 선택하는 것이 민족 사회의 미래를 위해 더욱 합당하리라고 본다. 이러한 방식은 결국 자본주의를 대체할 인간주의나 인격주의의 부활이라는 성격을 지니는 것이며, 이는 곧 새로운 인문학에로의 접근이 될 것이다.[109]

---

107 "오늘의 한국 사회가 겪는 경제 윤리의 타락성을 회복할 수 있는 길은 우리의 전통 윤리"(한국국민윤리학회 문집, 『道德性 回復과 倫理教育』, 범신사; 서울, 1991, 259쪽)

108 拙著, 앞의 책, 104-112쪽.

109 산업화·자본화의 위기를 환경위기로 보는 킨젤바하(R. K. Kinzelbach)는 "위기의 극복과 해결책은 인간의 내면 세계의 위기 해결 없이는 근원적으로 불가능하다. 왜냐 하면 위기는 인간이 만든 것이며, 이는 바로 인간의 위기"(영남철학회 편, 『철학논총』 제13집, 이문사; 대구, 1997, 371쪽)라고 하였다.

다시 말해 한국의 위기는 본질적 성격상 문화 위기에 오히려 상응하는 것이다. 곧 실물상의 문제라기보다 그 심리 상황에 균열이 발생한 측면이 더 크다. 어쩌면 인간의 위기란 결국 존재론적이기보다는 인식론적인 측면이 더 강할지도 모른다. 생각을 바꾸면 위기도 바뀌지 않을까.

그러면 현 상황에서 한국 사회가 취할 수 있는 위기의 해법은 무엇인가. 경제 위기는 한민족에게 변화를 요구하였다. 경제 위기를 국가·사회의 위기와 민족 자존의 위기에까지 연결시키지 않으려면, 우리는 지금 고뇌하고 씨름해야만 한다. 그리고 그것은 결국, 새로운 한국적 가치관의 성립과 실천으로 귀착되어야만 할 것이다. Asian Value·Korean Value가 시험 받고 있는 현금의 상황에서 한민족의 공동체 이념을 통하여, 산업·기술·정보·상업 자본 등 자본주의의 비인간적 요소를 제거하는 것은 어쩌면 인류사에 던져진 한민족의 운명일지도 모른다.[110]

그리고 이 같은 요소를 한국인의 역사와 문화 그리고 사상 속에서 확인할 수 있다는 사실은 참으로 다행한 일이다. 간단히 한국사의 기록에서 살펴보기만 해도 알 수 있는 것이 있다. 그것은, 숱한 국난의 경우 결국 이 모두를 극복해 낸 것은 못 배우고 버림받았던 이 나라 이 민족 민초들의 결집된 힘과 역량이었다는 사실이다. 기득권자들이 그들의 기득권과 개인 생명을 위해 민족과 공동체를 버릴 때, 그나마 가졌던 인간적 권리인 생존권과 생명권을 포기하면서 공동체를 위하여 스스로를 초개처럼 던진 사람들이 있다. 공동체의 이념과 민족의 기상은 의병과 독립군으로 대표되는 그들 힘의 원천이었던 것이다.

작금의 위기와 더불어 보여 준 또 다른 한민족의 저력이 있다. 나라 살

---

110 "전통 문화는 현재의 문명에 대해 문명 비판적 성격을 지니며 미래의 문명에 대해서는 나침반적인 역할을 할 수 있다(정해창 편, 앞의 책, 228쪽)" "우리에게는 인류 문명을 후천개벽시켜야 할 역사적 소명이 주어져 있다(김상일, 『카오스와 문명』, 동아출판사; 서울, 1995, 472쪽)"

리기 금 모으기 운동, 붉은 함성, 촛불 공동체 또한 그 한 예다. 이에 동참한 수백만 한국 민중들의 힘은 결코 적은 것이 아니다. 하지만 민족의 전체 역량이 발휘되는 이런 가운데서도, 이에 동참한 사회의 지도적 인사들이 그리 많지 않았다는 사실에 다시 한번 한국의 사회 위기에 대해 생각하고 이를 되새겨 본다.

한국 사회 속에서 공동체적 결속이 이루어지는 동안에도, 시장 논리를 따르는 많은 학자들과 외국 자본 및 지식인들은 이를 오히려 부정적으로 바라보기도 하였다. 그들은 심지어 동양적 가치관과 한국적 대응 방식의 문제점에 대해서까지 언급한 바 있다.

그 대략적인 이유는 이 같은 결속이 자본주의 방식 그리고 시장 원리에 따른 것이 아니라는 점 때문이다. 하지만 그들에게 말해주고 싶은 것은, 위기와 어려움은 결국 한국 사회 전체의 것이지 그들의 것이 아니라는 사실이다. 동시에 그들이 주장하는 것과 같이, 시장 원리에 의한 자본주의의 성공이 진정 인간의·인간에 의한·인간을 위한 인류의 성공이 될 수 있을 것인가에 대한 확증의 대목이다.[111]

어쩌면 그들이 관심을 기울이는 것과 한국 사회가 관심을 가져야 할 것은 서로 다른지도 모른다. 그리고 진정 그들이 한국 사회가 위기를 극복하고 다시금 재도약하는 것을 바라는지에 대해서도 진지한 검토와 반성이 필요하다. 최우방국인 미국이 한국의 위기에 대해 취해 온 방식들을 심각하게 검토·논의할 필요 또한 말할 것도 없다. 일본의 경제가 무너지다 일어서는 것, 한국의 경제 그리고 중국의 경제를 저울질하던 그들의 의도를 읽어야만 하는 것이다.

---

111 김영민은, "사람의 세상을 만들 것인가. 세상의 사람을 만들 것인가."라는 물음을 던지면서, "위기의 담론은 이제 급기야 자본의 논리에 편승하고 있고, 또 그 정도로 위기는 우리의 일상 속에 침투하고 있다." 하였다.(제9회 한국철학자 연합학술대회보, 『현대사회와 철학교육』, 부산대출판부, 1996, 68~70쪽)

하지만 시급한 것은 어떤 경우에도 한국 사회는 현재의 위기를 극복해야 한다는 엄숙한 사실이다. 그럼으로써 천만년 이어나갈 민족 사회의 기틀을 바로잡는 일만이 오직 우리의 사명임을 깨달아야 할 것이다. 민족 사회의 위기를 넘어서는 길 그리고 한국의 경제 위기와 같은 사회 위기의 경우 이에 대한 대응과 해법은 결국 사회 구성원 모두의 공동 책임이라는 공동체적 입장에 근거를 두어야만 한다. 그렇지 않으면 이를 해결하기가 대단히 어려울 것이기 때문이다.

내부적 분열과 소모적인 논쟁은 오히려 위험도만을 가중시킬 뿐이다. 나라 경제 살리기에 동참한 대다수 국민의 결집된 역량은 외국의 여러 나라와 민족들에게 크나큰 감명으로 받아들여졌음을 우리는 확인하고 있다. 하지만 이를 모방한 다른 나라에서는 결국 실패했다는 교훈 또한 만난다. 이것은 무엇을 말함인가. 이는 결국 국난 극복의 의지와 역량 결집을 통한 올바른 공동체적 대응만이 또 다시 닥쳐올지도 모를 위기에 대한 올바른 해법일 수 있다는 반증이 아닌가.[112]

공동체의 역량 결집을 위한 의식과 발상의 전환, 이것은 한민족 사회 특유의 위기 해법이라고 생각된다. 그것은 홍익인간의 이념 아래 누천년을 내려온 민족 사회의 문화 사상이기 때문이다. 공동체 이념의 합리적이고 현실적인 세계, 그것은 단일한 민족 공동체로서 삶과 역사를 이어온 한국 사상과 민족정신의 오래된 전통과 역사 속에서 발견된다. 동시에 이 같은 공동체 이념과 합리성의 전통은 한국 사상과 문화의 자생적이면서도 근원적인 의식 세계가 지녀온 최고의 가치였음을 또한 말해두고 싶다.[113]

---

112 최장집도 "지역과 계층간의 갈등과 분열을 극복하여 사회 통합을 이루어 시민 공동체를 건설"(앞의 논문, 1쪽)하는 것을 민족 사회의 역사적 과업이라 제언하고 있다.(註 27 참조)
113 拙著, 앞의 책, 311-313쪽.

우선적으로, 한국의 신화는 공동체 이념의 가족적 근원을 보여 준다. 또 사람 살리기와 사람 사랑의 문화 의식이 민족 본연의 정신임을 생생히 증언하고 있다. '홍익인간 재세이화'[114]로 대변되는 이러한 한국인의 운명 공동체적인 의식은, 한민족의 전통이 되어 그토록 오랫동안 한민족을 지키고 살려온 하나의 문화 사상임을 말하고 있는 것이다. 나와 네가 분리되어 나와 남이 되는 것이 아니라 언제나 우리로서 하나되는 원리, 우리와 우리가 만나 더 큰 우리로서 한울에 이르는 삶과 생활의 원리.

이로써 한겨레로 더불어 아픔을 이겨내었던 한민족의 국난 극복의 역사와 사례는, 한국 사회가 진정 필요로 하는 것이 무엇인지를 잘 보여 주고 있다. 실로 한국 사회 내지 민족자본이 지향할 것은 '홍익주의弘益主義' 내지 '홍익 자본弘益資本'이라고나 할 새로운 자본주의가 되어야 한다.[115]

이는 결국 인간을 위한 자본·인간을 위한 문명이라는 이념을 그 속에 담은 것이다. 또한 홍익의 확장성과 개방성이 의미하는 바와 같이, 이는 협동과 조화 위에서 자연과 인간의 환경 친화적인 요인까지도 함께 포함하는 것이다.

그럼에도 불구하고 이 같은 민족정신과 민족 문화의 본질적 요소인 한국의 정신을 한국의 근·현대화는 소홀히 해 왔다. 아니 오히려 이를 폐기 처분함과 동시에 그 방향을 비틀어, 서구식 실용과 편의주의의 물질적 가치관의 세계를 향하여 무작정 달려왔던 것이다. 현대화를 통한 무수한 가치관의 변형 속에서, 한국 사회는 지금까지 아무 반성도 없이 말 그대로의 서구화·물질화를 여과 없이 받아들이고 말았다.

그러면서 결국 새로운 민족 문화의 창출에는 실패하였던 것이다. 지금

---

[114] 양근석 편저, 『한국사상과 윤리』, 형설출판사; 대구, 1995, 107-119쪽; 150-157쪽.

[115] 인간이 살아 있는 한 새로운 이념은 언제나 필요하다. 시·공간과 그 환경이 바뀌기 때문이다. 이에 '인간을 위한 자본과 자본주의'라는 생각에서 우선 임의로 '弘益 資本主義'라는 말을 써 본다. 이는 아마도 'Human Capitalism'이라는 의미와 상응하는 것일 게다.

한국 사회는 서구화와 근대화 그리고 세계화(Globalization)·개방화와 시장
주의의 함정 속에서, 전통 문화와 신화적 근원에로의 관심과 같은 작업
들을 마치 국수·폐쇄의 전형인 것처럼 오인하고 있다.[116] 그리고 공동체
는 개별과 집단의 관계와 혼동 속에서 전체적인 의미의 조화와 합일의
세계를 만들 수 없는 상태에 빠져들고 있는 것이다.

위기의 해법은 결국 민족적 합의의 도출과 그에 따른 실천일 뿐이라고
생각된다. 문제는 어떻게 이를 행할 것인가 하는 점이다. 그렇다고 자본
주의적 시장 경제 논리와 물질적 가치를 앞세운 서구화 그리고 근대화,
또 개인주의적인 개별성의 원칙이 여기에 가장 적합한 것이라고 생각되
지는 않는다.

해법은 오히려 민족 공동체와 더불어 함께 살고 함께 죽는다는, 그로
써 모두가 한데 어우러지고 함께 가고자 하는 정신적 가치의 원칙이다.
이를 먼저 세워야만 한다. 그리고 이를 실천해야만 한다. 이를 위해 교육
과 문화는 무엇보다 먼저 나서야 한다.

교육의 위기는 실로 사회 위기의 본질적인 측면이라고 아니할 수 없
다. 바로 지금, 위기의 현실에서 돈과 자본을 위한 삶이 아니라, 진정으
로 생을 위한 삶의 가치를 회복해야만 한다. 이로써 보다 나은 사회 건설
의 초석을 삼아야 하는 것이다. 그리고 이것이야말로 진정한 위기 극복
의 길이 아닐까 한다.

---

116 인간과 물질의 이러한 전도된 양상은 인문학의 현실에서 찾을 수 있을 것이다. 서광선 교수는
고별 강연에서 다음과 같이 토로하고 있다. "인문학을 죽이고…대학은 살아 남지 못합니다.
대학을 해체하는 지식 사회는 자본주의와 상업주의로 전락하고 말 것입니다"(교수신문,
1996년 7월 16일).

5. 위기를 넘어, 희망으로

위기에 대해 한국의 문화 사상이 가질 해법과 역할에 대해 두서 없이 검토해 보았다. 경제와 맞물린 자본적인 생존 위기에 있어, 이는 아무런 해법이 못 될 수도 있다. 그러나 궁극적으로 인간 위기가 결국 존재의 위기라는 사실을 이해한다면, 이는 결코 간과되어서는 안 될 문제이기도 하다. 이제 '위기와 극복'이라는 사안에 대하여 개인적인 견해를 피력하면서 글을 마무리하고자 한다.

지금의 경제 위기는 대단히 힘들고 어렵다. 하지만 역으로 이는 잃어버린 자기 의식과 그 문화 세계를 재생시킬 수 있는 절호의 기회이기도 하다. 한국 사회가 경제 위기를 새로운 문화 세계의 재생 기회로 만들 수만 있다면, 이것은 위험이었다기보다는 오히려 기회로 기록될 것이다. 그리고 이 같은 재생의 기회는 결국 자본주의의 '비인간화에 대항하는 인간화', 실낙원失樂園의 인간 사회에 대한 복락원復樂園의 기회이다.

자본주의란 일종의 관념적 세계를 만든다. 그리고 관념 속에서 죽고 사는, 사이버 월드와 같은 추상의 세계를 지향하고 있다. 모든 것은 계량화·수량화된다. 이런 가운데 자본의 흐름은 부가 가치를 통하여 더 큰 자본의 세계를 창출한다. 하지만 단 한번의 실수로도 파국을 불러일으킬 수 있다. 따라서 그 흐름을 지켜보는 인간은 언제나 긴장할 수밖에 없다. 또 자본은 어느 정도 덩치를 키우고 나면 인간을 도구화하기 시작한다. 즉 자본주의의 심화와 시장 경제 그리고 경제 논리의 강화는 결국 인간을 자본의 노예로 전락시키는 길일 뿐이다. 쉴새 없이 작동하는 기계 같은 인간, 자본주의는 그런 인간을 선호한다.

그러나 인간은 오직 인간이다. 인간은 기계가 아니다. 하지만 자본은 그런 인간을 용서하지 않는다. 또 자본주의는 그런 인간을 무능한 것으로 치부해 버린다. 자본주의는 자본을 창출할 수 있는 존재만을 인정하기 때문이다. 그러나 이러한 자본의 횡포와 폭력은 반드시 종식되어야만 할 것이기도 하다.

바야흐로 지금 인류의 새 시대를 향한 밀레니엄적인 변혁은 물질 중심에서 인간 중심으로의 교체를 기대하고 있다. 정신의 상실이 아니라, 재생과 회복을 기대하는 것이다. 인간은 인간이 살아 있는 한 영원히 포기할 수 없는 그 무엇, 바로 자기 자신이다. 누구라도 그러하겠지만 개인적으로 더더욱, 대한민국, 이 조국이 아름다운 나라 그리고 자유와 평화와 화해와 애정을 나눌 수 있는 그런 나라가 되기를 간절히 바라고 있다. 약간의 물질적·경제적 어려움이 힘들게 할지라도, 사람과 사람이 만나고, 사람과 사람이 어우러져 살아가는, 진정 아름다운 나라가 되기를 바라는 것이다.

그러나 현실은 이와 전혀 다르다. 좁은 국토 속에서 서로가 서로를 못 미더워 하고, 오히려 서로에 대해 반감과 불신으로 하루하루를 보내고 있다. 물론 전혀 모르는 사람들 사이에, 처음부터 친친親親을 요구하기는 어렵다. 그러기에 이 같은 상호 이해와 '도움살이', '사람살이'에도 순서가 있고 방법이 있는 것이다. 이에 대해 한국의 사상과 문화 그리고 저 오래된 가족 신화·건국 신화·민간의 사상과 이념들은 말해주고 있다. 자신으로부터 출발하여 가족으로 그리고 사회·민족·국가·인류에로, 심지어 살아 있는 모든 것에까지 이를 홍익弘益의 이념과 그 조화造化의 길을 제시하고 있는 것이다.[117]

그럼에도 불구하고, 한국 사회는 스스로를 돌아볼 만큼의 여유가 없이

---

117 拙著, 앞의 책, 105-110쪽.

멍들고 피폐해져 가고 있다. 변화하는 현실 세계와 물질적 조건에 적응하기 위해, '빨리 빨리'와 서두름 그리고 조급함으로, 한국인의 의식과 현실은 지치고 병들어 있는 것이다. 하지만 제아무리 경제 위기를 극복한다 하더라도, 이 같은 의식의 개혁을 이루지 않고서는 결코 행복해지기 어렵다. 실로 진정한 위기의 극복에는 이를 수 없는 것이다. 병든 의식, 그 유래를 찾는다면, 그것은 아마도 근대성과 서구화의 함정에서 발견할 수 있을지도 모른다.[118]

한국의 근·현대화는 서구화였고, 서구의 현대는 그들의 근대성에 뿌리를 두고 있다. 한국은 현대화의 과정을 거치면서, 자신들의 전통적 가치관을 폐기 처분해 왔다. 그리하여 7, 80년대를 지나는 동안, 가족 공동체의 관념과 어우러져 살아가는 삶의 소중함 대신에 잘 살아보자는 편의성과 물질주의의 성공 신화를 추구하였고, 또 일등주의의 투쟁 상태를 조장하였다. 그런 가운데, 이제는 서로 돕고 도움 받기보다는 싸워 이기고 쟁취하며 군림하는 것이 미덕이 되어버린 사회 속에서 적대의 시간대를 살아가고 있다.

하지만 과연 이것이 한민족이 추구하였던 인간 사회의 진정한 모습, 문화의 비전이었던가에 대해, 이제 생각해 보아야 한다. 국가와 민족을 위하여, 이 민족의 천만년 대계를 위하여 이제 진실로 무엇을 하고 무엇을 하지 않을지를 또한 생각해야만 한다. 동시에 민족의 먼 미래를 위하여 지금 현재의 고통을 받아들이겠다는 각오와 그에 따른 실천에 나서야 할 때이기도 하다.

---

118 "근대화의 과정을 통과하면서 자본주의적 경제와 관료주의적 행정은 과학·기술의 영역을 특권화하고, 그 영역에 권력과 통제의 기능을 부여하였다. 그 결과 도구적 합리성이 생활세계의 전 영역을 침투하고 지배함으로써 의사소통적 합리성의 목적 합리적 일면화·왜곡화를 초래하였다(김기곤교수 퇴임기념논총, 『철학세계』 9집; 부산, 1998, 597쪽)."

   어차피 어려움을 자초한 것은 바로 우리들 자신이며, 위기는 존재의
속성에 근본적으로 내포되어 있다는 사실을 자각해야만 한다. 그럼으로
써, 인간을 위한 인간의 나라를 세울 것을 서원하고 실천하는 것이다.

   그리고 인간의 나라에는 더 이상 약육강식의 자본의 논리가 횡행하지
않아야 한다. 그것은 서로 돕고 도움 받는, 더불어 살아가는 그런 아름다
운 나라, 사람의 나라여야 하기 때문이다. 또 다시 닥쳐올지도 모를 새로
운 위기 역시 공동체의 합의와 슬기를 모아 새로운 사회, 새로운 문화를
개척할 때 비로소 해결될 수 있을 것이다. 그리고 그 어떤 현실적 위기라
도, 모든 위기는 본질적으로 마음에 있다고 생각한다. 아시아적 가치, 한
국적 가치는 끝나지 않았다. 다만 이제 새롭게 시작하고 있을 따름이다.

제8장 한국 문화! 그 미래학적 가능성
- 삶의 해답, 미래의 제시 : 신화의 사유 세계 -

1. 한국 문화의 일반 이해에 앞서

자신만을 생각한 삶의 가치, 여유도 없이 달려온 근대화·산업화, 그리고 이제 새로이 시작하려고 하는 정보·기술위주의 비인간적·탈자연적 시대로의 진입. 서구적 산업화를 통한 한국 근대화의 끝에서 21세기를 시작하는 지금, 우리는 이제 새로이 문화 전쟁이라는 용어에 익숙해져 가고 있다.[119] 그런데 새로운 희망과 기대의 이 순간에, 왜 이 같은 개념을 먼저 떠올려야 하는가? 아니 도대체 문화가 무엇이기에,[120] 전쟁이란 용

---

[119] 특히 이러한 문화 전쟁이란 용어는, 헌팅턴이 문명 충돌론을 보고한 이래로 각 지역과 민족들에 있어 새로운 21세기를 앞둔 지금 대단히 중요한 의미로 다가오고 있으며, 이는 선진국에로의 진입을 위한 한국 사회에 있어서도 시사하는 바가 크다 하겠다.(중앙일보, 97년 7월 20일, 문명의 충돌)

[120] 문화에 대해, Raymond Williams는 ① 지적, 정신적, 심미적인 계발의 일반적 과정, ② 한 인간이나 시대 또는 집단의 특정 생활 방식, ③ 지적인 작품이나 실천 행위, 특히 예술적인 활동을 일컫는 용어'(John Storey/박모 역, 『문화연구와 문화이론』, 현실문화연구; 서울,

어를 떠올려야만 하는가.

아마도 문화는 인류가 인간적 생존을 시작한 그 순간부터 자연과 더불어 시작했다 할 것이다. 그 속에서 각각의 민족은 자신들의 삶과 생존에 가장 필요로 하는 나름대로의 문화를 형성해 왔다. 그리고 흔적처럼 남겨진 다양한 문화 유산들은 오늘의 인간에게 하나의 향수와 같은 고향의 의미를 던져 주면서, 스스로의 정체를 찾아가는 길잡이 역할을 동시에 하고 있다. 이런 측면에서 문화 유산의 위대함과 숭고함은 단순히 그것이 그렇게 있는 모습으로서의 객관적·대상적 존재 의의, 즉 사적史的 의미에만 담겨져 있는 것은 아니다.

이의 가치는 언제나 그것이 그렇게 있도록 한 인간의 창조적 정신과 문화적 작업의 깊이, 즉 철학적 의미를 동시에 가진다. 사실 자연에 상대하고 대응한다는 자체적인 의미로서의 문화란, 근본적으로 물질적 가치 이전에 존재하는 인간의 정신 가치를 더욱 선행시키게 한다. 동시에 문화는 물질에 대한 인간 정신의 중요성을 요구하며, 변화하는 시공간에 대한 정신의 대응이라는 의미를 일정하게 가질 수밖에 없다.[121]

일체의 유물과 문화 작품은 세월이 가고 시대가 바뀌면 결국 언젠가는 사라질 것이다. 그러나 그 속에 깃들인 정신과 그 활달함의 소프트웨어적인 가치는 인간이 그것을 유지·발전·계승시키는 한에 있어, 인류의 종말이 오는 그날까지도 여전히 유효한 삶과 세계의 이해로서 작용하게 될지도 모른다. 이런 의미에서 한국 문화의 올바른 이해를 위한 일반적인

1994, 13쪽)라 하였고, 철학사전에는 "인간이 자연대로의 상태에 그치지 않고 노동에 의해 자연에 인공을 가하고, 자신도 자연 상태로부터 벗어나서 형성되어 온 물심양면의 전 成果"(윤명로 감수, 『철학사전』, 일신사; 서울, 1988)라 하고 있다. 곧 문화란 결국 자연에 상대한 개념으로써, 일체의 인공적 조작에 의한 그 무엇이라 할 수 있겠다.

121 문화가 일련의 지적이면서 정신적인 작업을 의미한다는 것은, 문화에 대한 거의 모든 개념적 정의를 통해서도 우선적으로 확인할 수 있는 바이다.(前註 참조)

시도로 빼놓을 수 없는 것이 있다. 그것은 바로 한국의 문화 유산 속에 담겨진 근본 정신과 의식 세계에 관한 철학적 탐구와 정신적 이해의 부문이다.

다시 말해 오늘 한국의 문화와 한국학의 세계를 논하면서 참되게 알려져야 할 것은, 그것이 지닌 정신적 깊이와 삶의 가치 그리고 생활의 지혜와 철학에 관한 것이라 생각되는 것이다. 이들은 과연 무엇이며, 또 어떠한가. 동시에 우리는 한국의 문화 유물과 연관하여 한국 정신의 유산을 무엇으로 설명하고 이해할 수 있을까.

어쩌면 오늘 한국 문화를 이해하는 경우, 그 태반은 한국 불교 문화와 불교 예술의 세계, 그렇지 않으면 경敬과 성誠으로 논의된 엄숙함과 장려함의 유교적 제례 문화, 이런 이해 범주, 즉 문화적 패러다임을 넘어서지 못하고 있는 것은 아닐까 한다. 그러나 만일 이로부터 한국 문화의 정신적 특징과 그 가치를 설명하라 한다면, 어떤 이해가 가능할까.

이 같은 이해, 즉 불교의 옷·유교의 외투를 걸치고 한국 문화를 해석하고 설명하는 한, 이것은 어차피 외래적인 불교와 유교의 한국적 변형이라는 사상적 토대를 지닐 수밖에 없다고 본다. 다시 말해 한국 문화 전체가 아니라, 한국 불교·한국 유교 문화라는 형태를 넘어설 수 없다는 것이다. 그리고 이 같은 상황 속에서 한국의 문화와 예술을 말할 때, 언제나 반만년 역사를 외치면서도, 실제로는 고작해야 이 천년 정도의 삼국 시대라는 역사 상한선을 넘어서지 못하는 동강난 편린을 지니게 된다.

어쩌면 이 점은 한국의 문화와 예술에 대한 비평과 감상을 언제나 하드웨어적인 자료에만 의존하고, 동시에 민족 문화의 유산이라고 일컫는 수많은 유물과 자료의 9할 이상이 대개 불교 문화와 유교의 흔적으로 채워져 있는 현실적인 이유 때문이기도 할 것이다. 따라서 현 상황의 한국 문화에 대한 일반적이고도 보편적인 이해, 그것은 아마 한국 문화의 본질 그 자체보다도, 다만 이에 새겨진 불교와 유교의 강력한 정신적 영향력에 관한 것이 더 주가 되어 있는지도 모른다. 하지만 한국 문화의 본령이 결코 이에 그친다고 생각하진 않는다.

곧 한국 문화는 결코 유·불의 영역에만 머무르는 것은 아니다. 동시에 현재 한국의 문화 상황이 비록 그렇게 알려지고 있다 하더라도 불교와 유교의 그것을 넘어서 있는, 아니 그 밑바닥에 깔린 참된 한국 문화의 특징과 성격은 달리 있다. 필자는 한국 문화 전체의 저변, 즉 그 심저心底 혹은 중심에 깔려 있는 본질적 정신에 대해, 이것은 반드시 제대로 밝혀져야만 할 중대한 문제라고 늘 생각해 오고 있다.

바야흐로 문화와 기술·정보라는 일련의 소프트웨어적인 부가 가치의 시대가 인류 사회의 미래에 준비되고 있다. 그리고 이를 예비하는 각 민족과 국가의 발걸음 또한 빨라지는 실정이다. 그런데 이에 따른 오늘 한국 사회의 문화적 준비는 어떤 수준에 이르러 있는가. 과학·기술에 보조를 맞춘 물질·문명적 변환의 과제 수행, 이것만으로 21세기 문화 전쟁에 대한 준비가 끝났다고 할 수 있을까.

인간 문화라는 개념과 더불어 생각해 볼 때, 일련의 문화 미래학적 접근은 궁극적으로는 인간의 행복이라는 명제와 맞물려 있다고 여겨진다. 이 경우 과학·기술의 진보와 함께 하는 행복이란, 본질적으로 그에 상응하는 인문·예술의 성과와 불가분의 관계에 있는 것이 아닐까 한다. 그렇다면 한국 사회의 21세기적인 성공 또한, 결국 한국인의 행복 지수와 밀접한 관련을 가질 수밖에 없을 것이다.

그러나 소외와 단절을 수반하면서 탈인간화하고 있는 오늘의 인간 현실 그리고 환경과 인간의 상호 부조화라는 현대의 제반 사회문제는 실질적으로 인간의 행복을 무조건적으로 보장해 주지 않는다. 그렇다고 이대로 맥놓고 주저앉아 있을 수도 없는 것이 인간의 현실이다. 한국 사회 또한 이러한 문제들로부터 자유롭지 못하다.

이 경우 '한국의 문화와 사상'은 어떠한 의미를 지닐 수 있을까. 또 행복을 향한 한국인의 실질적인 대안으로서의 가능성을 가질 수는 있을 것인가. 이 글은 이러한 문제의식에 입각하여 한국인의 행복감이 일차적으로 어디에 귀착하고 있는가에 대해 그 문화와 사상에 관한 분석과 이해를 통하여 살펴보고자 한다.

한국 사회의 현상적인 다양한 문화 형태 속에는 근원적인 의식의 제 양상이 동시적으로 담겨 있다고 생각된다. 곧 한국 문화 현상의 핵심에는 한국인의 본질에 가장 가까운 정신 철학의 세계가 들어 있을 것이다. 따라서 보다 본질적으로는 한국인의 정신세계, 곧 그 사유와 실천의 철학적 근원성에 접근할 것을 기대하고 있다.

이를 위하여 글은 한국 사상의 시원적 가능성으로서의 철학에 앞선 신화 시기, 특히 그 근본 사유에 관하여 우선 집중해 본다. 즉 고대적이면서도 현재적인 그리고 민족의 집단 무의식적인 세계를 담고 있다 여겨지는 신화[122]를 통하여 한국 문화의 근원적 성격을 규명하고, 그 철학 사상과 세계 이해에 관한 가능한 파악에 이르기를 기대하는 것이다.

이에 문화에 관한 일반적인 이해를 토대로 한국 문화의 성격과 특질을 살펴보며, 이의 기반으로 작용하고 있는 신화의 사유에 관한 개략적인 분석을 더해 보고자 한다. 이로써, 한국 문화의 미래학적 과제와 한국인의 실천적 삶을 위한 대안으로서의 여러 정신적 가치들에 관하여 천착해 보고자 한다.

---

122 김광일, 『한국전통문화의 정신분석』, 교문사; 서울, 1991, 30-32쪽.

2. 한국 문화의 양상과 성격

한국 문화의 기본 형태 내지 한국적이란 의미에서의 일반적인 문화 현상들을 든다면 어떤 것을 말할 수 있을까?

여러 가지가 있겠지만, 대개 다음과 같은 것을 들 수 있을 것이다. 한국의 정원, 통 저민 한복, 배추 절인 김치, 흙벽에 초가집, 개울의 돌다리, 산에서 난 나물과 된장, 고추장, 이렇게 어우러진 그대로의 산채 비빔밥, 게다가 저 멀리 산의 능선과 아스라이 하나 된 한국 조형 예술의 여러 형태와 여백의 미학, 민중과 어우러진 마당극과 국악의 무정형 그리고 막간의 여유로움 등등.[123]

그러면 이러한 것들이 의미하는 바의 예술성과 그 안에 함축한 문화적 의미 그리고 그 기반의 사상성으로서의 성격들이란 과연 어떤 것일까. 이 같은 의문에 대한 탐색에 앞서 우선적으로 느껴지는 것은, 한국 문화는 어쩌면 가장 동양적 의미에 충실하면서 그들 자신의 삶과 세계를 이해해 온 그 무엇이 아닐까 하는 점이다. 이 경우, 한국 문화를 가꾸어 온 한국의, 아니 한국인의 자기 모습은 그대로 자연과 나의 합일 그 자체로서 하나의 문화 양상을 형성해 온 것으로 생각된다. 한국 문화 속에서 발견되는 그것은 결코 개발과 변혁 그리고 인공미로서의 모습이 아니기 때문이다.

한국 문화는 조화와 순응이라는 어울림의 세계를 도처에서 드러내고 있다. 집을 짓고, 탑을 세우고, 다리를 놓아도, 옷 하나를 지어 입고, 음식

---

123 한국 문화의 대표로서는 사실 예시된 것 외에도 다종다양한 예들을 언급할 수 있을 것이다. 다만 여기서는 편의상 그 전형적인 것들로 생각되는 것들을 간략히 추려본 것임을 밝혀 둔다.(박용숙, 『한국의 미학사상』, 일월서각; 서울, 1991 참조)

을 만든다 해도, 한국의 전통 문화형에는 자연을 개조하고 파괴한다는 의식과 작업은 존재하지 않는다. 이 같은 문화 양식은 그대로 자연을 어버이로 외경하고 따르며, 거기에 순응해 온 동양적 사유의 표상과도 같다.[124] 이것이 한국 문화 정신이 보여 주는 기본적인 자연관·세계관으로 우선 느껴지는 것이다.

대개 동양의 예술적 창작은 주로 인간 삶의 일상적 부분과 자연과의 상호 연관에 집중하여 구성되고 있음이 눈에 뜨인다. 곧 자기와 불상·산수화 등이 그것이다. 동시에 동양의 자연주의는 그대로 인간이 터전하고 있는 생활 세계의 자기 이해라는 특징적인 성격을 드러내 왔다. 화려함보다는 수수함, 격렬함보다는 부드러움 그리고 동적이기보다는 정적인 자기 세계 속에서 동양의 예술은 하나의 시·공간을 점유하고 있는 것이다. 이로부터 여백의 미학, 관조의 예술혼, 침잠의 세계 의식 등이 그 예술적 창작품과 더불어 발견되고 있다.

다만 여기에 덧붙여 이러한 동양적 예술혼의 세계 속에서도 한국적 미학의 세계는 한층 강화된 합일의 형태로 나타나고 있다는 사실을 굳이 지적해 둔다. 곧 드러나지 않는 감춤의 미적 이해와 그 종심終心에 자리잡고 있는 포용과 관유의 지극함 등이 있는 것이다. 그래서 한국의 예술 세계는 진정한 동양적 예술 세계의 대표로서도 하등 손색이 없을 것이라 여겨진다.

일일이 언급하지 않더라도, 이러한 예들은 한국인이라면 누구나 한두 개 이상의 이해를 가지는 것임을 또한 확인할 수 있다. 판소리와 국악 등

---

[124] 여기서의 동양적 자연관이란 일종의 '天父地母'의 관념과 함께, 서구의 해양문화적인 투쟁성에 대비된 동양의 대륙문화적인 순응성의 세계에 관한 것이다. 그리고 조지훈은 다음과 같이 언급하고 있다. "생활 문화로서 북방 문화, 지성 문화로서 중국 문화, 종교 문화로서 인도 문화, 예술 문화로서 서구 문화가 혼융된 것이 이 한국의 문화이다(조지훈, 『한국 문화사서설』 (탐구신서 3), 나남출판; 서울, 1989, 44쪽)."

에 담겨진 시간적 여백, 즉 정지와 침묵의 음악, 수묵화에 짙게 배인 공간
적 여백의 감춤, 무영탑에 스며 있는 단순미와 정갈함, 자연과 동화되어
고요히 자리잡은 사찰의 아침 등.

한국 문화에 스며든 동양적 예술 세계의 경지는 다른 나라의 예술들이
모방하기 힘든 독특한 형식과 내용, 곧 시·공간에 대한 이해를 지니고 있
다. 한국 문화의 일반 양상은 대규모의 역사役事를 통한 중국적인 자연 개
조의 형태를 원치 않고 있으며, 일본식의 소규모적인 조작을 통한 문명성
과 문식文飾을 감행하는 것도 아니다. 한국 문화의 밑바닥에는 '최소한도
의 인위성을 통한 자연에의 동화同化'라는 하나의 주제가 드러나고 있을
뿐이다. 이로부터 한국 문화의 제 양상 속에는 동양 자연 사상의 주된 흐
름에서 볼 수 있는 커다란 조화와 합일의 의미가 충실히 반영되어 있음
을 확인한다.[125]

그렇다면 한국 문화와 예술 세계의 철학적 기반 내지 그 근본 사유로
서 이해될 수 있는 정신 내용과 형식은 과연 어떤 것일까. 이 문제는 어
쩌면 동양 미학의 근본 이해와 연관한 한국 미학의 특수성, 그리고 그 문
화형 속에 감추어진 한국인의 의식과 정신세계에 관한 철학적 의문, 즉
존재·인식론과 동일한 것이 될지도 모른다. 아니면 다른 의미로, 이는 한
국적인 '세계 이해의 가치 기준'이라는 하나의 틀', 즉 세계관의 패러다임
이 될 것이다.

다종다양한 한국 문화의 여러 형태를 통괄하는 하나의 의식 세계, 그

125 박정진은 이러한 특징에 대해, "서구의 경우 하늘과 땅을 대립적으로, 동양의 경우 하늘과 땅
을 상호보완적으로 보는 것"이라 하고, 한국의 예술은 "자연스럽게 우주 전체와 하나가 되는
경지, 자연에 순응하면서 초월하는 의식이 깔려 있다"(박정진, 『한국 문화 심정문화』, 미래문
화사; 서울, 1990, 40-47쪽)."라 하였으며, 유승국은 "한국 사상의 원형은 본질적으로 인간
속에 건곤의 요소가 중화를 이루어 성숙한 인간을 지향하는 것이 그 특질"(유승국, 『한국사상
과 현대』, 동방학술연구원; 서울, 1988, 自序)이라 밝히고 있다.

리고 그 흐름이 있는가를 확인하는 작업은 문화학적 의미에서 중요한 의의를 가진다. 또 만일 이와 같은 것이 있다면 그것은 무엇이며, 다시금 이러한 의식 내지 사상 현상이 오늘 철학 상실의 시대라고 하는 현대에 던져 줄 의미는 무엇인가 등등을 밝혀 보는 작업이야말로 한국 인문학의 입장에서 결코 소홀히 할 수 없다고 생각된다.

다만 한국의 문화형이 갖는 일반 성격과 특징 그리고 한국 문화의 제 특성이 지니는 철학적 의의라는 의문들의 해결에 앞서, 우선적으로 문화의 개념에 대한 이해를 해 둘 필요가 있다. 동시에 문화 교육학적 입장에서 한국 문화가 지닌 조작적 성격은 어떠한가에 대해서도 일별해 볼 필요가 있을 것이다.

한국 문화의 기본 특징은 우선 민족 문화라는 측면에서 이해된다. 이는 한국 문화가 결국 한민족이란 단일한 족속에 의해 창조·계승·유지·발전되었음을 의미하는 것이다. 그런데 사회학적인 민족 개념과는 달리, 문화학적으로 어떤 하나의 민족이 성립된다는 것은 그들이 지니는 문화 상징의 동일성과 동질성 그리고 이로부터 파생하는 일련의 단일한 민족의식과 공동체적 각성을 통하여 이루어짐을 말한다.[126]

따라서 민족이란 단순히 생물학적이면서 유전적 요소를 같이 지니는 인종이나 씨족 같은 분류와는 다르다. 다시 말해 피부색·얼굴 모양·체형과 체질이 달라도 그들이 하나의 동일하고도 동질적인 문화 상징 아래서 같은 민족의식을 공유한다면, 그들은 하나의 단일 민족으로 형성될 준비를 갖추었다고 볼 수 있다. 그러나 아무리 유전적·생물학적 단일 요소를 갖고 있어도 그들의 문화와 의식이 서로 간에 공유되는 것이 아니라면,

---

126 "민족은 기본적으로 문화적 특징을 바탕으로 설정된 범주이다. 또한 민족이라는 관념 자체가 문화의 소산"(『브리태니커 세계대백과사전』).

이를 동일한 하나의 민족으로 보기는 어렵다.

사회적 동물로서의 인간은 주관과 객관 그리고 피아彼我를 나눔에 있어 단순히 핏줄이라는 생물학적 요인보다 오히려 현실적인 생존과 연관한 문화·사회학적인 요인에 더욱 치중하게 된다. 그래서 단순히 혈연적 민족을 논하기 이전에 우리는 곧잘 공동 운명체라는 개념을 사용하는 것이다. 이때 그들을 하나로 묶는 중요한 구분 근거가 되는 것은 그들이 동일하거나 상호 교류되는 일련의 '문화 상징'[127]을 공유하느냐 안 하느냐의 문제이다.

그리고 이런 양상 속에서 하나의 민족 심성을 논하기도 한다. 바로 이같은 민족적 동질성과 문화적 단일성의 의미에서, 한국 문화는 단일한 민족에 의한 유구한 역사를 지닌 민족 문화의 특징을 가진다고 말하는 것이다. 따라서 민족 문화의 경우, 빼놓을 수 없는 중요한 의미를 지니는 것은 동일한 문화 상징과 문화 유산의 향유라는 측면이다.

또 하나 역사적 현실 속에서 이해할 수 있는 문화의 역할로, 공동체와 그 구성원을 위한 교육적 입장에서의 조작적 작업이라는 부분을 생략할 수 없다.[128]

문화 조작이란 근본적으로 하나의 문화·사회적 체계의 확보 필요에 의해 요청되는 작업이다. 이를 통해 각 민족은 나름대로의 문화 상징을 확보하고, 이로부터 하나의 공동체적 동질성, 즉 이념과 이익의 일체성을 갖게 된다. 그리고 이것은 서구의 사회학자들이 말해 온 바와 같은 이익

---

127 상징이란 주로 예술 분야에서 사용되는 인지 수단의 하나이다. 특히 언어(logo)에 상대되는 의사 전달의 한 요소이며, 기호와 상징 사이에는 뚜렷한 차이를 둔다. 이 경우 한국 문화를 상징중심주의(symbol-centrism)의 문화로 규정하고, 그 올바른 파악을 위한 수단으로서 예술 인류학적 입장에서 상징을 제시하고 있음을 볼 수 있다(박정진, 앞의 책, 16-22쪽).
128 여기서 문화 조작이란 개념은 교육학적 입장에서의 전승, 창조, 전수의 과정을 종합적으로 지칭하는 것으로, 특히 문화의 인위적 작용력에 관해 집중해 보았다.

사회와 공동 사회, 즉 gesellschaft와 gemeinschaft의 이중적 결합으로 존속해 온 것이 통례이다.

다시 말해 새로 탄생한 사회 구성원에 대해, 사회는 그들의 공동체적 이념과 입장에 맞는 문화를 교육시킨다. 이와 동시에 신참자에게는 그들의 문화로부터 자신의 존재를 지키고 유지·발전시킬 수 있는 수단과 방법이 제공되며, 또한 그에 따른 책임과 의무가 함께 부가되는 것이다. 이것은 사회적 구성원으로서의 인간이 자신의 존재에 따른 문화 사회학적인 다양한 훈련을 받게 된다는 사실을 나타내며, 이 경우 신참자에게는 항상 일련의 권리와 의무가 이중적으로 부가됨을 의미한다.

그러나 이런 와중에도 개별적 인간은 항상 자신이 속한 공동체의 문화와 사회적 규범에 대해, 그 자신의 이익을 먼저 앞세울 수도 있는 자연권을 부여받고 있다. 그리하여 이러한 요구와 대응이 상호 적절한 균형과 조화를 이루지 못할 때, 그는 스스로의 결단에 의해 자기가 속한 공동체의 일원이 되기를 포기할 수도 있는 것이다. 하지만 이 같은 행위에는 대단히 어렵고도 힘든 실존적 자각이 수반되어야 함은 새삼 재론할 필요가 없다.[129]

결국 이익과 공동이라는 이중적 사회관계는 하나의 공동체가 자기 존립의 현실적 목표를 위하여 매진하는 중에 필연적으로 파생시키는 존재 형태의 표리로써, 이것은 대개의 국가 사회가 보여 주는 기본 형태라고도 할 수 있다. 이 같은 국가 사회의 양상은 그것이 비록 다민족 연합에 의한 형태라고 할지라도, 현실적으로는 대단히 강력한 구속력과 결합력을 가지게 된다.

그러나 이러한 다민족 국가가 지닌 사회 형태의 기본적 특징은 공동체

---

[129] 강대석, 『현대철학의 이해』, 한길사; 서울, 1991, 186-189쪽.

적 유대감의 강화보다는, 존립 이익의 상호 공유라는 측면이 훨씬 강한 상태로 존재한다. 따라서 여기에 이익사회로서의 공동체적 특성이 감소하게 될 때, 이들은 필연적으로 구성원 상호간에 있어서의 결속력 약화라는 근본적인 약점을 지닐 수밖에 없다. 그럼에도 불구하고 이와 같은 이중성의 결합은, 특히 허다한 민족들의 상호 만남을 중심으로 형성된 유럽과 미주 등 다민족 국가의 경우에는 불가피한 선택일 수밖에 없다.

그러므로 이들 국가의 일차적인 경영 목표는 자신의 구성원들에 대한 사회적 '이익의 극대화'에 있게 된다. 이것은 종래에는, 그들 자체의 구성원을 위한 배타적 자국 문화 중심주의로서의 패권주의와 제국주의적 경향으로 나가지 않을 수 없게 만든다. 곧 문화는 제국주의의 경향성을 설명해 주는 하나의 요인으로 작용하기도 하는 것이다. 이들 다민족 국가는 혈연이라는 자연적 구조에 기초한 강력한 결속력의 민족 국가들이 지향하는 경향성과는 다를 수밖에 없다.

이와 같은 형태는 동양에 있어 중국이 역사적으로 취해 온 바의, 중화 중심주의와도 그 맥락을 같이하는 것이다. 동시에 근·현대에 등장한 대다수 서구의 국가 또한, 비록 그들이 대외적으로는 공동과 개방으로서의 국가 공동체를 표방한다 하더라도, 근본적으로는 이익의 창출과 분배를 위주로 하는 이익사회로서의 국가주의적인 특징을 더욱 많이 가질 수밖에 없음을 알려 주는 것이기도 하다.

하지만 문화 교육이란 측면에서 보면, 단일 민족에 의한 단일 국가라는 민족 국가의 경우에는 위에 언급한 것과 같은 자국 중심의 배타적 문화 조작을 굳이 감행할 이유가 없다고 여겨진다. 우선 하나의 단일 민족 국가는 다른 민족들과 결합하여 그 내부적 결속력을 스스로 약화시킬 하등의 이유가 없다. 또 다른 민족과 상대하고 어울림에 있어서도 굳이 자민족의 문화만을 고집해야 할 실질적인 이유도 존재하지 않는다. 왜냐하면 국제 사회 속에서의 고립을 스스로 자초할 필요가 없으며, 타민족과의 합병을 통한 문화적 복잡성을 추구할 이유가 없기 때문이다.

이것과 저것의 문화라는 것은 항상 서로 대등한 관계에 있어 지역과 시간에 따라 가치 양상을 달리하기 때문이다. 사실 문화상대주의에 의하면, 문화 그 자체로 좋다 혹은 나쁘다라고 하는 것은 본질적이기보다는 부차적이다. 아니 문화 가치 자체가 지역과 공간의 상대성 속에서 등가等價적 상태로 자리잡고 있다고 보는 것이 옳을 것이다. 이런 의미에서 단일 민족 단위의 국가는 그 구성원들에 대한 문화 조작에 있어서도, 이를 국가 통치 내지 국가 경영의 차원에서 억지로 시행해야만 할 필연적인 이유를 갖지 못한다. 왜냐하면 가족과 사회의 연계성 속에서 이들은 자연스럽게 그들 혈연의 가까움을 의식하게 되며, 동시에 자기 관계성, 즉 아버지에서 할아버지로 소급되거나 역으로 아들에서 손자로 이어지는 동질성의 이해를 가지기 때문이다.

바로 이것이 하나의 단일 민족에 의해 구성된 국가의 기본적인 문화사회학적 특징이다. 그리고 이는 한국 민족 문화가 갖는 특성에서 나타나는 일차적인 성격이 되고 있기도 하다.

그러면 이러한 성격이 갖는 의의는 무엇일까. 그것은 곳곳에 존재하는 권력[130]이라는 현대 철학의 새로운 이해 속에서, 국가가 지니는 권력은 어차피 그들 구성원에 의한 양여로 형성될 수밖에 없다는 데서 찾을 수 있을 것이다.

개개인의 권력의 중심과 힘은 결국 그 자신이 스스로를 이해하는 하나의 축으로부터 파생된다.[131] 그리고 개개인의 사회적 결합을 유도하는 거

130 마단 사럽 외/임헌규 편역, 『데리다와 푸꼬, 그리고 포스트모더니즘』, 인간사랑: 서울, 1995, 77-82쪽.
131 앞의 책, 82쪽.

대 권력의 등장과 이를 위한 일련의 문화 조작은 여전히 일정한 틀과 시스템에 의존하지 않을 수 없다. 즉 아무리 거대한 권력이라 할지라도 그 권력의 측근에 존재하는 개개인의 권력 이양이 없다면 그것은 존재할 수 없다. 이런 측면에서 필요에 의한 권력의 양여란 곧 구성원 개개인의 이익과 그 존재 이해에 전적으로 매달릴 수밖에 없는 약한 것이기도 하다. 따라서 이익의 창출과 분배에 실패할 경우의 권력이란 지극히 위태롭다.[132]

이로써 미래학적 견지에서 볼 때, 이익사회의 미래는 언제나 제한적이고 한계적일 수밖에 없으리라는 것을 짐작할 수 있다. 즉 이익이 사라지면 사회도 사라진다. 그러나 근본적으로 자연적 원인, 즉 혈연과 지연을 토대로 한 공동체의 권력은 이익 집단적 성격을 일정하게 넘어서 있는 관계로, 이는 보다 강하다. 다만 이 경우 가장 큰 문제는, 운명 공동체 그 자체의 문화 전승과 이해가 얼마나 외부적이거나 강압적인 조작 없이 있는 그대로 수행될 수 있는가 하는 측면이다.

사이버 스페이스나 국가 권력을 뛰어넘는 다국적 기업의 출현은 이미 현실이 되고 있다. 하지만 사회의 분화와 사이버(cyber)적인 변형으로서의 미래 사회에도 결국 인간은 언제나 3차원적 현실에 몸담고 있다. 따라서 진정한 인간 생生의 존재와 그 의미 그리고 행복 역시 다른 어떤 시간이나 공간에 있는 것이 아니라, 바로 지금 여기라는 현실에 있음을 기억해야 한다. 그리하여 바로 지금 여기에서 그 자신에 의한 문화 추상의 작업이 진행되고 스스로 생의 의의와 세계 이해가 주어질 때, 그는 진정한 문화 실존의 세계 위에 서 있게 될 것이다.

다시 말해 인간은 끊임없이 문화적 추상 작업에 의해 자신의 존재 이

---

132 앞의 책, 88쪽. "사실 국가는 가족, 친족, 지식 등과 같이 이미 있어 왔던 권력망을 토대로 해서만 기능할 수 있다."

해를 조작하고 또 조작 당하면서, 스스로의 정체성(identity)을 확보해 가게
된다. 이러한 과정 속에서 인간은 스스로의 정체성을 자기가 몸담고 있
는 세계로서의 사회나 조직을 전체로서 파악하고, 이에 맞서 있는 자신의
존재를 하나의 개체로서 부분으로 파악하게 된다.

그리고 이러한 과정을 통하여 이탈과 더불어 하나의 홀로버스holoverse
적인 원리와 자연적 질서를 따라 동일시와 전일성의 과정을 동시적으로
겪는 것이다.

하지만 이 경우 자신이 몸담고 있는 전체 사회에 대한 개념 이해는, 사
회적 존재로서의 인간이 최초이면서 궁극적으로 파악해야만 할 성질의
것임에도 불구하고, 개별적 인간들이 그 전체를 명확히 파악하기는 쉽지
않다. 대개 이와 같은 경우 결국에는 자신이 속해 있는 사회 구조의 일면
적 세계를 최종적인 전체로 오해하기 쉽다.[133]

더불어 하나의 인간을 목적으로서가 아니라 수단으로 대우하고자 하
는 수많은 사회적 존재자들이 있다. 그들은 올바른 목적으로서가 아닌
왜곡된 형태로, 그들의 동료인 개별자, 즉 개인에 대해 잘못되고도 억압
적인 문화의 전승과 조작을 감행한다. 즉 본질적이고도 필연적인 원리
이해와 그 과정을 통한 것이 아니라, 다만 하나의 합목적적이거나 합이익
적인 사회적 이유를 등에 업은 채로 개인에 대한 폭력적인 문화 조작의
작업을 감행하는 것이다.

이러한 작업의 이유는 간단하다. 그것은 이들 조작을 감행하는 조작원
이 그 사회 속에서 누릴 권력의 확대·유지·전승을 위해서이다. 이것은
소규모적인 가정으로부터 거대 집단으로서의 국가 조직에까지 동일한
양상을 드러낸다. 다만 이러한 문화 추상과 조작이 이루어지는 방식을 살

---

133 M. Heidegger/전양범 역, 『존재와 시간』, 시간과 공간사; 서울, 1989, 제1부 제1편 제3장.

펴보면, 여기에도 서로 다른 양상들이 드러나는 것을 알 수 있다.

우선 가정의 경우, 적어도 그들 구성원에 대해 문화 조작을 가하는 조작원 자신이 반드시 자신만을 위하여 이러한 문화 조작을 감행하는 경우는 드물다. 다시 말해 가정의 경우에는 누군가 그 문화 조작을 감행한다 하여도 거기에는 필연적으로 애정, 즉 사랑함이란 명제가 붙어 있다.[134] 즉 조작원 자신이 조작되는 구성원에 대해 사랑함의 명제를 지닌 채 그 작업에 뛰어들고 있다. 물론 이 경우에도 그 애정의 형태가 왜곡된 것인가, 그렇지 않은가의 문제는 여전히 남는다. 그러나 그것이 왜곡된 것이든 그렇지 않은 것이든, 여기에는 어떠한 형태로도 하나의 애정이라 부를 조작이 행해지게 된다. 곧 '사랑하므로 조작한다'라고 말할 수 있는 상태가 펼쳐지는 것이다.

따라서 가정의 문화 조작과 전승의 형태는 거대한 국가나 사회 조직의 차원에서 이루어지는 일반적인 양상의 '애정 없는 문화 조작'과는 상당한 거리가 있다.

결국 문화에 있어 그 전승과 추상이라는 조작적 작업은 인간이 살아가는 곳이라면 어디든 존재한다고 할 것인데, 이 경우 그 양상은 '애정의 조작'과 '몰애정의 조작'이라는 두 가지 형태를 띠는 것이다. 동시에 이러한 형태의 차이만큼 그 속에 포함되는 내용 또한 크나큰 차이를 지닐 수밖에 없다.

곧 애정적 조작은 그 자신이 조작해 가는 문화 내용 속에 언제나 자기 자신을 동시적으로 포함하게 되고, 심지어는 스스로를 그 속에 함몰 내지 몰입시킴을 통하여 문화에 대한 일련의 전승 작업이 이루어지도록 한다.

---

134 여기 사랑함의 명제란 해석에는 많은 어려움이 따른다. 다만 여기서는 푸꼬가 말한 권력과 지식의 상관 관계에 있어 그 합리성과 효용성에 앞서는 정의적이고 감성적 상태로서의 가정교육의 가치에 대하여 이와 같이 수식해 본 것이다. (마단 사럽 외, 앞의 책, 제2장 참조)

하지만 몰애정의 조작은 반드시 상호 분리되고 일탈된 조작원과 피조작자의 관계를 지니며, 동시에 그 문화 내용 또한 상호 이질적인 입장과 요소 속에서 일련의 추상 작업이 이루어지게 된다. 이때, 그 문화 내용은 피조작자들이 의심할 수 없도록 합목적적 의미를 지녀야 함은 말할 것도 없다. 그리고 이러한 작업이 진행되는 동안 획득되는 것은 다름 아닌 권력이다.

일련의 조작적 작업을 통하여 권력을 확보한 조작원은 이러한 조작의 반복적 수행을 통하여 끊임없이 피조작자들에 대한 자신의 기반을 확대하는 데 관심을 기울인다. 일련의 철학과 사상 그리고 종교가 수행해 온 문화 작업의 배후에는 반드시 이러한 권력 확보의 몰애정적 조작이 있었음을 우리는 기억해야 한다. 그리고 정치·경제·사회로 이어지는 인간 정신의 추상과 현실적 활동의 배후에도 이러한 조작은 끊임없이 이어져 왔으며, 이는 앞으로도 계속될 것이다. 이러한 조작의 핵심에는 언제나 교육이 그 중심축을 형성해 왔다.[135]

몰애정적 문화 조작의 가장 특징적인 양상은 구성원으로서의 인민 개개인의 자유로운 정신적 추상 활동을 억제하고자 하는 전체주의에서 최대치로 나타난다. 동시에 인간의 정신적 자유와 그 존엄성마저도 오로지 현물 거래의 가치 속에서만 파악하고자 하는 자본주의의 속성 속에도 이는 잘 드러나 있다.

각 개인이 지닌 천부 인권의 양여에 의해 형성된 국가 권력은 어느 정도의 기반이 갖추어지면, 그 자신의 지반이자 기초인 개인의 인권을 무시하면서까지 거대 권력을 유지하고자 한다. 또 인간에 의해 판단되고 그 도구로서 이용되어야 할 자본과 자본주의의 시장은 그 자신의 자본력과

135 김인회, 『한국인의 가치관』, 문음사; 서울, 1983, 26쪽. "교육이란 궁극적으로는 삶의 의미와 방법을 가르치고 배우는 문화적 행위…문화적 기반 위에서만 수행될 수밖에 없는 인간 활동"

물신 숭배의 경향성을 이용하여 도리어 인간을 자본이란 잣대로 판단하려 든다. 이것이 오늘 후기 국가 자본주의와 세계 시장주의의 시대에 살고 있는 인류의 현실이다.

그러나 현대 사회의 주요 현상 가운데 개인의 경우에 나타나는 가장 큰 경향성과 일련의 특징은, '이제 더 이상 조작되고 싶지 않다'는 개별성과 이로부터 파생된 다양성, 곧 포스트모던의 측면이다. 곧 인간 개별성의 원칙은, "이제 더 이상 나는 도구나 수단으로 존재하고 싶지 않다. 나는 권력을 가지기도 원하지 않으며, 나는 더 이상 권력에 희생당하고 싶지도 않다. 다만 나는 하나의 자유로운 자연인으로서 이 세상과 벗하고 싶다."고 말하고 있다. 그러면 과연 이러한 바람의 실현은 가능할 것인가.

아마도 사회적 존재로서의 인간은 전 인류적인 문화 조작의 세계로부터 완전한 의미에서 자유로울 수는 없을 것이다. 그렇다면 '전체를 위한 하나, 하나를 위한 전체(All for One, One for All)'라는 의미에서, 어떤 것이 인간 각 개개인의 개별성과 다양성을 담보하면서도 그 전체성을 실현시킬 수 있는가. 바로 이 같은 의문에 대해 여기서는 우선, '애정적 조작'으로서의 문화와 그 세계의 확대라는 제안을 해 본다.

이 경우 단일한 문화의 민족 국가들이 갖는 인류사적 중요성은, 점차로 강화되어 가는 이익사회 및 자본주의적 물신 숭배의 어두운 미래로서의 인류 사회에 대한 하나의 가능성과 희망의 지침으로 작용할 수 있다고 여겨진다. 그리고 한국의 전통 문화 특히 그 민족 문화적 성격은 하나의 훌륭한 대안으로 여겨지는 부분을 갖고 있다. 이는 한민족 문화의 특성에서 일련의 애정적 조작이라는 의미를 지니며 등장하는 많은 공동체적 사례들을 확인할 수 있기 때문이다. 이에 더하여 애정어린 조작으로서의 문화적 특성은 한국의 전통 문화와 생활 양식 속에 독특한 양상으로 드러나고 있음을 찾아볼 수 있다.

그러면 민족 문화로서의 한국 문화는 어떤 기반을 가지며, 그 정신적 내용들은 과연 어떻게 구현되어 왔던 것일까.

3. 한민족 문화와 신화적 기반

사회와 문화의 발생 시기와 그 선후 관계에서, 대체적으로는 사회가 문화에 앞서는 것으로 알려져 있다.[136] 그러나 하나의 인간 사회는 제대로 된 자기의 자리매김을 위해, 그 구성체로서의 자기 문화의 창달과 확보라는 문제와 불가분의 관계에 있다. 다시 말해 일련의 문화와 사회는 대단히 밀접한 상호 연관 속에 존립하는 것이다.

민족이란 개념 또한 이 같은 문화와 사회의 상호 만남 위에서 비로소 그 구체성을 갖게 된다. 민족 문화로서의 특색을 갖는 한국 문화의 성격으로 볼 때, 민족과 문화와 사회의 상호 관련은 거의 동시적이며 동질적인 것이라 할 수 있다. 결국 한민족의 심성과 한국 문화 그리고 한국 사회의 기본 성격은 밀접한 상호 관계를 지니는 것이다.

따라서 한국 문화의 올바른 파악을 위해서라도 한민족의 근본 심성과 연관한 근원적 정신세계에 대한 이해를 먼저 시도하지 않을 수 없다. 다만 이 경우에도, 민족의 근본 심성과 그 정신세계의 탐색을 위한 첫발을 어디에서부터 출발할 것인가의 문제는 남아 있다.

그런데 민족의 시발과 관계된 추적은 결국 신화로부터 출발할 수밖에 없다.[137] 왜냐하면 신화란 원시적 고대적 상황에서 산야에 흩어져 살던 제 부족들이 그들의 동질성과 이질성을 상호간에 확인하면서, 피彼와 아

---

136 『브리태니커 세계대백과사전』 문화, 사회 항목.
137 拙著, 『仙과 혼』, 세종출판사: 부산, 1994, 35쪽, 44쪽.

我를 구분하게 된 최초의 존재 이해가 깃들인 자각의 기록이기 때문이다. 이런 점에서 신화는 그야말로 민족과 민족 사회의 시원始原과 궤를 같이 하는 것이다. 동시에 신화의 기록이 언제였든지 간에, 그것은 입에서 입 으로 전해져 내려오는 전승의 과정을 통하여 선조에서 후손에게로 이어 지는 문화 조작과 교육의 한 방편이었으며, 또 공동체의 존망과 결부된 문제를 최초의 문화 상징을 활용하여 해결하고자 한 고도의 추상적인 문 화작업이다.[138]

인류의 제 민족에게 남겨진 모든 신화의 이야기는, 그들이 언제 어떻 게 다른 부족들과 결별하고 다시금 언제 어떻게 결합하여 하나의 민족이 라는 거대 공동체를 형성하게 된 것인가를 알려 주는, 민족의 뿌리에 관 한 탁월한 해설서이면서 인류 문화의 시원적 지평에 서 있는 고향의 이 야기들이다. 따라서 신화가 다르면 그들 민족의 뿌리도 다르다. 그리고 바로 이러한 다름의 이유로 족속의 분화가 이루어진다는 사실 또한 거의 의심할 바 없다.[139]

그러나 역사 과정을 거치는 동안 거듭되어 온 인간의 상호 교류 속에 서 한 민족이 그대로 자신들만의 혈연적 민족 공동체를 온전히 형성하여 과거로부터 오늘에까지 쉼 없이 내려온다는 것은 쉬운 일이 아니다.

이런 이유로, 어떤 민족이 신화를 가지고 있다는 사실은 중요한 의미 를 지닌다. 그것은 신화가 단순히 한 민족의 시원으로서의 고향의 이야 기만을 담은 것일 뿐만 아니라, 신화는 민족을 결속케 한 영향력으로서의

---

138 이어령, 『한국인의 신화』, 서문당; 서울, 1996, 11쪽.
139 한민족과 화하족 그리고 일본인, 이들의 구분 경계가 어디에 있는가 함을 검토해 본다면 이 문제는 보다 명확해질 것이다. 그리고 굳이 이를 언급해 두는 것은 최근 민족의 역사적 강역 과 연관한 일련의 혼란스러움이 제기되고 있는 때문이다. '한배달, 『보도자료선집』 제8집, 1993' 전편을 살펴보면, 이에 관한 논의의 상당 부분이 사회 일각에서 다양한 방식으로 전개 되고 있음을 확인할 수 있다.

정신과 철학을 토대로 한 일련의 문화 근원이라는 의미가 여기에 부가되기 때문이다. 이로부터 민족이 하나의 문화와 민족적 동질성으로 뭉쳐진 그 시원적인 시점과 사회적 터전에 관한 이해를, 신화를 통해 비로소 가질 수 있다고 말하는 것이다. 그렇다면 한민족의 기원은 어디에서 찾을 것인가.

다양한 신화의 세계 중에서, 그것은 결국 '단군신화'로 귀착될 수밖에 없다. 이를 달리 표현한다면, 단군신화는 곧바로 한민족이 지닌 삶과 세계의 이해가 그대로 하나의 문화 상징으로 녹아 있는 대서사시이며, 민족의 출발을 알린 위대한 파노라마라고 하겠다. 그리고 신화는 그 속에서 단일한 민족의식과 삶과 세계를 이해하는 동일한 문화 상징들을 남겨 줌으로써, 한민족의 고향 그리고 한국 문화의 원형적 세계에 대한 교과서적인 가치를 지니는 것이다.

그러면 문화 상징의 형태로 한국 신화에 담겨진 가장 특징적인 문화의식은 어떤 것일까. 그것은 아마도 '긍정의 변증법'[140] 정도로 불러야 할 내용이 아닐까 한다.

우선 한국 신화는 어느 민족의 신화에서도 찾기 힘든 독특한 사유 세계를 보여 주고 있다. 그 첫째는 인간이 신인 상화神人相化의 결과로 '사람이면서 하늘, 하늘이면서 사람'으로 표상되고 있다는 점이다.[141] 이 점은 동학에서 '시천주侍天主' '양천주養天主' '인내천人乃天'을 말한 것이 어느 날

---

140 이러한 용어의 사용이 적절할 것인지에 대해서는 논란의 여지가 있다. 그러나 부정의 변증법이 상대립하는 양대 계기가 종합함에 있어 반드시 상호 지양됨의 작용이 있다는 것이라 한다면, 한국 신화의 조화성은 이들이 상호 화해를 통한 종합을 이룬다는 특징을 보여 주고 있다. 이 경우 그 종합은 하나의 원환적 성격을 띠게 된다.(拙稿, 「삼신 사상에 대한 철학적 고찰」, 『국학연구』 7집, 101쪽)

141 유승국, 『한국사상과 현대』 앞의 책, 311쪽.

하루아침에 이루어진 자각이 아니라, 반만년을 넘게 한민족이 가져 내려온 위대한 인간 긍정의 노래가 어느 한 시기에 드러난 것임을 알려 주는 것이다. 또한 신화는 이 불완전한 인간 세계를 '신들도 흠모할 만한 그런 아름다운 고장'으로 표상하고 있다.[142]

아마도 "개똥밭에 굴러도 이승이 낫다."는 한국의 속담은 과거 한민족의 문화 상징이 지녔던 지극한 현실 세계 긍정의 이야기가 민간에 남겨진 증거라고 할 수 있을 것이다. 곧 삶과 현실 세계에 대한 이해로서, 한민족의 원초적인 문화 상징은 이 같은 위대한 긍정의 변증법, 어울림과 화해로 그려져 있다. 즉 대립하는 것에 대한 상호 부정이 아니라, 상화相和와 조화造化로서 커다란 존재 긍정의 의식이 민족의 처음에서부터 이미 포착되는 것이다.

하지만 오늘, 이 위대한 긍정의 세계들은 다 어디로 사라져 버린 것일까. 생각해 본다.

삶과 세계가 긍정된다는 것은 단순한 이야기가 아니다. 긍정의 노래는 민족의 힘과 역량이 강하고 자신감이 넘칠 때만이 읊어질 수 있다. 힘없고 약하고, 싸워서 이긴다는 보장이 없음에도 싸워내야만 하는 한계적인 상황에서 불리는 노래가 아닌 것이다. 이런 의미에서 단군신화는 한민족이 지극히 강하고 견실하며 자신 있던 시절의 이야기인지도 모른다. 그래서 이는 민족의 심연 깊은 곳에 갈무리되어, 환난의 고비마다 되살아나는 강인함의 서사시로 자리잡고 있는 것이다.

신화가 말하는 또 하나의 이야기는 조화와 화해의 문화 상징이다. 한국 문화 속의 여러 작품들 특히 건축 예술들은 결코 자연 속에 고립되거나 대립하지 않았음을 확인할 수 있다. 뒷산 산자락에 걸쳐 있어도 능선

---

142 拙著, 『仙과 혼』, 57쪽.

의 선과 조화를 이루고, 다리 하나를 놓아도 원래 있던 자연을 무너뜨리지 않았던 한국인의 문화 정신을 읽어 본다. 흘러가는 인생에 흘러가는 자연, 구름도 가고 달도 가고 민족도 그렇게 따라갔던 것이리라.

그런데 이제 어디에, 어떻게 한민족의 자기 모습은 그려지고 있는가. 도시화·산업화·근대화·서구화·세계화의 과정에서, 지금은 모조리 잘나고 제가 제일이라서, 여기를 보아도 삐죽, 저기를 보아도 삐죽 솟아나 모난 모서리 가운데 자기가 제일 날카롭고 우뚝하다며 뽐내고 있다. 더불어 사는 삶의 모습을 잃어버린 지금, 오늘 한국의 사회 문화적인 현실은 과연 한국적인 것이라 할 수 있을까.

하지만 지금도 한국의 시골, 고향 마을의 산수는 옛날을 회상하고 있다. 남겨진 문화 유산들은 한결같이 한국인의 문화 정신을 말하고 있는 것이다. 여기 시냇물 흐른 구비가 둥글둥글, 저기 저 동산은 동그랗게, 논 하나·밭 하나 이랑들을 고르고 메워도 두리둥실 어디 하나 모난 데 없이 그렇게 부드러운 곡선들을 그리고 있다. 이 같은 한국의 자연을 형성하게 한 그 힘은 무얼까. 그것은 바로 신화에 담겨진 화해, 곧 조화성에 있는 것이 아닐까 한다.

한국 신화, 그곳에는 어떠한 종류의 다툼도 모략도 비난도 존재하지 않는다. 조화와 화해 그리고 포용과 순종이라는 관계성의 조화로운 세계만이 그려져 있다. 그리고 이 점을 이해한다면, 한국 문화 세계의 조화와 관용이 어디서 출발하는지는 충분히 짐작할 수 있는 일이다. 이러한 한국 신화의 실천 철학적인 측면에 대하여, 이을호는 일찍이 이를 수평적이며 상호 호혜적인 윤리 의식의 극치라고 갈파한 적이 있다.[143]

이런 중에 오늘 사회 일각에서는 한국인의 문화 의식이 지닌 이러한

---

143 이을호, 『한사상의 묘맥』, 사사연; 서울, 1986, 62쪽.

자연과의 조화와 친화 그리고 그 순응성이 오히려 한민족으로 하여금 근·현대화를 빨리 이루지 못하게 했던 주된 요인으로 보기도 한다. 그런데 이 경우에도 근·현대화라는 개념에 관한 일반 이해에 앞서 먼저 해결해야만 할 것들이 있다. 진보나 발전 같은 함의를 지닌 근대화와 같은 용어들은 이상한 개념의 함정을 지닌다. 그것은 전근대적이란 용어와 비교할 때, 근대화란 개념이 함축하는 내용들은 무조건 좋다는 식의 가치 판단과 편견에 따른 문제이다.

사실 근대화든 현대화든, 그것은 과거의 어떤 한 시점과 현재를 일정하게 비교하여 그 변화상을 중심으로 사실 구분의 출발점을 삼는 것이다. 그러나 시간의 흐름과 맞물린 이런 시점이란, 무 자르듯 덥썩 베어내어 그 이후와 이전을 구분하여 내놓을 수 있는 것이 아니다. 게다가 여기에 가치론적 호오를 더한다는 것은 단순한 편견이거나 잘못된 경향성에 불과할 가능성이 크다.

시간의 흐름이란 한결같아서 "바로 지금 현재란 무엇이다."라고 딱 집어내지 못하는 것처럼, 과거라는 것도 언제나 현재와의 관련성과 흐름의 연장선 위에서 이해될 뿐이다. 따라서 상당한 시간이 경과한 후 판단의 필요성에 의해 이를 고대·중세·근세 등의 방식으로 구별할 수 있을지는 모른다. 하지만 현재와 가까이 있는 어떤 시간들을 자의적으로 재단해서는 안 된다.

물론 현재 속에 과거가 있고, 또 미래란 현재의 결과로서의 시간상을 지니는 것이라는 직선적인 견해를 받아들인다면, 근·현대화와 관계하는 가치 판단의 경우도 크게 문제는 없을지도 모른다. 그럼에도 불구하고 여기에 보수나 진보 등의 사회 역학적인 함의가 개입되면, 가치 판단의 정당성은 상당한 문제를 야기하게 된다. 그것은 발전이라는 가치를 지닌 개념이 과거와 현재라는 사실 개념과 혼재되기 때문이다.

곧, '근대화'와 대비될 때, '전근대'란 개념은 부정적이다. 이로써 극복될 과거, 버려야할 유물로 '전근대'는 남겨지는 것이다. 이로부터 근대화 이전의 역사적 시간들은 왜곡되며 단절되고 버려진다. 전근대의 세계는 이제 더 이상 오늘 우리에게 일정한 에너지를 공급하지 못하는 그런 이상한 시간의 세계로 빠져들고 마는 것이다.

그러나 현대화든 근대화든 그것은 어느 날 갑자기 하늘에서 떨어지는 것이 아니다. 이들은 언제나 일정한 시간 에너지의 축적에 의해 얻어진다. 또 시대의 변환이란 억지로 인위적으로 얻어지는 것이 아니다. 이들은 때가 되어 자연스럽게 그리고 일정한 필요에 의해 얻어진다. 또 역사의 발전이라는 것 역시, 다양하게 축적된 에너지를 빌어 하나의 시대 변환을 이루어 내는 것이다.[144]

따라서 이는 일련의 다중적 공감의 보편화를 필요로 하는 것이기도 하다. 그러므로 단순히 근대화가 좋다는 식의 이해나 선동 또는 캠페인성의 공감 확대를 통한 가치 판단이어서는 곤란하다. 그럼에도 불구하고 오늘 한국 사회는 독단적 다수의 우후죽순과 같은 돌출로 인하여 그 중심적 합의의 과정을 거치지 못하고 있다. 또 돌출된 독단적 다수는, 다극화된 세계사의 흐름을 타는 것인지는 알 수 없으나, 보편적 합의를 위한 준비를 하지 않고 있다. 아마도 오늘 한국 사회의 문제는 바로 여기에 있다고 할 수 있을 것이다.

한발 물러서거나 합의를 위한 일체의 준비 없음, 사태와 문제에 있어 자기 의견이 반영되지 않음을 못 견뎌 하는 배타적이고 외곬수적인 태도와 판단, 바로 이런 것이 문제이다.

한국 신화, 그곳에서는 배타적이고 편견적이며 자기 중심적인 사유의

---

144 E.H.Carr/황문수 역, 『역사란 무엇인가』, 범우사; 서울, 1989, 160쪽. "역사는 획득된 기술이 세대로부터 세대로 전승됨으로써 이루어지는 진보"

흔적을 찾기가 쉽지 않다. 있다면, 그것은 요청과 화해와 어우러짐의 세계이다. 그리고 이 같은 조화造化의 문화 상징 속에서 한국인의 문화 의식은 싹터 왔던 것이다.

이에 대해 이어령은 투쟁적이지 못함으로써 진취적이지 못하였던 민족의 정신을 때론 슬퍼하고 있다.[145] 그러나 이것은 다르다. 합의를 통한 점진적 진보와 합의 없는 독단적 진격의 경우에 있어, 역사는 나름의 가르침을 던져 준다.

합의가 이루어지지 않을 때, 간단한 방법은 합의하지 않는 것이다. 서구 역사는 그래서 합의함이 없이 영웅들에 의해 단시간에 주도되었고, 그 발전의 시간들을 공히 향유함으로써 오늘의 서구 문화를 형성한 기록을 갖고 있다. 하지만 합의되지 않은 그 어떤 부분은 여전히 남는다. 그들은 합의되지 않은 자들을 설득하거나 기다리지 않았으며, 지금도 기다리지 않는다. 그러므로 선택 또한 빠르며 시간을 지체하지 않는다. 그래서 그들은 재빨리 결정할 수 있었고, 단기간에 성장할 수 있었던 것이다.

여기에 요구되는 것은 바로 힘의 논리다. 서구 문명은 합의에 승복하지 않는 자들을 정복하고 소외시킴으로써, 실질적인 현대 사회의 실존적 소외를 낳아 왔다. 따라서 그들 문화에 있어서의 정도正道는 거친 숨을 몰아쉬면서라도 결정하는 영웅을 따라 열심히 뛰어가는 것일 따름이다. 그렇지 못하다면 남는 것은 도태와 소외밖에 없다. 이로부터 지배와 피지배의 양극, 상극적 갈등은 인류 역사의 전형적인 형태로 남겨지고 있다. 이것이 서양 현대 사회가 이루어 놓은 근·현대화의 결과이다.[146]

그러나 합의를 통한 진보의 경우에 소외란 없다. 하지만 이러한 합의

---

145 이어령, 『한국인의 신화』, 앞의 책 참조.
146 하버마스는 모더니티의 과제로서 목적 합리성과 의사 소통적 합리성을 들고 있는데, 결과적으로 현대는 도구적 합리성이 지배하는 계몽적 근대화에 의하여 주도되어 왔음을 지적하고 있다.(전경갑, 『현대와 탈현대의 사회사상』, 한길사; 서울, 1993, 326-332쪽)

는 엄청난 시간과 정력을 필요로 한다. '합의가 이루어질 때까지', 이것은 무엇을 말하는가. 합의를 위해서는 시간이 필요하다. 인내와 순종의 미덕이 요구될 수밖에 없는 것이다. 또 합의를 이루기 위해서는 상대를 인정할 필요가 있다. 동시에 이를 위해, 곧 합의를 위해서는 상호간에 합의할 준비가 되어 있어야 한다. 합의할 준비가 되어 있지 않은 경우, 결국 거기에는 투쟁밖에 없다.

한민족의 문화 의식은 바로 이것을 싫어한다. 어느 한쪽이 이기고 어느 한쪽이 질 수밖에 없는 상황, 이것은 한국의 문화 의식이 진정으로 피하고자 하였던 바로 그것인지도 모른다.[147] 비록 더디지만, 실로 이것이야말로 확실한 인간의 진보를 가능케 하는 것이 아닐까 한다.

그러나 오늘의 상황, 한국의 현실은 과연 어떠한가. 민족 문화와 전통 문화의 지혜를 빵 몇 조각에 헌신짝 차버리듯 전부 내버리고, 예와 오늘을 나누고 오로지 근·현대화에 매진하여 이제 좀 살 만한 지금, 우리는 과연 무엇인가.

어렵고 힘들어도 나누고 살 줄 알던 한민족이, 살 만해진 지금에 와서 인간은 고사하고 오히려 금수만도 못한 지경에 이른 것은 어인 일인가. 바로 이것이 신세기를 맞이하는 현재 한국이 처한 산업·정보·기술·금융 자본주의 사회의 현실이다.

자기의 문화를 버리고 남의 문화에 줄서서 쫓아간 그 잘못에, 이토록 힘들어하는 것은 아닌지 한 번쯤 반성해 볼 일이다. 21세기, 신세계를 목전에 둔 인류 사회 속에서, 겸애보다 더 깊고 인애보다 더 넓은 '어울림과 모심'의 한국 신화는 마냥 믿지 못할 옛날 이야기로 팽개쳐져 있다.

그럼에도 불구하고 지금 우리는 인간이 사는 인간 사회의 올바른 미래

---

147 이을호, 『한사상의 묘맥』, 앞의 책, '쌍무적 호혜윤리'

가 무엇인지를 고민하지 않을 수 없다. 아마도 삶의 기본 원칙이란 잘 먹고 잘 사는 것, 그것일지도 모른다. 그리고 이의 중요성은 새삼 재론할 필요가 없다.

그러나 인간답게 사람처럼 사는 것, 그것은 잘 먹고 잘 사는 것보다 훨씬 더 중요한 문제가 아닐까.[148] 한국의 문화 의식은 남을 이기는 것보다 남들과 어울려 살아갈 줄 아는 것이 더욱 중요함을 지적하고 있다. 어쩌면 이것은 사람처럼 산다는 것이 무엇인지를 알려 주는 한국의 한아버님들의 가르침이요, 아버지의 이야기인지도 모른다.

후손이 못 살고 어려워하는 것을 바라는 선조나 어버이가 어디 있겠는가. 그러나 한민족의 선조와 아버지들은 자기의 후손과 자식이 단순히 잘 먹고 잘 사는 것을 바라기보다, 다만 인간답게 살고 사람처럼 살아가기를 바랐던 것이다. 그러기에 한국의 신화는 그렇게 어우러짐과 화해의 가르침으로 쓰여진 것이고, 또 그렇게 전승되어 내려와 있다.

4. 신화의 역사성과 사유 세계

한국 문화가 지닌 어우러짐의 조화성에 대하여 민족 문화의 측면에서 그 신화적 기원과 연관하여 살펴보았다. 그러나 이 외에도 신화가 지니는 인류 정신사적 의의로서 철학에 앞서는 정신적 근원성과 원형 (archetype)의 의식을 기억하지 않을 수 없다. 현대 심리학은 이 같은 원형의 특성을 따라 인간 정신의 근원성과 집단 무의식적인 세계가 바로 신화에 함께 담겨 있음을 증언하고 있다.[149]

---

148 이것은 인간의 본질과 관계한 윤리적인 과제이다. 곧 인간 가치의 자각적 규정의 원리에 의해 이해되어야 할 문제인 것이다.(김영철, 『윤리학』, 학연사; 서울, 1988, 序章)

149 "문화적 발달 과정에서 출현하는 후기구조는 상위구조(higher structures)라고 부른다. 첫 단계는 하위구조가 파괴 재건 또는 상위구조로 전위함으로써 이루어진다 … 상위구조들은 신호

다시 말해 한국 신화는 한민족 문화의 정신적 토대로 작용하며, 다른 측면에서는 한국 철학 사상의 근원적 특성을 동시적으로 담고 있는 것이다. 신화는 한민족 문화의 성격을 근원적으로 규정지어 줄 뿐만 아니라, 한국 철학 사상의 일반 특질까지를 그 안에 포함하고 있다.

따라서 민족 문화로서의 한국 문화를 말할 경우, 신화는 그 최초의 생활 양식과 세계 이해에 관한 사유 기반으로 기능하고 작용하며, 또한 민족의식의 기원과 문화의 출발 및 그 외연에 동시적으로 관계하는 것이다.

민족사의 흐름 속에서 처음으로 아我와 비아非我를 구별하고, 스스로의 민족 정체성, 즉 자기의 identity를 확보함에 있어, 신화는 언제나 그 중심축에 자리잡아 왔고 시대와 상황을 따라 그 의미를 가감시켜 왔다. 이에 민족을 논하면서 그 신화를 언급하지 않을 수 없는 이유가 여기에 있으며, 한국 문화를 말하면서 한민족의 신화를 말하지 않을 수 없는 까닭도 여기에 있다고 하는 것이다.

그렇다면 한국 신화에 대한 보다 심도 있는 이해는 한국 문화에 대한 보다 깊이 있는 접근을 가능하게 해줄 또 다른 작업이 될 것이다. 여기에 한국인의 사유 근원과 그 정신세계의 특성을 찾는 의미에서, 한국 신화에 대한 또 하나의 이해와 접근을 시도해 보고자 한다.

한국의 신화는 타민족의 그것과는 내용에 있어서는 물론이고 그 형식에 있어서도 상당한 차이를 보이고 있다. 그것은 한국 신화는 신화적 원형상징의 제시나 그 작업으로서의 에피포르와 신화소神話素로서의 이야기라 할 뮈토이드의 단순한 결합만으로 이루어진 것이 아니라는 점이다.[150]

와 도구 사용에 기초하여 이루어지는데, 이 새로운 형성은 직접적인 적응수단과 간접적 적응수단을 통합한다(L.S.Vygotsky/M. Cole 編, 조희숙 외 譯, 『사회 속의 정신』, 성원사: 서울, 1994, 185쪽).

150 epiphor란 原型象徵으로 현상의 속과 저쪽을 넘겨다보고 들여다보는 일을 말하고, mythoid 는 신화의 전단계로서의 신화소 즉 줄거리 있는 이야기를 의미한다.(김열규, 『한국의 신화』,

또한 한국의 여러 신화들 중 가장 앞선 시기로서의 단군신화가 단순히 신들만의 이야기로서 나타나는 것은 아니다.[151]

그것은 어쩌면 인간 단군의 출생의 설화요, 동시에 군장君長 단군의 통치의 기록이다. 다시 말해 단군신화는 자체로서는 신화로서 기능하지만, 이의 역사적 분류로는 고조선의 존재를 알려 주는, 그래서 신화이면서·역사로 동시에 기능하는 것이다. 그러나 바로 이 때문에 한국의 신화, 특히 단군신화는 말할 수 없는 시련과 오명 그리고 굴욕의 시기를 참고 기다려야만 했다.

제국주의 침략 정책을 기본적인 국가 시책으로 삼은 일본은 그들이 보고 배웠던 서구 제국주의자들의 논법 그대로를 오용하고 남용하면서 역사 이해의 어떠한 틀로서도 설명되지 않는 방식으로 실증을 가장한 위작과 악의적인 조작을 한국의 신화와 역사에 감행하였다. 그리고 일제에 의한 이러한 조작이 있기 전부터 춘추필법의 화이론華夷論을 틀로 한 중국 제 왕조들의 한국과 한민족에 대해 있어 왔던 폄하의 시간은 훨씬 더 길고도 오랜 것이었으며, 그 영향력은 보다 깊고도 강하다.

중국 25사의 기록 과정을 통하여 동아시아 제 문화와 문명의 주도권 일체는 항상 중국에 있어 왔다는 터무니없는 이야기를 그들은 역사로 기록하여 왔다. 그러나 중원의 패권은 언제나 화이의 교체에 있었던 것임은 남겨진 역사가 오히려 생생히 증명하는 바의 것이다. 공자가 『춘추』를

일조각; 서울, 1990, 4쪽, 140쪽) 그리고 이들의 결합에 의해 하나의 신화가 탄생한다고 할 경우, 한국 신화는 곧바로 이들이 하나의 신화적 의미로만 연결되거나 멈추지 않는다는 점에서 사실상 서구 신화학이나 그 이론으로서는 설명하기 어려운 많은 난점을 지니고 있는 것이 사실이다.

151 단군신화와 관련된 수많은 논란 중에서도 그 첫째의 것은 역시 고조선에 관한 기록의 문제일 것이다. 이 신화의 역사성과 연결된 측면을 차치하고라도 신화는 신들의 이야기라기보다 오히려 '인간 단군'의 이야기에 그 전체적인 비중이 더 주어져 있음 또한 명백하다.(이어령, 앞의 책, 30쪽; 유승국, 앞의 책, 164쪽)

지으며 밝혀 두었던 원칙과 사마천이 『사기』를 지으면서 기본으로 삼았던 일련의 준칙을 따라, 중국은 동아시아사 전체를 중원 중심의 화하족華夏族의 역사로 규정해 왔다. 그러나 중원의 역사에 국한하더라도 그것이 온전히 화하족이나 한족漢族의 역사였던 적은 없다.[152] 춘추전국의 시대·정치적 상황을 노나라를 중심으로 재해석함으로써 중화의 자기 역량을 과시하고자 한 것이 춘추필법의 기본이라고 한다면, 통일 왕조의 강성한 힘을 빌어 역사에 대한 중화의 패권을 도모한 것이 『사기』의 원칙이라고 할 수 있을 것이다.

그러나 『춘추』가 가고 『사기』의 기록이 끊어진 뒤, 중원은 언제나 화華와 이夷에 의한 대립의 역사·투쟁의 역사·교체의 역사였음은 기록이 이를 증명하고 있다. 대한민국의 전사前史에 물려 있는 5백년 사대事大의 치욕과 소중화小中華의 미망에 사로잡힌 조선 5백년, "작은 것으로 큰 것에 맞설 수 없다."는 그 이유만으로 자결과 자주라는 참된 민족사의 틀을 세우지 못한 천년의 역사, 바로 그 때문에 한민족은 경술의 국치라는 민족사에 다시 없는 슬픔을 맞이하였던 것은 아닐까 반성해 볼 일이다.

그러면 지금 한국 사회 속에 이해되고 있는 한민족의 역사는 과연 어떠한가. 미신과 무속에 얽매여 합리적 사고를 하지 못한 선조, 그리고 붕당朋黨과 연緣에 이끌려 결국 나라를 잃어버린 못난 조상들, 실질적인 측면에는 하나도 관심을 기울이지 않음으로 그렇게 지지리도 가난하고 못나고 어리석었던 선조님, 더더욱 대국을 앞에 두고 소중화를 외치면서 거기에 만족하여 허우적거린 조상님들이다.

더 열거해 본들, 이러한 시각에서 한 발짝도 못 나가는 것이 오늘 한국사가 기록하고 있는 한민족의 위대한 선조의 모습이다. 도대체 세상 어

---

152 중앙일보, 97년 7월 22일, "漢族 우월주의…고쳐 읽어야 마땅"

디에 이처럼 선조들을 기록하는 나라, 그런 역사가 있더란 말인가. 없는 것도 만들어서 절대로 자기네 선조는 그런 적이 없었노라고 떠드는 것이 각국의 역사 기록의 기본일 것인데, 이토록 정직하고 솔직하게 기록하고 있는 착한 민족, 그들은 과연 누구인가.

아니 어쩌면 한국의 역사가들은 이렇게 정확하고 분명하고 엄정한 시각으로 한국사·한민족사, 아니 자기 스스로를 명확히 꿰뚫고 있는 것인지도 모른다. 하지만 춘추필법을 배워왔으되 그것이 이 땅·이 나라·이 민족을 위하여 쓰여진 것이 아니고, 바로 저 땅·저 민족·저 나라 곧 대중화大中華를 위하여 쓰여진 것임을 분명히 알아야만 한다. 사료를 탐색하고 사관을 배워왔으되 이는 이 땅·이 나라·이 민족을 위하여 배워온 것이 아니고, 다만 저를 위하여 제 잘났음을 과시하기 위해 배웠을 따름이다.

통념적인 억측과 추론에 사학이라는 옷을 입혀 적당히 치장한 채, 전적이 어떻고 사료가 어떻고 유물이 어떻기 때문에 이러한 것이 틀림없다고 말하고 있다. 기본적으로 '무엇을·어떻게·왜'라는 것에 대한 관심이나 학문적 의무감이란 존재하지 않는다. 오직 자신이 이와 같은 말, 곧 통념과 전통을 고수할 수 있다는 사실이 중요한 것이다.

사회가 자유 민주주의로의 틀을 잡으면서 또 사이버 월드의 확대로 말미암아, 개인의 역할은 그 어느 때보다도 중요하게 된 지금이다. 더군다나 역사를 다루는 전문가들의 경우에 그들이 갖는 역할의 현재적이거나 미래적 중요성은 새삼 거론할 것이 없다. 이들의 작업은 언제나 오늘의 역사를 새로이 해석하고 일으키는 일이며, 이를 통해 우리의 교육은 또 몇 대를 이어가야 할 것이다. 그러나 잘못 거론된 역사적 사안이나 통념화된 역사 사실의 경우, 이를 다시금 해석하고 새로이 이해시키기란 결코 만만한 것이 아니다.

역사 이해란 세대에서 세대로 이어지는 문화 전승의 작업이기 때문이다. 그러므로 모름지기 역사를 논함에 있어서는, 그것이 '왜·무엇 때문에' 주장되어야 하는가를 오늘 여기서부터라도 명백히 인식해야만 한다.[153]

다시금 이제 신화의 세계로 돌아가 보자. 단군신화는 지극히 소략하다. 그리고 여기에는 거창한 신들의 전쟁이나 우주 탄생의 질곡 같은 것들이 개입되어 있지도 않다. 다만 그야말로 다정한 하늘과 땅·인간과 동물 그리고 하늘과 인간의 이야기들이 그냥 그렇게 그려져 있다. 여기에는 영웅도 없고 거대한 자연의 재앙도 그려져 있지 않다. 신화라면 어디에서든 그렇게도 숱하게 나오던 용이나 기린들의 이야기조차 없다.[154]

그러면 도대체 한국의 신화는 무엇을 말하고자 하는 것일까.

인간은 언제나 하나의 세계를 꿈꾼다. 그리고 그것은 언제나 인간이 가장 인간답게 살아갈 수 있는 그런 세계이다. 서로 사랑하고 염려하며 진심으로 걱정해 주는 그런 사람들로 구성되어 있는 사회다. 그곳은 바로 가정과 가족이요, 가족 같은 인간 사회의 이야기이다. 그리고 한국의 신화가 가르쳐 주는 인간 세상의 이야기가 있다면, 다름 아닌 바로 그것이다. 어쩌면 한국의 혈연·지연적 사회는 신화가 알려 주는 인간 세상, 곧 가족 공동체의 개념이 홍익인간의 이념으로 확대되어 사회화한 곳인지도 모른다.

단군신화에 들어 있는 신화소의 분석을 통할 때, 한국 문화와 사상의 기초에 들어 있는 중요한 철학적 모티브와 그 인생관·세계관의 사유는 바로 공동체의 출발과 '함께 함의 의식'이다.

단군신화는 아버지와 아들의 이야기로부터 우선 출발한다. 그리고 이 것은 단순히 아버지와 아들의 이야기만이 아니라, 세상의 모든 부모와 자

153 W.H.Dray/황문수 역, 『역사철학』, 문예출판사: 서울, 1986, 43-47쪽.
154 이어령, 앞의 책, 205쪽.

식간의 관계가 어떠해야만 하는가를 말해 주는 민족의 원초적인 의식과 인간 '관계의 세계'에 대한 이야기를 담고 있는 것이다.

아버지와 자식, 이는 참으로 이해하기 힘든 불가사의한 관계다. "나는 왜 한 집안에 태어나 그 이름을 가지고 나의 아버지와 부자의 인연을 맺게 된 것일까." "그 수많은 가능성과 형언할 수 없는 시간적·공간적 가능성 속에서 왜 하필이면 바로 그렇게 태어난 것일까." 단 한번도 의도한 바 없이, 아마 모든 어버이들 또한 마찬가지로, 어떤 그 누가 바로 당신의 자식이란 사실은 전혀 알려진 바가 없다. 그러나 어쨌든 나는 이 세상에 태어나 그렇게 아버지와 만났고, 이로부터 인생은 출발하고 있다.

그리고 이와 같은 존재와 생명의 신비와 그 이유에 대해 우리는 여전히 그 해명의 어려움을 느낀다. 이런 인간관계 속에서 아버지와 자식은 다만 인륜으로 맺어지는 것이 아니라, 이를 뛰어 넘은 천륜의 지배를 받는다고 하는 것이 전통적인 동양 윤리 사상의 한 관념이었다.[155]

한국의 신화, 단군신화는 이 같은 아버지와 아들이 어떻게 맺어졌는가 하는 지극히 난해한 철학적 형이상의 이야기가 아니다. 아버지와 아들, 그것은 다만 그렇게 있다. 마치 세계가 그냥 그렇게 있는 것처럼. 한국인의 자기 의식 속에 숨어 있는 존재에 대한 이해는 이와 같이 이루어지고 있다.[156]

그리고 이러한 존재론의 배후에는 세계와 우주의 실상에 대한 또 다른 해석이 담겨진다. 그것은 유출론이나 창조론 등과 같은 절대 신의 자발적 계기에 의한 어떠한 창조 행위보다 더 중요한 사실, 그것은 바로 우리 살아가는 세계와 존재에 대한 원초적인 이해이다.

신화는 이에 있어 바로 "그냥 그렇게 있다"는 점을 말해주는 것이다.

---

155 김충렬, 『유가윤리강의』, 예문서원: 서울, 1994, 74-82쪽.
156 拙著, 『선과 혼』, 56-57쪽.

'왜?'라는 질문에 앞선 이해로서의 존재론, 이를 한국의 신화는 알려 주고 있다. 우리가 살아가는 이 세계는 바로 그와 같이 그냥 그렇게, 자연적으로 내게 주어져 있는 것이다. 이것은 누가 만든 것도 그리고 그 무엇인가가 이를 가져갈 것도 아닌, 그냥 그렇게 있어 왔고 있으며 그리고 있을 것인 그 무엇이다. 이와 마찬가지로 나의 존재 또한 그러하다.

실존 철학의 한 자락에서 설명되는 것처럼, '피투성被投性' 이의 존재, 그렇게 한국 신화는 인간을 설명하고 있다. "나는 왜 나인가?" 그것은 아무도 설명할 수 없다.

다만 그것은 그 자체로 내게 알려져 있는 사실이고, 동시에 그 자체로 나의 실존적 현실이 되어 있는 하나의 사건이다. 나는 왜 아버지의 아들인가. 이 또한 마찬가지다. 이러한 존재론적 사실들은 아무런 합리적 이유를 갖고 있지 못하다. 그리고 이것이 합리적 이유를 갖지 못한 채 내게 주어져 있음으로 하여, 우리는 이를 해석하고 이해함에 있어 다시금 고통받고 고뇌함에 이르는 것이다.

그렇다면 그 의문의 해결은 결국 고전적 수단에 의지하게 된다. 그것은 인식에 의지한 존재의 해명이다. 곧 내가 나임을 알고 믿음으로써, 아니 내가 바로 다름 아닌 나라고 내게 알려짐으로써, 인간은 스스로를 규정하고 그 속에서 존재의 의의를 찾아간다. 다시 말해 '내가 바로 나'라고 하는 사실이 내게 알려지지 않는다면, 나는 언제나 더 이상 나일 수가 없는 그 같은 존재 인식의 이중 상황 속에 처하게 되는 것이다.

이 같은 맥락에서 '스스로 알고 있는 나 자신이란 무엇인가'의 탐구를 통하여, 인간은 철학적인 자기 정체성의 규명이란 문제와 만난다. 그리고 이러한 정체正體 확인의 작업은 언제나 존재론적이라기보다는 인식론적인 것이다.

곧 한국인으로서의 삶이 시작되었고, '나'라는 하나의 정체가 지향해

가는 그 곳, 그곳은 바로 아버지와 할아버지를 넘어 이르는 온전한 한아 버지인 단군·삼신의 세계이다. 한국인의 문화 사상의 영역에서 거부할 수 없는 형태로 주어져 있는 최초의 철학적 인식과 사유, 그것이 단군신 화가 지닌 문화 세계인 것이다.

그리고 한국의 신화가 보여 주는 또 하나의 의식 세계는 일련의 일원 적이며 원환적圓環的 세계관이라 할 그 무엇이다. 출발한 곳에서 시작하여 다시금 그 출발지로 회귀해 들어가는 생사에 관한 신화의 설명은 한국인 들의 오래된 고향의 의식과 결코 무관하지 않다.

인생이란 결국 언제나 어머니의 자궁과 같은 모태로의 귀환을 꿈꾸는 것이 아닐까 한다. 그리고 고향은 인간을 가장 인간답게 만들어 주는 공 간이다. 고향이란 말과 개념, 이것은 하나의 뿌리로 우리 자신을 연결짓 는 근원이 된다. 이를 통해 제2의 고향이란 말처럼, 한국인들은 곧잘 자 신이 몸담고 지나온 모든 곳에서 그 끈끈한 유대감과 가족 의식을 느끼 게 된다. 궁극적인 인간의 고향이 자연이라면, 한국인의 문화 의식은 원 초적인 정감적 세계에서 자연에 대한 지향성을 더욱 공고히 해 온 일련 의 세계 정신이 되는 것이다.

하나의 정치태 내지 정체로서 민주주의가 유입되고 뿌리박은 이후, 한 국 사회 전반에서 곧잘 지연과 학연을 타파한 객관적 합리성과 이성주의 에 입각한 '주의'를 너도나도 외치고 있는 것을 본다. 그러나 그들이 주 장하는 것처럼 인간이 그렇게 객관적 합리성에 입각하여 인생의 한복판 에 서 있을 수 있는 것인지에 대해서는 언제나 의문스럽다.[157]

어차피 팔은 안으로 굽는 것 아니던가. 혈연·지연을 없애자는 말부터 가 오히려 폭력적인 것인지도 모른다. 자연성을 무시한 인위적 문화성에

---

157 권택영 편, 『포스트모더니즘과 문화』, 문예출판사; 서울, 1991. 55쪽. '의식으로부터의 이탈, 이성으로부터의 탈중심화'

의해 인간의 의식 편차를 나누는 것 자체가 본말이 전도된 것이다. 인위적 이념으로 문화를 구축하여, 인간이 지닌 자연성으로부터 벗어나고자 하는 어떠한 시도도 결코 한국적 문화 전통의 세계는 아니라 하겠다.

5. 한민족의 문화 정신과 미래학

유토피아론에서 포퍼가 점진적 개량 공학을 말한 이후, 인류의 미래에 대한 사회 공학적 관심은 점차로 깊어지고 있다.

지금까지 나타난 유토피아이즘의 대부분은 공동체로서의 삶을 실현시킴에 있어 대가족제도의 전면적인 적용이라는 일정한 경향성을 지니고 있음을 확인할 수 있다. 그러나 이러한 이념의 적용에 있어 이들은 일정한 종교적 신념과 상황적 한계라는 틀에서 벗어나지 못하고, 대개 지역적이고 일회적이라는 양상을 보이면서 중도에 주저앉고 말았다. 곧 대개의 종교적 유토피아이즘은 일단의 교조적 지도자에 의해 창설·유지되다가, 그의 죽음과 더불어 소멸되었음을 말하고 있는 것이다.[158]

사실 유토피아이즘과 이의 달성이란 세계는 – 여기에 파생되는 문제와 그 해결에 관한 일정한 이해와 방법까지를 포함해서 – 인간 사회가 지닌 영원한 염원일 것이다. 하지만 이 경우에도, – 대개 사회가 법과 제도 그리고 그 실행이란 형식을 따르는 점을 감안할 때 – 결국 우리는 이를 수행하는 인간의 역할과 능력에 대해 문제 삼지 않을 수 없다. 다시 말해 어떠한 유토피아도 – 이것을 하나의 실제 사회나 제도로서 현실에 정착시킴에 있어서는 – 이를 실천 시행할 인간의 자질과 성격에 의존해야만 한다고 하는 어려운 문제에 봉착하게 되는 것이다. 이러한 문제 때문에

---

158 『브리태니커 세계대백과사전』, 1996.

플라톤은 철인(philosopher)이라는 하나의 이상적 인간의 출현을 기대할 수밖에 없었던 것인지도 모른다.[159]

그러나 오늘 현재, 현상의 물질적 삶을 살아가면서 새로운 슈퍼맨의 탄생을 통해야만 비로소 그 어떤 이상 세계가 실현되는 것이라면, 이 같은 유토피아는 그야말로 비현실적 공상과 허구의 산물로 남겨질 수밖에 없다. 곧 초인超人과 성인聖人 또는 messiah의 도래로서 이루어질 유토피아라면, 이것은 기대하는 것보다는 기대하지 않는 편이 훨씬 더 합리적이고 현실적이라는 말이다. 그리고 이와 같은 어려움 때문에 대부분의 합리적 사회 이론이 제시하고 있는 것 또한, 다만 보다 나은 제도와 사회 구조로의 이행이라는 하나의 틀 내지 사고의 한계적 상황에 머물고 있는 것이 아닐까 한다.

이 대목에서 이제 한국 신화에 대한 이해로부터 얻을 수 있는 하나의 사실을 말해 두고자 한다.

신화 또한 새로운 세상을 향한 기대와 그리움으로 가득 차 있다. 하지만 그것은 앞서의 초인에 대한 기대와는 다르다. 한국의 신화는 오히려 특수한 상황과 일정한 조건하에서, 이러한 초인적이고 메시아적인 존재가 언제나 우리의 삶과 같이 하고 있음을 보여 주고 있다. 동시에 이 특수한 초인적 존재는 언제나 우리의 현실 삶 속에 들어 있는 것임도 알려 준다. 따라서 이는 하나의 보편적인 상황의 측면이다. 즉 모든 사람·모든 사회 속에서 동일하며 가능한 것으로, 이는 뛰어난 별종 내지 특출한 존재에 대한 이야기가 아니다.

그러면 그는 누구인가. 그는 바로 아버지다. 또 어머니이기도 하다. 아니 그는 현재 나의 부모님이요, 한아버지로서의 조상님들이다. 더불어 신

---

159 H.J.슈퇴릭히/임석진 역, 『세계철학사』, 분도출판사; 경북, 1986, 216쪽.

화는 이념적 제도적으로 구축된 인위적 시스템으로서의 유토피아보다도 더욱 명확하고 현실적이며 합리적으로 조성된, 그야말로 자연성 그대로의 살맛 나고 아름다운 이상 사회가 있음을 알려 주고 있다.

그것은 다름 아닌 가정이요, 가족 공동체의 세계이다.

한국의 신화는 초인으로서의 아버지, 한아버지의 이야기이다. 또 지상 낙원이자 다시 없는 선경仙境으로서의 가족과 가정의 조화와 화합의 이야기로 한민족의 생활 세계를 말하고 있는 다정다감한 옛 이야기이다. 그래서 한국의 신화는 위대한 영웅이 악마를 물리치는 그런 이야기가 아니다. 신의 노여움을 이겨내고 승리의 즐거움을 노래하는 위대한 초인들의 장쾌한 드라마이기보다는, 어버이에 순종하고, 그런 자식을 염려하며, 지아비와 지어미의 부창부수 그리고 온 마을 사람들과 사람들이 함께 어울려 삶을 꾸려 가는 그런 평범한 사람과 사람들의 이야기일 따름이다.

그러나 이 속에는 삶과 세계를 바라본 한민족의 철학과 사상 그리고 신앙이 함께 깃들어 있는 것이기도 하다. 이것은 어쩌면 어떻게 살 것인가에 대한 한국적 know-how의 세계요, 문화이다.

그리고 이는 더 이상 인위적 제도로서의 이상 사회를 위한 일련의 이념이나 사상이 아니다. 이는 그대로 인간의 자연성 속에 간직된 생활의 진리로서, 바로 그렇게 한국인의 삶에 작용하고 있는 지혜이다. 다른 어떠한 가감도 없이, 신화는 말한다. 바로 우리 살아가는 이곳, 그리고 지금이 가장 행복한 때임을…. 그리고 신화는 가르치고 있다. 더불어 살아가는 삶의 생활 세계를….

여기에 오늘 현대의 거대 사회에 대한 하나의 이념적 토대요, 한민족 사회를 위한 문화 사상의 기반 정신이 남겨져 있다. 그것은 곧 홍익인간이라는 민족 전통의 이념이다. 그래서 한국 문화는 그 실천으로서의 자기 모습을 지닌 세계를 지향해 온 것이다.

그러면 이념으로서의 '홍익'이란 어떤 것인가.

앞서 하나의 이념과 그 실천 현실적 토대로서 대가족 공동체를 채택한 이상 사회 운동을 언급한 바 있다. 여기서 이들의 가장 큰 맹점은 결국 그러한 이념의 실천을 하나의 인위적 조작에 의한 제도와의 결부에 승패를 걸고 있었다는 점을 지적하지 않을 수 없다.

역사 발전의 경우, 인간의 미래에 그 무엇이 도래하게 되는지는 참으로 예측하기 어렵다. 그리고 인간의 지혜에 의한 인위적 조작의 최종적 결말은 역시 그 조작적 지혜의 제한성에 좌우될 수밖에 없다. 즉 일련의 인지人智가 고갈될 경우나 상황에 있어, 인지의 고갈은 결국 인지가 파생시킨 제도의 파탄을 불러올 수밖에 없는 것이다. 이런 의미에서 인지에 의존하지 않고 최후·최종적으로 선택할 수 있는 인간의 길은 결국 인지에 의한 인위적 조작을 포기하는 길밖에 없다.

오늘 수많은 정치·사회학적 제반의 시스템 공학이 유도하고 있는 기본적인 방향은 개별적 인간에 의한 조작을 포기하는 것으로 나타난다. 대신에 일련의 시스템 자체가 작동하여 그 속에서 보이지 않는 질서가 나타나기를 기대하고 – 마치 카오스와 복잡계가 의도하는 것처럼 – 자기의 길을 스스로 결정하도록 하는 방식을 택하거나 이에 머무르고 있다. 사실 우주가 작동하는 방식을 보더라도, 이와 유사한 상황으로 이해할 수 있다. 이런 측면에서 오늘 시장의 논리는 대단히 유용한 것으로 이해된다. 하지만 시장 또한 영원할 것인가에 대해서는 의문을 가지지 않을 수 없다.

이에 있어 한국의 신화는 이상 사회에 관한 근본적으로 다른 하나의 길을 제시하고 있다. 그것은 출발부터가 인위적 조작과는 다른, 자연성 그대로로서의 인간 사회의 기본 형태를 제시하고 따르는 길이다. 자연성 그대로의 인간 사회, 그것은 가족이다. 혈연과 지연적 조건을 기초로, 다음으로 이어지는 이의 무한 확대와 그 이념적 세계, 그것이 바로 홍익인간이 제시하는 길이다.

다만 여기서 분명히 해 둘 점은 '홍익'의 개념이 지닌 이념성은 인위적인 조작이 아니라, 개별적 인간 각자가 스스로 그 길에 동참하는 자발성을 전제로 한다는 점이다. 이러한 자발성은 생명의 원리와 만난다. 그리고 이것이 보다 행복하고 좋은 일임을 가르치는 일련의 문화 교육, 이것이 "가히 홍익인간 할 만하다."라고 한 말의 진정한 의미이다.

사회 윤리학적 관점을 통한 신화의 결론은 다음과 같다. 국가가 살아야 내가 살고, 내가 살아야 국가가 산다. 이것은 선후본말을 논하기 힘든 연기법緣起法적인 것이다. 세계가 있어야 내가 있고, 내가 있어야 세계도 의미 있는 것이기 때문이다. 한국의 신화는 분명히 말한다. "네가 잘 살고자 한다면, 네가 몸담고 있는 세계를 잘 살리라."

그런데 지금 오늘의 사회 현실은 이와 다르다. 자기가 살기 위해서 자기 세계를 죽이고 있는 것이다. 결국은 다같이 죽는다는 간단한 이치를 모른 채, 제편·제것만 귀할 뿐, 다른 것에는 눈 돌릴 여유가 없다.

그러면 무엇이 너도 살리고, 나도 살릴 수 있는 길일까. 앞서 한국 신화의 호혜적 윤리관에 대해 잠시 언급한 바 있다. 그런데 사실 한국 신화는 이러한 호혜적 윤리 의식의 편린만을 가지는 것은 아니다.

그것은 호혜적 윤리관과 세계관, 즉 쌍무적 관계성의 사상을 신화가 가지고 있음에 더하여, 한국 신화는 오히려 나로부터 출발하는 수혜적 윤리관과 세계관을 가지고 있다는 점이다. 수혜, 즉 나부터 시작하는 베풂과 나눔의 세계, 그리고 수혜의 이치로서의 이화理化, 이것이 바로 신화가 가르쳐 주는 한국 전통의 사회 이론이자 삶의 원칙이다.

기실 한국인이 지닌 가족주의의 핵심에 서 있는 이 말은 인간 존재의 존재성과 관련이 있는 것이기도 하다. 아버지와 아들, 이는 서로 주고받

을 수 있는 호혜적 관계가 아니다. 오히려 일방적으로 위에서 아래에로
전달되는 수혜적 관계에 있다. 그리고 신화는 말한다. 올바른 가정, 그리
고 진정한 이상 사회로의 길은 '보다 많이 가진 자의 못 가진 자에 대한
베풂이 그것'이라고.

천신 한인이 한웅을 지상에 내려보내고, 또 지모地母 웅녀와 혼인할 때
까지의 이야기는 이러한 관점을 극적으로 대변하고 있다. 실로 웅녀의
사람됨으로부터 단군을 잉태할 때까지의 이야기는 그대로 일체의 수혜
적 관계와 그 운용의 세계를 밝혀 놓고 있는 것이다. 그리고 여기에 기록
되어 있는 사실은, 능력 있는 존재와 그 능력을 필요로 하는 인간들 사이
의 '관계에 대한' 한국인의 철학이다.

그리고 이러한 신화 시대의 기록과 달리 알려지고 있는 것은 역사 시
대의 기록으로 해석되는 단군의 군장君長 취임과 연관된 사실이다. 단군
신화와 관계된 다른 기록들에는 "국인國人의 추대로 임금이 되시니 이가
곧 단군왕검이라." 하고 있음을 볼 수 있다.[160]

백성과 임금의 민주적인 상호 관련, 그 관계는 단순히 일방적 수혜의
관계라기보다는 호혜적 평등 윤리 세계로의 진입을 보여 준다. 이것은
우리가 살아가는 현실 세계이다. 곧 가족 공동체에서 사회 공동체로의
전이인 것이다. 또한 이 시점은 한민족 공동체의 출발과 맞물린 대단히
중요한 의의를 지니는 것이기도 하다. 사람이 살아가는 과정 또한 이와
흡사하다. 가족 공동체의 울 안에서 아이들은 자라난다. 여기에 필요로
하는 것은 일방적인 부모의 보살핌과 관심이다. 그러나 그들이 성장함에
따라, 그들은 사회적 단계로의 진입을 시도하게 된다. 사회 속에는 일방
적인 수혜란 존재하지 않는다. 'give and take'라고나 할까. 인간 사회란

---

160 『檀紀古事』, 『桓檀古記』, 『應制詩注』 참조.

바로 호혜적 윤리의 원칙이 지배하는 곳이기 때문이다.

하지만 이러한 사회 환경 속에서도 가진 자가 못 가진 자에 대해 베풀수만 있다면, 그 사회는 하나의 유토피아, 곧 사람이 살 만한 세계에로 진입이 가능할 것임을 신화는 밝혀 주고 있다. 이를 신화는 '홍익인간'이라는 네 글자로 말한 것이다. 동시에 '재세이화'란 수단을 가르치고 있으니, 이는 다름 아닌 유토피아적 이념의 구현을 위한 신화적 방법의 제시로 이해할 수 있다.

곧 수혜 속에서 자라 호혜적 삶을 거쳐, 다시금 스스로가 남에게 베푸는 수혜의 과정을 거쳐간다. 가진 자의 못 가진 자에 대한 수혜의 원칙이 '홍익인간'의 이념으로 구체화되고, 이를 위해 가족 공동체의 원리와 사회적 윤리로서의 이치에 따른 수혜와 호혜, 호혜와 수혜의 과정을 중첩해 가는 것이다.

하지만 그럼에도 불구하고 핵심적인 문제는 남는다. 그것은 우리 사는 인간 사회는 여전히 그 공급과 수요의 불균형 속에 존재한다는 사실이다. "가난은 나라도 구제하지 못한다."는 말이 있는데, 제 아무리 수혜와 호혜의 과정을 거친다 하더라도 여전히 못 가진 자는 못 가진 상태에서의 원망과 욕망의 불충족분을 가질 것이 아닌가 하는 것이다. 또 이를 충족시키기 위해서는 인간의 사회적 이념만으로는 불가능한 것이 아닌가 하는 점도 있다.

사회 구성의 기저에 깔린 원칙 중의 하나는, '인간은 결국 자연권적인 개인의 인권과 권리를 일정하게 유보함을 통해서 사회를 구성'한다는 것이다. 이로부터 개인과 전체, 특수와 보편의 고전적인 갈등 구조를 사회는 근본적으로 내포하게 된다.

인간은 개인적 욕망의 세계를 형성하고 그 실현의 장으로서 사회와 만난다. 하지만 이때의 욕망은 무한한 그 무엇으로 존재한다. 따라서 유한

한 사회적 환경으로 무한한 욕망의 세계를 넘어선다는 것은 근원적으로 불가능하게 된다.

이로부터 가진 자의 못 가진 자들에 대한 억압과 수탈, 그리고 혁명적 상황에 의한 전세의 역전과 또 다른 잘못의 되풀이, 권력과 권력이 만나 힘과 힘의 논리를 형성하고 피와 음모가 난무하는 세계, 이것이 인류의 역사이다. 그리고 약간의 권력을 가지게 되면 이것을 휘두르고자 하는 인간의 얄팍한 심성, 이러한 미세 권력의 구조에 대해서는 누군가 말한 바 있다.[161] 이에 여러 경전과 가르침은 한결같이 무욕해야 하며, 사람이 아는 것으로 '지족知足'보다 큰 것은 없다고 한 것이다.[162]

바로 여기에 신화는 이야기한다.

일방적 수혜란 없다. 우선은 그 뜻이 있어야 하며, 인내하고 기다릴 줄 알며, 올바른 마음가짐이 있어야 한다. 한웅이 그토록 탐한 지상 세계, 그 것이 있기에 한인의 천부인天符印 셋과 풍백風伯·우사雨師·운사雲師와 삼천 무리 그리고 대자연의 선물이 있었던 것이다. 바로 그와 같이 새로운 생 명의 탄생 또한 그냥 주어지는 것은 아니다. 참을성 없는 호랑이에게 돌 아갈 선물은 없었다. 신화는 무엇을? 어떻게? 왜? 사용해야 하는가의 문 제, 바로 삶과 생활 세계의 이치에 대해, 하나의 노하우처럼 오늘 우리에 게 말해 주고 있다.

참된 세계를 위한 인간의 원리, 그것은 – 비록 유토피아나 파라다이스 는 아닐지라도 – 사람 사는 세상의 아름다움을 향한 것이어야 한다. 사람 같은 사람들과 또 사람 같은 사람들이 어우러져 살아가는 한국인의 삶, 바로 그것을 신화는 가르친다고 생각된다. 여기에 홍익인간이 말해지고, 다시금 재세이화가 말해지는 것이다.

---

161 권택영 편, 앞의 책, 57-59쪽.
162 『老子』, 46장.

그리고 이 원칙과 원리는 확대되고 확장되어 간다. 나와 내 가족으로부터 출발한 홍익의 이념은 일가친척으로 확대되고, 다시금 내가 사는 마을과 내가 다닌 학교, 내가 몸담은 직장과 사회 등등을 포함하며, 급기야 국가 사회에로 확산되고 다시금 이는 인류 사회 전체에로 전파하는 것이다. 그리고 그 최종적 목적지로서 이제 살아 있는 모든 것과 숨쉬지 않는 모든 것에로의 확대라는 이념적 가능성을 지니게 된다.

이러한 홍익인간의 이념적 확대로서, 자연은 그 최종적인 목적지로 예견된다. 사람을 이롭게 함에 있어 자연보다 더 큰 것은 없다. 그래서 신화는 또 다른 맥락에서 자연을 언급하고 있으며, 그만큼 이는 도가의 철학과 닮아 있는 것이다. 그리고 또 한국 문화의 본질은 다양성의 종합, 그 조화성과 자연성에 있다고 하였다. 이때, 진정한 한국 문화의 본질은 인간과 자연의 하나된 모습 속에 드러나는 어울림의 문화가 될 것이다. 이것이 바로 한국의 신화가 지닌 원초적 사상성이며, 한국 문화 사상의 단초에 해당하는 정신의 핵심이다.

다양성과 조화 그리고 종합의 사상성이란 어떤 것일까.

단 하나의 투쟁과 갈등도 없이 인간 삶의 과정과 이치를 신화는 그려내고 있다.

조화로서의 세계와 인생. 처음 아버지와 아들의 조화로운 관계로서 시작한 신화는 그 전반부에서 신神과 세계의 상호 작용에 대하여 언급한다. 어쩌면 한국적 우주론과 존재론의 원형적 패턴이라 할 이 부분에서 보여주는 존재의 존재태 내지 존재론적 의의는 단 하나의 단어로 설명된다. 그것이 바로 '홍익인간'이다.

그리고 신화의 핵심이라 할 중반부, 즉 본론에서는 다시금 신과 동물, 동물과 인간, 그리고 신과 인간의 관계까지를 연쇄적으로 풀이해 준다.

그 와중에 지아비와 지어미의 상관 관계를 한국적 이미지로 설명하기도 하며, 인간의 위격位格에 해당하는 중요한 개념들을 암시하고 있는 것이다. '신인 상화神人相化'로 알려져 있는 한국인의 자기 의식, 바로 그 정체 확인을 통하여 한민족은 자신들을 즐겨 배달민족이라 하였고, 또 천손족天孫族으로서의 자부심을 바탕으로 '인즉선·선즉인'으로 그 인간관을 형성시켜 왔다.[163]

이와 같이 한국의 문화 전통은 언제나 늘 그렇게 주어져 있는 자연성 위에 서 있다. 이는 곧바로 신화의 존재론을 관통하는 개천開天의 이념과도 맞물리는 것임을 확인한다. 위대한 초월적 존재에 의한 창조로서 세계는 존재하는 것이 아니다. 늘 그렇게 있는 그대로의 전체 존재가 끊임없는 개벽적 변환을 통한 무수한 부분들의 전개로 세계는 드러난다. 이것이 한국의 개천벽지開天闢地, 곧 개벽관이다.

새 하늘 새 땅이 열림으로써 지금 내가 사는 이 세계는 비로소 존재한다. 이것이 오래되고 막히게 되면, 이제 세계는 다시금 새로운 변환으로서의 개벽을 시도하게 될 것이다. 아니 내가 사는 삶의 전체가 매일같이 개벽을 거듭하고 있는지도 모른다. '일일신우일신日日新又日新'처럼 말이다. 그리고 대다수 한국 민족 종교 사상의 핵심에 서 있는 존재론 역시 '선·후천 개벽 사상'[164] 바로 그것이다.

또한 한국의 오래된 신화적 세계관, 즉 있는 그대로의 개벽적 세계와 사유는 함께 존재하는 세계의 구성 요인들과 인간 자신과의 대화와 조화의 필요성을 강조한다. 인간사 360여사를 주관하는 풍백·우사·운사는 그대로 자연의 이름이며, 이는 인간사의 주된 길이 결국 자연과의 교감에 있음을 드러내고 있다. 동시에 한국의 미, 한국의 문화와 전통은 스스로

163 拙著, 『仙과 혼』, 109쪽.
164 유병덕 편저, 『한국민중종교사상론』, 시인사: 서울, 1985, 120쪽.

의 정체성을 자연과의 조화라고 말하고 있다.

이를 드러내고 강조한 것으로 신화적 사유에 드러난 사상성만큼 강렬한 것도 없다. 아버지와 아들의 조화로운 삶, 지아비와 지어미의 관유寬宥의 세계 그리고 군장과 국인들이 보여 주고 있는 총화總和의 이념 등. 이들이 보여 주는, 그리고 말하고 있는 한결같은 이야기는 민족의 순수성과 순진성이 어우러진 융화의 세계이다. 실로 한국의 문화 전통에 자리잡고 있는 것은 조화와 관유의 정신인 것이다.

신화의 세계 의식, 이는 단순히 자연을 정복하고 그와 투쟁하는 길을 통한 생존의 모색이 아니다. 오히려 이는 주어진 세계를 긍정하면서, 그 속에 갖게 되는, 아니 가져야만 할 인간의 길을 추구하고 있다. 이런 의미에서 한국인의 정신과 그 세계 인식은 반드시 부정의 변증법, 즉 대립과 모순의 해결을 통한 진보로서의 의식이 아니다. 실로 한국인의 자체 의식은 그대로 용서하고 화해하며 포용함으로써 크게 하나되는 홍익의 이념과 그 길 위에서 구성되고 이루어진 것임을 말해 두지 않을 수 없다.

한국 근·현대사를 통하여 한국인은 민주와 자본·자유주의의 이념을 끊임없이 배우고 강요받아 왔다. 서구의 동진東進과 더불어 강압적으로 주어진 개방의 시간 속에서, 과거의 전통과는 다른 대립과 투쟁 그리고 경쟁의 논리를 배워왔던 것이다. 오늘 전 세계적인 2차·3차의 개방이라는 시대 상황을 당하면서, 다시금 세계는 경쟁과 정보·자본·기술·상품주의의 세계로 내몰리고 있다. 1등이 아니면 아무 것도 없다는 식의 영웅주의를 꿈꾸며. 그러나 이것이 진정 인간이 꿈꾸는 이상 세계의 참모습인지는 알 수가 없다.

한웅이 개천했던 참 뜻은 '널리 사람 사는 세상을 이롭게 함'에 있었다. 그리하여 일체의 편견과 배타성을 배제하고 한데 어울려 살아가는 참다운 인간 세상의 설립을 염원하였던 것이다. 그리하여 인간들에게 다시금 '세상에 임하여 이치로서 화化할 것'을 가르침은 그 자신을 교화주敎化主[165]로 세상에 드러낸 뜻이라고 하겠다. 그러면 그 뜻이란 무엇일까.

그것이 다름 아닌 '홍익'이다. 차가운 이성만의 몰인정한 세상을 말한 것이 아니라, 누구나 어울려 살아감의 의미를 배울 수 있는 그런 세상을 말한 것이다. 그러면 어찌하는가. 있는 분들이 풀어야 한다. 앞선 사람들이 잘해야 하고, 위에 있을수록 모범을 보여야 한다. '노블레스 오블리제'라 하던가. 별다른 원칙이랄 것도 없다. 다만 이것이 이 사회가 보다 좋은 세상, 보다 나은 세계로 가는 첩경이 아닐까 한다.

물론 이제 이것을 현실에 실천하자고 보면, 이토록 원론적이면서도 동시에 비현실적인 이론, 아니 이야기도 없다는 것을 쉽게 알 수 있다. 왜인가. 그것은 인간이 다만 인간일 뿐이라는 의식, 불완전한 존재라는 생각 때문이다. 미숙하며 욕심꾸러기이고 결코 선하지 못한 존재로서의 인간, 원죄로부터조차도 자유롭지 못한 인간이기 때문에 그러하다. 그래서 제가 가진 것만으로는 결코 만족하지 못한다. 영원한 불만족의 굴레 속에서 단 한 번도 선경을 누려보지도 못한 채 생을 마감하는 것이다. 그래서 남을 위해 베푼다는 것은 아예 생각에 없다. 한국 근·현대화의 과정을 통하여 우리는 무엇을 얻고, 무엇을 잃었을까.

기독교를 알지도 못한 채 서구주의의 함정에 뛰어든 것이며, 마르크스를 제대로 이해하지도 못한 채 쉽게 그 혁명성에 열광해 버린 것은 아닐까. 물신 배금주의에 빠져 결코 얻을 수 없는 귀중한 것들을 쉽사리 환물·환금해 버리고 있는 것이 현실이다. 행복을 물건으로, 또 돈으로 살 수 있는 것인가. 혹 그렇게 생각하지 않는다 하더라도, 인간은 이미 일체

---

165 안호상, 『민족사상의 정통과 역사』, 흔 뿌리: 서울, 1992, 80쪽.

의 금품으로 스스로의 행복을 지킬 수 있다고 믿으며 살아가고 있다.

하지만 신화는 여전히 가르친다. 진정으로 의미 있고 참되며 아름다운 한국적 삶의 백미를. 그것은 아낌없이 베풀고 거두며 또 베푸는 것이다. 그것은 어버이가 자식에게 하는 것이다. 한아버지의 한아버지이신 한인께서 한웅에게, 또 한웅이 웅녀에게 한 것과 같이, 그리고 그로써 신인神人인 단군을 낳고 또 일가를 이루어 홍익하고 다시금 세계의 원환적 질서 속으로 그렇게 돌아간 것처럼 그렇게 하는 것이다. 일체 세계일가世界一家의 한국적 개념을 여기서 본다면 지나친 것일까.[166]

인간 세상에서 인간을 이롭게 하는 것보다 더 큰 이치는 없다. 이것이 만일 불교라는 옷을 입으면, 일체 중생의 이로움으로까지 발전할 수 있을 것이다. 한국 불교의 대승적 이념이 이와 다른 것인가에 대해 함부로 말하지는 못한다. 그러나 이와 다른 것이라 한다면, 과연 그것이 한국 불교일 수 있겠는가에 대해서는 의문을 던질 수 있다. 마찬가지로 한국의 민족 종교, 유교, 도교, 기독교 등등 이들이 한국적 사유형과 그 종교적 이념형을 가진다면 또한 어떠한 것이어야 하겠는가. 싸우고 배타하며, '너는 너, 나는 나'로 살아갈 것들이겠는가.

그러면 한국인들이 이해한 사람이 진정한 사람되는 길[167]은 무엇일까.

한국 문화 내지 한민족의 경우, 민족 심성의 주요한 성징性徵으로 어짊과 비배타적 화해의 마음 등을 우선 들 수 있다. 그리고 순종과 인내, 한국의 신화는 그것을 가르치고 있다. 인두껍을 썼다고 다 사람이 아니다. 사람이 사람 같아야만 사람인 것이다. 짐승이었던 곰과 범 중에, 왜 곰은 웅녀로 화하고, 범은 왜 사람이 못 된 것일까. 이것이 시사하는 바는 참고 견딤의 인간 미학이라 생각된다.

---

166 임균택, 『한사상과 윤리』, 형설출판사; 서울, 1992, 35-37쪽.
167 이기영 외, 『韓國人의 倫理思想』, 율곡사상연구원; 서울, 1992, 39-42쪽.

곧 한민족이 알고 있었던 사람이 사람되는 가장 핵심적인 사안은 참고 견딤을 배우고 아는 것이다. 이를 한국 문화는 신화적인 시대부터 깨우쳐 왔다. 그래서 한국인들이 배운 인내의 미덕은 그 인격성과 같은 것으로 간주되어 왔던 것이다. 그리고 이는 – 사소한 승리를 맛보기보다는 더욱 크고 거대한 천지화육天地化育의 인생 대사大事에 동참시키고자 – 한국의 모든 젊은이들에게 주어왔던 어른들의 가르침이다.

오늘 현대 사회의 획일화는 사람들로 하여금 언제나 한두 가지의 인생 목표로 삶을 국한시키는 경향성을 가지게 한다. 그것은 소위 말하는 돈·명예·권력 등등의 시스템이다. 이것들이 반드시 행복한 삶에 이르는 그 무엇이 아닌데도 불구하고, 이들은 언제나 최상의 위치를 점유하고 있다. 하나의 아이러니라고나 할까. 현대 사회의 시스템은 행복 그 자체보다는 행복에 이르는 수단에 더욱 신경을 집중시키고 있다.

이것이야말로 본말이 전도된 것이다. 돌아가야 하지 않겠는가. 한국인, 한민족, 우리는 우리 스스로의 행복을 지키기 위해서라도 전통 문화가 가르쳐 준 그 삶의, 지혜의 세계로 가야만 할 것이다. 「흥부전」이 보여 주는 것과 같은, 서로 돕고 격려하며 같이 울고 웃을 수 있는 사람들, 그들이 바로 나와 운명을 함께 하고 또 함께 할 '우리 민족'이다. 신화는 가족의 이야기를 들려준다. 그리고 가족은 한국의 문화 세계가 출발하는 바로 그곳임을 알려 주고 있다.

어차피 돌아가야 할 영원의 세계, 그곳은 바로 고향, 즉 가족들이 살고 있는 곳이다. 아니 나의 심성 깊은 곳에서 언제나 반짝이는 진정한 나 자신의 세계, 그리고 우리가 있는 '바로 그곳'이다. 나의 양심과 참된 자아가 반짝이는 곳, 무수한 철학자들이 이야기해 왔던 순수한 정신의 세계가 그곳인지도 모른다. 지나간 것은 아름다우며, 누구나 어린 시절은 순수했던 그리움의 추억으로 새겨져 있다. 신화는 그와 같이 고향으로 남겨진 것이다.

6. 한민족 문화 – 인간 사랑의 길

한국 문화는 민족 문화로서 신화적 기원을 지니며, 그 본질적 정신세계는 인간 사랑과 자연 사랑의 조화와 어울림에 있다. 특히 미래 인류 사회의 한 지침으로서 신화의 '홍익인간'과 같은 비배타적인 문화 이념, 애정적 문화 조작의 원리는 그 시사하는 바가 다대하다. 또 수혜적 원리로서의 신화적 상징들은 한민족이 보여 준 박애의 생활 원리로 여겨지기도 한다. 이제 마지막으로 한국적 '한恨의 문화 세계'가 가지는 철학적 의의를 간략히 짚어보면서, 정리하고자 한다.

예로부터 이 민족이 동방의 예의 바른 나라로 알려졌던 것은, 사람을 대하는 태도와 공경하는 마음 그리고 이와 더불어 보이지 않는 가치로서의 신들을 모시는 것과 일체의 사물을 대하는 진실한 마음을 가졌던 것에서 유래한다. 그리하여 '사인여천·인내천'의 의식을 발달시킴과 아울러 조상 선령仙靈과 일체의 자연신들에 대한 경외의 마음으로 유·무형적 삶과 작업 속에 찬란히 빛나는 커다란 한국적 문화 가치를 창조해 왔다.

제사를 예로 들어보더라도 그러하다. 한국인의 제사 의식은 인간과 귀신을 구별하지 않는 미분적 사고의 전면적인 통합형 속에 이루어지고 있는 것이다.[168]

이는 아마도 중국이나 일본과는 다른, 물론 서양의 여러 제사 형식과

---

168 김태곤, 『한국무속연구』, 집문당: 서울, 1991, 479–489쪽.

도 아주 상이한 형태를 지닌다고 생각된다. 다시 말해 한국의 귀신은 죽어 사라진 그 무엇이 아니라, 인간의 삶과 현실 세계에 지속적인 영향을 끼치고 더불어 존재하는 살아 있는 귀신이 되는 셈이다. 이 같이 신과 인간이 한데 어우러져 살아가는 한국인의 생활 의식은 그대로 민화와 민담, 전설과 설화 심지어 최초의 한문 소설이라 할 『금오신화』에까지 그 흔적을 남기고 있다.

저 서역 만리 구천을 헤매어 부모를 살릴 묘약을 구해오는 한국 무속의 바리데기 신화는 그 중에서도 이승과 저승을 넘나드는 이야기의 백미에 해당하는 작품이다. 성난 오구신을 잠재우고 인간의 다음 길을 예비하는 한국적 정서의 민간적 흐름이야말로 삶과 죽음을 넘어서 있는 그곳, 바로 저 너머에서의 또 하나의 관조이다. 그리고 이러한 관조적 흐름이야말로 다른 의미에서 한국적 한恨의 원형적 정서가 될는지도 모른다.

설움과 압박이 해소되지 못하여·안으로 안으로만 삭혀짐으로서만 썩고 문드러진 마음에 한이 생성되는 것이 아니다. 오히려, 그대로 인생의 근본 구조를 관조하는 과정에서, 삶에 대한 자각이 한이라는 하나의 승화된 심리 상태를 만들어 내는 것이다. 그래서, 적어도 이 한은 결코 이승에서 그리고 산 사람들에 의해서는 풀어낼 수 없는 그런 구조를 지니고 있는지도 모른다.

완전성에 대한 인간의 염원과 그 불완전성의 상호 연관, 그리고 삶이 지닌 그대로의 구조적 불일치와 이를 풀어내는 인간 정신의 완전성과 자유로움, 그 결과 마침내 이것이 드러내는 필연적 꼬임과 우연적 풀림의 동시적·비확정적 원리, 여기에 존재하는 한민족의 삶의 의식과 문화 정신, 이러한 것들이 그대로 한국적 한의 구조적 틀을 형성하고 있다. 그러면서 한의 문화, 한恨 살림의 생활 세계를 이끌어 내는 것이다. 한민족의 문화 정신 속에 흐르는 하나의 예도적藝道的 힘은 보이는 것이나 보이지 않는 것이나, 곧 유형적이거나 무형적이거나 간에 그 속에 흐르는 하나의 힘을 느끼고 이것을 표출하고 표현하는 데 힘써 노력해 온 바 있다.

근원적으로 인간 존재는 그가 가진 삶과 존재의 불확실성과 불완전성에 의해 흔들리며 산다. 그러나 인간 정신이 지닌 완전 지향의 경향과 그 자유성에 의해, 인간은 근본적으로 한계 상황 내의 실존적 의지를 가지게 된다. 물론 이러한 의지는 가혹한 삶의 현실 앞에서 결국에는 실패하고 말 어떤 그 무엇인지도 모른다. 하지만 비록 의지가 고통과 슬픔의 원인이라 할지라도, 때로 이것이 그 작용의 성공적 결과를 잉태할 수도 있을 거라는 희망을 버릴 수는 없다. 한계 상황에 처한 인간의 실존적 선택은 언제나 하나의 슬픔과 괴로움의 연속선상에 존재하게 된다. 그때 '심려 또는 심우心憂(Sorge), 곧 걱정어린 마음이라 부르는 우울한 상태가 이러한 인간 실존의 근본 양상을 드러내는 것이다.[169]

그러나 실존적 한계를 넘어서고자 하는 인간 정신의 초월 의지는 때로 성공적인 결과를 나타낼 수도 있다. 이로부터 인간은 한계 상황을 초극하고자 하며, 이를 위한 개인 존재의 완성을 향하는 것이다.

역사는 이것이 언제나 일련의 소수를 위한 하나의 선택적 방법으로만 존재했던 것임을 현실로 보여 준다. 그러나 이를 몇 명의 소수에만 국한하지 않고 전체 생명에로 확대하고자 하는 또 하나의 인간 염원이 머무는 세계를 보게 되는데, 이것이 대다수 종교가 취하는 구원과 해탈의 세계이다.

그리고 한국인에게 있어 인간 정신의 실존적 사유와 그 문화가 총체적으로 어우러진 집단적 상태를 확인할 수 있는 곳, 그곳은 바로 한恨의 세

---

169 강대석, 앞의 책, 195쪽.

계요 그 문화이다.[170]

이승과 저승·삶과 죽음이 미분된 상태에서 영원에의 꿈이 한계적 상황을 초극하는 하나의 흐름을 가지는 것, 이것이 바로 관조와 동시에 동참하는 한국적 삶의 의식으로서의 한이 아닐까 한다. 그래서 한국인들은 떠나간 일체의 생명에 대해, 그들이 지녔던 원寃과 한을 풀어주는 풀이의 방식으로, 단절된 삶과 죽음을 새로이 이어내는 총체적 연결 고리를 마련해 주고 있는 것이다. 이러한 해원解寃과 해한解恨의 방식은 한국 문화의 다양한 형태 속에 그 실체를 드러내고 있다.[171]

무속에서의 씻김굿과 풀이로서의 가악, 민초들의 억눌린 염원을 그대로 소화하면서 안고 들어가는 전통적 마당놀이극, 장인들의 정신과 혼이 그대로 스며 있는 불멸의 미술품들, 그리고 결코 빼놓을 수 없는 한국의 제사 및 세시풍속 등등의 문화형이 다 그러한 것이다.

이제 새로이 화합하고 안고 어우러지는 한국인, 한민족, 바로 우리 자신의 본래 모습을 하루라도 빨리 보고 싶을 따름이다. 그래서 오늘 현대 철학이 담론과 의사소통의 철학을 말하는 바로 이 시점에서, 한국의 신화를 통해 다른 그 무엇이 아닌 바로 우리 자신들의 오래되고 근원적인 사람 사랑의 철학을 발견하고자 하는 것이다.

참된 사람 사랑의 길이 '어떤' 것이며, 무엇인지를 알아내는 것이야말로, 오늘 한국 사회와 문화 그리고 한국 인문학계에 남겨진 가장 시급한 과제가 아닐 수 없기 때문이다.

---

170 최길성, 『한국인의 恨』, 예진: 서울, 1991, 13-18쪽.
171 拙著, 『한국 한국인, 한국학』, 세종출판사: 부산, 1999, 89쪽.

참고문헌

『高麗史』
『管子』
『舊唐書』
『揆園史話』
『老子』
『論語』
『論衡』
『檀紀古事』
『大巡典經』
『道德經』
『東經大全』
『孟子』
『바가바드 기따(B.G.)』
『白虎通』
『史記』
『史記列傳』
『山海經』
『三國史記』
『三國遺事』
『三一神誥』
『三國志』
『尙書』
『上淸黃庭內景經』
『詩經』
『神理大典』
『禮緯』

『龍潭遺詞』

『雲笈七籤』

『應制詩注』

『莊子』

『周易』

『甌山天師公事記』

『天道敎經典』

『太白逸史』

『桓檀古記』

方以智,『東西均』

北崖子,『揆園史話』

徐兢,『高麗圖經』

李能和,『朝鮮道敎史』

丁若鏞,『與猶堂文集』

許愼,『說文解字』

洪萬宗,『海東異蹟』

黃帝,『陰符經』

강대석,『현대철학의 이해』, 한길사; 서울, 1991.

姜壽元 外,『韓國宗敎思想』, 태학당; 서울, 1984.

고려대학교사학과교수실,『역사란 무엇인가』, 고려대학교출판부; 서울, 1987.

권택영 편,『포스트모더니즘과 문화』, 문예출판사; 서울, 1991.

吉岡義豊/최준식 역,『중국의 도교』, 민족사; 서울, 1991.

金敬琢,『老子』, 현암사; 서울, 1990.

김광일,『한국전통문화의 정신분석』, 교문사; 서울, 1991.

김무조,『한국신화의 원형』, 정음문화사, 1988.

김상일,『수운과 화이트헤드』, 지식산업사; 서울, 2001.

＿＿＿,『카오스와 문명』, 동아출판사; 서울, 1995.

＿＿＿,『화이트헤드와 동양철학』, 서광사, 1993.

김성원,『老莊의 哲學思想』, 명문당; 서울, 1988.

金勝東,『道敎大辭典』, 부산대출판부, 1996.

金勝東,『易思想辭典』, 부산대출판부, 1998.

_____,『周易大辭典』, 부산대출판부; 부산, 1998.

_____,『韓國哲學史』, 부산대출판부, 1999.

_____,『韓國哲學思想』, 정문사; 부산, 1984.

김승동/이재봉,『東洋哲學入門』, 부산대출판부, 1997.

김열규,『韓國의 神話』, 일조각; 서울, 1990.

김영철,『윤리학』, 학연사; 서울, 1988.

김인회,『韓國巫俗思想硏究』, 집문당; 서울, 1988.

_____,『한국인의 가치관』, 문음사; 서울, 1983.

김충열,『유가윤리강의』, 예문서원; 서울, 1994.

金忠烈,『中國哲學散考(1, 2)』, 온누리; 서울, 1988.

김태곤,『韓國巫俗硏究』, 집문당; 서울, 1991.

_____,『韓國民間信仰硏究』, 집문당; 서울, 1987.

김항배,『莊子哲學精解』, 불광출판부; 서울, 1992.

김형효,『韓國思想散考』, 일지사; 서울, 1985.

_____,『한국정신사의 현재적 인식』, 고려원; 서울, 1986.

勞思光/정인재 역,『中國哲學史』, 탐구당; 서울, 1987.

마이클 탤보트/이균형,『홀로그램 우주』, 정신세계사; 서울, 2001.

牟宗三/정인재, 정병석 공역,『中國哲學特講』, 형설출판사; 서울, 1985.

閔泳炫,『삶과 동양철학』, 신지서원; 부산, 2003.

_____,『仙과 혼』, 세종출판사; 부산, 1998.

_____,『한국, 한국인, 한국학』, 세종출판사; 부산, 1999.

박용숙,『한국의 미학사상』, 일월서각; 서울, 1991.

박정진,『한국문화 심정문화』, 미래문화사; 서울, 1990.

서울대동아문화연구소 편,『韓國學』, 현암사; 서울, 1972.

宋恒龍,『東洋哲學의 問題들』, 여강출판사; 서울, 1987.

_____,『韓國道敎哲學史』, 성균관대; 서울, 1987.

신일철,『현대사회철학과 한국사상』, 문예출판사; 서울, 1997.

_____,『현대철학사상의 새흐름』, 집문당; 서울, 1991.

神誌/최동희 外 譯,『三一神誌 外』, 양우당(한국사상대전집 27); 서울, 1988.

신채호,『조선상고사』, 문공사; 서울, 1982.

沈在龍 外,『한국에서 철학하는 자세들』, 집문당; 서울, 1987.

안함로 외/임승국,『한단고기』, 정신세계사; 서울, 1986.

안호상,『나라역사 육천년』, 흔뿌리; 서울, 1987.

_____,『민족사상의 정통과 역사』, 흔뿌리; 서울, 1992.

양근석 편저,『한국사상과 윤리』, 형설출판사; 대구, 1995.

영남철학회 편,『철학논총』제13집, 이문사; 대구, 1997.

窪德忠/최준식,『道教史』, 분도출판사, 왜관, 1990.

유병덕 편저,『圓佛教思想의 展開』上·下, 교문사; 서울, 1990.

_____,『한국민중종교사상론』, 시인사; 서울, 1985.

柳承國,『韓國思想과 現代』, 동방학술연구원; 서울, 1988.

윤내현,『한국고대사신론』, 일지사; 서울, 1991.

尹明老 감수,『哲學辭典』, 일신사; 서울, 1988.

윤사순/고익진 편,『한국의 사상』, 열음사; 서울, 1990.

윤찬원,『도교철학의 이해』, 돌베개; 서울, 1998.

이가원 외 5인 편,『韓國學研究入門』, 지식산업사; 서울, 1988.

이기영 외,『韓國人의 倫理思想』, 율곡사상연구원; 서울, 1992.

이어령,『한국인의 신화』, 서문당; 서울, 1996.

이은봉 편,『檀君神話研究』, 온누리; 청주, 1986.

이을호,『한思相의 苗脈』, 사사연; 서울, 1986.

임균택,『한사상과 윤리』, 형설출판사; 서울, 1992.

임동권,『韓國民俗學論巧』, 집문당; 서울, 1987.

전경갑,『현대와 탈현대의 사회사상』, 한길사; 서울, 1993.

전규태,『韓國神話와 原初意識』, 반도출판사; 서울, 1985.

정해창 편,『인간성 상실과 위기극복』, 철학과 현실사; 서울, 1995.

제9회 한국철학자 연합학술대회보,『현대사회와 철학교육』, 부산대출판부, 1996.

조명기 외,『韓國思想의 深層研究』, 우석; 서울, 1990.

_____,『韓國思想의 深層』, 우석; 서울, 1996.

조용범 외,『한국자본주의 성격논쟁』, 대왕사; 서울, 1989.

조지훈,『한국문화사서설』(탐구신서 3), 나남출판; 서울, 1989.

중국철학연구회 편,『논쟁으로 보는 중국철학』, 예문서원; 서울, 1995.

증산도 도전편찬위원회,『道典』, 대원출판; 대전본부, 1996.

車柱環,『韓國道教思想研究』, 서울대출판부, 1986.

차주환,『韓國의 道教思想』, 동화출판공사; 서울, 1986.

千寬宇,『古朝鮮史·三韓史研究』, 일조각; 서울, 1991.

철학교재연구회,『철학개론』, 이문출판사; 대구, 1990.

村山智順/노성환,『조선의 귀신』, 민음사, 1990.

최광열,『韓民族史와 思想의 源流』, 사사연, 1987.

최길성,『한국인의 恨』, 예진; 서울, 1991.

최남선,『六堂崔南善全集』, 현암사; 서울, 1973.

최창조,『땅의 논리 인간의 논리』, 민음사; 서울, 1992.

馮友蘭/정인재 역,『中國哲學史』, 형설출판사; 서울, 1984.

하기락,『朝鮮哲學史』, 형설출판사; 서울, 1992.

한국국민윤리학회 문집,『道德性 回復과 倫理教育』, 범신사; 서울, 1991.

한국도교문화학회 편,『道教와 生命思想』, 국학자료원; 서울, 1998.

한국도교사상연구회 편,『道教와 韓國文化』, 아세아문화사; 서울, 1988.

韓國道教思想研究會編,『道教思想의 韓國的 展開』, 아세아문화사, 1989.

_____,『道教와 韓國思想』, 범양사; 서울, 1987.

한국종교학회 편,『죽음이란 무엇인가』, 도서출판 窓; 서울, 1992.

한국철학사상연구회,『삶과 철학』, 동녘; 서울, 1996.

_____,『현대사회와 마르크스주의 철학』, 동녘; 서울, 1996.

한국철학회 편,『韓國哲學史』上·中·下, 동명사; 서울, 1987.

한배달,『보도자료선집』제8집, 1993.

한상우,『우리 것으로 철학하기』, 현암사; 서울, 2003.

韓永愚,『揆園史話 解題』, 아세아문화사; 서울, 1976.

황병국 편저,『老莊思想과 中國의 宗教』, 문조사; 서울, 1991.

황준연,『한국사상의 이해』, 박영사; 서울, 1995.

E.H.Carr/황문수 역,『역사란 무엇인가』, 범우사; 서울, 1989.

Emma Goldman/김시완,『저주받은 아나키즘』, 우물이 있는 집; 서울, 2001.

F.A.V Hayek/민경국 편역,『자본주의냐, 사회주의냐』, 문예출판사; 서울, 1990.

H.J.슈퇴릭히/임석진 역,『세계철학사』상·하, 분도출판사; 경북, 1986.

L.S.Vygotsky/M.Cole, 조희숙 외 역,『사회 속의 정신』, 성원사; 서울, 1994.

M.Heidegger/전양범 역, 『존재와 시간』, 시간과 공간사; 서울, 1989.

M.콘퍼스/이보임, 『인식론』, 동녘, 1991.

Madan Sarup 外/임헌규 편역, 『데리다와 푸꼬, 포스트모더니즘』, 인간사랑; 서울, 1991.

W.H.Dray/황문수 역, 『역사철학』, 문예출판사; 서울, 1986.

John Storey/박모 역, 『문화연구와 문화이론』, 현실문화연구; 서울, 1994.

찾아보기

민영현(閔泳炫)

62년, 경남 사천 비토 출생.
철학박사.
부산대·경성대·동의대 출강.
現 동아대석당연구원 연구교수.

【저서 및 논문】『仙과 혼』, 『한국, 한국인, 한국학』, 『삶과 동양철학』
「水雲 東學과 仙」, 「붉은 응원단과 공동체 문화」, 「한국사상과 理想社會論」 외 다수.

선·생명·조화 —한국 철학과 문화의 정신세계(개정판)

등 록_ 1994.7.1 제1-1071
인 쇄_ 2006년 2월 15일
발 행_ 2006년 2월 25일

지은이_ 민영현
펴낸이_ 박길수
펴낸곳_ 도서출판 모시는사람들
        110-775/서울시 종로구 경운동88 수운회관 1303호
        대표전화 735-7173 / 팩스 730-7173
        http://www.donghaknews.net

편집·디자인_ 이주항
필름출력_ 삼영그래픽스(02-2277-1694)
인쇄·제본_ (주)상지피엔비(031-955-3636)

* 값은 뒷표지에 있습니다.
ISBN 89-90699-36-3

* 잘못된 책은 바꾸어 드립니다.